시민의
세계사

일러두기

■ 지명, 인명 표기와 띄어쓰기는 국립국어원을 기준으로 삼았습니다.

■ 본문에 수록된 책은 현재 번역된 제목으로 표기했으며, 국내에 번역되지 않은 책, 논문 등에는 원어를 함께 표기했습니다.

시민의 세계사

오늘, 우리가 사는 세계를
한눈에 꿰뚫는 현대사 명장면 25

김윤태 지음

Humanist

자유롭고 평등한 시민을 위해

이 책은 '시민의 세계사'로 새롭게 태어났다. 현대사야말로 시민이 주체가 되어 만든 역사다. 현대사의 문을 연 세 가지 위대한 혁명과 운동—산업혁명, 정치혁명, 계몽주의—의 주인공은 바로 시민이었다. 1789년 프랑스혁명이 귀족의 특권을 없애고 인간과 시민의 권리를 주장한 이래 시민은 역사의 새로운 주역이 되었다. 혁명기의 프랑스에서 사용한 '시트와엥citoyen(시민)'이라는 호칭에는 인간이 자유롭고 평등한 존재라는 신념이 담겨 있다.

역사를 돌아보면 고대 그리스와 로마에서 도시의 시민은 자유로운 사람 또는 법 앞에 평등한 사람을 가리키는 용어로 쓰였지만, 중세 유럽에서 시민은 도시에 사는 사람, 즉 상인과 수공업자를 가리키는 말이 되었다. 그래서 유럽에서 도시를 가리키는 '부르'에 사는 사람이라는 의미로 부르주아지라고 불리기도 했다. 그러나 유럽에서 '도시의 공기는 자유롭다'고 말한 것은 바로 이들이 군주와 봉건제의 압제에서 벗어난 자유로운 사람들이었기 때문이다. 그 후 시민은 프랑스혁명을 거치며 소수의 유산계급이 아니라, 모든 사람이 누릴 수 있는 자유롭고 평등한 지위를 가리키는 용어가 되었다.

그러나 시민을 반드시 유럽의 역사적 산물로 볼 수는 없다. 중국의 정치사상에는 '민民'을 강조하는 전통이 오랫동안 유지되었으며, 이는 볼테르 등 유럽의 계몽주의 사상가들에게 영향을 주었다. 조선 후기 동학의 '인내천人乃天' 사상과 독립협회의 '민회'도 새로운 시민의 출현을 보여준다. 자유와 평등을 향한 거대한 세계사의 흐름은 시민의 참여를 통한 민주적 정치제도를 만들었다. 프랑스의 제3신분 이후에도 러시아의 노동자, 중국의 농민, 미국의 흑인, 한국의 학생 들이 자유와 평등을 위해 싸웠다. 한국의 4·19혁명과 6월 민주화운동에서 동유럽의 반체제 운동과 '벨벳 혁명'을 거쳐 '아랍의 봄'과 전 세계로 퍼진 '점령하라' 운동에 이르기까지 민주주의의 지구화를 이끈 세력도 바로 시민이다. 이제 정보화와 세계화의 시대에 이르러 시민은 새로운 집단 지성과 세계주의 시민으로 변화하는 전환기에 서 있다. 이런 점에서 현대사를 이해하기 위해서는 변화하는 시민의 역할에 주목해야 할 것이다.

이 책은 지난 300년 동안 세계사의 여정을 그리고 있는데, 자유와 평등을 갈망하는 인류의 하늘에는 '시민권civil rights'이라는 별이 빛나고 있다. 영국 사회학자 T. H. 마셜은 사회의 구성원으로서 누려야 할 동등한 자격과 권리를 가리키는 개념으로 시민권을 제시했는데, 이는 20세기 베버리지 보고서, 세계인권선언, 민권법, 유엔의 새천년 개발 목표를 이끄는 사상의 뿌리가 되었다. 평등한 시민권은 장 자크 루소와 막시밀리앙 드 로베스피에르에서 윌리엄 베버리지와 클레멘트 애틀리까지, 헨리 데이비드 소로와 마하트마 간디부터 마틴 루서 킹과 넬슨 만델라에 이르기까지 세계사의 주역에게 영감을 불러일으켰다. 시민권이야말로 유럽뿐 아니라 아시아, 아프리카, 라틴아메리카에 이르기까지 현대사를 이끄는 가장 중요한 사상이 되었다.

이 책은 또한 세계사가 '시민의 교양'이 되기를 바라는 마음을 담고 있다. 단순한 사건과 연대기의 나열이 아니라 다양한 역사의 해석을 통해 독자들이 스스로 사고의 힘을 키웠으면 한다. 역사는 정보 검색의 대상이 아니라 다양한 사고가 만나는 창조적 논쟁의 장이 되어야 한다. 이 책에서 땅속의 광맥을 찾는 역사가의 오랜 작업과 지상의 유용한 집을 짓는 사상가와 사회과학자의 주장을 찾아 읽으면서 역사를 더 큰 시야로 바라보기 바란다. 역사는 소수 지식인의 전유물이 아니라 수많은 사람이 함께 토론하고, 참여하고, 그리하여 직접 만들어가는 것이기 때문이다.

이 책이 출간된 지 십 년이 지났다. 2007년 문화관광부의 우수교양도서로 선정된 후 많은 독자들이 끊임없는 관심을 보여주었다. 이 책의 25가지 테마를 따라 세계사의 여정에 함께 나선 독자들에게 감사드린다. 이 개정판은 역사의 생생함을 살리기 위해 다양한 도판과 더불어 시선을 끄는 컬러판으로 다시 탄생했다. 한국과 전 세계 시민의 행동과 최신 학계의 논의도 반영해 새로운 편집을 시도했다. 모든 주제에서 최신의 읽을거리를 추가하고, 현대사 연표도 오늘날까지 덧붙였다. 페미니즘, 생태학, 하이테크 건축, 영화의 미래, 복지국가의 변화, 국제 테러리즘, 증가하는 불평등, 한국의 2016년 '촛불시민혁명'에 관한 내용을 보완하거나 새롭게 썼다. 이 책을 쓰는 동안 원고를 읽고 소중한 도움을 준 학자와 전문가들, 그리고 책을 훌륭하게 만든 휴머니스트 편집부에 감사드린다.

과거의 사건은 화석으로 죽어 있는 것이 아니라 현재 속에서 생생하게 살아있다. 역사는 단단한 고체처럼 고정되어 있는 것이 아니라 항상 부드러운 액체처럼 유동적이다. 역사는 계속 흐르고 발전하기 때문에 세계사는 언제나 다시 써야 한다. 인간의 역사는 연도와 숫자로 구분할 수 없고, 지역과 국가로 분리할 수 없고, 학문의 칸막이로 가를 수 없다. 모든 것이 이동하고, 뒤섞이고, 서로 영향을 주는 새로운 세계가 출현하고 있다. 세계사는 닫힌 지식의 은행 계좌가 아니라 열린 질문을 던지는 도서관의 세미나실이 되어야 한다. 나는 세계사가 시민의 미래를 위한 지혜의 보고가 되길 기대한다. 부디 좋은 사회를 위한 역사의 먼 항해에 이 책이 작은 나침반이 되기 바란다.

2017년 12월
김윤태

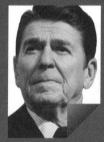

　영국의 유명한 역사가 에드워드 H. 카는 "역사란 과거와 현재의 대화"라고 했다. 역사는 많은 경우 현재가 주도권을 갖는다. 역사가들이 당대에 살고 있기 때문이다. 그러고 보면 역사는 현재의 사람들 간의 대화가 될 수밖에 없다. 그리고 언제나 현재의 사람들이 과거를 해석한다. 과거의 사람들은 더 이상 존재하지 않기 때문이다. 과거는 오직 사실만을 남긴다. 그 때문에 역사에는 언제나 당대인들의 다양한 해석들이 존재한다.

　《삼국사기》를 쓴 김부식은 우리나라의 역사 기술을 신라부터 시작했다. 이에 비해 《삼국유사》를 쓴 일연은 우리 역사를 단군조선부터 기술했다. 중국과의 관계를 고려할 필요가 없는 재야 역사학자의 자유로운 입장이 표현된 것 아닐까?

　역사 연구를 하다 보면 역사가의 주관에 따라 다른 해석과 주장이 나올 수밖에 없으므로 순수하게 객관적인 역사를 쓰는 학문적으로 거의 불가능하다. 그래서 하나의 사실을 놓고도 여러 가지 다른 주장을 할 수 있다. 혼란스럽다고? 역사가 재미있는 이유가 바로 여기에 있다. 단 한 권의 역사책만 있다면 얼마나 지루하겠는가. 역사는 수학같이 정답이 있는 학문이 아니다.

이런 이유로 나는 이 책을 '진보'의 시각에서 쓴 책이라고 미리 밝혀두고자 한다. 주의 깊은 독자라면 차례만 보고도 짐작했을 것이다. 나는 대학에 들어간 열아홉 살부터 민주화운동에 뛰어들었고, 총학생회장으로 활동하기도 했다. 그 시절 한국의 대다수 젊은이들과 마찬가지로 언제나 많은 고민을 했고, 분노와 두려움 사이에서 새로운 지식에 목말라했다. 지적 호기심을 뛰어넘어 새로운 삶을 지향하는 나름의 모색이었다.

그 당시 접한 카를 마르크스, 지크문트 프로이트, 페미니즘과 생태학은 신선한 지적 세례였다. 새로 알게 된 러시아, 중국, 쿠바, 베트남의 역사는 내가 세상을 보는 눈을 송두리째 바꿔놓았다. 그때의 생각을 지금도 그대로 가지고 있는 것은 아니다. 세월이 흐르는 동안 세상도 변했고 생각도 변했다. 물론 진보에 대한 믿음은 여전하지만.

학생들에게 역사는 외워야 할 것 많은 골치 아픈 암기과목일 뿐이다. 그러나 역사는 과거의 사실을 나열하는 것 이상의 것이다. 역사는 새로운 상상력과 영감, 통찰력의 보고다. 훌륭한 역사책은 정치학·경제학·사회학 분야의 책보다 더 면밀하게 한 주제를 분석한다.

이 책은 과거의 역사를 연대순으로 다루지 않는다. 가급적 현대사회에 커다란 영향을 끼친 사건과 인물을 중심으로 다루고자 했다. 그래서 유럽의 산업혁명과 정치혁명에서부터 출발한다. 또한 이 책은 서양의 역사에 관한 지식을 제공하려는 것이 아니다. 서양과 서양 이외의 세계를 비교하면서 정치사·경제사·문화사의 근본 문제에 질문을 던지려고 노력했다. 산업혁명은 왜 중국이 아니라 유럽에서 발생했는가, 유럽의 정치혁명은 다른 세계에 어떤 영향을 주었는가, 왜 유독 미국과 프랑스에서 광범위한 대중이 참여하는 혁명이 발생했는가, 자본주의의 발전을 이룩한 서양은 왜 제국주의로 변모했는가, 서양이 다른 나라를 '문명화'하기 위해서 식민지 지배를 하는 것은 정당한가, 문명사회가 발전할수록 왜 인간의 성에 대한 통제는 점점 강해지는가, 1960년대 이후로 자유로운 섹스에 대한 요구가 급격히 커진 이유는 무엇인가 등의 질문이 그 노력의 증거들이다.

위와 같은 질문에 답하기 위해 인류의 지성사에서 가장 영향력 있는 인물들인 카를 마르크스, 지크문트 프로이트, 찰스 다윈의 사상을 추적했다. 이들은 경제, 성, 문화에 관한 인간의 생각을 바꿔놓은 사람들로 이들의 사상을 이해하지 않고 현대 사회를 이해하는 것은 불가능하다. 비교적 최근에 등장한 페미니즘과 생태학도 중요하게 다루었다. 그밖에도 생산방식, 건축, 패션, 복지국가, 노동운동, 여성운동, 환경운동, 제3세계, 냉전의 붕괴, 민주화, 정보화, 테러리즘 등에 대해 역사적 설명을 제공한다. 그러나 단순히 사실을 요약·설명하는 것이 아니라 문제 제기를 통해 독자들에게 생각할 거리를 주려고 노력했다.

지금 우리는 30년 전 진보라고 생각했던 것을 더 이상 진보라고 할 수 없는 현실에 살고 있다. 이제 진보의 이야기를 다시 써야 한다. 무엇보다 중요한 것은 역사는 항상 다시 써져야 한다는 것이다.

단지 과거의 사실을 알기 위해서만 역사를 읽는다면, 지적 호사가의 취미에 불과할 것이다. 역사는 사실 이상을 알려주고 있다. 우리는 그것을 알아채야 한다. 역사의 이면에 있는 이유를 탐구해야 한다. 그래야 현재를 살펴보고, 미래를 꿈꾸어볼 수 있다. 시간을 넘나드는 자유로운 상상력과 미래를 꿰뚫는 날카로운 통찰력을 얻지 못한다면 왜 우리가 역사를 배우겠는가? 제도권 안에서든 밖에서든 권력을 가진 사람들이 역사 해석을 독점하는 것에 도전해야 한다. 그러면 그것은 자신을 자유롭게 만드는 무기인 동시에 인간을 해방시키는 유용한 도구가 될 것이다. 내가 좋아하는 영국 소설가 조지 오웰은 그의 유명한 소설 〈1984년〉에서 역사 해석을 두고 이렇게 말했다. "과거를 통제하는 사람이 현재를 통제하고, 현재를 통제하는 사람이 미래를 통제한다."

차례

산업혁명은

증기기관차의 발명과 함께

세계로 뻗어나갔다.

1 공장에서 상품을 만들다

산업혁명과 현대 세계의 탄생

유럽의 위대함을 인정하지 않는 태도는 어리석다.
그러나 아시아의 위대함을 잊는 태도 또한 어리석다.
—자와할랄 네루, 인도 총리

역사상 가장 큰 변화를 가져온 사건 하나를 꼽으라면 무엇일까? 과학기술의 발전, 프랑스혁명, 경제 발전, 국가의 탄생, 선거권 획득, 항생제 발견, 컴퓨터 발명, 우주탐사 등 다양한 사건을 들 수 있을 것이다.

그 가운데 경제적으로 가장 큰 변화를 가져온 사건을 말하라면 단연 19세기의 '산업혁명'을 꼽을 것이다. 커다란 공장에서 대량으로 물건을 만들기 시작하면서 인간의 경제생활은 획기적으로 변화했다. 경제생활의 변화는 사회의 변화도 불러일으켰다. 인간의 문명을 송두리째 바꾼 산업혁명이 없었다면 오늘날 우리가 살고 있는 현대 세계는 지금과 전혀 다른 모습을 하고 있을 것이다.

인간의 문명은 농업을 기반으로 이루어졌다. 최초의 문명은 모두 농업이 발전한 곳에서 시작되었다. 메소포타미아, 이집트, 인도, 중국이 그러하다. 광대한 제국을 건설한 그리스의 알렉산드로스, 로마의 카이사르, 중국의 진시황은 농경민족의 뿌리를 가지고 있었다. 예외적으로 몽골의 칭기즈칸이 유목족 출신으로 사상 최대의 제국을 건설했지만, 칭기즈칸의 손자 쿠빌라이는 중국에 정착했다. 결국 위대한 고대 문명은 모두 농업생산력을 기반으로 하는 농경 제국이었다고 할 수 있다.

역사 속에서 수많은 왕조가 교체되고 국가들이 명멸했지만 실질적인 사회의 변화는 그리 크지 않았다. 대부분의 사람은 농촌에서 친족을 기반으로 하는 공동체를 형성하고 농업에 종사하며 살았다. 그런데 19세기에 들어 수많은 사람이 농촌에서 도시로 이주하고, 자급자족하는 농업 대신 임금을 받는 노동으로 생활을 영위하기 시작했다. 이전에 없었던 새로운 세계가 탄생한 것이다. 이렇게 세계를 바꿔놓은 '거대한 전환'은 유럽의 작은 섬나라 영국에서 시작되었다.

왜 영국에서 산업혁명이 일어났을까

영국은 유럽의 서쪽 끝에 자리하고 있다. 기원전 55년 로마의 율리우스 카이사르가 영국을 정복하기 위해 1만 명의 로마 병사를 이끌고 도착했을 때 그곳 사람들은 보리죽을 먹으며 살고 있었다. 카이사르는 마늘을 비롯한 다양한 향료를 처음으로 전해주었고, 후에 영국의 수도가 된 런던은 로마 병사들이 세운 도시였다. 그리고 영국인들이 열광하는 축구는 로마 병사들이 굴러다니는 해골을 걷어차던 놀이에서 시작되었다. 그 해골은 아마도 영국 병사들의 것이었을 터이니, 축구의 종주국이라는 영국의 자부심과는 거리가 먼 비극적인 역사가 아닐 수 없다.

로마가 물러난 뒤에는 유럽의 주변부에서 이주민들이 몰려왔다. 북부 독일에서 앵글로족과 색슨족이 이주해왔고, 북유럽에서 바이킹족이 잉글랜드 동부 해안을

침략해 정착했다. 이들은 모두 문맹이었으므로 선
진 문명을 갖지 못했다.

오랫동안 영국은 유럽의 변방 국가였다.● 1588
년 에스파냐의 '무적함대'를 물리치고 막강한 해
상 세력으로 부상했지만 유럽의 패권을 장악하지

는 못했다. 변화는 18세기에 일어났다. 드디어 영국은 유럽의 새로운 강자로 부상
했다. 영국이 유럽의 강대국으로 부상할 수 있었던 이유는 무엇일까? 그것은 다른
나라들보다 강력한 산업 역량을 갖고 있었기 때문이다. 영국의 성공은 산업혁명으
로 제조업 생산을 비약적으로 증가시켜 엄청난 부를 쌓아 올릴 수 있었기 때문에
가능했다.

그러나 영국의 산업혁명은 어느 날 갑자기 시작된 것이 아니다. 영국에서는 오래
전부터 유럽 나라들 가운데 가장 먼저 봉건제도가 약화되면서 자유로운 농민층이
형성되었다. 이들 자유로운 농민층은 농촌의 모직물 공장에 임금 노동자로 고용될
수 있었다. 또한 16세기 이후 시작된 인클로저enclosure 운동으로 소지주인 젠트리

와 자영농인 요먼은 많은 자본을 축적할 수 있었
다.●● 그리하여 매뉴팩처라고 불리는 작은 공장
이 생기면서 자본주의적 생산관계가 유럽에서 가
장 먼저 발전했다.

대외 관계에서도 영국은 아메리카 대륙의 식민
지에서 상당한 자원을 얻었으며 아프리카 노예무
역으로 많은 이익을 얻어 산업 생산에 투자할 수

있었다. 또한 아시아에서 면화 같은 공업 원료를 수입하고 유럽에 면직품 등 완성
품을 수출하는 자유무역을 통해 거대한 부를 축적, 새로운 기술을 개발하는 투자
능력을 갖추었다. 게다가 당시 유럽은 나폴레옹 군대의 공격으로 전란에 휩싸여 있
었지만, 영국은 섬이라는 지정학적 위치 덕분에 전쟁을 피할 수 있었다.

산업혁명의 시작

"손방아는 봉건영주의 사회를 낳고 증기방아는 자본가의 사회를 낳는다." 카를 마르크스는 《철학의 빈곤》에서 이렇게 말했다. 실제로 영국의 산업혁명은 과학기술의 비약적인 발전과 함께 이루어졌다. 산업화를 촉진시킨 가장 중요한 계기는 연료의 위기였다. 16세기 중엽 이후 연료로 사용하던 목재가 점차 고갈되자, 영국에서는 대체 연료로 석탄을 이용하기 시작했다. 석탄 산업이 발전하면서 탄갱의 배수, 석탄 수송, 철광석 용해 등에 필요한 새로운 기술의 개발이 절실해졌다.

그러자 새로운 기술의 개발에 뛰어든 발명광들이 잇달아 등장했다. 1698년 런던의 토머스 세이버리는 '광부의 친구'라 불리는 펌프식 엔진을 만들어 탄광의 배수 문제를 해결했고, 토머스 뉴커먼은 대기압기관 같은 새로운 증기기관을 발명했다. 그 후 글래스고대학교의 기계 수리공이었던 제임스 와트는 증기기관을 획기적으로 개량하고 회전식 증기기관을 발명해 석탄의 대량 운반을 가능하게 했다.● 와트의 증기기관은 수력, 풍력, 축력, 인력 같은 농업 사회의 동력을 뛰어넘는 것으로서 '동력 혁명'을 이룩했고, 이는 산업혁명의 기술적인 기초가 되었다.

> ● 1736년 목수의 아들로 태어난 제임스 와트는 아버지의 일터에서 소년 시절을 보내는 동안 기계에 관심을 가지게 되었으며, 평생 기계의 발명에 몰두했다.

본격적인 산업혁명은 면직 공업에서부터 일어났다. 영국의 전통 산업인 모직 공업이 아니라 신흥 산업인 면직 공업에서 시작된 것이다. 그 이유는, 17세기 말부터 동인도 무역을 통해 수입한 인도의 면직물이 영국과 유럽에서 선풍적인 인기를 끌었기 때문이었다. 비싼 모직물에 비해 부드럽고 질기면서 땀 흡수가 잘되고 비교적 값싼 면제품의 수요가 급증했다.●● 면직물의 재료는 목화였다. 17세기부터 미국 조지아와 캐롤라이나에서 목화가 대량 재배되면서 면직 공업은 본격적으로

> ●● 면직 공업의 발전은 1730년경 존 케이가 베틀의 북을 발명한 데서 시작되었다. 그 후 1770년 직포공이자 목수인 하그리브스가 발명하고 아내의 이름을 붙인 제니 방적기는 한 대가 방적공 200명분의 일을 했다.

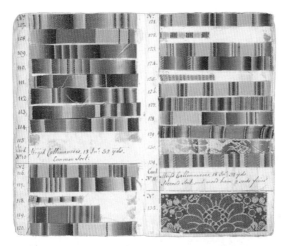

산업혁명 이끈 면직 공업 하그리브스의 제니 방적기는 영국의 산업혁명을 선도했다. 1760년경 면직 패턴 북(왼쪽)과 면직물로 만든 여성의 드레스(오른쪽).

발전했다. 1770년대에는 면화에서 면사를 뽑는 방적기계, 면사로 옷감을 짜는 방직기계가 발명되었다.●

면직 공업의 중심지로 떠오른 곳은 맨체스터와 랭커셔 지방 및 스코틀랜드의 글래스고 주변이었다. 연료인 석탄을 구하기가 쉬웠기 때문이었다. 면직 공업이 발전하면서 관련 산업도 함께 성장

> ● 1769년 가발 제조업자였던 리처드 아크라이트는 수력으로 한꺼번에 수천 개의 방추를 움직이는 수력방적기를 발명했다. 그는 더비서 주 크롬퍼드에 공장을 세워 산업혁명으로 성공한 최초의 기업가가 되었다. 그의 공장에서는 무려 1900명이 일했다. 그 후 카트라이트가 역직기를 발명하면서 증기력을 이용한 기계제 공장 생산이 확산되었다.

했다. 면직 공업에 필요한 기계를 만들기 위해 더 많은 철이 필요했고, 철을 녹이기 위해 더 많은 석탄이 필요했다. 석탄을 이용한 제련 기술이 발전하면서 철 생산이 비약적으로 늘었다. 면직 공업에서 기술혁신이 노동을 절약하는 변화였다면, 제철 공업에서 기술혁신은 자본의 절약이었다.

기술혁신의 절정은 철도였다. 최초의 철도는 사람을 위한 교통수단이 아니라 석탄을 나르는 운송수단이었다. 스코틀랜드 탄광 기관사의 아들 조지 스티븐슨이

철도의 탄생 철도가 막 등장했을 때의 영국 사회상을 풍자한 그림이다. 누군가는 느긋하고 누군가는 화들짝 놀라고 있다.

● 1824년 석탄을 탄갱에서 수로까지 운반하기 위한 스톡턴-달링턴 철도가 개통되었다. 1830년 맨체스터-리버풀 철도가 개통되어 정기적인 승객 운송이 이루어지면서 영국 전역으로 철도망이 확대되었다. 증기기관차야말로 산업혁명에서 가장 결정적인 공헌을 한 새로운 기술이었다.

1814년 처음으로 석탄을 수송하기 위해 증기기관차를 발명한 뒤 석탄 값이 무려 70%나 떨어졌다.● 18세기 중반에는 국민소득의 5% 수준만이 생산 부문에 투자되었으나, 철도 개통이 시작된 1840년대에는 10% 수준으로 증가했다.

영국의 산업혁명은 교통과 통신수단을 혁명적으로 바꾸고 경제 생산을 비약적으로 발전시켰다. 1850년 영국은 전 세계 공업 생산의 28%, 철강의 70%, 면직물의 50%를 차지했다. 제조업의 호황으로 경제가 성장하면서 도자기, 비누, 유리, 금속 등 더욱 다양한 제품의 수요가 늘어갔다. 영국의 기업가들은 이렇게 생산된 수많은 물품을 영국뿐 아니라 전 세계에 수출하면서 막대한 이익을 얻을 수 있었다. 대외무역의 증가는 조선과 해운업뿐 아니라 보험, 금융 등 새로운 금융 서비스산업을 발전시켰으며, 런던에는 세계 최초로 주식시장이 등장했다. 19세기 중반에 이미 전 세계 상선의 30%가 영국 소유였고, 금융자본의 90%가 파운드화로 결정되었다. 영국의 산업혁명은 전 세계로 뻗어갔으며, 영국의 수도 런던은 자본주의의 심장부가 되었다.

대영제국은 어떻게 세계를 지배했나

1817년 영국 경제학자 데이비드 리카도는 《정치경제학과 과세의 원리에 대하여》에서 자유무역은 교역 당사국에 동시에 이익을 준다고 주장했다. 그는 영국이 의류를 수출하고 포르투갈은 포도주를 수출하는 것이 서로에게 이득이 된다면서 자유무역의 효과를 예찬했다. 현대의 경제학 교과서에 등장하는 이 비유는 면직 공업으로 성공한 당시 영국 산업자본가의 입장을 대변하고 있다.

산업혁명은 대외관계에서도 변화를 일으켰다. 산업자본가들은 이전의 중상주의적 법률과 통제는 자유로운 경제활동을 방해하므로 간섭을 철폐해달라고 정부에 강력히 요구했다. 그에 따라 지주의 이익을 보호하는 법령과 국가의 중상주의적 규제가 점차 폐지되었다.● 나아가 영국 정부는 자유무역의 기치를 내걸고 외국에 시장 개방을 요구했다. 마치 제조업의 수출을 위해 농업 개방의 불가피성을 주장하는 오늘날의 한국과 비슷했다.

그러나 영국의 대외관계가 자유무역 일변도인 것은 아니었다. 역사란 항상 이면을 보아야 한다. 영국의 산업자본가들은 자유무역주의를 주장하는 한편 기업의 이익을 위해 국가의 보호와 중상

> ● 엘리자베스 여왕은 1813~1814년에 도제법을 폐지했고, 1834년에는 도시 빈민들을 강제로 공장에 끌고 가서 일하게 하도록 구빈법을 개정했다. 1846년에는 유럽에서 수입하는 곡물을 제한하는 곡물법을 폐지하고, 1849년에는 항해조례를 폐지했다. 또한 무역에 대한 관세가 인하되었으며, 1860년대에 이르러서는 자유무역 체제가 만들어졌다.

● 기계 수출이 허용된 것은 영국이 산업혁명을 완성해 생산력 우위를 확보한 1843년 이후의 일이었다.

주의적 규제를 동시에 요구했다. 이에 따라 영국의 기계 수출은 1774년 이후 금지되었으며, 특정 기술을 습득한 노동자들의 해외 이주를 금지해 다른 나라가 경쟁국으로 부상하는 것을 견제했다.● 인도에서 만든 저렴하고 질 좋은 면제품에 대해서는 높은 관세를 매겨 수입을 억제하고, 영국에서 만든 면제품은 낮은 관세로 인도로 수출했다. 이처럼 영국은 수입을 견제하고 해외시장 개척에 적극적 역할을 수행했는데, 자유무역이 갖는 이 같은 침략적인 역할을 '자유무역 제국주의'라고 부른다.

영국의 산업자본을 중심으로 자유무역이 추진되면서 후진 농업국들은 선진 공업국에 원료를 공급하는 대신 완성된 공업 제품을 수입하는 국제적 분업 체계에 편입되어 종속적인 지위로 전락했다. 영국의 산업혁명은 영국에 자본주의를 수립했을 뿐만 아니라, 자본주의를 전 세계로 확대한 것이다. 19세기 중반 영국은 모든 나라를 자신의 프롤레타리아로 만들고, 전 세계를 자신의 거대한 품속에 안은 나라가 되었다. 영국에서 새로운 세계가 탄생하고 있었다. 대영제국은 전 세계 모든 대륙에 식민지를 두어, 세계 육지 면적의 5분의 1과 세계 인구의 4분의 1을 지배하며, 말 그대로 '해가 지지 않는 나라'가 되었다.

산업혁명이 바꾼 것

기술혁명은 경제혁명을 이끌고 경제혁명 뒤에는 정치혁명이 뒤따랐다. 산업혁명은 경제구조와 고용구조의 변화만 가져온 것이 아니라 사회·정치 구조도 근본적으로 변화시켰다. 산업자본가가 성장하면서 귀족과 지주가 지배하던 이전의 정치체제는 약화되었다. 옛 부자는 가고 신흥 부자가 왔다. 산업자본가는 1832년의 선거법 개정으로 피선거권을 얻었으며,●● 휘그당은 산업자본가의 이익을 대변하는 정당으

1911년 미국 펜실베이니아 석탄회사에서 일했던 아이들 아동 노동자는 대부분 문맹이었고 어릴 때부터 거친 환경에서 하루에 절반 이상을 일해야만 했다.

로 변했다. 하원의 의석은 산업자본가로 채워졌으며, 영국 총리는 귀족이 아니라 산업자본가 출신의 차지가 되었다.

그러나 산업자본가가 거둔 성공의 이면에는 노동자들의 비참한 생활이 있었다. 수력방적기를 발명한 아크라이트가 세운 공장의 경우, 노동자의 3분의 2가 미성년자였다. 그중에는 여섯 살인 어린이도 있었다. 나이 어린 소년 소녀들이 탄광에서 하루에 14~15시간씩 일하기도 했다. 맨체스터 노동자들의 평균 수명은 15~19세였다. 노동자들은 빵과 감자로 연명했으며 고기는 거의 먹지 못

●● 19세기 초 영국 인구의 대다수는 선거권이 없었다. 일정한 규모 이상의 토지 재산을 가진 사람에게만 선거권을 주었기 때문에 노동자를 비롯한 하층민은 물론 중산층도 선거권이 없었다. 전 국민의 2~3%, 성인 남자 가운데 10%가 조금 넘는 숫자만이 선거권을 가졌다. 1832년 선거법 개정안이 의회에서 통과되어 선거인 동산 소유도 재산으로 인정했다. 그리하여 유권자 수가 약 50% 증가했으나, 여전히 대다수 노동자는 선거권을 얻지 못했다.

했다. 런던의 노동자 거주 지역은 상수도 시설이나 화장실을 변변히 갖추지 못했고, 물론 학교도 없었다.●

노동자계급은 침묵하지 않았다. 처음에 노동자들은 기계가 자신들의 일자리를 없앤다고 생각하고 공장을 습격해 기계에 불을 질렀다. 기계의 성능이 더욱 좋아지고 공장에 높은 담이 둘러쳐지자 노동자들의 폭동은 사라졌다. 노동자들은 노동조합을 만들어 근로조건 개선과 자신들의 권익을 주장했다.

1838년 런던의 노동자들은 (남자들의) 보통선거권을 요구하는 헌장Charter을 내걸고 시위를 벌였다. 이를 '차티스트Chartist 운동'이라고 부른다. 노동자들에 의한 사상 초유의 정치투쟁이 영국 전역으로 확대되면서 20세기 초에는 노동자들의 정당인 노동당Labour Party이 탄생했다. 자본주의 내부에서 발생한 자본과 임금노동의 대립이 영국 사회와 정치를 근본적으로 바꿔놓은 것이다. 산업혁명은 정치의 성격을 자본가계급과 노동자계급의 대립으로 바꾸고, 보수당과 노동당이 대립하는 정당 체계를 수립했다.

영국의 산업혁명이 유럽에 확산되면서 누구도 예상하지 못한 급격한 사회혁명이 발생했다. 산업혁명 이전의 전통 사회는 농촌을 기반으로 한 자급자족 체제를 유지했다. 사람들은 돈을 모으거나 재산을 모으는 데 별 관심이 없었다. 사회조직도 가족과 친족을 중심으로 구성되었으며, 사회적 관계 역시 매우 단순했다. 그러나 산업혁명으로 전통 사회가 해체되면서 도시의 공장과 주거지역에 다양한 직업에 종사하는 사회집단들이 등장했다. 사람들은 이제 귀족이나 종교 같은 전통적 권위에서 벗어나 개인의 권리를 인식하게 되었다. 개인의 권리에 대한 이 같은 자각은 사유재산의 증식에 대한 관심을 키웠고, 영국이 경제 부국으로 발전하는 데 중요한 역할을 했다.

잠자는 호랑이 중국, 무릎을 꿇다

우리는 영국의 산업혁명이 확산되면서 서유럽이 급속히 발전했다고 알고 있다. 그러나 오래전 동양에서 받은 영향이 없었다면 서유럽의 놀라운 발전은 어려웠거나 혹은 훨씬 뒤늦게야 가능했을 것이라는 사실은 잘 모르고 있다. 서유럽의 발전을 가능케 한 과학기술은 대부분 서구의 발명품이 아니라 외부 세계에서 수입한 것이었다. 그 외부 세계는 바로 중국이다.

1620년 영국의 저명한 철학자이자 과학자이었던 프랜시스 베이컨은 변화하는 기술이 유럽에 준 충격에 대해 기록했다. 그는 인쇄술, 화약, 나침반을 세계를 바꾼 대표적인 과학기술로 꼽았다.● 이것들은 14세기 몽골제국 시대에 서구로 전해졌다. 종이와 인쇄술, 화약과 화기, 나침반을 비롯한 항해 장비의 영향으로 유럽인들은 르네상스를 이룩할 수 있었다. 당시 서양을 놀라게 했던 비단과 도자기도 중국에서 만든 것이었다. 서양에서 도자기는 중국이라는 뜻의 '차이나'라고 불렸다.

> ● 베이컨이 지적한 세 가지는 "고대인들에게는 알려져 있지 않았지만… 이제 전 세계의 모습과 상황을 바꾸어 놓았다. 첫 번째는 문학에서, 두 번째는 전쟁에서, 마지막으로 항해에서" 베이컨은 이 기계적인 발견은 어떤 제국이나 종파, 별보다 인간의 역사에 큰 영향력을 발휘한 것으로 보인다고 말했다.

그렇다면 서유럽이 산업혁명을 준비하는 동안 중국은 무엇을 하고 있었을까? 중국 역사상 비교적 국력이 약했다는 명明·청淸 시기에도 중국은 쇠퇴하지는 않았다. 명나라는 15세기에 거대한 함대를 조직해 해외 원정을 보냈다. 1405년부터 1433년까지 영락제永樂帝의 명을 받은 정화鄭和는 7회에 걸쳐 대선단을 지휘해 동남아시아에서 서남아시아에 이르는 30여 개국을 방문하고 명나라의 국위를 선양하고 무역으로 이익을 얻었다.●● 항해를 후원한 명의 영락제는 '하늘

> ●● 정화는 중국 쿤양에서 태어났으며 원래 마馬씨였다. 1392년 윈난이 명나라에게 정복될 때 명나라 군대에 체포되어 연왕 주태의 휘하에서 일하게 되었다. 주태가 황제가 된 후 정화는 환관의 장관인 태감에 발탁되고 정鄭씨 성을 하사받았다. 열두 살의 나이에 거세를 당하고 환관이 된 그가 일약 황제의 최측근이 된 것이다. 그러나 한족이 아닌 색목인이었으므로 조정 대신들의 견제를 받았다.

정화의 서양 취보선과 콜럼버스의 산타마리아호 취보선은 길이가 약 150m, 폭이 60m에 이르는 반면, 산타마리아호는 길이 23m, 폭이 7.5m 정도였다. 배의 크기는 물론 원정단의 규모 면에서 큰 차이가 있었다.

의 아들'인 자신의 존재와 위대함을 널리 알리고 싶어 했다.

콜럼버스보다 무려 한 세기나 앞선 시기에 정화는 서양의 보물을 가져온다는 뜻인 '서양 취보선'이라는 대규모 원정단을 조직했다. 1차 원정에는 대선 62척에 군대와 선원 2만 7800명이 승선했고, 7차 원정 때에는 2만 7550명이 참가했다. 정화의 원정대는 베트남, 말레이, 자바, 인도, 실론을 거쳐 메카, 아라비아반도의 아덴, 그리고 동아프리카의 케냐까지 도착했다. 중국 원정대가 동아프리카까지 간 것이다!

정화가 이끈 대규모 원정대는 1492년 배 두 척에 몇 백 명의 선원들을 이끌고 아메리카에 도착한 콜럼버스의 항해와 사뭇 대조적이다. 정화의 원정대는 방문한 나라에서 향료와 약품, 그리고 아프리카의 코끼리와 기린까지 가져가 황제에게 바쳤지만 원주민들을 공격하거나 약탈하지 않고 중국의 비단, 동전, 도자기를 주고 우호적인 교류와 무역을 수행했다. 이 점 또한 아메리카 원주민을 살해하고 약탈한 서양인들과 비교된다. 정화의 평화적 원정은 중국인들의 동남아시아에 대한 인식을 새롭게 했으며, 동남아시아 각지에 화교들이 진출하는 데도 이바지했다.

그러나 위대한 역사를 만든 정화의 원정대는 명나라 관리들의 반대와 재정 위기로 중단되고 말았다. 영락제가 수도를 난징南京에서 베이징北京으로 옮기면서 남해 대원정의 필요성이 감소했고, 군사적으로도 남해보다 북방 유목민의 공격을 막는 일이 더 중요해졌다. 남해 대원정이 중단된 또 다른 이유는 농촌의 자작농을 중심으로 국가 질서를 수립하고자 했던 명나라에게는 상업과 무역을 발전시키려는 적극적인 의지가 부족했기 때문이다.*

명나라를 제압하고 중원을 장악한 청나라도 대외무역에 소극적이었다. 1793년 영국 왕의 특사 매카트니가 청의 건륭제를 방문해 양국 사이에 대등한 통상조약을 요구하자, 건륭제乾隆帝는 홍콩의 조차, 항구의 개항, 사신의 베이징 주재, 영국인 거류지 허가를 요청하는 영국 왕의 제안을 모두 거절했다. "황제는 부족한 것이 없기 때문에 통상을 할 필요가 없다"고 청의 관리는 말했다. 건륭제는 고개지의 그림 〈여사잠도女史箴圖〉를 비롯

● 중국 출신의 미국 역사가 레이 황에 따르면, 명나라 농민이 납부하는 세율은 10% 이하였다. 명청 시대는 내부 지향적, 경쟁 없는 사회가 유지되었으며, 세금이 적고 편안한 태평성대였다. 그러나 사유재산과 시민권을 인정하는 법률제도는 존재하지 않았다. 상공업은 국가의 통제를 받았으며, 사유재산은 황제와 국가의 명령에 따라 언제든지 몰수될 수 있었다. 정화의 남해 원정이 중단된 이후 중국은 400년 가까이 문호를 닫고 폐쇄적인 경제체제를 유지했다. 한때 세계 최고의 도자기 생산지였던 징더전景德鎮은 점점 쇠퇴하다가 사라졌다. 대신 영국이 소의 뼛가루를 섞어 만든 도자기 '본 차이나bone china'를 생산하면서 영국과 유럽이 도자기 산업의 중심이 되었다.

한 푸짐한 선물과 함께 영국 왕에게 보내는 국서를 매카트니에게 주었다. 국서의 내용은 이러했다. "너는 멀리 해외에 있으면서 줄곧 순종하는 마음으로 이번에도 멀리 사신을 파견해 천자의 장수를 축복하고 선물을 바쳤다. 이에 만족한다." 청은 매카트니를 조공 사절로 생각한 것이다.**

왜 유럽이 중국보다 발전했을까

400년 전에 중국보다 뒤졌던 유럽이 어떻게 새로운 강대국으로 부상할 수 있었을까? 유사한 농업 사회들 중 어째서 유럽만이 산업혁명을 이룩할 수 있었을까? 왜 다른 나라들은 경제 발전을 이루지 못했을까?

독일의 철학자 G. W. F. 헤겔은 중국 역사에는 변증법적 발전이 없었다고 주장했다. 가부장제를 근간으로 하는 '지속의 국가'가 시종일관 유지되면서 계층적 서열이 고정되어 있다고 했다. 한마디로, 자유가 없는 곳이라 발전이 없다는 것이다. 이에 비해 유럽 사회는 프랑스혁명 같은 시민혁명이 일어나 자유를 쟁취한 후 급격한 역사 발전을 이루었다고 본다. 지나치게 관념적인 해석일까?

그런가 하면 카를 마르크스는 유럽 발전의 원동력을 '자본주의경제'의 출현이라고 보았다. 그는 아시아의 경제는 정체되어 있으며, 유럽과는 다른 '아시아적 생산양식'을 갖고 있다고 주장했다. 사회학자 막스 베버는 유럽 발전의 원동력은 '합리성'이라고 말했다. 그는 고대 중국과 인도에도 상업과 무역이 존재했지만 서구와 같은 합리성과 제도적 장치가 부족했다면서, 특히 중국의 유교, 도교, 불교와 인도의 힌두교는 유럽의 개신교와 달리 합리적 정신을 긍정적으로 평가하지 않았기 때문에 합리적 사회제도를 만들 수 없었다고 주장했다. 실제로 유럽의 개신교는 개인의 직업을 신의 '소명'으로 간주하고 근면과 저축을 중요한 미덕으로 여겼다. 이는 자본주의에 필요한 합리적 정신과 유사한 가치다. 이러한 합리화의 증대를 통해 자본주의에 필수적인 합리적 법률과 제도가 형성되었다는 것이 베버의 주장이다.

다른 의견도 있다. 유럽과 중국은 1700년까지는 비슷했으나 유럽에는 제조업 발생지에 석탄 연료가 매장되어 있었고 아메리카에서 새로운 식품과 목재를 가져올 수 있었기 때문에 경제성장이 가능했는데, 중국은 높은 수준의 균형을 유지하는 덫에 빠져 있어서 변화하지 못했다는 주장이다. 중국은 전통적인 농업 생산으로도 높은 생산력을 유지할 수 있었기 때문에 특별히 산업 생산에 관심을 가질 필요가 없었다는 것이다. 또 생태학, 정부, 문화의 차이를 원인으로 꼽기도 한다. 아마도 이런 여러 이유가 모두 영향을 미쳤을 것이다.

경쟁 체제가 경제 발전에 미친 영향

영국 사회학자 마이클 만은 유럽 발전의 원동력으로 경쟁 체계를 강조했다. 유럽은 여러 나라로 분열되어 서로 경쟁하는 구조를 가졌으며, 이 때문에 군사력을 뒷받침해줄 산업 발전을 경쟁적으로 추진했다.[•] 그러나 경쟁 자체가 자연적으로 발생한 것은 아니었다. 유럽에서는 자기 재산을 마음대로 처분할 수 있었다. 또한 다른 사람과 거래를 할 수 있는 합리적인 법률제도가 제정되었다. 때문에 사회 내부에서도 합리적인 경쟁이 일어날 수 있었다.

> [•] 유럽 여러 나라 간에는 지속적인 군사적 대립과 갈등이 있었다. 때문에 각국은 대포와 화기를 개발했고, 상비군과 관료 제도를 발전시키고, 산업과 무역을 통해 국가 재정을 확보하기 위해 노력했다. 해외에 식민지를 개척해 자원을 얻기 위해 항해술을 개발하고, 조선 산업과 해군을 육성했다. 이러한 경쟁 체제를 통한 산업과 군사력의 부흥은 유럽이 세계의 강자로 부상하는 데 결정적인 역할을 했다.

　중국에서는 진시황의 진나라가 중국 천하를 통일한 후 수많은 왕조 교체를 겪고 분열된 국가로 존재한 시기가 있었지만, 13세기 이후 비교적 통일된 거대 국가가 유지되었다. 이에 비해 유럽은 5세기에 서로마제국이 멸망한 이후로 분열 상태가 계속되었다. 거대한 통일국가인 중국에서는 경쟁이 불필요한 낭비에 불과했지만, 작은 나라로 분열된 유럽에서는 경쟁이야말로 생존의 조건이었다. 중국에서 인쇄술은 정부의 통제를 받아야 했고, 화약과 화기는 불필요한 무기일 뿐이며, 나침반과 항해술은 더 이상 쓸모가 없었다. 하지만 유럽에서 인쇄술은 새로운 사상을 전하는 무기가 되었고, 화약과 대포는 성과 기사를 무너뜨렸으며, 나침반과 항해술은 신대륙을 발견하는 데 있어 필수품이었다.

또한 유럽의 나라들은 다른 나라와 전쟁을 치르기 위해 막대한 군비를 마련해야 했으므로, 이를 위해 왕은 자본가와 타협해 의회제와 법의 지배를 허용하고, 산업 생산을 촉진하는 조치를 취했다.●

● 마이클 만은 시장의 토대에서 이루어지는 행위자들 간의 경쟁을 위해서는 규범적 규제가 필요하다고 강조했다. 또한 시장의 행위자들이 상대방의 합리성을 신뢰해야 한다고도 지적했다. 사유재산을 인정하고 합리적 법률 제도를 갖추기 시작한 유럽은 중국, 인도, 아랍보다 훨씬 빠른 속도로 산업 생산을 이룩할 수 있었다.

이 지점에서는 국가와 사회의 관계에 대한 중요한 문제를 지적하지 않을 수 없다. 17세기 후반의 영국 왕과 비교하면 중국의 황제는 신과 같은 권력을 가지고 있었다. 영국의 찰스 1세는 청교도 혁명을 이끈 올리버 크롬웰에게 목을 내놓아야 했고, 제임스 2세는 토리당과 휘그당의 저항으로 왕궁에서 쫓겨났다. 그러나 왕정은 약화되었지만 국가의 힘이 사라진 것은 아니었다. 영국은 산업자본가계급의 요구를 수용하면서 새롭고 강력한 국가를 유지할 수 있었다. 반면에 같은 시기 중국의 명나라는 상공업을 억제하고 무역을 통제하면서 사회 안정을 유지하려 했으나 오히려 경제 침체로 국가의 힘이 약화되고 말았다.

이처럼 국가는 혼자서는 강력한 힘을 가질 수 없고 사회와 긴밀하게 협력하는 능력을 가져야만 힘을 키울 수 있다. 마이클 만의 《사회 권력의 토대The Source of Social Power》에 따르면, 국가가 사회 속으로 들어가 중요한 결정을 수행하는 '하부구조적 권력infrastructural power'이 국가 역량의 핵심이다. 자본주의사회를 운영하는 데 필요한 국가의 능력은 기업가들과 협조하는 능력, 교육과 훈련의 사회적 하부구조를 제공하는 역량, 변화하는 국제경제 관계에 대응해 유연성을 제고하는 사회적 합의의 역량 등과 밀접하게 관련되어 있다. 정부는 경제성장을 이루기 위해서 기업과 긴밀하게 협력하는 동시에 다양한 사회집단과 타협할 수 있는 제도적 토대를 마련해야 하는 것이다.

동아시아가 다시 성공한 이유

서구의 발전이 서구만의 독특한 경험인 것은 사실이다. 그러나 서구의 발전이 다른 나라에 전해질 수 없다는 주장은 거짓으로 판명되었다. 영국과 유럽의 국가들은 아시아와 아프리카를 침략해 식민지로 만들면서 '문명화'라는 명분을 내세워, 식민지는 자치 능력이 없기 때문에 선진 문명을 가진 영국과 같은 국가가 통치해야 한다고 강변했지만, 서구에 속하지 않은 국가들도 영국이 경험한 산업혁명의 경로를 따라 비약적인 경제성장을 이룩했다. 특히 1960년대 이후 일본의 급속한 경제성장은 서구에 커다란 충격을 주었으며, 1980년대에는 한국, 대만, 홍콩, 싱가포르 등 이른바 '네 마리 용'이 신흥공업국으로 급격하게 부상했다. 지난 20년간 연평균 9%의 경제성장률을 기록한 중국도 경이의 대상이 되고 있다.

동아시아 경제성장의 선두주자는 일본이었다. 지난 300년 동안 자력으로 선진국 대열에 합류한 나라는 일본뿐이다. 일본의 성장 비결은 과연 무엇인가? 일본은 16세기부터 네덜란드 상인들로부터 '난학蘭學'을 수입하고 서양 문물을 적극 받아들였다. 1868년 메이지유신 이후에는 개방을 통해 급속한 산업 성장을 이룩했다. 그렇지만 서구인에게 경이의 대상이 된 일본의 고도성장은 1950년대 이후에 본격적으로 시작됐다. 많은 사람은 일본이 구소련이나 중국과 같은 계획경제가 아니라 자유시장경제를 채택했기 때문에 경제 발전을 이룰 수 있었다고 말한다. 그러나 일본의 성장 비결은 그렇게 단순하지 않다.

미국 정치학자 리처드 사무엘스에 따르면, 일본은 국가가 제한적인 통제력을 갖고 있으며 기업들은 상당한 자율성을 갖고 있다. 국가는 기업에게 지속적으로 국제시장의 변화에 관한 정보를 제공했으며, 일방적인 지도보다는 자문을 통해서 기업의 이익 창출을 도왔다. 이러한 상호 합의의 정치는 사회의 주요 이익집단에게 자율성을 부여했다. 정부가 이익집단과 공통의 목표를 위해 활동하기로 정치적 합의를 할 때 국가의 힘은 비약적으로 커진다. 1960~1980년대에 한국과 대만은 국가

1979년에 출시된 최초의 워크맨, 'TPS-L2' 소니는 1997년 애플의 재탄생 전까지 혁신의 상징이었고, 전자제품의 아이콘이었다. 무엇보다 일본 경제성장의 상징이었다.

가 기업에게 동기를 부여하고 장기적 계획을 실행하도록 도왔다.

18세기 유럽의 국가와 20세기 동아시아의 국가는 상당한 공통점을 갖고 있다. 사유재산을 인정하고 합리적인 법률과 제도를 정비해 기업의 활동을 장려하는 한편, 국가는 기업과 긴밀하게 연결되어 새로운 산업을 육성하고 대외무역을 유리하게 할 수 있도록 협력했다.●

● 20세기 동아시아 국가들의 성공은 국가가 경제에 효율적으로 개입해 성장을 이룩한 사례라고 할 수 있다. 국가는 경제성장의 초기 단계에서 철강과 조선 등 전략적 우선 산업을 효율적으로 육성하고 발전시키는 데 결정적 역할을 했다.

그러나 1990년대 이후 동아시아 국가의 경제 개입은 이전보다 덜 효율적인 것 같다. 특히 정보통신과 생명공학 기술을 이용한 새로운 산업을 육성하는 데 있어 국가의 개입이 이전에 비해 큰 성과를 내지 못하고 있다. 이전과 다른 새로운 국가 모델이 요구되고 있는 게 아닐까? 산업혁명과는 질적으로 다른 정보혁명 시대에 필요한 새로운 발전 모델을 이제 만들어야 할지 모른다.

더 읽을거리

● 폴 케네디, 이왈수 외 옮김, 《강대국의 흥망》, 한국경제신문, 1997.

● 에드윈 O. 라이샤워, 이광섭 옮김, 《일본 근대화론》, 소화, 1997.

● 에릭 홉스봄, 김동택 옮김, 《자본의 시대》, 한길사, 1998.

● 로이드 E. 이스트먼, 이승휘 옮김, 《중국 사회의 지속과 변화》, 돌베개, 1999.

● 존 M. 홉슨, 정경옥 옮김, 《서구 문명은 동양에서 시작되었다》, 에코리브르, 2005.

● 존 킹 페어뱅크·멀 골드만, 김형종·신성곤 옮김, 《신중국사》, 까치, 2005.

● 송병건, 《영국 근대화의 재구성》, 해남, 2008.

● 김윤태, 《한국의 발전 국가와 재벌》, 한울, 2012.

● 김종현, 《영국 산업혁명의 재조명》, 서울대학교출판부, 2013.

"자유가 아니면

죽음을 달라."

혁명의 시대는

용광로처럼 뜨거웠다.

2 낡은 체제를 타도하라

미국혁명과 프랑스혁명

'귀족'이나 '고귀한 신분'이라고 불리는
애매모호한 모든 세대의 계급은 사라지고
동등한 사람들이 '인간'이 되었다.
—토머스 페인, 《인권》 중에서

혁명은 폭력적인 투쟁을 통해 피를 흘리며 정권과 사회체제를 바꾸는 것이다.● 이 말이 무섭게 느껴진다면 프랑스 국가 〈라마르세예즈La Marseillaise〉를 들어보자. "그들의 불결한 피를 우리 들판에 물처럼 흐르게 하자." 살인광들의 합창처럼 들린다. 피로써 혁명을 수호한 프랑스공

> ● 원래 중국에서 혁명이라는 말은 천명天命이 바뀌어 왕조가 바뀌는 것을 뜻했다. 맹자의 '역성혁명易姓革命'은 민중의 뜻에 따르지 않는 군주를 타도할 수 있다는 생각을 담고 있다. 세습 군주제였던 당시로서는 매우 놀라운 발상이다. 그래서 《맹자》는 오랫동안 금서 취급을 받았다.

화국의 노래는 오늘날의 사람들에게 부담스럽게 느껴질지 모른다. 그래서 프랑스에서도 가사를 바꾸자는 의견이 있지만 아직은 예전 그대로다.

한국에서 한때 혁명이라는 말을 사용하지 못하던 시절이 있었다. '혁명'이라는 단어는 '공산주의'라는 말과 함께 금기 중의 금기였다. 그러나 이제는 너무 흔히 사용된다. 정보혁명, 컴퓨터혁명, 소프트웨어혁명, 섹스혁명 등 급격한 사회적 변화를 표현하기 위해 널리 사용되고 있으며, 심지어 기업의 새로운 마케팅을 위해서도 혁명이라는 단어를 사용한다. 도대체 혁명이 아닌 것이 없을 정도다. 프랑스의 작곡가 피에르 불레즈는 "혁명은 더 이상 위험하지 않을 때 축하를 받는다"고 했다. 의미심장한 말이다. 오늘날 프랑스혁명 200주년은 그저 축제로 여겨질 뿐이다. 시대의 변화에 따른 자연스러운 일일까.

신사의 나라에서 폭력을?

우리는 '혁명' 하면 프랑스를 먼저 떠올리지만 사실 폭력혁명의 발상지는 영국이다. 영국에서는 1640년 세계 최초의 폭력혁명인 '청교도혁명'이 일어났다. 왕과 의회의 갈등이 격화되어 수십 년 동안 내전 상태에 빠졌다. 의회파는 일부 귀족, 젠틀맨, 자유농민, 상공업자 들이었고 왕당파는 대다수 귀족, 젠틀맨, 그들을 따르는 소작농들이었다.● 이들은 종교와 친족 관계에 따라 의회파와 왕당파로 갈라져 서로 싸웠다. 결국 모든 종류의 기성 교파에 소속되기를 거부하는 독립파가 주도하는 의회 세력이 승리하게 되는데, 이들은 청교도Puritan라고 불렸다.●●

> ● 16세기 후반 상인, 법률가, 부농 출신으로 토지를 구매해 중소 지주인 젠트리gentry를 흉내 내는 사람들이 등장했는데, 이들을 젠틀맨gentleman이라고 불렀다. 이들은 지주가 아니었지만 부동산을 기반으로 젠트리의 라이프 스타일을 추종했다.

> ●● 청교도는 16~17세기 유럽에서 전파된 칼뱅주의를 따르는 개신교들이었다. 이들은 뜻을 같이 하는 개신교도들이 자발적으로 만나 아무런 강제나 압력 없이 독립적으로 행동해야 한다고 보았다.

잉글랜드 동부의 소젠트리 출신 직업군인인 올리버 크롬웰(1599~1658)이 이끄는 청교도혁명군은 국왕 찰스 1세를 처형하고 의회제를 선포해 영

찰스 1세의 관을 보는 크롬웰
찰스 1세를 처형한 후에 크롬웰의 공화국 독재는 잉글랜드 중심의 정치 안정에는 기여했지만, 야만적인 아일랜드 정벌과 억압으로 공화정에 대한 나쁜 인상을 남겼다.

국 역사상 최초로 공화국을 만들었다. 극단적인 청교도였던 크롬웰은 개인 생활을 규제하고 대중 오락까지 금지했다. 술집, 음악, 댄스, 공개적 경기, 오락 목적의 집회, 연극도 금지했다. 심지어 부부 사이의 성관계까지 계도하려고 했다. 결국 의회파는 대중적 지지를 얻는 데 실패하고, 영국은 다시 왕정으로 돌아가고 말았다.

청교도들은 인기 없는 왕을 없애는 데는 성공했지만 대중의 인기를 얻는 데는 실패했다. 왕정이 부활한 뒤, 웨스트민스터사원에 안장되었던 크롬웰의 시체는 토막나 런던 곳곳에 뿌려졌다. 나중에 가족들이 몰래 토막 난 시신을 모아 크롬웰의 모교인 케임브리지의 시드니서섹스칼리지 예배당이 묻었다고 하는데 공식적으로는 확인되지 않는다. 어쨌든 크롬웰이 처형당한 뒤 청교도혁명군은 뿔뿔이 흩어졌고, 일부는 아메리카로 이주했다.● 청교도혁명은 비록 실패했지만 한때나마 왕정을 폐지하고 공화국을 수립함으로써 영국의 민주화에 커다란 영향을 주었다.

● 아메리카로 이주한 청교도들은 뉴잉글랜드의 여섯 개 주에 주로 살았는데 사치금지법을 제정했으며, 1930년대 미국에서는 금주법이 제정되어 술을 제대로 마실 수 없었다.

피 한 방울 흘리지 않은 명예혁명

청교도혁명이 실패한 후 왕정이 복고되었지만 그다지 안정적인 체제를 유지할 수 없었다. 영국의 귀족들은 새로운 왕 제임스 2세가 마음에 들지 않았고 좀 더 고분고분한 왕을 원했다. 그래서 생각해낸 것이 외국에서 왕을 '수입'하는 것이었다. 그래서 제임스의 딸 메리와 남편 윌리엄 3세를 네덜란드에서 데려와 새로운 왕으로 추대했다. 새로운 왕은 영어도 제대로 못하는 외국인일 뿐이었다. 그러므로 귀족과 부르주아지로 구성된 의회의 권한을 대폭 인정하지 않을 수 없었다.

왕은 1689년 '권리장전Bill of Right'을 제정해 의회의 동의가 없는 왕의 전제를 제한하겠다고 스스로 인정했다. 이것이 미국이나 프랑스의 혁명과 다른 점이다. 즉 미국과 프랑스는 국가에 대한 시민의 권리를 규정한 데 반해, 영국의 권리장전은 왕과 의회의 관계를 규정하고 있다. 의회는 과세권과 선전포고권을 갖고, 사법권은 독립시킨다는 원칙으로 왕의 권력을 제한했다. 이로써 국가권력이 왕 개인의 것이라는 생각이 사라지게 되었다. 왕권신수설 따위는 낡은 이론이 된 것이다. 이렇게 피 한 방울 흘리지 않고 왕정을 없애버리고 혁명을 성사시켰다고 해서 이를 '명예혁명'이라 부른다.

영국은 세계 최초로 의회정치제도를 만들었지만, 동시에 입헌군주제를 존속시켰다. 그리고 오랫동안 왕실과 세습 귀족제를 유지했다. 영국에서는 최근까지 아버지가 상원 의원이면 자식도 상원 의원이 되는 특권을 누렸다.●

명예혁명 이후에도 영국 의회는 왕과 귀족의 권한을 놓고 분열되었다. 왕권 옹호파인 토리당과 왕권 반대파인 휘그당이 서로 경쟁했다. 토리는 아일랜드어로 '무법자'라는 뜻으로 경멸의 의미가 담겨 있다. 휘그는 스코틀랜드어로 '폭도'라는 뜻이다. 둘 다 좋은 말은 아니다. 어쨌든 양당 의원들은 칼을 차고 의회에 입장했

● 1999년 블레어 정부가 상원개혁법을 제정한 이후 세습 상원은 사라지고 선출직 상원으로 대체되었다. 2007년에 모든 상원을 선출직으로 정하는 법안이 통과되면서 귀족들의 상원에 평민이 대거 들어갈 수 있게 되었다.

다. 서로 마주 보고 있는 양당 의원들의 좌석 앞에는 긴 선이 그어져 있었다. 누구도 그 선을 넘을 수는 없었고, 그 선 앞에서는 칼을 뽑아도 상대방의 좌석에 닿지 않았다. 싸우지 말라는 뜻이다. 지금도 이 선은 런던 웨스트민스터 국회의사당에 남아 있다. 서로 폭력을 쓰지 않겠다는 약속이야말로 민주주의의 출발이었던 것이다. 의원들은 이름 앞에 '존경하는 의원'이라는 호칭을 사용했다.

명예혁명 후 영국은 그간의 내전이 종교 분쟁으로 시작되었다면서 1689년 '관용법'을 제정해 모든 교파의 예배를 허용했다. 의회의 심의 원칙은 '충분한 토론과 다수결 투표'로 제도화되었다. 이로써 의회주의와 자유주의 사상의 토대가 마련되었다. 훗날 영국의 저명한 철학자 존 스튜어트 밀은《자유론》에서 소수의 의견도 의회에서 충분히 심의해야 하며, 소수의 견해를 발표할 표현의 자유와 언론의 자유가 항상 보장되어야 한다고 강조했다. 어떤 의견이 다수의 지지를 받는다고 해서 반드시 옳은 것은 아니기 때문이다. 설사 다수의 의견이 옳다 해도 소수의 의견을 주장할 자유는 인정해야 한다. "나는 너의 생각에 동의하지 않는다. 하지만 당신이 나를 비판할 자유는 인정하겠다." 명예혁명 이후 영국 사회를 관찰한 프랑스 사상가 볼테르는 1763년에 쓴《관용론》에서 이렇게 말했다. 서로 다른 생각을 인정하는 관용의 정신이야말로 민주주의가 성공할 수 있는 문화적 토대라고 본 것이다. 프랑스의 '톨레랑스tolerance'는 실은 영국에서 들여온 수입품이다.

미국에도 혁명이 있었다

미국에도 혁명이 있었다고 하면 뜻밖이라는 반응을 보이는 사람이 많다. 하지만 미국에 독립 전쟁이 있었다는 것은 잘 알려져 있다. 미국의 독립은 영국의 식민지 지배로부터 벗어나기 위한 전쟁이었던 동시에 세계 최초로 왕정을 폐지하고 현대적인 공화국을 만든 혁명이었다. 혁명이 폭력적인 방법으로 사회체제를 바꾸는 것이

조지 워싱턴과 **독립 주를 나타낸** 판화 고리처럼 연결된 동그라미들은 당시 미국의 13개 주를 상징한다.

라 할 때, 미국의 혁명은 그런 혁명의 전형에 해당한다.

"자유가 아니면 죽음을 달라." 이 말은 미국혁명의 주요 인물인 패트릭 헨리가 1775년 3월 23일 리치먼드에서 열린 비합법 집회에서 한 연설의 한 대목이다. 영국과 전쟁을 벌일 것을 주장한 것이다. 한 달 뒤인 1775년 4월 18일 렉싱턴에서 식민지 민병대와 영국 군대 간에 최초의 전투가 벌어졌고, 독립 전쟁이 본격적으로 시작되었다. 그해 5월 열린 제2차 대륙회의에서 식민지인들은 새로운 정부를 수립하고 조지 워싱턴을 식민지 군사사령관으로 임명했다. 1달러짜리 지폐 속 인물이 바로 그다. 1776년 식민지군은 새러토가 전투에서 영국군을 격파하고 승리를 거두었다. 이것은 미국혁명의 결정적 순간이었다.

독립 전쟁이 절정에 이르기 전인 1776년 7월 4일 식민지인들은 대륙회의에서 토머스 제퍼슨이 쓴 '독립선언'을 채택해 공포했다. 제퍼슨은 생명·자유·행복을 추구할 자유권을 지키기 위해 계약에 의해 정부를 세우며, 그 정부가 기본 인권을 침

시민의 세계사

해할 때 국민은 그 정부를 전복할 권리를 보유한 다는 '저항권'을 주장했다. 그리고 미국혁명이 최종적으로 승리한 후 1787년 5월 25일 필라델피아에서 첫 헌법제정회의가 열렸다. 미국의 13개 주에서 모인 55명의 대표들은 만장일치로 조지 워싱턴을 의장에 선출하고, 4개월 동안 토의한 끝에 헌법을 제정했다. 이것이 나중에 성문헌법으로 명문화되었으니, 바로 미국 헌법이다. 영국에서는

● 제퍼슨이 쓴 최초의 헌법에는 여성의 투표권이나 아메리카 원주민(흔히 인디언이라고 하지만 이들은 인도 사람이 아니니 인디언이 아니다), 그리고 흑인 노예들의 권리에 대해서 일언반구의 언급이 없었다. 제퍼슨은 흑인은 게으르고 백인보다 어리석기 때문에 언제나 강한 지도가 필요하다고 말했다. 제퍼슨은 흑인 노예를 정부로 두고 아이까지 낳았지만, 흑인은 미국 '국민'이 될 수 없었다.

명예혁명을 통해 의회 제도를 만들었지만 성문헌법은 없었다. 미국에서는 국가의 운영 원칙을 하나의 문서로 만들고자 했다. 마치 모세의 '십계명'처럼.●

이제 영국 왕은 더 이상 미국을 통치할 수 없게 되었다. 미국혁명은 정치를 잘못하면 왕도 바꿀 수 있다는 영국의 자유주의 사상가 존 로크의 영향을 받았다. 볼테르 같은 프랑스 계몽주의 사상가도 큰 영향을 주었다. 나중에 미국의 독립선언문은 프랑스혁명에도 많은 영향을 주었다.●● 미국과 프랑스는 오랫동안 끈끈한 유대 관계를 유지했다. 프랑스는 미국의 독립 전쟁을 도와주었다. 물론 그것은 영국을 견제하려는 목적 때문이었다. 미국 혁명 뒤에 역시 혁명으로 공화국이 된 프랑스는 '자유의 여신상'을 보내 미국혁명을 축하했다. 뉴

●● 미국 헌법을 직접 작성했고 훗날 대통령이 된 제퍼슨은 프랑스 대사로 파견되어 파리의 사교계에서 인기를 끌었다. 파리 여자들과 스캔들도 많았다. 파리의 자유주의자들에게 제퍼슨은 신대륙에서 온 참신한 혁명가였다.

욕 항 리버티 섬에 서 있는 자유의 여신상이 바로 그것이다. 이 거대한 여신상은 오늘날 '미국의 상징'이 되어 있지만, 원래는 '자유의 상징'이었던 것이다.

세계 최초로 공화국을 만들고 국민들이 대통령을 선출했다는 사실은 커다란 의미를 갖는다. 미국혁명은 영국의 군주제를 거부하고 등장한 최초의 공화주의 혁명이었다. 미국은 영국의 군주제를 모방해 대통령제를 도입했다. 최고 지도자를 선거로 뽑는다는 건 당시로선 놀라운 생각이었다. 비록 미국혁명은 당시 여성과 흑인

노예에게는 투표권을 주지 않았지만 미국혁명은 많은 나라에게 민주주의 혁명의 이상과 영감을 주었다. 이후 200여 년 동안 대부분의 나라에 공화국이 수립되면서 인간의 정치 생활은 근본적으로 변화했다.

프랑스혁명은 왜 왕을 처형했을까

혁명다운 혁명은 프랑스에서 일어났다. 1789년 7월 14일 프랑스에서는 왕정과 '구체제ancien régime(앙시앵레짐)'가 폭력적으로 타도되는 사건이 발생했다. 자발적인 대중 봉기로 시작된 프랑스혁명은 왕정을 타도하고 공화제를 수립한 혁명의 원형으로 간주된다.《앙시앵레짐과 프랑스혁명》을 쓴 알렉시스 토크빌은 프랑스혁명의 두 가지 원인으로 지나친 중앙집권적 통치 방식과 시민적 자유를 억압하는 절대왕정 체제를 꼽았다. 과거의 특권계급인 귀족과 새로운 지배계급인 부르주아지는 철저히 분리되고 상호 불신이 커져 통치 방식에 대해 전혀 합의할 수가 없었다. 그래서 시민들은 어떤 계기만 있으면 기존의 정치체제를 일거에 부정하려는 생각을 키우게 되었던 것이다.

1789년 5월 5일 프랑스 왕 루이 16세는 재정 악화를 해결하기 위해 베르사유궁전에서 삼부회를 소집했는데, 이 자리에 모인 평민 대표들은 왕에게 영국식 의회를 요구했다. 6월 20일 평민 대표들이 베르사유궁전에서 '테니스 코트 선언'을 발표하고 스스로 '국민공회'를 결성하는 것으로 프랑스혁명은 시작되었다.● 테니스 코트에 모인 이들은 당시 인구의 98%에 달하는 시민과 농민을 대표했으며, '제3신분'이라고 불렀다. 이들은 만민평등을 보장하는 새로운 헌법을 제정할 때까지 투쟁을 그치지 않을 것임을 선포했다. 7월 14일, 불

● 사실 이 운동장은 원래 테니스 코트가 아니었다. 당시 프랑스에서는 자루가 짧은 라켓으로 공을 주고받는 죄드폼Jeu de paume이라는 경기가 인기를 끌고 있었다. 역대 프랑스 왕들 중에는 죄드폼의 애호가들이 많았다. 이것이 영국으로 건너가 테니스라고 불린 것이다.

시민의 세계사

단두대에서 처형당하는 루이 16세 혁명정부는 1793년 1월 21일, 찬성 387명 반대 334명으로 왕의 사형을 의결했다. 공화정에 왕은 필요 없었다.

과 1000여 명의 시민들은(공식적인 바스티유 정복자vainqueurs de la Bastille는 945명이다) 머스킷 총을 탈취하고 화약을 구하기 위해 정치범을 수용

● 성난 군중은 스위스 용병이 지키던 바스티유 감옥을 간단히 접수했는데, 갇혀 있던 죄수는 겨우 일곱 명뿐이었다.

하는 바스티유 감옥을 습격했다.● 공포의 대상이었던 바스티유 감옥을 무너뜨린 군중들은 무서울 것이 없었다. 그때 자칭 자유 언론《인민의 벗》의 발행자였던 장폴 마라는 더 많은 피를 흘려야 한다고 선동했고, 혁명은 걷잡을 수 없이 퍼져나갔다. 바스티유 감옥을 습격한 이 날은 프랑스혁명 기념일이 되었다.

1791년 혁명 세력은 왕정을 폐지하고 공화국을 선포한다. 그러나 혁명 세력은 자코뱅당과 지롱드당으로 나뉘어 세력 다툼을 하게 되었다. 자코뱅당은 파리의 자코뱅 수도원에서 결성되었기 때문에 붙여진 이름이고, 지롱드당은 지롱드 주 출신이 많다 해서 붙여진 이름이다. 자코뱅당은 소시민과 프롤레타리아의 지지를 받아

● 프랑스혁명 때 생긴 우파와 좌파의 대립은 이후 모든 나라의 정치에서 보수파와 진보파의 대립으로 나타났다. 20세기 이후 노동자계급의 지지를 받는 사회주의 정당이 등장하자, 이들에게 좌파의 자리를 내주었다. 현재는 일반적으로 우파는 보수주의 세력, 좌파는 사회주의 세력을 가리킨다. 미국은 사회주의 정당이 없으므로 공화당을 우파, 민주당을 좌파라고 부르기도 한다. 한편으로 우파는 자유를 강조하는 세력이고, 좌파는 평등을 강조하는 세력으로 구분하기도 한다. 어쨌든 우파와 좌파의 대립은 예나 지금이나 다름없다.

급진적인 토지개혁과 통제경제를 주장했으며, 지롱드당은 부르주아지의 지지를 받아 사유재산 인정과 온건한 개혁을 추구했다. 자코뱅당과 지롱드당은 루이 16세의 처형 문제를 두고 갈등이 더욱 깊어졌다. 이때 온건한 지롱드당은 오른쪽에 앉아 있었고, 과격한 자코뱅당은 왼쪽에 앉아 있었기 때문에 이로부터 온건파를 우파, 과격파를 좌파라 부르게 되었다.●

1793년 1월 혁명 광장(지금의 콩코르드 광장)에서 루이 16세는 단두대의 이슬로 사라졌다. 왕은 죽었고 혁명은 완성되었다. 그렇지만 우파와 좌파의 갈등은 더욱 심해졌다. 마침내 자코뱅당의 급진파 로베스피에르는 정적인 온건파의 당통을 단두대에 보내고 강력한 '공포정치'를 폈다. 지롱드파를 추방하고 반혁명 용의자로 50만 명을 투옥하고 약 3만 5000명을 처형했다. 그러던 1794년 7월 27일(혁명력 테르미도르 9일), 로베스피에르는 반대파에 의해 전격 체포되고 다음날 처형되어 자코뱅당은 몰락한다. 이것을 '테르미도르 반동'이라고 한다. 테르미도르파는 이원제 의회와 다섯 명의 총재로 구성된 정부를 발족시켰다.

●● 스물일곱 살의 젊은 나이에 이탈리아 원정군 사령관이 되어 이름을 떨친 나폴레옹은 유럽의 강국 오스트리아를 무찌르고 일약 국민 영웅이 되었다. 1798년 이후 전쟁을 위해 온 국민이 강제로 군인이 되어야 하는 징병제를 실시하면서 군부의 힘은 막강해졌다. 허약해진 총재정부는 결국 나폴레옹의 쿠데타로 무너지고 만다.

피의 향연이 된 프랑스혁명은 절대왕정 체제를 타파했지만, 결국 나폴레옹 보나파르트의 등장으로 군사독재를 거쳐 황제의 제정帝政으로 막을 내린다.●● 쿠데타로 제1통령이 된 나폴레옹은 1802년 국민투표로 종신 통령이 되고, 2년 뒤 노트르담 사원에서 황제 대관식을 거행했다. 이때 그의 나이는 34세. 혁명으로 군주제를 무너뜨린 프랑스 국민은 왕보다 더 막강한 황제를 모시게 된 것이다. 이것이 바로 역사의 아이러니가 아닐까.

프랑스혁명은 무엇을 바꾸었나

프랑스혁명이 현대 정치에 미친 영향은 지대하다. 현대사회는 좋든 싫든 프랑스혁명의 유산이다. 프랑스혁명은 모든 국민이 평등하다고 선언한 '권리장전'을 제정하고, 모든 국민의 주권을 실현하는 단일한 의회 제도를 만들었다. 국민의 주권은 투표로 선출된 대표로 구성된 '국민공회'라는 입법 기구가 갖게 되었다. 우리나라의 국회와 같다. 국민공회는 사유재산을 기초로 하는 부르주아사회를 세우는 결정적인 계기를 제공했다. 프랑스혁명은 특권과 신분을 없애고 기본적 인권과 법 앞의 평등을 보장하는, 그야말로 시민이 주인 되는 '시민사회'를 만들었다. 스탕달의 소설 〈적과 흑〉에서 볼 수 있듯이, 프랑스혁명 이후 하층계급에서 상층계급으로 올라가려는 야심찬 젊은이들이 급속히 늘었다. 자유, 평등, 박애의 이념을 위해 목숨 걸고 싸울 수 있는 사람은 누구나 프랑스 국민이 될 수 있었고, 돈과 권력을 얻으면 누구나 출세할 수 있었다. 세습 특권을 거부하는 프랑스혁명은 유럽 전역에 혁명을 촉발시키는 동시에 국민적 정체성을 확산시켰다. 그리고 나폴레옹의 대외 원정은 이탈리아, 독일, 에스파냐에 국민주의와 자유주의를 촉발시켰다.●

프랑스혁명은 정치혁명인 동시에 문화혁명이기도 했다. 이성의 이름으로 모든 사회가 다시 조직되었다. 먼저 시간의 기준을 바꿨다. 기독교의 그레고리력이 없어지는 대신 십진법을 이용한 혁명력이 도입되었다. 다음으로 공간을 재구성했다. 프랑스 각지의 지명이 바뀌고 지방행정 체제가 바뀌었다. 지방분권적이었던 프랑스 사회는 단일한 법률 체계와 정치 체계에 따라 중앙집권적 조직으로 재편되었다. 지방의 방언은 폐지되

> ● 정치적 공동체로서의 국민nation에 대한 자각은 국민주의nationalism로 발전했다. 국민들은 자신의 나라를 '조국'이라고 부르고, 국가를 '우리들의 국가'로 받아들였다. 이전의 국가는 '왕의 국가'이지 '국민의 국가'로 생각되지 않았다. 혁명 후 다른 나라와 전쟁을 하면서 프랑스 사람들은 애국심과 국민주의를 자각하게 되었다. 국민주의는 민족주의와 다르다. 정치적인 국민주의는 국적과 시민권을 부여하지만, 종족적인 민족주의ethnic nationalism는 오랜 시간을 통해 형성된 언어와 문화를 기반으로 한다.

고 표준어로 통일되었으며, 미터와 그램이 길이와 무게의 기준이 되었다. 또한 프랑스혁명을 기념하는 행사·상징·의례·교육이 보급되었고, 헌법과 법률이 새로 제정되었다.

이 모든 과정은 중앙집권적 혁명정부에 의해 위에서부터 급진적으로 이루어졌다. 연방 정부의 힘이 약하고 주 정부의 권한이 강했던 미국과는 매우 다르다. 프랑스혁명은 미국혁명보다 훨씬 급진적으로 이루어졌다. 혁명을 주도한 급진파는 토지를 재분배하고 교회의 특권을 폐지할 것을 요구했다. 로마가톨릭교회와 밀착된 프랑스 군주제에 대한 반감이 강한 공화파는 철저하게 정교분리를 요구했다. 이는 개인의 재산을 인정하고 기독교를 공인한 미국과 전혀 다르다. 대통령 취임 선서를 하는 미국 대통령의 손은 지금도 성경 위에 놓인다. 반면에 프랑스 대통령의 공식 취임은 헌법 위원장의 당선 선포로 이루어진다.

토크빌에 따르면, 프랑스혁명은 반기독교 정서의 민주주의 이데올로기를 채택하면서 평등을 지나치게 강조해 번영과 평화가 담보되지 않을 때 국민이 자유를 포기하고 평등에 집착하게 만들어 결국 전체주의로 변질되었다. 또한 프랑스혁명에 영향을 미친 계몽사상가들은 경험적 사실과 전문성을 무시한 채 추상적 사고에 집착했다. 머릿속에서만 가능한 계획을 강조한 나머지, 구체적 경험에 입각해 논의하고 전문가들의 자문을 받아들여 점진적으로 실용적인 해결책을 찾는 방식을 경멸하게 만들었다.

프랑스혁명의 평등주의와 급진주의는 사유재산을 비판적으로 보는 장 자크 루소의 영향을 받은 것으로, 이를 추종하던 로베스피에르의 자코뱅당이 정치적으로 고립되는 원인이 되었으며, 훗날 프랑스에서 사회주의와 공산주의가 발전하게 된 배경이 되기도 했다. 마르크스는 루소의 책만큼이나 프랑스혁명에서 많은 영감을 얻었다고 말했다.

에드먼드 버크는 왜 프랑스혁명에 반대했나

프랑스혁명은 프랑스만의 사건이 아니라 유럽, 아니 전 세계적 사건이 되었다. 프랑스혁명을 어떻게 볼 것인가에 대한 서로 다른 견해들은 격렬한 논쟁을 통해 정치적 당파와 새로운 정치적 이념으로 발전했다. 프랑스혁명을 반대하는 사람들은 보수주의 정치 이념을, 지지하는 사람들은 자유주의 정치 이념을 발전시키고자 했다. 전자의 흐름을 대표하는 인물은 영국의 정치가 에드먼드 버크이고, 후자를 대표하는 인물은 미국의 혁명가 토머스 페인이다. 둘 다 혁명기를 살았던 인물로, 현실에 뛰어든 혁명가이자 정치가였으며, 열정적인 문필로 사람들의 마음을 사로잡은 문장가이기도 했다.

1729년에 태어난 버크는 아일랜드 출신이다. 그는 아일랜드에서 가장 우수한 대학으로 꼽히는 더블린의 트리니티칼리지에서 공부한 후, 1750년 런던으로 왔다. 1765년 휘그당의 지도자 로킹엄의 비서로 정계에 진출한 버크는 로킹엄이 총리가 되자 그 도움을 받아 고향도 아닌 낯선 지역 브리스틀에서 하원 의원으로 선출되었고, 그 후 무려 28년 동안 의회에서 활동했다.●

버크는 원래 보수주의자는 아니었다. 그는 미국의 독립을 지지했다. 식민지인들의 영국 왕에 대한 저항은 정당한 이유를 갖고 있다고 생각했다. 그렇지만 프랑스혁명을 보고는 경악했다. "진정한 위험은 자유가 사리사욕으로 조각조각 찢겨 사라지는 것이다"라면서 버크는 자코뱅당이 자유를 파괴했다고 비판했다. 자코뱅당의 평등주의에 대해서도 버크는 반기를 들었다. 그는 프랑스혁명은 대의 민주주의와 헌법 민주주의가 아니라 인간 사회의 복잡한 현실과 동떨어진 실험을 통해 전통과 권위를 파괴하는 폭력적인 반란이라고 비난했다.

그러자 버크는 격렬한 논쟁에 휩싸였다. 버크의 숭배자였던 미국의 토머스 제퍼

> ● 영국 의회에서 버크의 활약은 눈부셨다. 조지 3세의 독재를 비판하고, 아메리카 식민지에 대한 과세에 반대했으며, 식민지 인도에서의 잘못된 통치를 지적하고 벵골 총독 워렌 헤이스팅스를 탄핵했다.

슨과 휘그당 신파이자 급진파인 제임스 폭스는 버크를 '반동'으로 단죄하고 '민주주의의 적'이라 비난했다.

어떻게 1776년의 미국혁명을 지지한 자유주의자 버크가 1789년의 프랑스혁명에 대해서는 이토록 무자비한 비판을 가할 수 있었을까? 이는 자유를 주장하는 버크의 이론과도 일치하지 않았다. 버크는 영국의 명예혁명에서 발견한 원칙으로 두 개의 역사적 사건을 판단하고자 했다. 버크는 의회로부터 왕실을 독립시키려 했고, 아메리카 식민지에 대한 영국 정부의 정책을 비판했다. 그래서 1776년에는 영국 왕에 저항한 미국 식민지 민중은 정당화할 수 있었으나, 프랑스의 혁명가들과 1789년 이후 그들을 지지했던 영국인들의 주장은 전적으로 거부했던 것이다. 결국 프랑스혁명이 주장하는 급진적 평등주의는 영국의 명예혁명이 제시하는 원칙에 위배되는 것이다. 이런 점에서는 버크는 어떠한 불일치나 입장의 변화가 없었다고 볼 수도 있다. 훗날 캐나다의 저명한 정치철학자인 크리스토퍼 맥퍼슨은 《버크》라는 책에서 그를 "휘그 이론의 창시자이었던 존 로크의 훌륭한 계승자"라고 평가했다. 또한 19세기의 마르크스는 버크를 "고명한 궤변가이며 아첨꾼이자 철저하게 저속한 부르주아지"라고 언급했다.

추상적 이성보다 관습과 전통을 열렬히 옹호했던 버크의 사상은 20세기 중반에 다시 주목받기 시작했다. 20세기 중반 냉전의 시대에 공산권과 제3세계에서 평등주의가 통치 이념으로 등장하면서, 서구의 자유주의에 심각한 위협이 되었던 것이다. 바로 이 점에서 1970년대 신자유주의 사상가들이 '에드먼드 버크'를 재평가하기 시작했다.

페인이 버크를 비난한 이유

버크의 주장을 반박한 페인은 영국 잉글랜드 동부의 노퍽 출신이다. 퀘이커교도의

시민의 세계사

아들로 태어나 열두 살에 학교를 떠난 후 제대로 교육받지 못했으며 선원, 하인, 사제, 교사 등 여러 직업을 진전했다. 코르셋 장사도 하고 세금 걷는 세무원 노릇도 하다가 결국 런던에서 만난 벤저민 프랭클린의 권유로 1774년에 필라델피아로 건너갔다. 벤저민 프랭클린은 미국혁명이 일어난 후 '건국의 아버지'라 불린 인물이다.

당시 미국은 일촉즉발의 혁명적 상황이었다. 군주제에 반대하는 자유주의자이었던 페인은 1776년 1월 《상식》이라는 제목의 작은 책자를 출판해 군주제를 폐지해야 하는 이유를 조목조목 열거하고, 미국의 독립이 가져오는 이익을 주장해 커다란 반향을 일으켰다. 이 책은 당시에 12만 권이나 팔렸으며, 조지 워싱턴을 비롯한 미국 독립 전쟁의 지도부들도 이 책을 읽었다고 한다. 미국 독립 전쟁이 본격적으로 시작되자 미국 군대에 부관으로 참여했다. 1776년에 출판한 《위기》라는 책에서 "싸움이 격렬할수록 승리는 빛난다"라며 미국인들의 사기를 북돋았다.

미국혁명을 위해 싸웠던 페인은 프랑스혁명의 열렬한 지지자가 되었다. 그는 1787년 프랑스로 건너가 혁명을 목격했고, 1791년에는 《인권》 1부를 쓰고 이듬해 런던에서 2부를 썼다. 이 책은 버크의 《프랑스혁명에 관한 성찰》을 반박하기 위해 쓴 것이었다. 책의 부제는 '프랑스혁명에 대한 버크 씨의 공격에 대한 답변'이었다. 또한 페인은 미국 대통령 조지 워싱턴에게 "자유의 원리를 옹호하는 이 대단치 않은 논문을 제가 당신에게 보내는 것은 당신이 모범적인 미덕으로 자유의 원리를 수립하는 데 탁월한 공헌을 하셨기 때문입니다"라는 헌사를 적어 자신의 책을 헌정했다. 헌사에는 "당신의 은혜를 잊지 않는 미천한 충복"이라고 덧붙였다.

《인권》에서 페인은 프랑스혁명으로 "'귀족'이나 '고귀한 신분'이라고 불리는 애매모호한 모든 세대의 계급이 사라지고 동등한 사람들은 '인간'이 되었다"고 선언했다. 그러나 이 책은 영국 정부에 의해 판매가 금지됐고, 페인에게는 반란을 선동한다는 이유로 체포령이 내려졌다. 페인은 프랑스로 피신할 수밖에 없었다. 프랑스에서 페인은 국민공회 의원으로 선출되었다. 영국 사람이 프랑스의 국회의원이 된 것이다. 실로 놀라운 일이다. 그러나 페인의 운명은 그리 순탄하지 않았다. 루이 16세의 처형에 반대한 페인은 자코뱅당의 눈 밖에 나서 감옥에 갇히는 신세가 되었다. 1794년 로베스피에르의 실각으로 석방된 뒤에는 《이성의 시대》를 출판했다.

1798년 페인은 나폴레옹에게 자신의 조국인 영국을 침략하라고 조언하려 했다고 한다. 하지만 그는 나폴레옹을 좋아하지 않았다는 주장도 있어서, 이 말을 어디까지 믿어야 할지는 모르겠다. 어쨌든 페인은 영국에 돌아가지 못하고 1802년 다시 미국으로 건너갔다. 그러나 미국에서 독립 전쟁의 영웅으로 추앙받기는커녕 《이성의 시대》가 무신론을 주장했다는 오해 때문에 '추악한 무신론자'로 비난을 받았다. 당시 미국에서 무신론자는 매우 '위험한 인물'이라는 딱지와 같았다. 페인은 그의 마지막 저서인 《토지 분배의 정의》에서 재산 소유의 불평등을 공격하고 최저소득의 보장을 주장해 사회주의에 가까운 주장을 펼쳤다. 그는 더욱 많은 적을 만들었다.

미국에 처음 발 디딘 1775년부터 34년간 혁명가로 살아온 페인은 결국 친구로부터 버림받고 고독한 말년을 보내다가 1809년에 쓸쓸히 세상을 떴다. 페인의 장례식에는 겨우 여섯 명만 참석했는데 그중 두 명은 흑인이었다. 아마 노예들이었을 것이다. 뉴욕 근처에 묻힌 그의 유골은 나중에 영국으로 이송되었으나 분실되고 말았다. 그의 흔적은 어디에도 없는 셈이다. 그러나 페인의 저작은 자유주의뿐 아니라 노동운동과 급진적 평등주의 사상에 큰 영감을 불러일으켰으며, 민주주의와 자유에 대한 열렬한 정신은 에이브러햄 링컨과 토머스 에디슨에게 커다란 영향을 준 것으로 알려져 있다.

더 읽을거리

- 에릭 홉스봄, 정도영·차명수 옮김, 《혁명의 시대》, 한길사, 1998.
- 김민제, 《영국 혁명의 꿈과 현실》, 역민사, 1998.
- 버나드 베일린, 배영수 옮김, 《미국혁명의 이데올로기적 기원》, 새물결, 1999.
- 로저 프라이스, 김경근·서이자 옮김, 《혁명과 반동의 프랑스사》, 개마고원, 2001.
- 한나 아렌트, 홍원표 옮김, 《혁명론》, 한길사, 2004.
- 하워드 진, 유강은 옮김, 《미국 민중사》, 이후, 2008.
- 노명식, 《프랑스혁명에서 파리 코뮌까지, 1789~1871》, 책과함께, 2011.
- 알베르 소불, 양영란 옮김, 《프랑스대혁명》, 두레, 2016.
- 유벌 레빈, 조미현 옮김, 《에드먼드 버크와 토마스 페인의 위대한 논쟁》, 에코리브르, 2016.

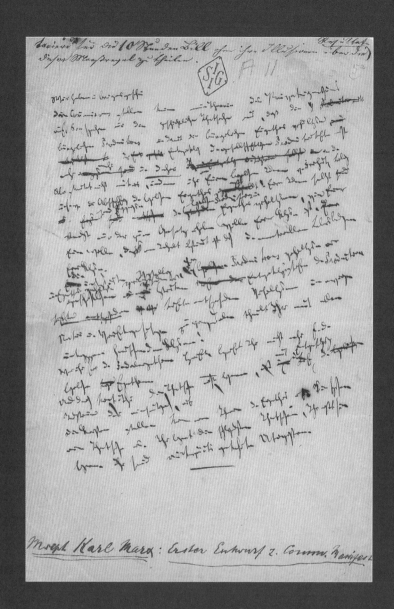

《공산당선언》의 육필 원고.

악필로 유명한 마르크스의 글은

가족과 엥겔스만이

알아볼 수 있었다.

3 전 세계의 노동자여 단결하라

마르크스와 《공산당선언》

인류의 역사는 계급투쟁의 역사다.
─카를 마르크스, 《공산당선언》 중에서

좋든 싫든 20세기 역사는 카를 마르크스(1818~1883)에 의해 만들어졌다. 이오시프 스탈린, 마오쩌둥, 체 게바라 등 현대의 주요 인물들은 모두 스스로 마르크스의 후계자라고 주장했다. 마르크스는 영국 런던에서 집세도 제대로 못 내 이곳저곳을 떠돌아다녔으며, 그가 죽었을 때 찾아온 이는 열 명 남짓이었다. 하지만 그 뒤 100년도 지나지 않아 전 세계 인구의 절반이 마르크스의 사상을 통치 이념으로 선택한 국가들의 지배를 받았으며, 전 세계의 60%에 달하는 땅 위에 마르크스를 찬양하거나 지지하는 국가가 수립되었다. 마르크스의 이론과 실천은 현실 정치뿐만 아니라 경제학·역사학·사회학·문학 등 사실상 거의 모든 학문 영역을 송두리째 흔들어놓았다. 깊이 있는 정치가나 학자가 되기를 원하는 사람은 마르크스의 주장을 이해하지 않으면 안 되었다. 그를 지지하든 또는 반대하든.

마르크스가 태어나기 1818년 전에 세상에 온 예수 그리스도에게는 열두 명의 제자가 있었다. 그는 사후 2000년 동안 전 세계적으로 추종자를 거느렸다. 아마도 마르크스는 예수 그리스도 이후로 가장 많은 추종자를 거느린 개인일 것이다. 그러나 불행하게도 마르크스의 이론은 대부분 잘못 이해되거나 악용되어 20세기 역사에 커다란 불행을 안겨주었다. 마르크스는 프롤레타리아 해방과 무계급사회라는 유토피아를 꿈꾸었지만, 그를 추종한 사람들이 만든 현실 세계는 한마디로 '재앙'이었

● 러시아어로 교정 노동 수용소 관리 본부 GULAG이며, 스탈린 시대의 소련에 설치된 강제수용소를 가리킨다. 1929년 소련공산당 정치국에서 최초로 교정 노동 수용소라는 이름을 사용했으며, 나중에는 정치적 반대자를 재판 절차도 없이 수감하고 강제 노동에 동원했다. 1930~1956년 사이에 약 1800만~2000만 명이 수용되었으며, 이 가운데 약 150만 명이 기근과 영양실조로 죽은 것으로 밝혀졌다.

다. 스탈린의 굴라크●, 마오쩌둥의 문화대혁명, 김일성의 수용소는 20세기 역사의 가장 불행한 사건들이다. 그렇지만 마르크스가 자본주의경제의 문제점을 날카롭게 분석한 탁월한 학자이며, 자본주의가 세계적으로 팽창할 것이라고 예언한 통찰력을 지닌 사람이라는 것은 부정할 수 없다. 냉전 시대에 마르크스는 모든 악의 근원이자 폭력혁명을 선동하는 무시무시한 공산주의 이데올로기의 창시자로 알려졌다. 냉전 시대가 지난 지금은 마르크스를 냉정하게 재평가해야 할 시점이다.

마르크스가 그토록 싫어했던 프랑스 사회주의자들 가운데 일부가 마르크스주의 정당을 표방하자, 마르크스는 분명히 말하지만 "나는 마르크스주의자가 아니다"라고 손사래를 쳤다. 사실 20세기 공산당 정권들이 저지른 역사적 오류는 마르크스의 사상과 무관한 경우가 많다. 레닌, 스탈린, 트로츠키, 마오쩌둥 등 모든 공산주의 혁명가들이 마르크스의 이름을 팔아 자신의 권위를 내세웠지만, 이들의 이론을 비교해보면 마르크스의 주장과 다른 점이 수없이 많다. 소련의 헝가리와 체코슬로바키아 침공, 중국의 톈안먼 광장에서 벌어진 학살, 북한에서 일어난 기근과 수많은

죽음을 마르크스의 책임이라 묻는 것은 비현실적이다.

영국 노동당의 정치인 토니 벤은 "마르크스의 이름으로 행한 모든 잘못에 대해 마르크스를 비난하는 것은 예수의 이름으로 행한 모든 잘못에 대해 예수를 비난하는 것과 같다"고 말했다. 교황의 십자군 전쟁, 에스파냐의 종교재판, 교회의 마녀사냥을 예수의 잘못이라고 할 수는 없지 않은가. 마르크스에게 아무런 잘못이 없다는 말은 아니다. 다만 냉전 시대가 끝난 지금, 20세기 역사에서 가장 영향력이 있는 인물인 마르크스를 '색깔론'의 시각에서 벗어나 객관적으로 돌아보자는 것이다.

《공산당선언》은 무엇인가

"하나의 유령이 유럽을 떠돌고 있다." 어느 회사의 광고 카피가 아니다. 다음 문장이 "공산주의라는 유령이"라면 깜짝 놀랄까? 1848년에 출간된 《공산당선언》은 마르크스가 서른 살에 발표한 작은 책자다. 파리 오를레앙가 42번지의 담배 연기 자욱한 서재에서 밤새워 미친 듯이 휘갈겨 쓴 것이었다. 이 글을 읽어보면 마르크스가 얼마나 문학적인 은유와 상상력으로 가득 찬 인물인지 알 수 있다. 마르크스의 글은 딱딱한 철학자의 글이나 현학적인 문체와 거리가 먼, 낭만적인 시인 같은 웅변을 토해내고 있다.

당시 유럽은 프랑스혁명 후 왕정이 복고해 보수적인 정치체제가 지배했지만, 노동자와 민중의 혁명적 분위기는 충만한 시대였다. 젊은 마르크스는 예언자 같은 논조로 자본주의는 필연적으로 멸망하고 공산주의가 도래한다고 주장했다. 그러면서도 자본주의경제를 전 세계에 전파하는 자본가들의 활동을 극구 찬양했다. 마르크스를 마치 자본가계급의 소멸을 주장하는 피에 굶주린 악마로 묘사하는 이들이 보면 깜짝 놀랄 정도다. "부르주아지가 이집트의 피라미드, 로마의 수도水道, 고딕 성당을 훨씬 뛰어넘는 불가사의를 이루어냈다. 부르주아지는 이전의 모든 민족과 십자군의 대이동을 훨씬 능가하는 원정들을 지휘했다"고 마르크스는 말했다. 마르크스는 분명 부르주아의 이데올로기도 지지했다. 자유무역과 관세 철폐를 지지했고 자본주의의 지구화를 찬양했다.

하지만 마르크스는 "자본가들이 결국 자기 무덤을 파는 자들"이고 프롤레타리아 혁명에 의해 필연적으로 대체될 것이라고 선언했다. 프롤레타리아는 누구인가? 천민이라는 의미를 가진 이 단어는 마르크스에 의해 노동자를 가리키는 말로 사용되었다. "노동자들은 부르주아계급, 부르주아국가의 노예일 뿐만 아니라 매일 매시간 기계와 감독자, 그리고 무엇보다도 자기가 일하는 공장을 운영하는 부르주아 공장주의 노예로 살아간다"고 마르크스는 말했다. 스스로 혁명가가 된 마르크스는 프롤레타리아가 혁명을 일으켜 새로운 시대를 이끌어갈 것이라고 믿었다. "프롤레타리아가 잃을 것은 쇠사슬뿐이다. 전 세계 노동자들이여 단결하라." 《공산당선언》의 이 마지막 구절은 국제공산주의 운동의 슬로건이 되었으며, 작은 책자 《공산당선언》은 전 세계 공산주의 운동의 이정표가 되었다.

《공산당선언》에서 마르크스는 계급과 계급 갈등에 대해 설파했다. 마르크스는 자본주의가 등장하기 이전의 사회에서도 지위가 서로 다른 지위 간에 투쟁이 벌어졌다고 지적하면서 "역사의 초기 단계에서도 사회의 서열과 사회질서 내부의 배열이 존재한다"고 말했다. 부르주아 시대는 사회를 부르주아지와 프롤레타리아 두 개의 집단으로 분리한다. 특히 생산수단의 소유관계가 계급의 위치를 규정한다. 마르크스에 따르면, 자본주의사회의 계급들은 양극화되고 중간계급도 양극 분해가 이루어진다. 오늘날 유행하는 말을 쓰자면 '양극화'다.

"지금까지 존재한 모든 사회의 역사는 계급투쟁의 역사다. 자유민과 노예, 귀족과 평민, 영주와 농노, 길드 장인과 직인, 한마디로 억압자와 피억압자는 항상 서로 대립하면서 때로는 숨겨진, 때로는 공공연한 싸움을 벌였다. 각각의 싸움은 그때마다 대대적인 사회의 혁명적 재편 또는 경쟁하는 계급들의 공동 파멸로 끝이 났다. … 하지만

착취당하는 노동자 스위스 기업의 나쁜 노동조건에 대한 1896년의 풍자만화에는 이런 제목이 붙었다. '노동자와 기업자 간의 새로운 관계'

우리 시대, 부르주아지의 시대는 명확한 특성을 가지고 있다. 즉 계급 간 적대를 단순화한 것이다. 전체 사회는 부르주아지와 프롤레타리아라는 양대 적대 진영으로, 서로 직면하고 있는 양대 계급으로 점점 더 분열되어가고 있다."

마르크스에 따르면, 양극화된 계급들 사이에는 계급투쟁이 불가피하다. 나아가 그의 말대로 "계급투쟁은 역사 발전의 원동력"이다. 자본주의가 발전할수록 노동자계급은 궁핍해진다. 물론 궁핍해진 노동자계급이 자동적으로 계급투쟁에 나서게 되는 것은 아니다. 그러나 산업이 발전하면서 프롤레타리아는 숫자가 증가할 뿐만 아니라 더 큰 무리로 단결하고 성장하며 그 힘을 더욱 자각하게 된다. 마르크스는 계급의식을 가진 노동자들만이 계급투쟁에 참여하게 될 것이라면서, 프롤레타리아가 이끄는 혁명을 통해 계급이 폐지된 유토피아 사회가 오기를 고대했다.

마르크스는 왜 영국에 갔을까

마르크스는 1818년 독일 라인란트의 트리에르에서 출생했다. 그는 그 지역의 저명한 변호사였던 아버지와 네덜란드 출신 어머니 사이에서 태어났다. 마르크스의 집안은 유대교 사제인 랍비 가문이었으나 마르크스의 아버지는 기독교로 개종했다. 마르크스는 법률을 공부하기를 바라는 아버지의 기대를 저버리고, 본대학교를 다닐 시절 동안 결투 클럽에 참여하기도 하고 술집에서 소란을 피워 처벌을 받기도 했다. 더욱 더 큰 문제는 법률 공부보다 점차 철학과 정치에 심취했다는 것이었다. 마르크스는 베를린대학교에서 공부한 뒤, 1841년 예나대학교에서 철학박사 학위를 받았다. 학위논문 주제는 〈데모크리토스와 에피쿠로스의 자연철학의 차이〉였다.

그러나 대학 시절 '청년헤겔'이라는 급진 단체에서 활동했던 것이 학문상의 경력에 장애가 되어 교수직을 포기하고 말았다. 이듬해인 1842년 자유주의 성향의 잡지 《라인신문》의 편집장이 되었으며, 그 뒤 파리로 이주해 《독불연보》 편집장으로 활동했다.

이 무렵 마르크스는 네 살 연상인 예니 폰 베스트팔렌과 열렬한 연애 끝에 결혼했다. 마르크스에 따르면, 그녀는 트리에르에서 가장 아름다운 여인이었다. 하지만 당시에 연상의 여인과 결혼하는 것은 아주 드문 일이었다. 게다가 변변한 직업도 없었던 마르크스는 귀족 집안인 신부 집에 인사도 제대로 차리지 못한 채 결혼 생활을 시작했다.

젊은 마르크스는 왕성한 저술 활동을 벌였다. 그의 펜은 매우 날카롭고 논쟁적이었다. 1845년 마르크스는《포이어바흐 테제》에서 "철학자들은 여러 가지 방법으로 세계를 해석만 했다, 그러나 중요한 것은 세계를 변혁하는 것이다"라고 적었다. 그는 자신의 운명을 예감했다. 마르크스는 세계를 바꾸기 위해 세계를 해석하는 새로운 관점을 제시했다. 그는《독일 이데올로기》에서는 청년헤겔 학파가 경제를 무시하고 있다고 비판했다. 1847년에 출간한《철학의 빈곤》에서는 "부가 만들어진 것과 똑같이 빈곤도 (생산)관계에서 만들어진다"고 주장하며, 프랑스 사회주의자 피에르 조제프 프루동은 사유재산을 둘러싼 (생산)관계를 제대로 이해하지 못하고 있다고 비판했다. 1848년에는《공산당선언》을 발표하고 독일 쾰른으로 이주해 《신라인신문》편집장으로 활동했다. 그러나 신문이 정간되고 독일에서 살 수 없게 되자, 다시 파리를 거쳐 영국 런던으로 망명해 정착했다. 그때 영국은 이교도와 유대인, 정치범에게 비교적 관대한, 유럽의 혁명가들이 머물 수 있는 유일한 피난처였다.

런던의 소호 근처 딘가 64번지에 월세를 얻어 살게 된 마르크스는 가난으로 심각한 고통을 겪었다. 맨체스터에서 공장을 경영하던 독일 친구 프리드리히 엥겔스의 재정 후원으로 겨우 생계를 유지했으며, 가난 속에서 세 아이가 잇달아 죽는 등 개인적인 고초를 겪었다. 돈이 생기면 노동운동과 혁명운동에 쏟아부어버리는 마르크스는 가족에게는 무능한 가장이었다. 마르크스는 독일에서 망명해온 혁명가들이나 노동자들과 어울리며 '공산주의자동맹'이라는 단체를 결성했다. 이 시기에 마르크스의 동정을 감시하던 프로이센 첩보원이 본국에 보낸 보고서를 보자.

"그는 진짜 보헤미안 지식인 생활을 하고 있다. 씻고, 단장하고, 내의를 갈아입는 일은 좀처럼 하지 않는다. 그는 술에 취하는 것도 좋아한다. 종종 며칠씩 게으름을 피우기도 하지만 할 일이 많을 때는 지칠 줄 모르고 밤낮없이 꾸준하게 일을 한다. 그는 일정한 시간에 자고 깨는 법이 없다."

1851년에 공산주의자동맹 회원들이 대부분 감옥에 갇히자, 마르크스는 모든 활동을 중단하고 런던의 대영도서관 열람실에 파묻혀 정치경제학 연구에 전념했다. 자본주의의 비밀을 파헤치기 위해 '자본'을 탐구하는 거대한 프로젝트를 시작한 것이다. 독일에 있던 마르크스의 어머니는 아들이 자본에 대해 책을 쓸 계획이라는 말을 전해 듣고, "네가 자본에 대해 책을 쓰는 것보다 자본을 벌기를 바란다"고 편지를 보냈다. 마르크스는 돈 버는 재주는 도통 없었다. 영국의 저널리스트 프랜시스 윈이 쓴 책에 따르면, 1862년 무렵 빚이 엄청나게 늘어나자 마르크스는 절망에 빠져 철도회사 직원 채용에 응시했는데, 도저히 알아볼 수 없는 필체 때문에 낙방하고 말았다 한다. 월급쟁이 운명은 아니었던 모양이다.

자본주의의 비밀을 파헤치는 《자본론》의 탄생

당시 세계에서 가장 부유한 도시 런던에서 마르크스는 그야말로 빈궁의 세월을 보냈다. 웬만해서는 돈 벌 생각을 하지 않았던 마르크스는 대영박물관 안에 있던 대영도서관 한자리에 앉아 엄청난 양의 책을 읽으며 경제학 연구에 몰두하고 글을 썼다.

1851년 마르크스는 생계를 위해 《뉴욕 데일리 트리뷴》에 유럽의 정치를 소개하는 글을 정기적으로 기고하기로 했다. 그러나 몇 번 쓰고는 연구에 방해가 된다면서 친구인 엥겔스에게 집필을 떠넘겼다. 물론 원고료는 마르크스의 차지였다. 맘좋은 친구 엥겔스는 아버지가 경영하던 방직 공장에서 일하면서 몰래 마르크스에게 생활비도 보내주었다.

자본을 벌지 못하는 마르크스의 자본 연구는 그리 순탄하지 않았다. 그는 노동운동과 정치 활동에 많은 시간을 할애했다. 1864년 마르크스는 런던에서 세계 최초의 국제공산당이라고 할 수 있는 '국제노동자협회(제1인터내셔널)'의 창립을 지원했다. 그는 각종 회의에 적극 참여했으며, 노동자들의 집회에서 강연도 했다. 사실상 그는 세계 노동운동의 두뇌이자 지도자였다. 공식 직함은 '독일 담당 통신 서기'. 의장직을 맡아달라는 제안을 받은 그는 "나는 두뇌를 쓰는 노동자지 손을 쓰는 노동자가 아니기 때문에 자격이 없다고 생각한다"며 정중히 사양했다.

국제노동운동에 열중하는 한편 마르크스는 자신의 연구 결과를 출판하기 위해 노력했다. 그 연구 결과에는 대영도서관에서 섭렵한 자본주의 행태에 관한 방대한 자료들, 정부에서 발행한 문서, 통계 자료, 공장 감독관이나 보건소 관리들의 보고서들을 꼼꼼하게 검토한 성과가 담겨 있었으며, 찰스 디킨스의 소설 〈올리버 트위스트〉 같은 문학작품도 인용되었다. 마르크스의 연구는 1867년 독일의 한 출판사에서 최초로 출판되었다. 제목은 《자본론》. 그러나 이 책은 아무런 호평을 받지 못했다. 저자에 대한 정치적 편견도 있었지만 무엇보다도 내용이 너무 어려웠다. 엥겔스조차도 구성이 혼란스러워 제대로 이해하기 어렵다고 불평했다. 대부분의 신문은 논평을 하지 않았다. 마르크스는 엥겔스에게 자신의 책에 대한 침묵 때문에 조바심이 난다고 편지를 썼다. 하지만 마르크스는 이미 그러한 결과를 예견하고 있었는지도 모르겠다. 서문에 "네 갈 길을 가라, 혀들이 제멋대로 움직이게 놓아두어라Segui il tuo corso, e lascia dir le genti"라는 단테의 격언을 적어놓은 것을 보면 말이다.

마르크스는 국제노동자협회에서도 복잡한 분파 투쟁을 접고 자신의 갈 길을 가기로 했다. 국제노동자협회는 잠시도 조용한 날이 없었다. 각기 다른 국적의 노동운동 지도자들은 운동의 방향과 전략의 차이로 항상 논쟁을 벌였다. 무정부주의자 미하일 바쿠닌의 논쟁이 격화되면서 국제노동자협회는 1872년 뉴욕으로 전격 이전했다. 이는 무정부주의자가 노동운동을 장악하는 것을 막기 위한 고육지책이었다. 우리나라 야당사에서 반대파를 제거하기 위해 스스로 왕창 탈당하는 것과 유사하다.

그 후 국제노동운동은 매우 약화되었고 유럽의 혁명적 분위기도 침체되었다. 1876년에 국제노동자협회는 공식적으로 해체되었고, 그해 마르크스의 숙적 바쿠

엥겔스와 마르크스 엥겔스는 마르크스의 장례식 추도사에서 "다윈이 자연의 법칙을 발견했다면, 마르크스는 역사의 법칙을 발견했다"고 기념했다. 두 혁명가는 깊은 우정을 나누었으며 노동운동과 사회주의를 위한 길에 변함없는 동반자였다.

닌도 사망했다. 현실 정치에서 한 발 물러나 연구에 전념하던 마르크스는 1883년 런던에서 쓸쓸하게 세상을 떴으며, 시신은 런던 하이게이트 공동묘지에 안장되었다. 그 후 그의 유고를 바탕으로《자본론》2, 3권이 엥겔스에 의해 출판되었다. 엥겔스는 언제나 마르크스의 천재성을 예찬한 친구였다.

마르크스주의의 핵심 주장

마르크스의 이론은 유물론이라는 점에서 기독교와 정반대지만, 논리의 구성은 매우 흡사하다. 특히 불평등을 비판하고 가난한 사람들의 해방을 주장한다는 점에서 근본 동기가 비슷하다. 왜 그럴까? 마르크스에게 영향을 준 독일 철학자 헤겔은 인간의 역사를 이성의 실현으로 보았으며, 그에 따라 역사를 진보하는 것으로 보았다. 역사가 진보한다는 견해는 유대교와 기독교의 전통과 유사하다. 세상의 운명은 돌고 돈다고 보는 인도의 사상이나, 세상은 시간이 갈수록 더 나빠진다는 중국의 사상과는 매우 다르다.

개인이 교회와 신부를 통하지 않고 구원받을 수 있다고 주장한 개신교는 서구의 현대사상에 많은 영향을 주었다. 또한 기독교의 가난한 사람들에 대한 사랑은 사회주의사상에 큰 영향을 끼쳤다. 18세기 유럽에 사회주의가 등장했을 때 대부분의 사람들이 기독교를 믿고 있었다는 사실을 기억해야 한다. 공산당은 교회의 교리문답과 같은 학습을 거쳐서 세례 의식과 같은 입당 의식을 한다. 그리고 교회가 헌금을 걷듯 당비를 걷고, 교회의 조직처럼 직업별·지역별·연령별 조직에 참여해 정기적인 회합을 한다. 심지어 교회의 고해성사와 비슷한 자아비판도 한다. 이쯤 되면 공산당은 세속화된 교회라 할 만하다.

마르크스가 세상을 떠난 뒤 그의 사상을 추종하는 사람들이 점점 늘어났다. 그의 제자들은 소외당한 노동자계급 속에 들어가 새로운 정치적 '교회'를 만들었다. 이들의 신앙 체계는 마르크스주의라고 불렸다. 이들이 신봉하는 마르크스주의의 핵심 내용은 다음과 같다. 첫째, 모든 사회는 (사랑이 아니라) 갈등을 기반으로 한다. 사회적 갈등은 정치적 갈등, 경제적 갈등, 문화적 갈등 등 다양한 형태로 표현된다. 둘째, 사회 변화의 기본적인 요인은 (마음이 아니라) 경제적 요인이다. 경제혁명이 발생하고 정치혁명이 뒤따른다. 경제구조는 토대고 정치, 법률, 이데올로기는 상부구조다. 셋째, 자본주의사회에서 노동은 (에덴동산의 원죄가 아니라) 인간의 소외를 야기한다. 특히 노동자계급은 자본주의사회에서 소외된 계급이다. 넷째, 사회는 (신의 섭리가 아니라) 구체적인 현실의 '총체성'으로 보아야 하고, 그중 경제가 결정적 요소다. 이와 같은 마르크스주의는 20세기의 혁명적 노동운동과 사회주의 운동에 커다란 영향을 미쳤다.

마르크스주의는 실패했나

모든 이론이 그렇듯이 마르크스주의 이론에도 몇 가지 심각한 약점이 있다. 가장 큰 문제로 지적되는 것은 역사적 결정론이다. 마르크스는《정치경제학 비판을 위하여》의 서문에서 "인간은 역사의 형성에 참여하나 역사를 설계할 수는 없다"고 적었다. 마르크스는 인간의 역사가 자본주의에서 사회주의로 이행하는 것이 필연적 과정이라고 주장했다고 알려져 있다. 하지만 그가 정말 자본주의의 필연적 붕괴를 예언했는지는 모호하다. 사실 그는 서로 상반되는 주장을 동시에 제기했다. 그의 저서를 보면, 평균이윤율의 저하와 총이윤의 증가를 주장하는 문구가 공존한다. 역사의 단계적 발전 법칙을 강조하는 동시에 사회주의로의 이행에서 이데올로기와 의식의 역할을 강조한다. 자본주의 발전에서 인간의 노동이 가지는 역할을 강조하는 동시에 인간성이 역사를 변화시킨다고 강조한다. 그의 저서에는 인간주의적 사회학과 실증적 역사주의 사이의 혼란과 모순이 존재하고 있는 것이다. 마르크스는 《고타 강령 비판Kritik des Gothaer Programms》에서 사회주의는 개인과 사회와의 조화라고 주장했지만, 그의 사상에서 개인과 집단은 긴장과 갈등의 관계다.

　마르크스의 역사 이론은 진화론적 성격을 갖고 있다. 진화론을 제창한 찰스 다윈을 존경했던 마르크스는 자본주의에서 사회주의로의 이행을 강조하면서 역사 발전에는 다섯 단계가 존재한다고 강조했다.● 하지만 마르크스가 강조한 생산의 무정부성이라는 자본주의의 '근본적 모순'과 필연성을 강조하는 '철의 법칙'은 자연과학에서 말하는 '실증적 법칙'과는 다르다. 마르크스의 '법칙'은 자연적인 것이 아니고 인간이 만든 것이기 때문에 인간의 개입에 대해 열려 있다. 그런데 마르크스가 세상을 떠난 뒤 엥겔스는 경제 발전이야말로 역사 발전의 '궁극적 원인'이라고 주장했다. 철학이나 인간보다는 정치경제학이 우

● 마르크스는 다윈이 생물학에서 맡은 역할을 자신의 학문에서 수행한다고 말한바 있다. 마르크스는《자본론》이 출간되자 런던에 살고 있는 다윈에게 우편으로 책을 보냈다. 다윈은 정중하게 감사의 편지를 보냈지만, 마르크스의 어려운 책을 제대로 읽지는 않은 것 같다.

선이라고 생각한 것이다. 그러고 보면 엥겔스의 역사 해석은 실증주의적 요소가 우세한 것 같다.

많은 학자는 마르크스의 대표적인 오류로 사회변동에서 경제적 요소를 지나치게 강조한 점을 꼽는다. 이는 '경제결정론'이라는 비판에 직면하곤 한다. 또한 생산력 발전을 이끄는 생산수단과 기술의 발전을 환원적으로 설명하는 기술결정론이라는 비판도 받는다. 마르크스는 《정치경제학 비판을 위하여》에서 "물질적 생활의 생산 양식이 사회적·정치적·정신적 생활 과정 일반을 좌우한다. … 경제적 토대의 변화와 더불어 거대한 상부구조 전체도 조만간 변혁된다"고 적었다. 마르크스는 말년에 《자본론》을 집필하면서 초기 저서에 나타나 있는 관념론적 요소를 부정했다. 마르크스의 인간학이 정치경제학으로 이행하면서 '의식'과 '경제'의 균형을 잡아주는 추가 한쪽으로 지나치게 기운 것으로 보인다. 초기의 인간학이 후기에 들어 실증주의적 역사관으로 변화한 것이다. 바로 이러한 차이 때문에 '두 개의 마르크스'가 존재한다고 평가하기도 한다.

마르크스에 따르면, 역사적 변화와 개인의 발전은 아무 차이 없이 일어나는 것은 아니다. 그러나 인간관계와 경제조직에서 차이를 만들 수 있다. 개인은 사회에 의해 형성되나 과학적·역사적·물질적 전제를 토대로 한 합리적 행동을 통해 사회 변화를 추진할 수 있으며, 과학적 비판과 혁명적 행동을 통해 사회를 재구성할 수 있다는 것이다.

몇몇 학자는 마르크스의 역사관이 유대교와 기독교의 목적론적·종말론적 역사관의 영향을 받았다고 생각한다. 성경의 '에덴동산'은 '원시공산사회'가 되고, 기독교의 '원죄'는 자본주의사회의 '소외'가 된다. 성경의 '최후의 심판'은 《공산당선언》의 '사회주의혁명'이 되고, '천년왕국'은 '무계급사회'가 된다. 또한 계급 관계를 부르주아지와 프롤레타리아로 나누는 이분법적 단순성은 기독교의 선과 악의 이분법과 유사하다.

마르크스는 일찍이 존 스튜어트 밀의 이론●을 "타협할 수 없는 것을 화해시키려는 부질없는 노력"이라고 비판했다. 마르크스는 자본과 노동, 자본가와 노동자, 자본주의와 사회주의를 대립 관계로 구분했다. 그리고 이러한 이분법은 자본주의와 사회주의의 요소를 절충한 혼합경제나 노동자계급과 자본가계급이 타협하는 복지국가의 등장을 예견할 수 없었다.

또한 마르크스는 자본주의사회의 노동자계급이 누리는 물질적 풍요를 예견하지 못했다. 이것이야말로 자본주의사회에서 더 이상 혁명이 발생하지 않는 중요한 요소가 아닐까. 마르크스는 대중 교육의 보급으로 노동자계급과 하층계급의 상당수가 중간계급으로 사회적 이동을 할 수 있다는 가능성을 이해하지 못했다. 산업화의 초기 단계에 농촌의 잉여 노동력은 도시로 대거 이동해 노동자계급을 형성했다. 하지만 마르크스의 예견대로 계급 양극화가 악화되는 대신, 하층계급은 중간계급으로 지속적으로 상향 이동을 할 수 있었다. 이는 정치적으로 민주주의가 확대되면서 노동자계급의 자녀들에게 교육의 기회가 주어진 결과다. 교육과 훈련을 통해 자격증을 획득한 화이트칼라가 새로운 중간계급이 되었다.

또한 마르크스는 소련과 동유럽에 등장한 '현존 사회주의'의 문제점에 대해 통찰하지 못했다. 소비에트 공산주의는 정치적 기획과 사회공학에 대해 지나친 확신이 있었다. 특히 스탈린의 추종자들은 시장, 화폐, 노동 분업이 사라진 유토피아를 꿈꿨다. 사실 공산당 일당독재와 중앙집권적 계획경제는 마르크스의 가르침과 전혀 일치하지 않는다. 마르크스는 공산당이 대중을 지도하거나 국가가 사회주의를 만들 것이라고 말한 적이 없다.●● 최근에는 여성의 역할과 환경문제를 경시했다고 비판받기도 한다. 하지만 19세기 사상가가 20세기 역사의 모든 것을 설명하리라고 기대하는 것은 무리다.

마르크스는 사라졌나

마르크스 사후부터 오늘에 이르기까지 마르크스주의는 복잡한 논쟁을 많이 거쳤다. 마치 로마가톨릭교회가 약화되고 개신교의 다양한 분파가 새롭게 등장한 것과 유사하다. 1917년 러시아혁명을 거치면서 마르크스·레닌주의는 정통 이론을 자처했으나, 죄르지 루카치와 카를 코르시가 레닌을 비판한 이후 서구에서 마르크스-레닌주의의 영향력은 약화되기 시작했다. 1956년 헝가리 사태 이후 서유럽의 마르크스주의자들은 소련의 스탈린주의와 결별하고 '서구 마르크스주의'를 형성했다. 이는 로마교황청이 '면죄부'를 판매하자 마르틴 루터가 이끈 종교개혁에 비견할 만하다. 안토니오 그람시의 헤게모니 이론과 프랑크푸르트학파의 아도르노, 호르크하이머가 주도한 비판이론이 새로운 관심을 끌었다. 1960년대에 비판이론의 전통을 계승한 헤르베르트 마르쿠제는 소련으로부터 완전히 벗어나 '신좌파New Left'의 뜨거운 호응을 얻었다. 중국에서는 '대중노선'을 강조하는 마오쩌둥 사상이 등장했으며, 프랑스에서는 언어학과 인류학의 구조주의 영향을 받아 구조주의적 마르크스주의가 인기를 끌었다.●

하지만 마르크스주의의 가장 커다란 시련은 서유럽이나 중국이 아니라 공산주의 종주국이었던 소련에서 일어났다. 1985년 소련공산당의 새로운 서기장 미하일 고르바초프가 등장해 '페레스트로이카perestroika'라는 정치 개혁을 추진하면서 마르크스주의 이론은 심각하게 재검토되었다. 고

> ● 프랑스 에콜 노말(고등사범학교)의 철학 교수이자 전후 프랑스공산당의 최고 이론가였던 루이 알튀세르는 마르크스 연구에서 커다란 영향력을 행사했으나, 소련공산당과 지속적으로 깊은 연대를 유지했다. 서유럽에서 마르크스주의의 정통이라 자처하던 알튀세르는 1980년대 한국에서도 선풍적인 인기를 끌었다.

르바초프는 계급투쟁과 반제국주의 투쟁에 대한 전통적 견해를 근본적으로 수정하고 서로 다른 계급과 국가의 상호 의존을 강조했다.

그러나 이러한 변화는 오래 가지 못했다. 1991년 공산당 보수파의 쿠데타가 실패하면서 소련이 완전히 붕괴되자 마르크스주의의 이론적 영향력은 급속하게 약화

되었다. 이후 서구의 마르크스주의자들은 포스트모더니즘의 영향 속에서 사라지거나 다원주의적 경향의 이론과 연계를 갖기 시작했다. 이제 마르크스주의의 정치 기획은 정당과 사회운동에서 더 이상 중요하게 취급되지 않는다. 마르크스주의는 그야말로 '죽은 개'가 된 것이다.

마르크스주의의 정치적·학문적 영향력이 급속하게 쇠퇴한 것은 현대사회의 가장 중요한 특징 가운데 하나다. 이는 매우 극적인 현상이다. 한 세기 전, 전 세계에서 가장 강력했던 정치 이데올로기가 어느 날 갑자기 형체도 없이 사라지고 만 것이다. 그러나 자본주의를 비판하는 마르크스의 통찰력은 현대사회를 이해하는 데 있어 여전히 중요하다. 또한 마르크스는 현대사회과학에도 많은 영향을 끼쳤다. 마르크스의 대표적인 지적 유산은 무엇보다도 자본주의에 대한 탁월한 비판이라 할 수 있다. 자본과 노동의 관계에 대한 이론적 해명과 자본의 지구화와 계층화에 대한 정확한 통찰력은 매우 뛰어나다. 자본주의는 세계적 차원으로 확대되면서 부자와 빈자, 부국과 빈국의 차이가 지속적으로 커지고 있다. 또한 많은 학자는 마르크스가 지적한 인간소외, 물신숭배, 생산의 무정부성, 경제공황의 문제가 현대 자본주의사회에서 계속 나타나고 있다는 것을 인정한다.

2005년 영국의 BBC 방송이 전문가들의 설문을 거쳐 세계에서 가장 유명하고 영향력 있는 철학자 열 명을 뽑았다. 1위는 바로 카를 마르크스였다. 실패한 공산주의 이론을 제외하면, 마르크스는 자본주의에 대한 뛰어난 분석가였다는 평가를 받는다. 자유주의를 옹호하는 영국의 정치철학자 이사야 벌린은 "일부 결론은 틀린 것으로 드러났지만, 마르크스 철학이 갖는 중요성은 조금도 변하지 않았다"고 말했다. 왜냐하면 그의 철학은 사회적·역사적 문제를 바라볼 때 이전과 다른 새로운 관점을 제시하고 인간의 인식에 새로운 길을 열어주기 때문이다.

지금 세계는 마르크스가 살았던 19세기와 너무 유사하다. 엄청난 속도로 발전하는 과학기술로 시장이 확대되고, 영미 세계가 자본주의를 지배하고, 사회경제적 양극화가 급증하고 있다. 인간은 이윤의 도구가 되었으며, 경제적 능력이 없는 사람은 시장에서 도태되고, 인간의 존엄마저 희미해지고 있다. 우리는 19세기의 사회주의자로 되돌아갈 수는 없다. 그러나 지금이야말로 마르크스를 다시 읽어야 할 때인지도 모른다. 자본주의사회의 불평등이 심각한 사회문제로 인식되는 한, 마르크스의 통찰력은 여전히 많은 사람에게 주목받을 것이다.

더 읽을거리

● 프랜시스 윈, 정영목 옮김, 《마르크스 평전》, 푸른숲, 2001.

● 질 핸즈, 이근영 옮김, 《30분에 읽는 마르크스》, 랜덤하우스코리아, 2003.

● 조너선 울프, 김경수 옮김, 《한 권으로 보는 마르크스》, 책과함께, 2005.

● 알렉스 캘리니코스, 정진상·정성진 옮김, 《카를 마르크스의 혁명적 사상》, 책갈피, 2007.

● 데이비드 하비, 강신준 옮김, 《데이비드 하비의 마르크스 자본 강의》, 창비, 2011.

● 이사야 벌린, 안규남 옮김, 《카를 마르크스: 그의 생애와 시대》, 미다스북스, 2012.

● 테리 이글튼, 황정아 옮김, 《왜 마르크스가 옳았는가》, 길, 2012.

● 자크 데리다, 진태원 옮김, 《마르크스의 유령들》, 그린비, 2014.

프로이트에 대한 수많은 비판과 해석,

이어진 재비판과 재해석이야말로

그의 이론의 탁월성을 보여준다.

프로이트는 20세기 사상가 중

여러 분야에서 큰 영향을 끼쳤다.

4 문명은 인간 본성을 억압한다

프로이트의 정신분석

성은 선과 악을 초월하는 것이다.
성은 사랑을 초월한다.
성은 이성을 초월한다.
성은 의식의 한계를 무너뜨린다.
―수전 손택, 작가·예술평론가·사회운동가

현대의 가장 극적인 변화 가운데 하나는 인간의 성에 대한 태도다. 일반적인 세계사에서는 이 주제를 심각하게 다루지 않는다. 특별히 성의 풍속을 다루는 책들은 간혹 있지만 '주류의 역사'에는 감히 끼어들지 못한다. 지식인의 학문 세계에서도 성은 오랫동안 대접받지 못하는 주제였다. 점잖은 신사의 화제가 되어서는 안 되었던 것이다. 20세기에 들어서면서 이러한 금기를 완전히 깬 사람이 있다. 그는 원래 정신과 의사였으나, 인간의 성에 관한 견해를 완전히 뒤바꾸었다. 지크문트 프로이트(1856~1939)가 바로 그다.

프로이트가 찾은 무의식

프로이트는 1856년 오스트리아에서 모직상으로 재산을 모은 부유한 유대인 집안에서 태어났다. 빈에서 어린 시절을 보낸 프로이트는 빈대학교 의학부를 졸업하고 신경의학 의사가 되었다. 당시 빈에서는 유대인이 정치인이나 관리가 되는 것을 허용치 않았기 때문에 유태인들은 의사나 변호사 같은 직업을 선호했다. 하지만 프로이트는 평범한 의사로 인생을 마칠 운명이 아니었다. 그는 지적 호기심이 많았으며, 뇌의 해부학적 연구와 코카인의 마취 작용에 대한 연구에 참여하면서 인간의 의식과는 별도로 '무의식'이 존재한다고 믿기 시작했다. 1885년 세계적으로 유명한 신경학자 장 마르탱 샤르코와 함께 파리의 사르베토리에르 정신병원에서 히스테리 환자들을 관찰한 후 이러한 생각은 한층 강해졌으며, 1899년 여름 프랑스 낭시에서 최면술을 연구하면서 인간의 마음에는 자신이 의식하지 못하는 과정이 있다고 더욱 확신하게 되었다.

1893년 프로이트는 히스테리 환자에게 최면술을 걸어 잊혀가는 마음의 상처를 상기시키면서 히스테리를 치유한다는 '카타르시스' 치료법을 개발했다. 1896년에는 최면술 대신 특정한 자극을 주지 않고 말을 통해 마음에 드는 생각을 차례로 반응시키는 '자유연상법'으로 히스테리를 치료할 수 있다면서 이를 '정신분석psychoanalysis'이라 이름 붙였다. 그 후 정신분석은 프로이트가 확립한 새로운 '심리학' 체계를 가리키는 용어가 되었다.

1900년 《꿈의 해석》을 출간한 프로이트는 정신분석을 꿈에 대한 연구로 확대 발전시켰다. 그는 꿈의 특징과 중요성을 분석하고 무의식의 기능을 철저히 해부하려고 시도했다. 그러나 이 생소한 이론을 제대로 이해하는 이는 거의 없었다. 마치 마르크스의 《자본론》처럼, 《꿈의 해석》은 2년이 지나도록 350여 권밖에 팔리지 않았고, 8년이 지나서야 겨우 초판 600부가 판매되었다.

20세기 벽두에 등장한 《꿈의 해석》에서 프로이트는 꿈을 인간의 의식과 무의식

프로이트의 진료실 정면에 보이는 긴 의자는 정신분석학의 기초를 다지는 데 크게 기여했다. 환자는 의자에 편안하게 누워 자유롭게 이야기했다.

의 상호작용으로 이해했다. 그는 유년기에 암흑 상자와 같은 무의식이 형성되며, 이것은 어떤 의식도 거부하는 감정과 사고로 가득 차 있다고 했다. 그러나 무의식이 꿈을 지배한다는 정신분석학은 끊임없이 비판받았다. 사실 우리의 꿈은 반드시 유아기의 기억이나 무의식의 산물이라고 보기 어렵다. 어떤 꿈은 성인기의 기억이 재현되기도 하고, 경험하지는 않았지만 의식적으로 원하는 것이 꿈으로 나타나기도 한다. 아무튼 그의 책은 당대 사람들에게 비난과 조롱을 받았다. 마르크스의 자본주의 연구가 당대의 경제학계에서 무시된 것처럼, 프로이트의 무의식 연구는 당대의 심리학계에서 철저히 무시되었다. 프로이트의 이론은 유사종교처럼 아무 가치 없는 사이비 과학 취급을 받았다.

그러나 1902년 이후 프로이트의 정신분석에 공감하는 빌헬름 스테켈, 알프레트 아들러, 카를 구스타프 융 등이 참여하면서 본격적인 정신분석 운동이 시작되었다. 1908년에 최초로 국제정신분석학회가 개최되었고,《정신병리학, 정신분석학 연구 연보》,《국제정신분석학 저널》 등이 출간되었다. 1909년 프로이트가 클라크대학교의 스탠리 홀 총장의 초청을 받고 강연을 한 후, 미국에도 정신분석이 알려지기 시작했다. 1910년에 프로이트는 세계적인 명성을 얻었다. 그리고 1913년 이후 프로이트는 자신의 정신분석을 인류학, 역사, 그리고 인간 문명 전체의 분석에 적용한 저서들을 잇달아 발표했다. 《자아와 이드》, 《문명 속의 불만》 등이 그것이다. 사실 20세기 사상계에서 마르크스를 제외하면 프로이트만큼 널리 영향을 미친 사람도 없다. 프로이트의 정신분석은 심리학과 정신의학뿐 아니라 사회학, 인류학, 여성학, 문학비평, 문화 이론 등에 광범위한 영향을 미쳤다.

프로이트가 말한 무의식이란 무엇일까? 프로이트는 무의식이 존재한다고는 했지만 무의식과 의식을 분명하게 설명하지는 않았다. 그는 인간이 의식보다 충동이나 욕망, 충격과 관련된 기억, 감정 같은 우리가 볼 수 없는 무의식의 지배를 많이 받는다고 보았다. 이런 점에서 프로이트는 인간의 의식이 자율적인 사고의 결과가 아니라 사실상 인간의 의지와는 무관한 무의식에 의해서 결정된다고 주장한 것이다. 그는 무의식이 인간의 식욕과 성욕, 신경 강박증을 만든다고 생각했다. 인간은 이러한 무의식의 동기를 부정하거나 저항하고, 때로는 변형된 형태로 수용하기도 한다.

인간의 성은 억압되었다

1923년에 발표한 저서 《자아와 이드The Ego and the Id》에서 프로이트는 인간 사회와 개인이 진화적 단계로 발전한다고 주장했다. 그에 따르면 인간의 성격은 성적 본능을 뜻하는 '리비도libido'의 지배를 받는다. 인간의 심리는 리비도의 충동을 가지는 '이드Id', 개인적이고 합리적인 '자아Ego', 규범적인 '초자아Superego'로 분류된다. 갓 태어난 어린아이의 심리는 이드 단계라고 볼 수 있다. 이드는 외부 세계와 접촉하면서 변화하며 이러한 의식적인 인지를 통해 자아가 발전한다. 그러나 자아는 무의식적으로 이드를 억압한다. 초자아는 자아를 규정하는 권위를 가진다. 특히 종교는 사회적 초자아의 기능을 수행한다. 프로이트에 따르면 자아는 사회의 문화가 허용하는 수준으로 성적 본능을 통제하는데, 이것이 바로 '승화'로, 문명의 토대가 되는 과정이다.●

> ● 인간이 성적으로 억압되었다는 프로이트의 주장은 살바도르 달리 같은 초현실주의 예술가들에게 큰 영향을 주었다. 달리는 프로이트를 자신의 정신적 스승으로 생각하고 직접 찾아가 만나기도 했는데, 달리를 만난 후 프로이트는 그를 '정말 이상한 사람'이라고 말했다.

　프로이트는 인간의 본능은 억압당하고 있으며, 사회적으로 승화되는 과정과 갈등한다고 주장했다. 인간의 성적 욕망과 억압에 관한 프로이트의 가설을 가장 잘 보여주는 사례는 바로 고대 그리스의 오이디푸스 신화다. 오이디푸스는 테베의 왕 라이오스와 왕비 이오카스테의 아들로 태어났으나 자라서 아버지를 살해하고 어머니를 범할 것이라는 예언 때문에 버려져 이웃 나라 코린토스의 왕자로 자란다. 청년이 된 왕자는 자신의 뿌리를 알고자 여행을 떠나 테베로 가는 길에 우연히 만난 한 노인을 시비 끝에 죽이고 만다. 그 노인은 바로 오이디푸스의 아버지였다. 당시 테베에는 수수께끼를 내서 풀지 못하는 사람들을 모조리 잡아먹는 스핑크스라는 괴물이 있었는데, 왕비는 이 괴물을 죽이는 자에게 왕위는 물론 자신도 바치겠다고 약속했다. 그 수수께끼는 '아침에는 네 발로 걷고, 점심에는 두 발로 걷고, 저녁에는 세 발로 걷는' 것이 무엇인가였다. 수수께끼를 푼 오이디푸스는 스핑크스를 죽인 후 테베의 왕이 되었고, 왕비를 부인으로 삼아 네 자녀를 낳았다. 그러나 왕가의 불륜으로 저주를 받은 왕국에 나쁜 병이 돌고, 그 이유가 자신에게 있음을 알게 된 오이디푸스는 자신의 눈을 칼로 찌르고 방랑의 길을 떠나 혼자 쓸쓸히 죽는다. 이런 오이디푸스 신화는 그리스의 극작가 소포클레스가 작품으로 완성해 세상에 널리 알려졌다.

　프로이트는 유아는 어머니를 독점하려는 욕망 때문에 아버지를 살해하려는 본능을 가지고 있다는 '오이디푸스 콤플렉스' 이론을 제시했다. 그뿐 아니라 유아기의 성적 욕망은 성인이 되면서 정상적인 성적 욕망으로 발전한다고 했다. 오이디푸스 단계에서 나타나는 구강, 항문, 성기 등 다양한 형태의 성감을 추구하는 변태적 성애가 점차 상대적 이성애로 발전한다는 것이다.

이러한 성의 발전에 관한 이론은 문명의 발전을 설명하는 데 적용되었다. 파괴적 잠재력을 갖고 있는 성적·공격적 본능은 문명사회에서 사회적으로 유용한 행동으로 변화한다. 성적 본능은 우정으로, 인간에 대한 공격은 외부의 적에 대한 투쟁으로 승화된다. 프로이트는 이것을 모호한 관계로 정의했다. 승화는 인간의 욕망을 즉각적으로 즐기는 것을 희생시키므로, 따라서 인간은 어느 정도 불행해지기도 한다. 결국 문명이 발달할수록 인간의 불행은 커지는 것이다. 이러한 프로이트의 주장은 그의 책《문명 속의 불만》에 잘 나타나 있다.

프로이트는 인간의 문명이 어떤 가치를 가지고 있느냐고 근원적인 질문을 던진다. 인간은 본능적으로 쾌락을 추구한다.• 그러나 실제로는 대부분의 시간을 고통을 피하는 데 사용한다. 인생은 쾌락보다 고통을 경험할 기회가 훨씬 많기 때문이다. 그래서 대부분의 사람은 문명이 고통을 줄여줄 수 있다면 일정 정도 쾌락이

> • 프로이트가 살았던 시대에 빈에 살고 있는 사람들이 성 문제에 얼마나 큰 관심을 가졌는지는 〈키스〉, 〈다나에〉 등 구스타프 클림트의 그림에도 잘 나타나 있다.

희생되는 것을 감수한다. 프로이트는 문명이 사실상 아무 재산도 없는 대다수의 억압된 사람들에 의해서 만들어진다고 보았다. 이들은 더 많은 쾌락을 희생해야만 하므로 이런 점에서 프로이트는 마르크스에 동의했다.

프로이트는 인간이 어떤 집단에 소속감을 갖는 정체성이 생기는 이유를 추적했다. 사람들의 특정 대상에 대한 성적 욕망은 거대한 규모로 이루어지기도 한다. 대중은 동일한 대상을 자신들의 '초자아'로 간주하기도 하며, 이 경우 대중은 자신들의 '자아'가 모두 똑같다고 여긴다. 개성은 사라지고 개인의 비판적 사고는 정지된다. 이러한 초자아는 때로 한 명의 정치 지도자가 되기도 하는데 이는 매우 위험한 대중적 개인숭배를 낳는다. 1930년대 독일에 등장한 히틀러가 단적인 예다. 1933년 나치스는 유대인의 책이 독일을 타락시킨다는 이유로 프로이트의 책을 불태웠

다. 마르크스의 책도 마찬가지 이유로 불태워졌다. 1938년 오스트리아가 독일에 합병되고 유대인에 대한 박해가 심해지자 프로이트는 영국으로 망명했고, 이듬해 암으로 사망했다.

섹스혁명은 인간을 해방시켰나

인간의 성적 행동에 관한 대규모 조사는 미국에서 최초로 이루어졌다. 원래 말벌을 연구하던 동물학자인 앨프리드 킨제이는 1만 명 이상을 대상으로 인간의 성적 행동에 관한 광범위한 조사를 실시했다. 사회학적 기술을 이용해 누가 누구와 언제 어디서 성관계를 가졌는가에 대한 질문을 던져, 계급·지역·나이·성·상관관계 등 다양한 성적 행동의 빈도를 측정했다. 그 결과를 토대로 1948년 킨제이는 《남성의 성적 행동Sexual Behavior in the Human male》을 출간했고, 1953년에는 《여성의 성적 행동Sexual Behavior in the Human female》을 출간했다.

이 책들은 곧 베스트셀러가 되었으며 커다란 논란을 일으켰다. 책에 따르면, 남성의 95%와 여성의 3분의 2 정도가 자위행위 경험이 있고, 남성의 절반과 여성의 25%가 혼외정사 경험이 있었다. 동성애자에 대한 충격적 보고도 있었다. 응답자의 4%가 동성애자이고, 33% 이상이 동성애를 경험했다고 응답했다. 록펠러 재단의 지원을 받아서 이루어진 킨제이 보고서는 섹스를 공적 토론의 장으로 끌어들였다. 동시에 미국인들은 자기 자신 외에 다른 이들도 강력한 성적 욕망을 가지고 있다는 사실을 알게 되었다.

상당수의 미국인들이 혼외정사와 동성애 경험을 가지고 있다는 킨제이 보고서는 미국 사회에 파문을 일으켰다. 킨제이는 미국 사회를 도덕적으로 타락시키려는 부도덕한 인물, 혹은 미국의 윤리를 파괴하려는 공산주의자라는 비난을 들었다. 킨제이의 연구를 후원한 록펠러 재단은 더 이상 재정 지원을 할 수 없다고 통보했다. 물

| 섹스 심벌 마릴린 먼로 《플레이보이》 창간호는 마릴린 먼로의 압도적인 인기로 금세 품절되었다.

　론 킨제이의 연구가 완벽한 것은 아니었다. 그의 연구에는 상당한 오류가 있었다. 표본추출이 객관적이지 못했고 선택의 편향이 있었기 때문에 일반화하기는 어렵다. 특히 1950년대의 미국 사회는 2차 세계대전이 끝난 직후이기 때문에 이전의 시대보다 성적으로 개방된 분위기였다. 동성애는 많은 남성이 군대에서 집단생활을 하게 된 상황과 관련이 있을 것이다. 그러나 킨제이 보고서는 이전에 '변태' 또는 '범죄'로 간주되던 성적 행위를 공론의 장으로 끌어들였고, 상당수의 사람들이 '성적 일탈'을 하고 있다는 사실을 폭로했다.

　킨제이 보고서를 읽은 휴 헤프너는 미국인의 성에 관한 위선적인 태도를 종식시켜야겠다고 생각했다. 1953년 그가 마릴린 먼로의 누드 사진을 실은 《플레이보이》를 창간하자 그 반응은 폭발적이었다. 잡지 발행 부수는 급속도로 늘어나 700만 명이 넘는 독자를 확보했다. 1960년대 후반 이후에는 급진적 학생운동이 확산되면서

'섹스혁명'이라고 불리는, 자유분방한 성행위를 긍정적으로 보는 문화가 확산되었다. 피임법이 확산되고 낙태가 허용되면서 성은 더 이상 생식과 출산의 수단이 아니라 쾌락과 낭만의 요소가 되었다. 젊은이들은 혼전 관계에 대해 더욱 개방적인 태도를 가지기 시작했다.

여성들은 점차 출산과 양육의 부담에서 해방되면서 독자적인 성적 쾌락을 추구했다. 여성들의 성적 욕망이 남성의 성적 지배에서 벗어나기 시작한 것이다. 이제 성적 만족도는 결혼을 유지하거나 이혼을 요구하는 데 영향을 미치는 중요한 요인이 되었다. 성적 불만으로 별거하거나 이혼하는 사례가 증가했다. 영국 사회학자 앤서니 기든스는 '낭만적인 사랑'이라는 감정과 현대적인 피임법의 발달이 자녀의 수를 감소시키고 여성의 성적 자율성을 증가시켰다고 주장했다. 오늘날의 가정은 자식을 낳고 기르는 기능보다 부부의 사랑을 유지하는 기능을 더 중시한다. 또한 여성의 사회 활동이 증가하고 개인주의적 문화가 확대되면서 성 문화는 더욱 빠른 속도로 변화하고 있다.

점점 개방적으로 변화하는 성 문화와 섹스혁명에 관한 새로운 이론적 설명이 등장하기 시작했다. 1955년 독일의 철학자 마르쿠제는 《에로스와 문명》에서 프로이트의 이론을 확대해 사회 분석에 적용했다. 프로이트의 정신분석과 마르크스주의를 결합하려 했던 마르쿠제는 자본주의사회가 성적 충동을 억압하고 있으며, 그것이 사회질서의 토대가 되고 있다고 주장했다. 이는 1960년대 서양 사회에서 성적 해방을 인간의 사회적 해방과 연결시켜 생각하는 문화적 변화와 관련이 깊다. 문학과 영화는 더욱 대담하게 성을 묘사했고 성에 대한 금기는 점점 사라졌다. 1960년대 서구 사회의 젊은이들은 '자유로운 섹스free sex'를 주장했고, 혼외정사에 대해 더 관대해졌다. 성적 욕망이 사회적으로 억압당하고 있다고 보는 프로이트의 정신분석 이론은 이제 인간의 성적 해방을 이끄는 중요한 이론적 무기가 되었다.

한편 프로이트의 정신분석 이론은 페미니스트의 공격을 받았다. 프로이트는 사회적 의미의 성적 역할도 생물학적인 성에 의해 결정된다고 보았다. 남성은 '오이디푸스 콤플렉스'를 가지고 있고 여성은 '거세 콤플렉스'를 가지고 있으며, 성기의 유무에 따라 거세 불안과 남근 선망이 발생하고, 남성과 여성의 도덕적 발달에도 차이가 있다고 주장했다. 그러나 페미니스트 이론가들은 프로이트의 이론이 남성 중심 이론이라고 비판했다. 미국의 페미니스트 작가 케이트 밀레트는《성의 정치학》에서 남근 선망이라는 개념은 남성의 자기중심적 해석이며, 프로이트의 이론은 생물학적 결정론이라고 주장했다. 또한 페미니스트 이론가인 줄리엣 미첼은《정신분석과 페미니즘Psychoanalysis and feminism》에서 프로이트 이론을 이용해 가부장제를 설명했다. 미첼은 프로이트가 여성의 성기보다 남성의 성기가 우월하다고 전제하고 있으며, 아버지를 훈육 역할을 하는 행위자로 설정해 남성 중심적 분석을 했다고 비판했다.

　프로이트의 정신분석이 상당히 남성 중심적이고, 프로이트 자신도 가부장적이었던 것은 사실이다. 정신분석이 여성의 신경쇠약을 성적 불만과 관련짓는 것은 분명 무리가 있다. 하지만 프로이트의 정신분석이 남녀의 차이를 뛰어넘어 인간의 성에 대한 근본적인 문제 제기를 했다는 것은 부인하기 어렵다. 또한 인간의 성을 생물학적 요소로만 보지 않고 사회적·문화적 요소로 보는 견해가 확산된 것도 틀림없는 사실이다. 이것이야말로 프로이트가 많은 사람의 상상력을 사로잡는 이유일 것이다. 현대 과학과 대학에서는 무시당하거나 배척당한다 할지라도 말이다. 어쨌든 프로이트로 말미암아 인간의 성에 대한 연구는 인간을 이해하는 중요한 요소로 자리 잡았다.

인간의 성은 언제나 똑같았을까

인간의 성은 생물학적 성과 달리 역사적·문화적으로 다양하게 변화한다. 일반적으로 섹슈얼리티는 성적 욕망, 성관계, 성적 행위 같은 성적 특징과 관련되어 있다. 섹슈얼리티를 낭만적인 사랑과 연결해 사고하는 문화는 매우 '현대'적인 현상이다. 동서양의 고대 문화에서 섹슈얼리티는 남성 중심적이고, 육체적 욕망 또는 '에로스'의 표현에 집중했다. 그러나 현대사회에서는 성적 결합의 화학방정식이 완전히 새로운 성격으로 변화했다. 남자와 여자는 이전에는 주목하지 않았던 '사랑'이라는 감정에 집중했다. 장기간에 걸친 남녀의 정신적 교류, 상호 의무감과 책임 의식, 정열적인 감정을 포함한 '낭만적 사랑'이라는 관념은 현대사회의 중요한 가치다.

마르크스의 친구였던 엥겔스는 이러한 낭만적 사랑이 자본주의경제와 밀접하게 관련되어 있으며, 남자와 여자의 부부로서의 결합을 전제하는 '부르주아 가정'에 의해 형성되었다고 보았다. 물론 마르크스도 엥겔스도 신분과 계급을 뛰어넘어 연애결혼에 성공한 사람이다. 사랑, 결혼, 성이 밀접하게 연결되기 시작한 것은 그리 오래되지 않았다. 그전까지는 하층계급에서나 당사자의 합의에 의해 결혼하는 경우가 있을 뿐 상류계급에서는 거의 대부분 계약 결혼을 했다.

그러나 20세기에 들어서면서 얼굴도 모르고 결혼하는 중매결혼이나 정략결혼은 급격하게 쇠퇴했다. 자유연애와 당사자의 합의가 결혼의 중요한 전제 조건이 되기 시작했다. 한국에서도 자유연애가 점차 확산되었지만 중매결혼의 관습은 오랫동안 유지되었다. 오스카 와일드가 말한 대로 사랑의 감정이 없는 결혼은 결국 결혼이 없는 사랑을 낳는다. 전통 사회에서 중매결혼으로 이루어진 가정에서는 사랑과 가정이 분리되는 경우가 많이 발생했다. 현대사회에서 사랑은 가정을 형성하고 유지하는 데 중요한 요소로 간주되고 있다.

성에 관한 인류학과 역사학의 연구는 인간 사회에 다양한 성행위와 성 의식의 문화가 존재한다는 것을 보여준다. 어떤 문화권에서는 성행위를 자연스러운 행동으로 보는 반면, 다른 문화권에서는 매우 부정적으로 보기도 한다. 이성 간의 성관계만을 허용하는 사회가 있는 반면, 동성 간의 성관계를 허용하는 사회도 있다. 어떤 사회에서는 여러 사람과 성관계를 갖는 것을 허용하지만, 다른 사회에서는 성행위를 엄격하게 제한하고 심지어 혼외정사에 대해서 형사처벌을 하기도 한다. 미국의

소크라테스와 그의 연인 알키비아데스 고대 그리스의 동성애는 오늘날의 동성애와 달랐다. 성인 남성이 소년의 멘토가 되어 남성 중심의 시민 공동체를 유지하고 발전시키는 하나의 문화적 기제였다.

일부 주와 서아시아의 이슬람 국가들에서 '간통죄'는 형사처벌의 대상이다. 반면 덴마크는 1930년, 일본은 1947년, 독일은 1969년, 프랑스는 1975년에 간통죄를 폐지했다. 2015년에 한국도 간통죄에 대한 헌법재판소의 위헌판결로 이를 더 이상 처벌하지 않기로 결정했다.

중국의 《소녀경》과 인도의 《카마수트라》에서 볼 수 있듯이 고대 동양 사회에서는 성에 관한 다양한 정보를 제공하는 경전이 전승되었다. 실제로도 다양한 성행위가 존재했을 것으로 추측된다. 이에 비해 서구 사회에서는 거의 2000년 동안 기독교 문화에 의해 성행위에 대한 태도가 형성되었다. 교회는 성행위에 대해 부정적인 관념을 가지고 있었으며, 자녀 출산을 위한 행위로 최소화하려고 했다. 교회는 종교적인 금욕주의를 강조했지만, 많은 남성은 가정 밖에서 다양한 성관계를 가졌다. 이에 따라 중세 시대의 여성은 남성에 의해 성녀와 창녀라는 이분법으로 구분되었다. 교회는 성모마리아를 동정녀로 숭배하는 한편 마녀사냥을 주도했다. 교회는 남자와 여자 간 성행위까지도 구체적으로 규정하고, 다른 형태의 성행위를 하는 부부와 동성애자를 처벌했다.

성관계와 성생활을 시작하는 연령도 시대에 따라 커다란 변화를 겪었다. 전통 사회는 조혼 풍습으로 일찍 성관계를 경험했지만 현대사회에서는 의무교육과 경제활동 참여로 결혼 연령이 높아졌다. 이에 따라 사회는 청소년의 성을 각별히 통제했다. 한국에서도 남학교와 여학교의 분리가 오랫동안 지속되었다. 성관계를 허용하는 연령은 나라마다 차이가 있지만, 대부분의 나라는 16~18세부터 허용한다. 네덜란드는 14세부터 허용하고 있다. 우리나라는 남자 만 18세, 여성 16세다. 법률상으로는 여고생도 결혼할 수 있다. 하기야 이몽룡과 성춘향의 나이가 16세였고, 로미오를 사랑한 줄리엣의 나이는 14세였다. 그러나 대부분의 국가에서 미성년자와 성관계를 갖는 것을 엄격히 제한하고 있으며, 형사처벌의 대상이 되는 경우가 많다.

블라디미르 나보코프의 소설 〈롤리타〉는 한동안 미국에서 출판이 허용되지 않았다. 여주인공 롤리타의 나이는 14세다. 미국인들은 나보코프의 소설을 "순결하고 젊은 미국의 도덕을 타락시키려는 늙은 유럽의 퇴폐주의"라고 평했다. 심지어 러시아에서 온 공산주의자의 사주를 받았다고 비난했다. 20세기에 들어 여성들의 교육 수준이 높아지고 조혼을 금지하는 법률이 제정되면서 점차 결혼 연령이 높아졌다. 20세기 중반 이후 미혼 남녀의 성에 관한 태도가 개방적으로 변화하면서 혼전 관계 또는 혼전 동거가 다양하게 확산되고 있다. 중고등학생의 이성 교제에 대한 금지는 점차 완화되었으며 사회적 통제가 점차 불가능해지고 있다.

성적 매력에 관한 생각도 나라마다 다르고 시대에 따라 다르다. 어느 나라에서는 날씬한 여성을 매력적이라고 생각하는 반면, 풍만한 여성을 매력적이라고 생각하는 나라도 있다. 중국 당나라 때 최고의 미인이라는 양귀비는 매우 풍만한 몸을 가지고 있었다. 그러나 19세기 조선 시대에는 신윤복의 그림에 등장하는 가녀린 몸매의 여인을 미인으로 여겼다. 허리를 조이는 치마를 입고 몸매가 S라인으로 보이게 옷을 입는 여인들이 등장하자 실학자 이익과 이덕무는 "창기들이 남자에게 아양

부릴 때 입는 옷이 유행한다"며 한탄했다.

　1950년대 미국에서는 마릴린 먼로같이 풍만한 여인이 성적 매력의 상징이었지만, 1970년대 이후에는 패션쇼의 모델처럼 날씬한 몸매의 여성이 미인으로 간주되었다. 요즈음은 선탠으로 그을린 피부와 운동선수처럼 건강한 육체미를 가진 여성이 새로운 관심을 끌기도 해 성적 매력의 기준이 다양해지고 있다. 또한 여성뿐 아니라 남성의 몸매도 성적 매력의 대상이 되고 있다.

　현대사회에서는 성적 매력을 표현하기 위해 여러 가지 노력을 기울인다. 20세기 초반까지 화장은 유럽에서도 일반적인 일이 아니었다. 신분이 아주 높거나, 아주 낮은 여성들만 화장을 했다. 동양에서는 귀족계급의 여성들은 화장을 했지만 보통 사람들은 하지 않았다. 그러나 현대사회에서는 여성들 대부분이 화장품을 사용하며 나아가 성형수술까지 한다. 1990년대 이후 한국에서 성형수술은 소수의 전유물이 아니라 다수가 선택하는 미용법이 되고 있다. 예뻐질 수 있다면 성형수술을 해도 좋다고 답한 학생들이 한 반의 80%가 넘는 것을 보고 깜짝 놀란 적이 있다. 이제는 남자들도 화장과 피부 관리는 물론 성형수술까지 시도한다. 아름다워지고 싶은 욕망은 계속 새로운 산업과 유행을 창조하고 있다.

인간의 성은 통제되는가

프랑스 철학자 미셸 푸코는《성의 역사》에서 성에 대한 담론을 분석하며 성에 대한 권력의 지배를 역사적으로 탐구했다. 푸코는 성 억압의 가설을 살펴보고, 억압이 출현한 배경과 억압을 만든 권력의 전략을 분석해 성의 억압이 갖고 있는 허구성을 폭로한다. 그에 따르면 성에 대한 담론은 본질적으로 부르주아지가 자기 확인과 자신의 주도권을 만들기 위해 활용한 '자아의 기술 체계'다. 특히 19세기 영국 빅토리아시대에 성에 관한 의학적·과학적 지식이 등장해 인간의 성적 행동, 태도, 의식을 통제하는 역할을 수행했다. 이 시대의 의사들은 동성애, 변태 성행위, 자위행위를 자연적 행위가 아닌 병리학적 현상으로 간주했다.

푸코는 비합리적·종교적 성적 억압이 합리적·과학적인 성적 지식으로 전환하는 과정에 대해 치밀하게 연구했다. 이러한 주장은 과학적 지식이 어떻게 권력을 획득하는지 조사하면서 지식과 권력의 관계에 대한 근본적 문제를 제기한다.

성에 관한 새로운 주제는 동성애일 것이다. 성에 관한 전통적 견해는 동성애를 변태 행위로 간주하고 이성애를 정상적인 성행위로 인정한다. 그러나 프로이트는 동성애가 질병이 아니라고 주장했다. 킨제이 보고서도 동성애는 광범위한 현상이라고 지적했다. 오늘날 어떤 사회에서는 동성애를 엄격히 제한하는 반면, 비교적 관대하게 허용하는 곳도 있다. 시대에 따라 동성애에 대한 태도가 다양하게 나타나기도 한다. 고대 그리스와 로마 시대에는 동성애가 광범위하게 허용되었다. 소크라테스와 베르길리우스도 동성애자였다 한다. 또한 르네상스 시기의 이탈리아에서도 동성애가 새로운 유행처럼 퍼졌다. 레오나르도 다 빈치, 미켈란젤로 같은 유명한 화가들이 동성애자였다는 사실은 널리 알려져 있다. 미켈란젤로가 그린 로마의 시스티나 예배당 벽화의 여인들을 보라. 남자 같은 근육질이다. 이는 모두 여자가 아니라 남자 모델을 보고 그린 것이다.

최근 서양 사회에서는 남성 동성애자를 '게이'라고 부른다. 여성 동성애자는 고대 그리스의 유명한 여자 시인 사포Sappho가 살았던 레스보스 섬의 이름을 따 '레즈비언'이라고 부른다. 20세기 후반부터 동성애자들 같은 성적 소수 집단은 자신들의 성적 정체성을 표현할 수 있는 권리를 주장하는 사회운동을 벌였다. 최근 동성애자 운동은 동성애자들의 동등한 사회적 권리를 주장하며, 동성애자들의 결혼을 요구하기도 한다. 파리, 베를린, 샌프란시스코에서는 동성애자가 시장으로 선출되기도 했다. 현대사회에 살고 있는 인간들의 성 정체성은 매우 복잡해지고 있다. 학자에 따라서는 성 정체성을 동성애자, 양성애자, 성전환자(트랜스젠더) 등으로 다양하게 분류한다. 한국에서도 하리수의 인기로 트랜스젠더가 널리 알려지게 되었다.

이제 동성애자의 문화는 단순한 호기심의 대상을 넘어 사회의 하위문화로 자리매김했다.

우리는 성에 관한 전통적인 관념이 무너지고 있는 시대에 살고 있다. 이제 누구도 단일한 성의 규범을 제시하기는 어려울 것 같다. 프랑스 작가 미셸 우엘벡이 소설 〈소립자〉에서 묘사하듯이 성적 해방이 반드시 인간에게 행복을 주는지에 대해서는 논란이 있다. 베르나르도 베르톨루치의 영화 〈파리에서의 마지막 탱고〉에서 볼 수 있듯이 현대인에게 성은 낭만적 사랑의 표현이 아니라 개인적 불안의 탈출구일지도 모른다. 주인공 폴(말론 브란도 분)은 성의 의미를 상실한 20세기 남성의 아이콘이 되었다. 이제 성은 종교와 도덕을 통한 사회적 통제의 영역에서 점차 취향과 정체성이라는 개인의 영역으로 이동하고 있다. 하지만 2004년 미국 대통령 선거에서는 동성애자의 결혼 허용 여부가 뜨거운 선거 쟁점이 되었다. 기독교 사회의 동성애자에 대한 차별에서 이슬람 사회의 여성에 대한 차별에 이르기까지, 아직도 성은 사회적 논쟁의 중심에 서 있다. 성행위는 개인의 영역에 있지만 결과적으로 사회적 행위이기도 하므로, 성에 대한 개인의 자유는 사회적 규범이나 가치와 지속적으로 갈등을 일으킨다. 이런 점에서 인간의 성은 문명사회와 충돌할 수밖에 없다는 프로이트의 정신분석이 여전히 많은 사람의 관심을 끌기에 충분하다.

더 읽을거리

● 앤서니 기든스, 배은경·황정미 옮김, 《현대사회의 성·사랑·에로티시즘》, 새물결, 2001.

● 지크문트 프로이트, 임홍빈·홍혜경 옮김, 《새로운 정신분석 강의》, 열린책들, 2004.

● 지크문트 프로이트, 김석희 옮김, 《문명 속의 불만》, 열린책들, 2004.

● 미셸 푸코, 이규현 외 옮김, 《성의 역사》, 나남, 2004.

● 재러드 다이아몬드, 임지원 옮김, 《섹스의 진화》, 사이언스북스, 2005.

● 빌헬름 라이히, 황선길 옮김, 《파시즘의 대중심리》, 그린비, 2006.

● 데이비드 버스, 전중환 옮김, 《욕망의 진화》, 사이언스북스, 2007.

● 에바 엘루즈, 김희상 옮김, 《사랑은 왜 아픈가: 사랑의 사회학》, 돌베개, 2013.

● 슈테판 츠바이크·지크문트 프로이트, 양진호 옮김, 《프로이트를 위하여》, 책세상, 2016.

갈라파고스제도는

다윈에게 진화론의

영감을 선사했다.

5 환경에 적응하는 종이 살아남는다

다윈의 진화론

나는 한 사회가 다른 사회를 강제로
문명화할 권리를 가지고 있는지 알지 못한다.
—존 스튜어트 밀, 《자유론》 중에서

관상 좋아하는 사람을 위해 재미있는 이야기 하나를 소개하겠다. 찰스 다윈(1809~1882)이 진화론을 탄생시킬 수 있었던 데는 특별한 이유가 있었다. 바로 다윈의 코가 잘생겼기 때문이었다. 다윈은 영국 해군의 측량선 비글호를 타고 남아메리카의 갈라파고스 섬으로 탐험 여행을 했다. 그러나 다윈이 비글호에 거저 타게 된 것은 아니었다. 비글호 선장은 다윈의 코를 살핀 다음 그 사람 괜찮겠다고 승선을 허락했다 한다. 19세기 서양에서는 중국과 한국의 관상학 비슷한 골상학이 유행했다. 만약 잘생긴 코가 아니었다면 다윈은 비글호에 타지 못했을 것이고, 그랬다면 수많은 고유의 종이 살고 있는 갈라파고스 섬에 가지 못했을 것이며, 진화론도 탄생하지 못했을 것이라는 이야기다.

인간의 조상은 정말 원숭이일까

다윈은 영국의 의사 집안에서 태어났다. 아버지 로버트 다윈은 슈루즈베리의 의사였으며, 다윈도 에든버러대학교에 입학해 의학을 전공했다. 그러나 의학이 적성에 맞지 않는다고 생각한 다윈은 아버지의 기대에 부응하지 못했다. 대신 케임브리지대학교에 다시 입학해 신학을 공부했다. 그렇지만 신학 공부에도 흥미를 잃어 목사가 되고자 했던 뜻을 이루지 못했다. 두 번 실패하고 방황했지만 다윈은 좌절하지 않았다.

다윈이 어렸을 때부터 진정으로 관심을 갖고 있는 것이 있었다. 동물과 식물이었다. 다윈은 케임브리지에서 공부하는 동안 식물학 교수 존 스티븐스 헨슬로와 친분을 쌓았으며, 1831년 헨슬로의 권유로 박물학자로서 비글호에 승선할 기회를 얻었다. 당시 다윈의 나이는 22세. 비글호는 남아메리카와 남태평양의 여러 섬과 호주 등지를 두루 항해하고 탐사했다. 수많은 지역을 돌아다니며 동물과 식물의 형태와 지질의 특성을 조사했다. 원래 2년으로 계획된 여행 기간은 늘어났고, 여행지는 남아메리카, 호주를 거쳐 남아프리카에까지 이르렀다. 다윈은 5년 후에야 영국으로 돌아왔다. 만약 다윈이 비글호에 타지 않았다면 진화론의 탄생은 한참 뒤에나 이루어졌을 것이다.

다윈이 탐사한 곳 가운데 가장 유명한 곳은 갈라파고스제도다. 이곳은 남아메리카 에콰도르 해안에서 서쪽으로 1000km 정도 떨어져 있으며, 크고 작은 16개의 섬과 수많은 암초로 이루어져 있다. 1535년 에스파냐의 탐험가 데 베를랑가가 발견할 당시 무인도였으며, 큰 거북이가 많이 살고 있었다고 한다. 갈라파고스는 에스파냐어로 거북이라는 뜻이다. 다윈이 도착했을 때, 섬에는 독특한 생물들이 살고 있었다. 코끼리거북, 몸길이가 1.5m에 달하는 바다이구아나, 뭍이구아나 같은 파충류, 날개가 퇴화한 코바네우, 작은 갈라파고스펭귄, 다윈핀치 같은 조류 등이 그것이었다. 전체 종에 대한 고유종의 비율을 보면 포유류·조류·파충류는 80% 이상, 고등식물은 40% 전후였다. 이는 젊은 다윈에게 진화론에 관한 영감을 주었다. 다윈은 같은 계통의 생물이 서로 다른 환경의 섬에서 생활하면서 나타나는 작은 변이를 발견했고, 이러한 발견은 나중에 진화론을 제창하는 결정적인 근거가 되었다. 그리하여 갈라파고스는 훗날에도 '생물 진화의 실험장'이라고 불렸다.

1939년 다윈은 서른 살에 《비글호 항해기》를 출판했다. 그 책을 통해 청년 다윈의 천재적인 관찰력과 날카로운 추리력을 엿볼 수 있다. 다음은 그중 한 대목이다.

> 대다수의 수컷 핀치들은 새까만 색이며 암컷들은 갈색이다. 무엇보다 신기한 사실은 게오스피자Geospiza 속에 해당하는 각 종들은 부리 크기가 완벽하게 점진적으로 커진다는 것이다. 큰 것은 콩새 부리만 한 것부터 푸른머리되새 부리만 한 것, 그리고 심지어는 휘파람새과인 솔새의 부리만 한 것까지 있다.

우리가 알고 있는 진화론은 비글호 항해에서 돌아오자마자 바로 만들어진 것이 아니었다. 다윈은 1842년에 건강이 악화되자 켄트 주에 은거하면서 진화론에 관한 자료를 정리하고, 1856년부터 그에 관련한 논문을 쓰기 시작했다. 그러던 중 1858년 A. R. 월리스●가 다윈과 비슷한 내용의 논문을 보내왔다. 다윈은 별로 위협을 느끼지는 않았으나 친구들의 권유로 서둘러 논문을 완성해 런던의 린네학회에 월리스의 논문과 함께 동시에 발표했다. 그리고

● 다윈과 같은 시대의 생물학자인 월리스는 다윈이 사용한 '자연선택'이라는 용어는 사용하지 않았지만 독자적으로 생물의 진화에 관한 이론을 정립하고 있었다. 그는 다윈과 같이 논문을 발표했지만, 다윈보다 14살이나 어렸고 과학자로서의 명성이 적었기 때문에 진화론의 공동 창안자로 인정받지 못했다. 하지만 다윈이 《종의 기원》을 출간한 이후 진화론의 열렬한 수호자가 되었으며, 다윈과 오랫동안 친구로 지냈다.

이듬해인 1859년 《종의 기원》을 발표했다. 이 책의 정식 제목은 "자연선택에 의한 종의 기원, 즉 생존경쟁에 있어서 유리한 종족의 존속에 관하여"라는 꽤 긴 것이었다.

이 책에서 다윈은 자연선택설을 통해 생물의 어떤 종의 개체들 사이에 변이가 생겼을 경우, 그 생물이 생활하는 환경에 가장 적합한 것은 살아남고, 부적합한 것은 멸종한다는 주장을 제시했다. 즉 항시적인 개체 간의 경쟁과, 자연선택이 반복해서 일어난 결과 진화가 이루어진다는 것이다. 쉽게 말하면 잘난 놈은 살고 못난 놈은 죽는다는 것인데, 이 논리는 인류 역사에 엄청난 영향을 미쳤다. 대부분 다윈의 생각을 오해한 결과였지만.

다윈의 진화론은 매우 독창적이긴 했으나 어떻게 개체들의 변이가 발생했는가에 대해서는 자세히 설명하지 못했다. 예를 들면 기린의 조상 중에는 목이 긴 기린과 짧은 기린이 있었다. 이 가운데 목이 긴 기린이 더 높은 곳의 나뭇잎까지 먹을 수 있었기에 생존에 더 유리했다. 그래서 자연은 이 유리한 형질(긴 목)을 가진 기린을 선택했다. 그런데 바로 이것이 다윈의 주장을 뒷받침하는 사례인 동시에 약점이 된다. 다윈은 자연이 목 긴 기린을 선택한 이유는 알아냈지만 왜 기린의 목 길이가 서로 다른지는 설명하지 못했기 때문이다. 즉 다윈은 진화의 과정은 설명해냈지만 진화의 원인을 설명하지 못한 것이다. 다만 프랑스의 생물학자 라마르크가 제시한 획득형질 유전론을 이용해 자신의 주장을 뒷받침했다. 즉 환경의 영향에 따라 생긴 변이가 다음 대에 유전된다는 것이다.

진화의 원인을 설명하기 위해서는 생물이 가진 특성을 분석하는 유전학에 대한 연구가 필요했다. 그러나 다윈은 유전물질의 존재도 알지 못했으며, 유전법칙도 알지 못했다. 다윈이 《종의 기원》을 발표하기 전인 1865년에 오스트리아의 수도사 그레고르 멘델이 완두콩을 이용한 유전학의 기초 이론을 발표했으나, 그의 논문은 당시에 큰 관심을 끌지 못했고 다윈에게도 별로 영향을 주지 못했다. 진화의 원인과 유전의 법칙이 관심을 끌게 된 것은 1900년 멘델의 법칙이 재발견*된 뒤였다.

드디어 생물학자들이 생물의 진화와 유전의 메커니즘을 하나로 연결하기 시작한 것이다.

다윈의 《종의 기원》은 초판 1250부가 당일에 매진될 정도로 큰 반향을 일으켰다. 《종의 기원》은 여섯 번 개정 출판되었으며, 격렬한 찬반 논쟁을 불러일으켰다. 1860년 영국 옥스퍼드대학교에서 진화론에 관한 유명한 논쟁이 일어났다. 동물학자 토머스 H. 헉슬리(작가 올더스 헉슬리의 할

● 멘델은 오스트리아 수도사이자 유전학자인데, 1853~1868년에 걸쳐 완두콩의 잡종 교배 실험을 했다. 1866년 멘델이 학회지에 발표한 〈식물 교배에 관한 실험〉이라는 논문에서 유전의 법칙을 밝혔으나, 당시 학자에게는 거의 인정받지 못했다. 1900년 생물학자 코렌스, 체르마크, 드 브리스가 유사한 연구를 하다가 멘델의 연구가 다시 발견되어 멘델의 법칙이 세상에 널리 알려졌다.

아버지)는 다윈의 진화론을 인정하고 적극 옹호했다. 그는 영국 학술협회 총회에서 진화론 반대자 윌리엄 윌버포스와 논쟁을 벌여 반대론의 오류를 공격하고 진화론의 전파에 큰 역할을 했다. 또한 다윈이 분명히 밝히지 않았던 인간의 기원에 대해서도 진화론을 적용해, 네안데르탈인의 화석은 인간의 진화 과정에서 생긴 것이라고 주장했다. 신이 인간을 창조한 것이 아니라는 이 주장은 즉각 큰 파문을 일으켰다.

1868년 다윈은 진화론을 더욱 발전시킨 《사육 동식물의 변이The Variation of Animals and Plants under Domestication》를 출간했다. 교회의 창조론과 심각한 논쟁을 벌여온 그는 인간이 동물과 천연두, 콜레라, 매독 같은 질병을 주고받는 것을 예사롭게 보지 않았다. 오늘날의 에이즈AIDS나 조류독감AI도 그렇다. 이는 인간과 동물의 세포 구조와 혈액 조성이 비슷하기 때문이다. 지금 우리는 인간과 쥐의 유전자가 90% 이상 같다는 사실을 알고 있다. 그리고 인간과 원숭이는 가장 유사한 유전자를 가지고 있다는 사실도.

1871년 다윈은 《인간의 유래와 성 선택》을 발표했는데, 이 책은 인간의 진화에 대해 더욱 체계적인 견해를 제시한 것이었다. 《종의 기원》 후 12년 만에 출간한 이 책에서 다윈은 인간의 신체 구조 속에는 비천한 기원에 대한 지울 수 없는 흔적이 남아 있다고 주장했다. 이를 증명하기 위해 인간과 하등동물의 정신 능력을 비교하

진화론에 대한 풍자 진화론을 주장해 종교 세력과 맞선 다윈을 서커스의 원숭이로 그렸다. 다윈이 뚫고 지나가는 원판에는 '미신·무지·그릇된 생각'이란 뜻의 프랑스어가 쓰여 있다.

고, 성 선택의 원리를 설명하고, 인종을 분석하고, 곤충부터 포유류에 이르기까지 2차 성징에 대해 설명한다. 인간은 다른 동물로부터 유래되었으며, 창조된 것이 아니라고 역설한다. 모든 종족은 자연이 선택한 결과다. 그리고 우월한 종족은 살아남고, 열등한 종족은 없어진다. 이러한 개체 간의 경쟁에 관한 견해는 토머스 맬서스의 《인구론》에서 착상한 것이라고 한다.

어쨌든 인간의 진화에 관한 다윈의 견해는 수천 년 동안 유지되어온 인간의 기원에 대한 생각을 송두리째 바꿔놓았다. 다윈의 진화론은 물리학에서의 뉴턴 역학과 마찬가지로 사상의 혁명적 변화를 불러일으켰으며, 자연과 인간에 관한 견해를 획기적으로 변화시켰다.

우월한 민족이 따로 있나

19세기 영국의 사회학자 허버트 스펜서는 다윈의 생물학을 이용해 사회의 진화를 주장했다. 이를 사회적 다윈주의Social Darwinism라고 한다. 사회적 다윈주의는 인간 사회도 동물 세계와 같이 '자연선택'을 통해 더 높은 단계로 진화한다는 것이다. 이러한 사고는 과학기술을 토대로 문명의 발전을 이룬 서구 사회가 다른 사회보다 우월하다는 가정을 낳았다.

스펜서는 사회를 생물에 비유해 인간 사회는 과학적 과정을 거쳐 진화한다고 생각했으며, 인간 사회에 강자와 약자가 존재하는 것을 자연적인 것으로 간주했다. 국제적인 차원에서도 강한 나라와 약한 나라가 존재하는 것을 당연시했다. 1873년에 출간된 스펜서의《사회학 연구The study of sociology》는 19세기 영국의 지배계급 사이에서 매우 인기가 있었다. 스펜서가 제시한 '적자생존survival of the fittest' 논리는 유전적으로 우월한 인종이 존재한다는 주장을 합리화시켰다. 적자생존이라는 표현은 다윈이 창안한 용어가 아니라 스펜서가 먼저 쓴 것이다.

스펜서의 진화적 사회학이 주장하는 것처럼 사회를 하나의 시스템으로 보는 견해는 타당하다 여겨진다. 사회는 고정된 것이 아니라 지속적으로 변화하기 때문이다. 그러나 제국주의 시대를 지배했던 왜곡된 사회생물학 형태의 사이비 과학은 19세기 영국 지배계급의 강력한 지배 이데올로기가 되었다.

다윈의 사촌인 프랜시스 골턴은 진화론을 이용해 더 좋은 인간의 종을 생산하는 우생학eugenics을 주장했다. 그는 다윈의 자연선택 원칙에 입각해 유전적 성향이 우수한 남녀끼리 계속 짝을 이루다 보면 결국 '유전적 천재hereditary genius'가 태어날 수 있다는 가설을 제시했다. 미국인 찰스 다벤포트는 이러한 생각을 미국에 도입해 1910년 우생학 연구소를 설립했다. 해리 라프린이 이 연구소의 소장이었다. 우생학은 미국에서 커다란 지지를 얻어 카네기 재단, 록펠러 재단, 해리만 철도자금의 지원을 받았다. 우생학이 널리 퍼지면서 미국의 27개 주에서 다른 인종 간의 결혼

금지법, 인간 생산 프로그램, 6만 명 이상의 미국 시민들에 대한 강제 불임이 실시되었다.

미국의 우생학은 독일에도 영향을 주었다. 나치스 독일의 우생학 연구자들은 다윈의 진화론이 자신들의 우생학에 영향을 주었다고 공언했다. 이들은 다윈의 이론뿐만 아니라 스펜서와 에른스트 헤켈의 연구도 참고했다. 미국 우생학 연구소의 라프린에게는 명예박사 학위가 수여되었다. 우생학은 상당히 국제적인 연구였다. 그들의 연구는 학문 차원을 넘어 정치적으로 실행에 옮겨졌다. 이들은 '우등 인종'이 '열등 인종'과 섞이지 않아야 하고 '열등 인종'에 의해 오염되지 않아야 한다고 믿었다. 이들의 신념은 '유대인 문제의 궁극적 해결 Endlösung der Judenfrage'●이라는 나치스의 정책으로 실현되었다. 아우슈비츠는 열등한 종인 유대인을 제거하기 위한 우생학 실험장이었던 것이다.

● 이는 독일 나치스가 유럽의 유대인을 체계적인 학살로 제거하려는 계획을 가리킨다.

진화론과 적자생존의 논리는 아리안 혈통의 순수성을 강조하는 논리로 비약해 극단적인 인종주의로 변질되었다. 환경에 적합한 종이 살아남는다는 주장은 '열등 인종'을 제거해야 한다는 논리로 왜곡되었다. 그리하여 나치스는 우수한 종을 얻기 위해 유대인과 집시를 색출해 격리시키고, 정신병자에게 독약이 든 주사를 투여했다. 독일뿐만 아니라 상당수의 유럽 국가에서 정신장애자들에게 불임수술을 실시했다. 심지어 1930년대 사회민주당이 집권한 스웨덴에서도 강제로 불임수술이 이루어졌다.

현대의 자연과학은 모든 인간은 공통의 조상과 DNA를 가지고 있다면서 우생학과 인종주의는 과학적이지 않다고 비판한다. 그러나 인종주의의 또 다른 지적 변형이 20세기 신자유주의의 시대에 나타났다. 1980년대 미국의 사회학자 찰스 머레이 등은 《벨 커브*The Bell Curve*》에서 흑인은 백인에 비해 지능지수IQ가 상대적으로 낮다고 주장했다. 이 주장은 지능지수가 가정의 경제력, 교육 수준, 문화와 어떠한 연관이 있는지 제대로 규명하지 않은 채 생물학적 요인만 강조했다는 비판을 받았

인간 제조 프로젝트 1차 세계대전 이후 독일의 출생률은 현저히 낮아졌다. 이에 나치스 정권은 유일하게 통치 능력을 지녔으나 몰락 위기에 처한 북방인종(아리아인)을 구해야 한다는 사상에서 '레벤스보른 프로젝트'를 가동한다. 이는 아리아인을 보존하고 보호하기 위해 설립된 인간 교배 실험으로, 진화론과 적자생존 이론의 극단적인 왜곡이 이루어진 비극의 역사라 할 수 있다.

다. 미국 생물학자 스티븐 제이 굴드는 《인간에 대한 오해》에서 인간이 인종, 계급, 성별에 따라 다른 행동 규범을 가지고 있다거나, 사회경제적 차이는 유전적으로 타고난다는 '생물학적 결정론'을 격렬하게 비판했다. 그는 벨 커브의 이념과 싸워야 한다고 말했다. 만약 벨 커브가 맞다면 인간은 자신의 지능을 개발하기 위해 노력하기보다는 조상의 유전자를 탓하는 편이 나을 것이다.

우생학은 '인간유전학', '유전적 카운슬링'이라는 이름으로 아직도 널리 퍼져 있다. 두개골의 용량을 지적 수준과 연결시키는 '골상학'과 지능은 유전적으로 결정되기 때문에 흑인들을 가난에서 구제하려 해봐야 소용없다는 'IQ 종형곡선 이론'도 우생학의 변종이다. 우생학은 인종 간에 우열이 존재한다는 빗나간 논리로 진화론을 악용했다. 인간 사회의 다양한 측면을 생물학적 특성으로 환원시켜 설명하려는 시도는 많은 비판을 받는다. 왜냐하면 인간은 '문화'를 가진 동물이기 때문이다.

더 우월한 사회는 없다

19세기에는 스펜서의 사회적 다윈주의나 우생학 외에도 다윈의 진화론을 인간 사회에 적용한 이론들이 큰 인기를 얻었다. 영국의 인류학자 에드워드 타일러와 루이스 헨리 모르간은 '문화culture'란 인간이 가진 합리성을 이용해 의식적으로 창조한 것이라고 주장했다. 이들에 따르면 문명과 문화는 더 높은 도덕적 가치로 진보한다. 이러한 논리는 서양 문명의 식민지 활동을 합리화하고 문화와 문명 간에 위계질서를 설정한 영국 빅토리아시대의 의식을 반영하는 것이다.

이러한 사고방식은 아메리카 원주민을 죽이고, 아프리카 흑인을 노예로 부린 미국 개척 시대를 변호한다. 20세기 초 일본 제국주의가 한반도를 침략하던 시절에 이광수를 비롯한 많은 지식인은 조선은 일본보다 열등한 민족이니 일본의 지배와 통치를 받는 것이 당연하다고 생각했다. 민족의 문화를 바꿔야 한다는 이광수의 '민족개조론'은 그런 생각의 귀결점이었다. 다윈의 진화론이 어처구니없게도 식민지 지배와 친일 논리로 둔갑한 것이다. 이는 결국 문명과 문화에는 서열이 있고, 우월한 민족은 세계를 지배해도 된다는 논리로 발전했다.

서유럽 문화가 다른 지역의 문화보다 우월하다는 사고는 철저히 서유럽의 기준으로 다른 나라의 문화를 판단하는 것이다. 이렇게 자신의 문화를 중심으로 다른 문화를 해석하는 것을 '자민족 중심주의ethnocentrism'라고 한다. 그리스어로 인종 또는 민족을 뜻하는 에스노스ethnos와, 중심을 나타내는 켄트론kentron이 결합해 생긴 말이다. 이러한 개념은 민족에 국한되지 않는다. 사람들은 여러 사회계층에서 자기가 속해 있는 '내집단'과 속하지 않은 '외집단'과의 차별을 강력히 의식한다. 그리고 내집단에는 긍정적·복종적 태도를, 외집단에는 부정적·적대적 태도를 취하는 정신적 경향을 나타낸다. 그리하여 자민족 중심주의는 다른 문화에 대한 편견과 거부감을 만들어낸다. 자신과 다른 문화를 만나면 자신의 기준과 잣대를 들이대며 해석하는 것이다. 어떤 민족, 어떤 집단에나 자민족 중심주의 경향이 내재되어 있지만 그 정도가 지나치면 나치스의 유대인 학살 같은 극단적인 배외주의 또는 인종주의로 변할 수 있다.

프랑스 배우 브리지트 바르도●는 마흔 살에 은퇴한 뒤 동물 보호 운동에 앞장섰다. 그녀는 한 시위 현장에서 한국인들의 개고기 먹는 습관을 '야만적'이라고 비난했다. 프랑스인이 개를 좋아하는 것이야 센 강가에 깔린 개똥을 보면 알 수 있는 일

● 영화 〈순진한 악녀〉, 〈귀여운 말괄량이〉, 〈그리고 신은 여자를 창조했다〉에서 보여준 그녀의 앳된 외모와 요염한 매력은 그녀를 마릴린 먼로 못지않은 '육체파' 여배우로 만들었다. 마릴린 먼로가 엠엠MM이라 불렸듯이 바르도는 베베BB라고 불렸다.

이지만, 개고기를 먹는 사람들을 '야만인'이라고 비난하는 것은 차원이 다른 문제다.

개고기 식용을 비난한 것은 문화의 차이가 빚어낸 인식의 차이다. 프랑스에서는 개를 애완용으로 기르지만 한국에서는 오랫동안 식용으로 이용해왔다. 프랑스인들은 한국인들이 먹지 않는 비둘기, 달팽이, 개구리를 당연하게 먹는다. 개를 식용하는 관습을 야만적이라고 비난할 수 있는 어떠한 문화적 근거도 없다. 바르도의 말을 들은 이탈리아 철학자 움베르토 에코는 바르도를 '파시스트'라고 비판했다. 실제로 바르도는 르펭이 이끄는 극우 정당인 국민전선FN과 함께 시위를 벌이기도 했다.

역사적으로 자민족 중심주의는 대부분 중앙에 위치한 문명에서 나타났다. 중국은 자신들의 문명을 '중화中華'라고 부르고 다른 문화는 모두 '야만'이라 했다. 동쪽의 동이東夷, 서쪽의 서융西戎, 북쪽의 북적北狄, 남쪽의 남만南蠻은 모두 야만인인 오랑캐를 가리키는 말이다.●●
로마인들은 로마를 제외한 이교도의 땅을 야만인

●● 조선 시대 실학자 박지원은 중화를 신봉하면서 명나라라면 사족을 못 쓰고 청나라를 오랑캐라 욕하던 당대 양반들에게 그들의 상투가 오랑캐인 남만의 머리 모양과 비슷하다고 일침을 놓았다.

명백한 운명 인디언을 내몰며 서부 개척에 나선 미국인을 수호하는 여신의 모습. 존 가스트의 〈미국의 진보American Progress〉는 저널리스트 오설리번이 말한 '명백한 운명'을 잘 표현하고 있다.

들이 사는 곳이라고 했다. 그래서 이탈리아 북부 알프스 산맥 너머 지금의 독일 남서부 지방을 '바바리아'라고 불렀다. '야만인들의 땅'이라는 뜻이다.

자민족 중심주의는 제국주의와 식민주의의 논리로 연결되기도 한다. 서양 사회는 기독교를 전파한다는 종교적 의무감과 함께 우월한 문명을 후진국에 전파한다는 사명감을 가지고 식민지를 지배했다. 미국의 팽창주의도 청교도들이 신대륙에 도착한 후부터 존재해온 것이다. 청교도들은 자기들이 하느님에게 선택받았으며 이민족을 개종시키고 문명화시켜야 한다고 믿었다. 미국의 팽창주의는 거기서 시작되었다. 청교도들은 아메리카 대륙에 살고 있던 원주민들의 땅을 차지하면서 자신들을 합리화시켰다. 하느님이 미국의 고상한 민주주의를 모든 사람이 경험할 수 있도록 그들로 하여금 멕시코부터 캘리포니아, 텍사스, 유타 등 서부의 대부분을 차지하게 했다는 것이다.

미국의 팽창주의는 19세기 말에 들어서 미국 경제의 급격한 발전과 그에 따른 앵글로색슨족의 인종주의에 의해 다시 한번 자극되었다. 이는 1839년 '명백한 운명Manifest Destiny'이라는 표현을 처음 사용한 저널리스트 존 오설리번의 말에 잘 함축되어 있다. 1845년 격월간으로 발행된 《유나이티드 스테이츠 매거진 앤 데모크라틱 리뷰United States Magazine and Democratic Review》의 기자였던 오설리번은 유럽 이민자들이 아메리카 원주민들에게 행한 행위를 이렇게 설명했다. "우리가 대륙으로 건너와 매년 수백만 명에게 자유롭게 발전할 가능성을 열어주는 것은 어쩌면 하늘이 우리에게 부여한 명백한 운명인지 모른다." 그는 또 멕시코와의 전쟁에서는 "앵글로색슨족의 월등한 기력에 융합되거나 굴복해야 하며, 그렇지 않으면 완전히 패망할 수밖에 없는 필연적인 운명에 있다"라고 선언했다. 전 세계에서 미국만이 진리와 보편적인 인간적 가치를 소유할 운명을 타고났다는 사고방식이다.

이러한 사고방식은 시간이 지나면서 다른 나라를 지배하는 제국주의로 변질되었다. 오설리번의 '명백한 운명'은 세계를 미국식 민주주의로 문명화시키기 위해서 미국은 계속 팽창해야 한다는 사상이 되었다.

문화 상대주의의 도전

인간 사회의 문화는 다양하게 발전하고 있다. 개인의 행동을 사회가 수용하는 범위와 정도도 매우 다양하다. 어떤 사회에서는 정상인 것이 다른 사회에서는 비정상적이 된다. 키스를 애정 표현이라고 생각하는 사회도 있지만, 키스에 대해 잘 알지 못하거나 더럽다고 생각하는 사회도 있다. 유대인은 돼지고기를 먹지 않지만, 힌두교도는 돼지고기는 먹고 쇠고기를 먹지 않는다. 유럽은 나이프를 사용하지만 중국은 젓가락을 사용한다. 영국의 문화는 개인주의를 강조하지만 일본의 문화는 집단주의를 강조한다. 같은 유교 문화권인 중국이나 일본과 달리 한국은 조상을 숭배하는 제사 문화가 지속되고 있다. 이러한 차이는 넓은 의미에서 다른 사회와 구별되는 문화의 차이다.

20세기 초 미국 인류학자 프란츠 보아스와 같이 현지 조사를 했던 인류학자들은 '문화 상대주의'를 주장했다. 문화 상대주의란 한 문화가 다른 문화에 적용할 수 있는 절대적인 기준이 없다는 것이다. 문화에 서열을 매기지 않으며, 있는 그대로 묘사하고 비교하고 대조하는 것을 목적으로 한다. 다른 사회에 대해 기준을 부여하는 서구 사회의 오만하고 잘못된 전통은 사라져야 한다. 원주민들의 사회는 오직 서구 사회와 '다른 사회'일 뿐이며, 이 세상에 더 '우월한 사회'는 없다. 이와 같은 인류학의 문화 상대주의는 문화의 다양성을 이해하는 눈을 열어주었다.

1955년 출간된 프랑스 인류학자 클로드 레비스트로스의 《슬픈 열대》는 저자가 브라질에 가서 원주민들과 거주하며 부족사회를 연구한 내용을 담고 있다. 그는 자신의 책에서 서구인이 생각하는 '문명'과 '야만'의 개념을 통렬하게 비판한다. 특히 식인 풍습을 예로 들면서 원주민들에게는 그것이 영혼과 육신의 일체화라는 종교적인 차원에서 거행되는 것이므로 서구인의 시각에서 그것을 야만적인 행위로 규정하는 것은 잘못이라고 말한다. 식인 풍습은 서구 사회에서 발생한 유대인 홀로코스트나 사형제도보다 잔혹하지 않으며, 오히려 정신적 가치를 담은 생활 원리라고 그는 해석한다. 물론 우리는 식인 풍습이나 사람을 제물로 바치는 풍습을 정당화하거나 따라할 필요는 없다. 그러나 다른 사람들의 살인 행위는 비정상이고, 자신들의 '현대적' 살인 행위는 정상이라고 강변하는 것은 설득력이 없다.

오늘날 인류는 문화적 다원주의 시대에 살고 있다. 다른 종족과 민족의 특수성을 존중하고 이해하며 각자의 방식대로 살아가고 있다. 저마다 자국의 문화적 기준에 입각해 법률을 제정하고 다른 나라의 간섭을 배제하면서 새로운 문화를 만들어간다. 문화 상대주의는 각국의 문화가 다르기 때문에 객관적 기준과 절대적 규범이 존재하지 않는다고 보지만, 그렇다고 윤리적 상대주의를 주장하는 것은 아니다. 이를테면 이슬람 문화는 존중하지만 신권정치나 여성차별 제도를 인정하지 않는다. 민주정치 대 신권정치, 남성의 지배 대 여성 해방 사이에서 우리는 선택해야 한다.

문화의 기준과 윤리의 기준은 다를 수 있다. 민주주의와 인권에 대한 문화적 전통은 매우 다르지만, 인류가 만든 문명적 삶의 보편 기준을 만들기 위한 소통의 노력은 계속 이어져야 한다.

더 읽을거리

- 존 톰린슨, 강대인 옮김, 《문화 제국주의》, 나남, 1999.
- 스티븐 제이 굴드, 김동광 옮김, 《인간에 대한 오해》, 사회평론, 2003.
- 루스 베네딕트, 김열규 옮김, 《문화의 패턴》, 까치, 2005.
- 찰스 다윈, 김관선 옮김, 《인간의 유래》, 한길사, 2006.
- 에드워드 사이드, 박홍규 옮김, 《오리엔탈리즘》, 교보문고, 2007.
- 리처드 도킨스, 홍영남·이상임 옮김, 《이기적 유전자》, 을유문화사, 2010.
- 피터 싱어, 최정규 옮김, 《다윈주의 좌파: 변하지 않는 인간의 본성은 있는가?》, 이음, 2011.
- 마빈 해리스, 박종렬 옮김, 《문화의 수수께끼》, 한길사, 2017.

일사불란한

컨베이어시스템은

포드주의의 상징이었다.

6 대량 생산과 대량 소비

포드 자동차와 포드주의 생산혁명

앞으로 자동차를 모든 집에 하나씩 보급하겠다.
—헨리 포드, 기업가

　　20세기 이후 현대 자본주의는 경이적인 경제성장을 이루었다. 지구상에 넘쳐나는 어마어마한 양의 상품들을 보면 알 수 있다. 슈퍼마켓에는 과일과 채소가 넘쳐나고, 백화점에는 옷과 신발이 가득하고, 집집마다 냉장고와 세탁기가 놓여 있고, 거리에는 자동차 행렬이 그치지 않는다.

　자본주의경제가 이룩한 놀라운 생산력의 극적인 표현은 미국 시카고의 한 자동차 공장에서 시작되었다. 경이적인 대량 생산 시스템이 헨리 포드(1863~1947)라는 기업가의 공장에서 탄생한 것이다.

　아일랜드계 이민자의 후손으로 기계공이었던 포드는 1903년 6월, 11명의 투자자들과 함께 '포드 모터 컴퍼니'를 설립했다. 당시 자본금은 2만 8000달러. 그러나 이 회사는 20세기의 산업방식을 뒤흔들고 나아가 세계인의 소비양식과 생활양식을 바꾼 '포드 생산방식', '포드혁명', '포드주의'의 진원지가 되었다.

포드 자동차가 성공한 이유

미국 미시간에 자리 잡은 포드 자동차 공장은 1908년 T형 모델의 자동차를 생산하기 시작했다. 자동차 앞모양이 T자 형태로 되어 있어 붙인 이름이다. 포드 자동차의 생산공정에서 가장 중요한 것은 움직이는 조립라인assembly line으로, 이는 시카고의 통조림 공장에서 도축한 소를 매달아 움직이는 장치를 보고 영감을 얻은 것이다. 세계 최초로 자동 운반 장치인 컨베이어conveyer를 이용한 생산체계로 대량 생산이 이루어지면서 포드 자동차는 3분에 한 대씩 자동차를 생산해냈다. 900달러에 달하던 차 값은 290달러까지 떨어졌고, 폭발적으로 팔려 나갔다.

  포드 자동차가 등장하던 시기에 대부분의 자동차는 소량 주문 생산방식에 의존하고 있었다. 영국의 유명한 자동차 회사 롤스로이스는 아무에게나 차를 팔지 않았다. 사회 저명인사와 상류층, 귀족과 왕족에게만 주문을 받았다. 값이 워낙 비싸기도 했지만 '품위 있는' 고객에게만 차를 판다는 자부심을 가지고 있었다. 그러나 포드는 부자들의 전유물이었던 값비싼 소량 주문 생산방식의 자동차를 밀어내고 싸고 규격화된 대중적 자동차를 대량 생산해 자동차 대중화 시대를 열었다. T형 모델이 태어난 지 10년 뒤인 1918년, 미국이 보유한 자동차의 절반은 T형 모델이었고 포드에게는 '자동차 왕'이라는 별명이 붙었다.

  T형 모델은 1903년 2기통 엔진의 자동차 모델 A가 선보인 이후 아홉 번째 모델로서 가장 혁신적인 모델이라는 평가를 받았다. T형 모델은 고장이 거의 없고 운전하기 쉬울 뿐 아니라 가격도 쌌다. 자동차 색깔은 하나로 통일했다. "어떤 색깔이든

좋다. 그것이 검은색인 한." 포드가 색깔을 선택하면서 한 말이다.

부자들의 사치품으로 여겨졌던 자동차는 이제 대중의 생활용품이 되었다. 포드는 노동자와 농민을 고통스러운 생활에서 구해낼 기계의 역할을 강조했으며, 자신의 자동차 생산이 그런 고귀한 일을 하고 있다고 역설했다. 농촌에 자동차가 보급되면서 농가의 고립이 사라지고 상업 연결망이 확대되었다. 전국에 고속도로가 생기고 목초지로 뒤덮였던 곳이 교외 주택지로 변했다. 자동차는 사람들의 일하는 방식과 주거 형태를 근본적으로 바꿔놓았다.

프랜시스 스콧 피츠제럴드의 소설 〈위대한 개츠비〉에서 볼 수 있듯이, 1920년대 미국에는 빠르게 재산을 모은 신흥 부자들이 등장했다. 포드는 자동차를 구매할 수 있는 중산층의 증가에 주목하고 좀 더 저렴한 가격으로 자동차를 팔아도 되겠다고 생각했다. 만약 포드의 생각이 여기에서 그쳤다면 포드는 역사에 남는 위인이 되지 못했을 것이다. 포드는 한 걸음 더 나아가, 머지않아 중산층뿐 아니라 노동자들도 자동차를 갖는 시대가 올 거라고 예측했다. 노동자들이 좀 더 많은 임금을 받으면 언젠가 자신들의 자동차를 구매할 거라고 생각한 것이다. 포드 자동차 공장의 종업원은 생산자인 동시에 미래의 구매자였다. 포드는 당시로서는 파격적인 하루 8시간 노동, 토요일 휴무, 그리고 일당 5달러라는 고임금제를 실시했다. 당시 노동자들은 보통 하루 9시간 일하고 평균 2.38달러를 받았는데, 포드는 두 배 이상을 더 준 것이다. 그는 노동의 질을 높이고 숙련 노동자들의 이탈을 방지했으며, 투자 이익금을 공유하는 계획까지 세웠다. 하지만 노동조합만큼은 허용하지 않았다. 한국의 대표 기업인 삼성의 '무노동조합 경영'처럼 높은 임금으로 노동조합의 싹을 자를 수 있다고 생각한 것일까.

포드는 자본주의 생산방식을 어떻게 바꿨나

포드의 대량 생산방식은 다른 공업부문 생산에 응용되어 20세기 산업사회의 새로운 모델을 창조했다. 직물, 의류, 기계 공장에도 포드 자동차 같은 조립라인을 이용한 작업 공정이 도입되었다. 포드 자동차 공장처럼 속도를 정밀하게 유지하는 특수 기계를 도입해 대량 생산하는 방법을 '포드주의Fordism'라고 불렀다. '주의'라는 말은 마르크스나 레닌에게만 사용된 것이 아니다.

포드는 위대한 영웅도 탁월한 정치가도 아니었지만 세상을 바꾼 중요한 인물로 평가받는다. 그는 단순히 발명가가 아니라 새로운 시스템을 구축한 사람이기 때문이다. 이 점은 요하네스 구텐베르크나 토머스 에디슨에 비견될 만하다. 15세기 독일의 구텐베르크는 금속활자를 이용한 인쇄술을 발명해 인쇄공장을 설립하고 성서를 발행했는데, 이는 유럽 종교개혁의 밑거름이 되었다.● 19세기 미국의 에디슨은 백열등뿐만 아니라 발전기, 배전기, 계량기, 축음기 등을 발명하고 가전업체 제너럴 일렉트릭GE을 창립했다. 전

● 금속활자로 인쇄물을 만든 최초의 사람들은 14세기 한반도의 고려인이지만, 고려의 활판 인쇄술은 사회 변화를 일으키지 못했다.

기의 발명은 세상을 뒤흔들었다. 러시아혁명을 이끈 레닌은 "공산주의란 소비에트 더하기 전기"라고 말했다.

구텐베르크, 에디슨과 함께 포드는 단편적인 기술을 넘어 기술의 시스템을 만들고 사회의 체계를 바꾼 사람이다. 포드주의는 자동차 공장의 생산방식이 아니라 대량 생산체제를 표현하는 용어가 되었다.

여기서 한 가지 질문. 이렇게 대량 생산된 상품이 팔리지 않고 쌓인다면? 포드가 예견한 대로 임금이 상승하면서 노동자들은 대량 생산된 상품, 소비재, 주택, 자동차를 구매했다. 바야흐로 대량 소비사회가 등장하게 된 것이다. 포드주의에는 복제품의 대량 생산뿐 아니라 표준화한 대량 소비가 필수 요소로 뒤따른다. 그러므로 상품이 팔리지 않을 염려는 접어두어도 된다. 포드주의는 표준화된 생산물, 저렴한 상품 가격, 노동자를 위한 고임금, 상품 소비를 촉진하는 광고, 은행 신용을 통한 수요 촉진 등의 요소를 포함한다. 이런 점에서 포드주의는 대량 생산과 대량 소비를 주도하는 생산체제다.

1926년 **포드 자동차 광고** 자동차의 대중화는 사람들의 생활양식을 크게 바꿨다. 1913년 미국에서는 이미 마차보다 자동차가 많아졌다.

자본주의는 이전의 어느 사회도 이룩하지 못한 거대한 생산체계를 만들고 인간의 무한한 소비 욕망을 충족시키기 위해 노력했다. 소비보다 생산이 앞서고, 희소성은 옛 이야기가 되었으며, 소비는 악덕이 아니라 미덕이 되었다. 자본주의경제의 놀라운 변화는 자본주의를 부정하는 마르크스주의자들에게도 거부할 수 없는 강력한 마력이었다. 20세기 초의 이탈리아 사회당 국회의원이자 마르크스주의 이론가였던 안토니오 그람시는 포드주의를 "선진 자본주의의 전형적인 생산조직의 형태"로 보았다. 그람시는 "포드주의라는 최고 단계는 단지 설득과 함께… 마음을 끄는 강박"이라고 표현했다. 오늘날 포드주의는 선진 자본주의사회의 완전고용, 대량 생산, 복지국가, 소비 수준이 증가한 산업, 사회질서를 분석하는 개념으로 사용되고 있다. 간단히 말하면 포드주의는 조립라인을 이용한 대량 생산을 가리킨다. 더 간단히 말하면 이렇다. "더 많이 만들어라, 그러면 더 많이 소비할 것이다."

과학적 관리라는 이름의 테일러주의

20세기의 영화 천재 찰리 채플린의 〈모던 타임즈〉를 보자. 영화의 주인공은 거대한 공장에서 일하는 노동자인데, 하루 종일 나사를 조립하는 일만 반복해서 한다. 공장에서 쫓겨난 그는 지나가는 여자의 옷에 달린 단추를 보고 나사인 줄 알고 조립하려 하다가 뺨을 맞는다. 관객들은 폭소를 터뜨리지만 실은 매우 슬픈 장면이다. 반복된 노동이 인간을 어떻게 기계 부품으로 전락시키는지를 보여주는 장면인 것이다.

20세기 초반 공장을 경영하는 기업주들은 어떻게 하면 노동자들에게 좀 더 많은 상품을 만들게 할 수 있을까를 심각하게 고민했다. 공장 관리자였던 프레데릭 윈슬로 테일러는 노동자들의 파업과 태업을 목격하고 새로운 생산관리 방법을 창안했다. 테일러는 '시간 연구'와 '동작 연구'를 통해 노동자들의 노동시간과 동작을 최대한 효율적으로 이용했다. 작업 과정에서 불필요하게 낭비하는 시간을 줄이고 생산 시설을 효율적으로 설계해 노동자들의 이동 시간을 최소화했다. 또한 과업 달성을 자극하기 위해 차별 임금을 도입해 성과급 제도를 실시했다. 정해진 시간에 더 많은 상품을 만들면 상여금을 지급했다. 그리고 계획 부문과 현장감독 부문을 전문화시킨 기능별 조직을 축으로 하는 관리 시스템을 도입했다.

이와 같은 테일러의 '과학적 관리'는 대규모 산업 시설의 집적과 생산의 효율적 조직화를 위한 대표적인 생산방법이 되었다. 그 후 테일러는 사업을 접고 본격적으로 경영 컨설턴트가 되어 자신의 과학적 관리를 전파시켰다. 테일러의 과학적 관리는 '테일러주의Taylorsim'라고 불리며 기업의 생산과정에 이용되었고, 후에 경영학의 기초 원리가 되었다.

테일러의 과학적 관리는 전통적인 장인 생산을 근본적으로 바꿔놓았다. 모든 기술을 완벽하게 습득한 장인 대신 분리된 단순 작업만 수행하는 노동자가 필요하게 된 것이다.

〈모던 타임즈〉 찰리 채플린의 대표작. 주인공은 대규모 조립라인에서 기계 부품처럼 일한다. 오늘날이라고 이것이 크게 달라졌을까?

이는 낮은 수준의 기술을 가진 노동자가 거대한 기계의 부품이 되어 지루한 일을 반복하는 노동과정을 만들었다. 마치 〈모던 타임즈〉의 주인공처럼. 테일러의 과학적 관리는 자본주의경제뿐만 아니라 사회주의에서도 채택되었다. 레닌은 테일러주의를 칭찬했으며, 이는 스탈린 시대에 소련의 과학적 관리 이론으로 채택되었다. 테일러주의는 대부분의 산업사회에 보편적으로 적용되는 경영 원리로 널리 확산되었고, 자본주의와 사회주의의 구분을 뛰어넘어 산업 경제의 효율적 관리를 대표하는 경영 기법으로 평가받았다.

그런데 이와 동시에 과학적 관리라는 이름 아래 인간이 기계 부품이 될지도 모른다는 공포가 커지기 시작했다. 독일의 철학자이자 정신분석학자인 에리히 프롬은 《건전한 사회》에서 이러한 공포를 한마디로 표현했다. "과거의 위험은 인간이 노예가 되는 문제였다. 미래의 위험은 인간이 로봇이 될지도 모른다는 문제다."

로봇이 사람 대신 일하는 세상

조지 오웰은 영국의 최고 명문 사립학교인 이튼 칼리지 출신이다. 그러나 그는 대학에 진학하지 않고 당시 영국의 식민지였던 버마(지금의 미얀마)에서 근무하면서 가난한 식민지 민중의 생활을 목격했다. 그리고 파리와 런던의 노동자, 날품팔이, 호텔 벨보이로 일하면서 그야말로 '밑바닥 생활'을 체험했다. 이러한 경험은 나중에 작가로 활동할 때 많은 영감을 주었으며, 정치적으로 사회주의를 받아들이는 데 큰 영향을 미쳤다.

그는 자본주의경제에서 인간은 먹고살기 위해서 노동을 팔아야 하고 아무 여가도 문화생활도 누릴 수 없는 야만적 상태에 놓인다고 비판했다. 고도의 문명과 수준 높은 문화를 즐기는 상류층은 노동자들의 폭동을 두려워할 뿐 그들의 생활을 개선하기 위해서 아무 노력을 하지 않는다고 말했다. "보잘것없는 노동자들에 대한 밑바닥을 관통하는 본능은 단지 폭도에 대한 공포다. (생각하는) 폭도는 저급한 동물이기 때문에 여가 시간이 생긴다면 위험해질 것이다. 너무 바빠 생각할 시간도 없는 것이 더 안전할 것이다." 오웰은 1933년 출간한《파리와 런던의 밑바닥 생활》에 이렇게 썼다. 오웰에게 자본가란 노동자가 생각 없는 기계가 되어야 사회가 안전하다고 믿는 사람들이었다.

그런데 이제 공장에는 더 이상 기계처럼 일하는 노동자들이 필요하지 않게 되었다. 왜냐하면 노동자 대신 기계가 일하게 되었기 때문이다. 1970년대 이후 서구의 선진 산업사회에는 산업용 로봇이 본격적으로 도입되었다. 로봇을 이용한 자동화 automation는 인간의 노동이 필요 없는 공장을 만들었다. 자동화란 1980년대 중반 미국의 크리스토퍼 스펜서가 프로그램으로 만든 자동기계를 가리키는 말이다. 이는 육체노동자가 점차 감소하고 서비스 분야의 노동자가 증가하는 추세와 연결되어, 산업사회가 탈산업사회로 바뀌는 중요한 원인이 되었다.

로봇은 인간이 일상적으로 하는 기능을 대신하는 자동기계를 가리킨다. 이 개념

시민의 세계사

은 1950년대 체코의 극작가인 카렐 차페크가 만든 것으로, '강제 노동'이라는 의미를 가진 로보타robota라는 단어에서 유래했다. 현재 로봇은 산업 현장에서 다양한 일을 하는데, 특히 자동차 생산 공장에서 주로 사용된다. 자동차 공장을 견학해본 사람은 공장에 사람이 거의 없다는 사실을 발견했을 것이다. 화학 공장에서도 컴퓨터를 이용한 자동제어장치가 인간의 노동을 대신하고 있다. 물론 산업사회 전체를 놓고 보면, 아직 로봇은 소수의 공장에서 이용되고 제한된 작업 공정만 수행하지만, 앞으로 기술이 개발되고 비용이 절감되면 더욱 많이 사용될 것이다.

자동화가 진행되면서, 인간은 이제 단순하고 지루한 노동에서 벗어나 좀 더 창의적이고 자율적인 노동을 할 수 있을 거라는 낙관적인 기대가 높아졌다. 그런데 1974년 노동자 출신의 미국 사회학자 해리 브레이버맨은 《노동과 독점자본》에서 갈수록 엄격해지는 관리 통제로 노동은 파편화되고, 지루하고, 반복적인 일로 격하되어 노동의 질이 저하되고 있다고 주장했다.

그에 따르면 과학적 관리, 기계화, 자동화라는 새로운 스타일의 생산방식이 확산되면 될수록 인간의 노동은 기계에 종속되고 숙련 기술도 필요 없게 된다. 생산 관리의 궁극 목적은 업무의 세분화와 분화를 통해 노동자를 통제하고 자율성을 없애는 것이기 때문이다. 노동자들이 점점 숙련 기술을 잃어버리는 '탈숙련화de-skilling' 현상으로 인간의 노동은 더욱 낮은 수준으로 떨어지고 결국 단순 사무직 같은 중간층 노동자들은 노동자계급과 비슷해지게 된다.●

이와 같은 브레이버맨의 이론은 마르크스주의자들로부터 갈채를 받았다. 그러나 시간이 지나면서 브레이버맨의 이론은 비판을 받았다. 그는 산업과 경제를 탈숙련화라는 지나치게 일방적인 변화 과정으로 묘사하고, 산업별 차이를 무시했다. 일부 제조업의 기술직에서는 탈숙련화가 이루어

● 브레이버맨의 주장을 이어받은 마르크스주의자들은 사무직 노동자들을 '새로운 노동자계급'이라고 불렀다. 정신노동을 하는 사무직 노동자들이 스스로를 육체노동을 하는 노동자계급과 다른 중간계급이라고 생각하는 것과는 전혀 반대의 결과가 벌어지고 있다면서, 따라서 사무직 노동자는 더 이상 중간계급이 아니며 노동자계급과 같이 노동운동에 참여해야 한다고 주장했다.

지기도 하지만, 정보통신 같은 새로운 기술 분야에서는 노동자의 기술력이 지속적으로 진보하고 있다. 그는 노동자들이 기술을 새로이 습득하고, 새로운 숙련 기술을 가진 노동자들이 확대되는 것을 지나치게 과소평가했던 것이다.

도요타 자동차는 어떻게 성공했나

2차 세계대전이 끝난 뒤 수십 년 동안 자본주의경제는 황금기를 맞았다. 그러나 1970년대 선진 산업사회에 경제 위기가 발생하면서 황금기는 빛바랜 신화가 되었다. 석유 가격은 네 배 가까이 폭등하고 인플레이션으로 물가는 상승하는데 산업생산은 정체되고 실업률이 급증했다. 그러자 대량 생산과 대량 소비에 몰두했던 기업들은 새로운 생산방법을 모색했다.

그러는 가운데 1950년대 이후 급격한 경제성장을 이룬 일본의 생산방식이 주목받게 되었다. 바로 도요타 자동차 생산방식이었다. 도요타 자동차 공장은 노동자들이 스스로 문제를 제기하고 해결하는 유연한 생산방식을 실행했다.

생산 라인에 필요한 부품의 양을 적시에 파악할 수 있게 하는 시스템에 기초해 수많은 하청기업으로부터 필요한 양만 적시에 공급받는 '적기 생산Just-in-time' 시스템은 대량 재고의 비용을 획기적으로 절감했다. 품질관리 서클과 제안제도로 상징되는 소집단 활동을 통해 생산 현장에서 직접 품질관리를 수행할 수 있는 분권적 생산체계를 유지한 것도 성공 요인이었다.

1980년대 미국의 제너럴 모터스GM가 500만 대 생산을 위해 80만 명의 종업원을 보유한 데 비해 도요타는 400만 대 생산을 위해 7만 명을 보유했다. 이는 생산성의 차이가 아니라 조직 구조의 차이였다. 제너럴 모터스는 대부분의 부품을 자체 생산했으나 도요타는 270개의 회사로 구성된 기업집단이 부품 생산을 담당했다. 이러한 집단 생산, 계열생산체제에서는 경쟁과 협조가 공존해 저비용과 고품질을

'달랐던' **도요타주의** 도요타주의는 생산성 향상과 함께 종신 고용 등의 인간을 존중하는 조직 문화로 포드주의와 다른 점에서 주목받았다. 하지만 2010년 미국 내 대규모 리콜 사태가 전 세계로 퍼지면서 도요타의 이미지가 추락하기도 했다.

실현할 수 있다. 일본 기업의 절반 이상이 장기적·위계적 하청 관계를 형성하고 있으며, 이러한 관계는 1980년대 이후 점점 증가해 현재 3분의 2에 육박하고 있다.

도요타 자동차가 큰 성공을 거두자 1980년대 미국의 기업과 경영 컨설팅 회사들 사이에서는 앞 다퉈 일본을 따라 배우자는 '일본화Japanization'와 '리엔지니어링re-engineering'이 선풍적인 인기를 끌었다. "일본을 배우자", "일본이 세계 최고"라는 말이 미국인들의 입에서 자연스레 흘러나왔다. 다품종 소량 생산, 재고 최소화, 다양한 기술을 가진 기능공, 종신 고용, 연공서열의 특징을 가진 도요타 공장의 생산방식은 포드주의와는 전혀 다른 생산방법으로 각광받았으며, '포드주의'에 필적해 '도요타주의Toyotism'라고 불렸다. 또 한 가지 '주의'의 탄생이다. ●

포드주의의 새로운 변화

● 도요타 자동차를 비롯한 상당수의 일본 기업들이 미국과 유럽 시장을 효과적으로 공략하자, 서양의 학자들은 일본 기업을 자세히 관찰했다. 일본 기업은 같은 자본주의 기업인 데도 불구하고 서양 기업과는 상당히 달랐다. 특히 1970년대 경제 위기가 발생한 뒤 상당수 일본 기업들은 다품종 소량 생산, 고품질, 상품의 짧은 수명을 토대로 하는 생산체제로 변화했다. 기업의 조직은 위계질서를 가진 라인업line-up 구조에서 수평적·분산적 구조를 토대로 한 팀워크team-work 조직으로 변화했다. 이런 조직은 특히 다품종 소량 생산, 신속한 상품 개발, 고품질 생산에 효과적이었다.

세계적인 의류 기업 베네통Benetton은 이탈리아 베네토 주 트레비소에 본사를 두고 있다. 자동차 경주 '포뮬러 원Formula One'을 후원하는 것으로도 유명한 기업이다. 1955년 베네통 가문의 사업으로 출발한 가족 기업으로, 1980년대 이후 전 세계로 사업을 확대했다. 현재 1억 1000개의 의류 제품을 생산하고 있으며, 120여 개 국가의 주요 지역에 5000여 개의 프랜차이즈 매장을 가지고 있다.

가족 기업답게 창업자 루치아노가 회장을 맡았고 여동생 줄리아나는 컬렉션, 동생 카를로와 질베르토는 생산과 회계를 담당했다(현재는 루치아노의 차남 알렉산드로가 회장을 맡고 있다.). 원래 갖가지 색으로 염색한 스웨터를 주로 생산했는데, 1980년대 들어 항공기를 이용해 20시간 안에 전 세계 어느 곳에나 제품을 배달할 수 있는 최신 물류 체계를 확립했다. 본사는 이탈리아에 있으나 첨단 통신수단을 통해 전 세계에 흩어져 있는 상점의 유통 네트워크를 긴밀히 연결하고 있다. 본사는 전 세계에 흩어져 있는 독립적인 기업들이 만든 상품을 생산 네트워크를 통해 관리한다. 베네통은 수평적인 생산, 유통 네트워크를 소수의 가족이 위계질서를 갖고 통제하는 독특한 조직 형태를 하고 있다.

베네통의 생산체계는 포드 자동차 같은 표준화된 모델의 대량 생산법과는 근본적으로 다르다. 지금 자본주의 기업들은 대량 생산과 대량 소비 시대와는 다른 현실에 점차 적응하고 있다. 바지에 지퍼를 달아 유명해진 리바이스Levi's 청바지는 표준 모델을 대량 생산하는 방법과 함께 다양한 모델을 소비자의 요구에 따라 주문생산으로 제작하는 시스템을 도입했다. 평범해 보이는 청바지에도 소비자 개인의 개

Tutti i colori del mondo.

포스트 포드주의의 확산 다품종 소량 생산, 유연 생산 등 대중의 새로운 소비 욕구를 충족시키기 위해 생산과 유통은 변화했다. 베네통이 그 대표적 사례다.

성을 담는 시대가 된 것이다.

일본의 도요타 자동차나 이탈리아의 베네통처럼 1980년대 이후 등장한 다품종 소량 생산, 유연 생산 같은 새로운 생산방법을 포함한 사회적·기술적 조직의 변화를 '포스트 포드주의post-Fordism'라고 한다. 포스트 포드주의는 생산체계, 경제적 지배, 규제를 변화시켰다.● 포스트 포드주의가 확산되면서 전통적인 테일러주의와 엄격히 통제된 노동과정은 새로운 형태로 변화했다. 생산팀production team 등장, 플렉스 타임flex-time 같은 노동시간의 유연화 도입, 권위적인 위계질서 감소, 컴퓨터 단말기가 집까지 배치되는 노동의 탈중심화 등 더욱 유연한 형태로 바뀌었다. 야후Yahoo나

● 포스트 포드주의는 자본주의 체제의 변화를 설명하기 위해 사용되기도 한다. 미국 사회학자 마이클 피오르와 찰스 세이블은 1984년 《제2의 산업 분할The Second Industrial Divide》에서 현대 산업사회에는 대량 생산이 약화되는 대신 다품종 소량 생산을 위주로 하는 '유연 전문화flexible specialization'가 등장하고 있다고 주장했다.

구글Google 같은 정보통신 회사에서 일하는 직원들은 넥타이와 재킷 대신 티셔츠와 청바지를 입고 자유롭게 출퇴근하며 집에서 근무하기도 한다. 이들에게는 직장과 사무실이 따로 존재하는 것이 아니다.

물론 현대 자본주의경제체제가 모두 포스트 포드주의로 변화하고 있다고 보기는 어렵다. 자동차 산업 등 일부 제조업 공장에서 생산성을 높이기 위해 포스트 포드주의를 도입하고 있지만, 아직도 대부분은 포드주의의 특성을 간직하고 있다. 대부분의 공장에서는 여전히 컴퓨터 통제와 프로그램 가능한 기계를 통해 노동과정을 관리하고 통제하며, 노동자에게 엄격한 규율을 강요한다. 심지어 식품 회사에서도 포드주의적 생산공정이 광범위하게 존재한다. 표준 생산공정을 활용하는 글로벌 패스트푸드 회사 맥도널드가 대표적이다.

한편 제조업의 생산기술과 노동과정에 포드주의와 포스트 포드주의의 특징이 동시에 증가하고 있다는 지적도 있다. 이러한 현상을 학자들은 네오 포드주의Neo-Fordism라고 부른다. 네오 포드주의는 포드주의가 약화되는 것이 아니라 새롭게 재편되는 것이다. 100년 전 공장의 생산방식을 혁명적으로 바꾼 포드주의는 여전히 자본주의 생산체계에 뿌리 깊게 박혀 있다. 포드는 아직 죽지 않았다.

더 읽을거리

● 사카이야 다이치, 김순호 옮김, 《조직의 성쇠》, 위즈덤하우스, 2002.

● 히노 사토시, 금대연 옮김, 《도요타 무한 성장의 비밀》, 동양문고, 2003.

● 데이비드 마지, 서지원 옮김, 《포드 100년의 저력》, 비전코리아, 2005.

● 토머스 말론, 함규진 옮김, 《노동의 미래》, 넥서스BIZ, 2005.

● 헨리 포드, 공병호·송은주 옮김, 《헨리 포드: 고객을 발명한 사람》, 21세기북스, 2006.

● 린다 그래튼, 조성숙 옮김, 《일의 미래》, 생각연구소, 2012.

● 클라우스 슈밥, 송경진 옮김, 《클라우스 슈밥의 제4차 산업혁명》, 새로운현재, 2016.

1952년 최초의 아파트먼트

르코르뷔지에의

유니테 다비타시옹.

7 아파트먼트의 탄생

르코르뷔지에와 모더니즘 건축

> 나는 존재한다. 나는 수학자며 기하학자다.
> 또한 종교적이다. 이는 내가 나를 지배하는 거대한 이상을
> 믿는다는 뜻이며, 내가 무언가를 이룰 수 있음을 뜻한다.
> —르코르뷔지에, 건축가

다국적기업의 한국 지사에서 근무하는 독일인 안드레아스는 어느 날 창 밖으로 보이는 수많은 건물을 가리키며 저 '사무실 건물'은 무엇이냐고 물었다. 곁에 있던 한국인 직원은 그건 사무실이 아니라 사람들이 거주하는 아파트먼트라고 대답했다. 그러자 안드레아스는 눈이 휘둥그레졌다. 아니 저곳에 사람이 산다고요? 한국인 직원은 미소를 지으며 말했다. "한국 사람들 중 절반이 저런 집에 살고 있습니다."

아파트먼트는 한국의 발명품이 아니라 서양에서 건너온 것이다. 20세기 초 독일 건축가들이 시작한 모더니즘 건축 운동이 제시한 새로운 양식이었다. 그러나 아파

트먼트는 서양에서는 그리 환영받지 못했다. 좁은 공간에 싼값으로 효율적 건축을 한다는 장점이 있지만, 정원도 없고 답답해서 사람 사는 집으로 인정받지 못했다. 서민용 임대주택을 아파트먼트로 짓는 경우는 있었어도, 중간계급은 교외에 정원이 딸린 집을 갖고 싶어 했다. 그런데 서양에서는 천대받은 아파트먼트가 한국에서는 엄청난 인기를 누리고 있다. 이유가 무엇일까? 그리고 누가 아파트먼트를 처음 만들었을까?

모더니즘 건축은 무엇이 다를까

산업혁명으로 인한 사회 변화는 건축에도 새로운 영향을 주었다. 산업혁명 이전에는 대부분의 사람들이 농업, 어업, 임업에 종사하면서 도시 바깥에 살았다. 그런데 대규모 공장이 도시에 들어서고 사람들이 도시로 몰려들어 노동자가 되면서 새로운 집이 필요해졌다. 공장, 사무실, 창고, 철도 시설 등의 건축물이 잇달아 세워졌다.

공업의 발달은 건축 재료에 영향을 미쳤다. 과거에는 돌이나 벽돌을 사용했지만 철, 유리, 콘크리트가 새롭게 주목받았다. 대량 생산이 가능해지면서 생산 비용이 절감되고 품질 수준이 높아져 이전과 전혀 다른 건축이 탄생하게 되었다.

건축은 시대의 반영이자 사회적 결과다. 그렇기 때문에 건축물은 인간의 의식과 문화를 상징적으로 표현한다. 건축양식은 크게 고전주의와 낭만주의로 구분되는데, 고전주의의 대표적 건축은 그리스의 파르테논 신전이다. 고전주의는 인간이 자연에 질서를 부여할 수 있다고 생각한다. 수학적이고 이성적 방법을 선호하고, 기하학적 공식을 이용해 건물을 설계하며, 건물은 대칭 구조로 지어진다. 18세기 이후 유럽에 설립된 수많은 교회 건물이 그렇다. 이에 반해 낭만주의는 인간이 자연과 통합되어야 한다고 생각한다. 유기적이고 직관적인 방법을 선호하며, 자연적 형태를 띤 건물을 설계하며, 건물은 대칭 구조가 아닌 경우가 많다. 하늘을 향해 치솟는 뾰족탑과 화려한 장식을 가진 고딕건축을 재현한 영국의 웨스트민스터 국회의사당과 독일의 쾰른 성당을 꼽을 수 있다.●

> ● 원래 고딕Gothic이라는 말은 '미개한 고트족'에서 연상되는 투박하고 야만적인 것을 가리켰다. 고트족은 고전 예술을 존중하지 않았고 아크로폴리스와 포럼의 모범을 무시하고 자신의 기호를 즐기기 위해 예술 양식을 창조했다.

현실에서는 순수한 고전주의 또는 순수한 낭만주의 건물을 찾아보기 어렵다. 두 가지 방식이 결합되어 있는 경우가 많다. 고전주의 건물이 자연적 형태를 모방하기도 하고, 고딕 성당이 수학 원리를 이용하기도 한다. 현대건축은 고전주의 양식과 낭만주의 양식의 영향을 동시에 받았다. 영국에서 시작된 아트 앤 크래프트Arts and Cratfs, 유럽과 미국으로 확산된 아르누보Art Nouveau, 독일에서 시작된 표현주의 등은 낭만주의의 영향을 받은 것이다. 영국의 리버티Liberty 상점이나 파리의 메트로(지하철) 입구를 보라. 덩굴이나 담쟁이 등 자연에서 모티프를 따온 우아한 장식을 이용한 아르누보 스타일은 19세기 말부터 20세기 초의 유럽과 미국을 화려하게 수놓았다.

한편 19세기 공학, 바우하우스Bauhaus, 기능주의 같은 고전주의도 현대건축에 영향을 주었다. 특히 바우하우스는 현대건축을 혁명적으로 변화시켰다. 1919년 독일 건축가 발터 그로피우스가 설립한 바우하우스는 일상생활에서 사용하는 물건을 단순하고 편리하게 설계하는 방법을 강조했다.●●
바우하우스의 기본 이념은 기능주의라는 용어로 표현된다. 이는 목적에 맞게 설계되어야만 형태도 아름답게 보인다는 믿음이다.

> ●● 독일어로 '바우Bau'는 '건축'을, '하우스Haus'는 집을 뜻한다.

그로피우스는 독일 바이마르에 국립바우하우스를 설립하고 학장에 취임했다. 학생을 모집하는 선언문에는 "미래의 새로운 건축을 위해 조각, 회화와 같은 순수미술과 공예와 같은 응용미술이 통합을 이루어야만 한다"고 주장했다. 장식물로 전락한 예술이 공예가와 협력해 과거의 건축 정신을 되살려야 한다고 강조했다. 시간이

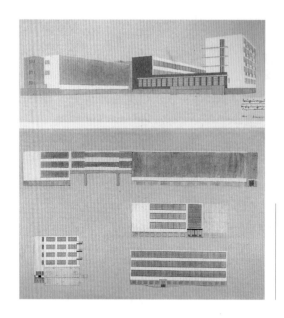

발터 그로피우스의 바우하우스 1925년에 경제적 불황과, 정부의 압박 등으로 바우하우스는 폐쇄 위기에 처했으나 데사우 시의 주선으로 시립 바우하우스로 재출발하게 되었다. 이 시기를 상징적으로 보여주는 것이 1926년 그로피우스가 설계한 학교 건물로, 공업시대 특유의 구조와 기능미가 잘 나타난다.

지나면서 바우하우스의 관심은 낭만적 공예에서 기계를 응용한 산업디자인으로 이동했다. 그러나 나치스가 등장하면서 바우하우스의 좌경화를 우려해 지원을 철회했다. 바우하우스는 데사우와 베를린으로 이동했지만, 결국 나치스의 탄압으로 폐쇄되었다. 바우하우스의 인재는 뿔뿔이 흩어졌다. 그로피우스는 하버드대학교, 루트비히 미스 반 데어 로에는 일리노이대학교에서 학생을 가르치며 미국에 바우하우스의 이상을 전파했다.

2차 세계대전 이후 바우하우스의 이념이 세상을 지배하면서 낭만주의는 점점 사라졌다. 합리적·수학적·기계적 요소가 강해지면서 사각형 건물이 많아지고 아름다운 꽃을 장식한 건물은 사라졌다. 건물의 표면은 기계처럼 단순하게 처리되었다. 건축은 예술가의 손에서 기술자의 손으로 서서히 이동했다. 이러한 건축은 산업사회에 적합한 건축양식으로 인정받게 되었다. 그 새로운 건축을 주도한 사람이 바로 르코르뷔지에(1887~1965)다.

르코르뷔지에가 바꾼 것

르코르뷔지에는 1930년대 이후 세계에서 가장 영향력 있는 건축가다. 건축가들은 그를 사제나 예언자, 심지어는 신으로 생각했다. 건축가들은 그의 주장에 동조하고, 그가 설계한 프로젝트를 존경하고, 그가 만든 건물을 성지순례하듯 방문했다. 르코르뷔지에는 현대건축의 신화다.

호리호리한 체격에 안경을 쓰고 옷과 예의범절에 까다로웠던 르코르뷔지에는 1887년 스위스의 라쇼드퐁에서 시계 제작공의 아들로 태어났다. 본명은 샤를 에두아르 잔느레였지만, 20대에 직업상의 가명으로 외할아버지의 이름을 사용했다가 아예 자신의 이름으로 삼았다. 어쩌면 집안의 전통과 단절하려는 의지의 표현이었는지도 모른다. 르코르뷔지에는 아버지의 가업을 물려받기보다 미술에 관심이 많아 지방의 미술학교에 진학했다. 1908년 열여덟 살 때 이탈리아로 가서 중세 미술의 아름다움에 빠진 그는 후에 빈, 파리, 베를린에서 건축과 디자인을 공부했다. 파리에서는 건축가 오귀스트 페레의 견습공으로 일했고, 베를린에서는 산업 디자이너 페터 베렌스 밑에서 일했다. 그런 다음 파리에서 본격적인 활동을 시작했다.

1920년대의 파리는 예술의 중심지였다. 아방가르드avant garde, 큐비즘cubism, 초현실주의surrealism가 탄생하고 새로운 예술이 꿈틀거렸다. 파리에서 르코르뷔지에는 '순수주의'라는 건축양식을 창안했다. 이것은 고전주의가 추구하는 지속적인 세련미와 산업사회가 대량 생산해낸 자재를 결합시켜 순수하고도 전형적인 형태를 강조하는 양식이었다. 르코르뷔지에는 단지 고전주의를 모방하고자 한 것이 아니라, 이성, 질서, 세련미라는 보편적인 원칙을 가진 건축을 만들고자 했다.

1923년 르코르뷔지에는 저서 《건축을 향하여》에서 "집은 거주를 위한 기계"라는 유명한 말을 했다. 이 말은 인간의 집은 순수하게 기능적이어야 한다는 의미다. 그는 인간에게 집은 자동차 같은 순수한 소비재라고 생각했다. 공장에서 만들어진 자동차처럼 대량으로 생산된 집이 주택 문제를 해결할 수 있다는 게 그의 생각이었다. 사실 르코르뷔지에는 기계의 이미지에서 많은 영감을 얻었고, 전통적인 건축과 완전히 다른 새로운 스타일을 만들었다. 그가 설계한 주택은 기계처럼 보였으며 주택의 구성 요소는 기계의 부품처럼 보였다. 그는 전통적인 창틀인 새시와 미닫이문을 하나로 통합해 단순하고 경제적인 벽문을 만들었다. 우리가 살고 있는 아파트의 발코니를 보라. 우리는 더 이상 문 따로 창문 따로 설계된 집에 살지 않는다.

르코르뷔지에의 건축 사상은 건물뿐 아니라 도시계획으로 확대되었다. 그는 자신만의 이미지로 사회를 디자인하고자 했다. 그의 이상 사회는 개인이 중앙집권적 국가에 순종하는 단정하고 깔끔한 사회다. 그는 파리처럼 '비합리적'인 도시를 싫어했으며, 모든 구역을 '합리적' 선에 따라 다시 만들고자 했다. 각 구역은 주거·노동·휴식·교육 등 서로 다른 기능을 갖고 있고, 중심부에는 교회와 시청 대신에 주거와 산업을 위한 시설이 자리 잡은 그의 도시는 현대 도시의 대표적인 모습이 되었다.●

그러나 르코르뷔지에가 꿈꾸던 대량 생산된 주택은 프랑스에서 구현되지는 못했다. 프랑스에서 주택 건설은 정부의 통제를 받았으며, 파리는 고전주의 양식으로 건설되었기 때문이었다.●● 르코르뷔지에는 할 수 없이 파리의 외곽에 부자들을 위한 집을 설계했다. 하지만 이 집들은 그가 생각한 '기계와 같은 집'은 아니었다.

2차 세계대전 이후에 르코르뷔지에는 새로운 스타일을 추구했다. 그는 모든 서비스 기능을 갖추고 있는 거대한 슬라브 또는 유니테Unites라는 주택을 고안했다. 이 새로운 실험은 지중해가 바라보이는 남프랑스의 마르세유에서 이루어졌다. 당시 사회당이 지방정부를 장악하고 있었던 마르

● 이와 같은 건축 사상은 《건축을 향하여》와 《도시계획》 등의 저서에 잘 나타나 있다. 실제 작업은 주택의 건축을 통해 이루어졌다. 페사크 주택단지(1926), 슈투트가르트 주택박람회의 집(1927), 가르셰의 주택(1927), 그리고 필로티 위에 떠 있는 명확한 원초적 형태라고 하는 푸아시의 사부아 저택(1930) 등을 완성했다.

●● 1853년부터 17년 동안 파리 시장을 지낸 유젠 오스만은 파리를 오늘날과 같은 도시로 바꾼 사람이다. 당시 파리는 매우 비위생적이었으며, 계속되는 노동자의 폭동으로 좁은 거리에 바리케이드가 세워져 있었다. 오스만은 치안 유지를 위해 노동자들을 도시 외곽으로 옮겨가게 하고 낡은 건물은 모두 철거했다. 도심에는 좁은 길을 없애고 현재의 대로 체계를 세워 도로망과 상하수도 시설을 세웠다. 그리고 건물들은 고전주의 양식에 따라 짓도록 명령했다.

세유는 노동자들을 위한 거대한 주택단지를 새로 건설하기로 결정했다. 일자리를 찾아 밀려드는 사람들이 거주할 공간이 절대적으로 부족했기 때문이다. 값싼 재료로 주택을 대량 생산하려는 건설업체의 요구와 값싼 가격으로 실용적인 집을 가지려는 노동자들의 요구가 서로 맞아떨어졌다.

드디어 1952년 르코르뷔지에는 마르세유에 유니테 다비타시옹Unites d'habitation이라는 거대한 고층 아파트먼트를 완성했다. 단일 건물 속에 337세대의 주거와 시장·호텔·유치원·옥상정원 등의 공동 공간을 담았다. 1800여 명의 거주자들이 한 건물에서 생활하는 이 아파트먼트는 거대한 다리 위에 철근 콘크리트로 세워졌으며, 한 층에 두 가구 이상이 사는 메조네트maisonette 형태로 끝부분은 텅 비어 있고 지붕은 공동 휴식 장소였다. 유니테 다비타시옹은 르코르뷔지에가 오랫동안 연구해온 주거 형태의 대표 작품이었으며, 오늘날 건축가들은 이를 기념비적 건축으로 평가한다. 그러나 유니테 다비타시옹은 거주 비용이 많이 들었으며, 생활하기에 불편하고, 그곳에 살기로 했던 노동자들의 요구와도 거리가 있었다. 설계자의 요구에는 맞았지만, 저렴한 비용에 편리하게 살고 싶어 하는 거주자의 요구에는 맞지 않았던 것이다.

모더니즘 건축은 성공했는가

놀랍게도 전 세계 건축물의 대부분은 아주 최근에 만들어진 것이다. 특히 2차 세계대전 기간 동안 첨단 기술을 이용한 대규모 건축물들이 급속히 등장했다. 벽돌과 목재를 이용하는 전통적 방법은 손으로 일일이 작업해야 했기 때문에 시간이 많이 걸렸다. 그러므로 공장에서 미리 만든 부품과 타워 크레인이 새로운 건축의 필수적인 도구가 되었다.

각국의 정치인들은 르코르뷔지에의 건축으로 많은 사람에게 신속하게 대량으로 건물을 공급해야 하는 정치적 필요를 해결하려고 했다. 기업가들도 대량 생산으로 만들어진 건축자재를 소비할 수 있는 르코르뷔지에의 건축을 환영했다. 전 세계적으로 동일한 건축양식을 전파하는 모더니즘 건축은 유일신을 숭배하는 선교사의 역할과 비슷했다. 지역의 문화·전통·관습은 시대에 뒤떨어지는 것으로 여겨졌다. 르코르뷔지에는 전 세계에 단 한 가지 종류의 건물만이 존재하게 될 거라고 선언했다.

모더니즘 건축은 급속도로 확산되었다.● 이집트의 피라미드, 중세의 성당, 절대왕정기의 화려한 궁전처럼 모더니즘 건축도 지배계급의 권력을 상징하는 기념비적인 건축물을 만들어냈다. 미국과 유럽에는 대기업의 건물이 세워졌고, 거대한 관료 기구 건물이 세워졌다. 학교, 병원, 대학교, 교통시설도 역시 모더니즘 건축양식을 따랐으며 오락, 쇼핑, 휴식을 위한 건물도 마찬가지였다. 그렇다면 과연 모더니즘 건축은 성공했는가?

● 모더니즘 건축을 이끈 대표적 인물은 프랑스의 르코르뷔지에, 독일의 발터 그로피우스와 루트비히 미스 반 데어 로에 등 3인을 꼽을 수 있다. 그로피우스와 미스는 바우하우스 교장을 지냈으나, 나치스가 등장한 후 미국으로 이주했다. 1932년 뉴욕에서 모더니즘 건축 국제전시회가 개최된 이후 비슷한 스타일과 공통의 목적을 가진 '인터내셔널 스타일International Style'이라는 새로운 건축 사조가 확산되었다. 대표적 건축은 뉴욕의 유엔 본부(르코르뷔지에 등)와 시그램 빌딩(미스)을 꼽을 수 있다.

시간이 지날수록 모더니즘 건축은 실패라는 비판에 직면했다. 모더니즘 건축은 저렴한 재료와 부품으로 짧은 기간에 공사를 끝내 가장 싼값에 건축을 완성할 수 있다고 주장했지만, 30년이 지나자 수리나 개조, 또는 철거를 해야 하는 상황이 벌어졌다. 종종 엄청난 대재앙을 일으키기도 했다. 1960년대에 일어난 와우아파트 붕괴 사건이나, 1990년대의 성수대교와 삼풍백화점 붕괴 사건은 그 극명한 예다. 새로운 기술과 재료를 충분히 검증하지 않은 채 사용했다가 심각한 후유증을 앓고 있기도 하다. 단열재, 아크릴, 시멘트, 방부제, 접착제는 인간의 건강에 치명적인 악영향을 주고 있다.

모더니즘 건축은 에너지 소비가 심각하고 환경에 친화적이지 않은 것으로 드러났다. 철근 콘크리트로 만든 건물은 나무와 벽돌로 만든 과거의 건물보다 인공적 환풍, 냉방 시설, 중앙난방 등에 엄청난 에너지를 필요로 했다. 거대한 유리를 단 건물은 여름에는 너무 덥고, 겨울에는 너무 추워 적당한 온도를 유지하기 위해 막대한 에너지를 사용해야 했다. 고층 건물 하단에 위치한 낮은 층은 옆 건물로 인해 그늘이 져서 적당한 햇빛을 받을 수 없었다. 또한 고층 건물 사이로 부는 바람은 보행자를 춥게 만든다.

모더니즘 건축의 가장 큰 문제점 중 하나는 '기계의 미학'에 밀려 전통의 건축양식이 사라지고 있다는 점이다. 기능적 건축은 전통적 상징과 건축의 이미지를 파괴했다. 전통적인 공동체 대신 거대한 아파트먼트가 들어서고, 사람들은 옆에 누가 사는지조차 모른 채 살아간다. 집은 자연과 문명을 상실한 채 인간을 가두는 공간으로 전락했다. 현대인은 상부상조와 협력의 문화를 잃어버리고 소외와 고독의 상태에 빠져 있다.

모더니즘 건축은 평등주의적 유토피아를 꿈꾸었지만, 아파트 평수와 가격에 따라 새로운 위계질서가 만들어졌다. 고급 아파트에 사는 아이들과 임대 아파트에 사는 아이들은 서로 어울리지 않는다. 이것은 모더니즘 '건축의 실패'가 아니라 자본주의 '사회의 실패'라고 할지 모른다. 하지만 모더니즘 건축이 인간의 문명에 평등주의의 이상을 실현하는 데 실패한 것은 분명하다. 모더니즘 건축가들은 단순한 장인craftsman이 아니라 새로운 건축양식으로 새로운 사회를 만드는 사회 엔지니어social engineer가 되고 싶어 했지만, 그 꿈은 이루어지지 않았다.

포스트모더니즘 건축의 등장

모더니즘 건축이 주창한 경제주의와 기능주의는 빛바랜 과거가 되었다. 모더니즘 건축은 더 이상 경제적이거나 기능적이지 않다는 비판을 받는다. 저렴한 가격으로

무너진 모더니즘 건축 프루이트 이고는 르코르뷔지에가 주창한 빛나는 도시의 연장선에 있었다. 미국건축가협회 건축상을 받았으며, 미디어로부터 많은 관심과 찬사를 받았다. 그러나 이 단지는 완공된 지 얼마 되지 않아 범죄 소굴로 전락했다. 실패한 근대 주거 단지들은 획일적인 계획에 따라 대규모로, 빠른 속도로 건설된 것이 대부분이다.

대중을 위한 주택과 사무실을 제공하겠다는 야심찬 계획은 자본주의에서도 사회주의에서도 의심 없이 받아들여졌다. 그런데 1972년 7월 미국 세인트루이스의 프루이트 이고Pruit Igoe라는 집합 주택단지가 철거되는 사건이 발생했다. 이 건물은 1958년 미국건축가협회상을 받은 대표적인 모더니즘 건축물이었는데, 사람이 살지 않아 슬럼으로 변해버린 것이다. 《현대 포스트모던 건축의 언어》를 쓴 영국의 건축이론가 찰스 젠크스는 이 철거 사건이 모더니즘의 사망과 포스트모더니즘의 탄생을 알리는 순간이라고 선언했다.

　1960년대부터 모더니즘 건축은 이미 심각한 도전을 받고 있었다. 마치 포드주의의 대량 생산 방식이 약화되고 다품종 소량 생산방식이 확대된 것처럼, 건축양식에서 모더니즘이 차지하던 지위는 점차 약화되었다. 모더니즘 건축을 공격하는 대표적인 건축가는 미국의 로버트 벤투리다.● 그 후 팝 건축pop architecture, 포스트모던 네오 클래시컬postmodern neoclassical, 하이테크high tech 같은 다양한 이름 아래 새로

운 스타일의 건축 실험이 이루어졌다.●●

　포스트모더니즘 건축은 현대적 기술을 이용하면서도 전통적인 기호와 상징을 변형된 형태로 사용한다. 젠크스는 포스트모더니즘 건축의 원리를 의미의 다중성, 복합 코드, 애매함과 긴장, 그리고 양자택일이 아닌 양자혼합의 추구라고 정의했다. 최근에는 대안 사회를 추구하면서 쓰레기를 재활용하고, 태양열과 풍력을 사용하는 에코 하우스eco house가 관심을 끌고 있다. 하지만 이 새로운 실험들은 아직 모더니즘 건축을 완전히 대체할 정도에는 이르지 못했다.

한국은 르코르뷔지에의 꿈이 이루어진 곳일까

모더니즘 건축의 특색은 전 세계적인 차원으로 보급되었다는 점이다. 석유 수출로 막대한 부를 얻은 중동의 거부나 왕족들은 모더니즘 건축을 도입해 자신들의 '현대화'를 표현하고 부와 권력을 과시했다. 아랍에미리트의 두바이가 대표적인 예다. 그 밖에 르코르뷔지에가 직접 설계한 인도의 찬디가르 도시계획(1950), 르코르뷔지에의 영향을 받은 브라질 건축가 오스카 니마이어의 브라질리아 도시계획(1956), 국제공모전에서 1등으로 당선된 덴마크의 건축가 이외른 우촌이 설계한 시드니의 오페라하우스(1956) 등을 들 수 있다.

　모더니즘 건축은 지역적 특징과 결합해 독특한 모습으로 나타나기도 했다. 탄게 겐조 같은 일본 건축가는 전통적인 목조건축을 응용해 일본적인 모더니즘 건축을 만들었다. 1964년 도쿄 올림픽이 개최되었던 요요기 국제경기장이 그의 작품이다.

● 홋카이도의 외딴 섬에 지어진 물의 교회는 자갈이 깔린 수심 20cm의 호수와 맞닿아 교회가 서 있으며, 호수의 물이 개울로 흘러내려 호수에는 항상 물살이 인다. 이는 일본의 전통 정원에서 아이디어를 얻은 것으로 지역성을 토대로 현대성과 세계성을 획득한 성공적 사례다. 안도 다다오는 일본 전통 건축을 현대적으로 적용해 독특한 건축 세계를 만들어 나가고 있다.

안도 다다오는 자연과 건축물, 그것을 사용하는 인간이 합일을 이루게끔 공간을 연출한 '물의 교회'로 세계적 명성을 얻었다.●

르코르뷔지에의 한국인 제자로 김중업이 있다. 평양 출신인 김중업은 1942년 요코하마 공업고등학교를 졸업한 후 한국에서 활동했다. 1952년 한국 건축가로서는 최초로 파리 르코르뷔지에 건축사무소에서 4년간 공부한 뒤 귀국했다. 귀국하던 해에 '김중업 합동건축연구소'를 열고 홍익대학교 미술대학에 재직하면서 한국의 모더니즘 건축에 커다란 영향을 미쳤다. 그의 대표적인 건축물로는 1969년 완공한 삼일빌딩, 서강대학교 본관, 주한프랑스 대사관이 손꼽힌다. 올림픽 공원 남문에 있는 '세계 평화의 문'도 그의 작품이다.

비슷한 시기에 1964년 '자유센터'를 필두로 1971년 '공간사랑'을 건립한 김수근도 한국의 모더니즘 건축에 큰 영향을 주었다. 함경도 청진 출신인 김수근은 1951년 도쿄예술대학교 유학 시절 스승이었던 요시무라 준조의 영향을 받았고, 일본 건축을 모방했다는 지적이 있어 한때 논란이 일었다. 요시무라는 콘크리트 건축을 이용한 국제 스타일을 받아들이면서도 지역적인 특색을 강조한 건축가였다. 김수근도 일본의 영향을 많이 받았지만 한국적 전통을 고민했다. 그는 1966년 종합예술지 《공간》을 창간했고, 1972년 공간그룹을 창립했다. 대표 작품으로 검은 창덕궁 기와지붕과 벗해 있는 원서동의 '공간空間' 사옥이 유명하다. 처음으로 노출 콘크리트 개념을 소개한 워커힐 힐탑바, 왜색 시비를 불러일으킨 부여박물관, 최초로 보행자 데크를 시도한 세운상가, 타워빌딩, 남산맨션을 설계했다.●● 붉은 벽돌이 아름다운 덕성여대 약학관과 가정관, 마로니에 공원을 바라보는 아르코 예술극장과 미술관도 빼놓을 수 없다. 1988년에는 잠실 종합운동장의 올림픽 주경기장을 설계하기도 했다. 한국 건축에서 김수근의 영향력은 매우 크다.

아파트 천국 한국은 그야말로 아파트 천국이다. 비행기에서 서울 하늘 아래를 내다보면 성냥갑 같은 아파트들의 모습이 빼곡히 보인다. 수많은 아파트와 함께 김수근이 건축한 서울올림픽 주 경기장이 한눈에 보이는 잠실의 모습.

1960년대 이후 모더니즘 건축이 한국에 도입된 이래 건물은 대형화, 고층화되면서 정부종합청사(21층), 대연각호텔(20층), 삼일빌딩(31층) 등이 세워졌다. 1970년대에는 서울 중심부에 플라자호텔, 롯데호텔이 들어서고 남산에 하얏트호텔이 세워졌다. 1980년대에는 여의도에 대한생명 63

●● 건물 입구가 일본 신사神社를 닮은 듯한 부여박물관(1967)과 종묘를 내려다보는 위치에 있는 세운상가(1968)는 논란을 불러일으켰다. 1993년 부여박물관은 새 건물로 옮겨갔고, 2005년 청계천이 인공 하천으로 복원된 후 세운상가는 새로운 모습으로 변화했다.

빌딩과 강남에 무역센터가 세워졌다. 서울은 점차 마천루의 도시로 변해갔다. 사무실 빌딩이 모더니즘 건축양식으로 변화하면서 주택 건물도 거대한 아파트 블럭으로 변화했다. 1963년 주택공사가 마포아파트를 건립한 이래 서울의 아파트 건물은 꾸준히 증가했다. 주택건설촉진법에 따르면 5층 이상 주거 건물은 아파트로 분류된다. 이 기준에 따르면, 서울은 '아파트 천국'이다. 아파트 지붕이 하늘과 맞닿아 있는 서울의 강남을 바라보면 바로 이곳이야말로 르코르뷔지에의 꿈이 이루어진 곳이라는 생각이 든다.

아직도 유럽과 미국에서 아파트는 노동자, 외국 이민자 같은 저소득층의 임시 주거지다. 중산층 대부분은 교외에 위치한 정원 딸린 주택을 선호한다. 이는 서구의 중산층이 경치가 아름다운 농촌에 빌라나 맨션을 가지고 있는 상류층을 동경하는 문화와 관련되어 있다. 도심에 노동자와 이민자의 슬럼이 형성되어 범죄가 증가하고, 도심 주택에 대한 세금이 인상된 것도 한 원인이었다. 그래서 영국과 미국의 중산층은 통근 시간이 한 시간 이상 걸리더라도 도시 교외에 살기를 원한다. 교외의 질서 정연하고 청결한 주거 단지는 중산층의 상징이 되었다.

그러나 한국에서는 아파트가 중산층의 주거 양식이 되었다. 그렇게 된 데는 여러 가지 이유가 있을 것이다. 먼저 급속한 도시화로 단기간에 지가가 상승해 정원 있는 단독주택의 가격이 너무 비싼 것이 이유가 될 것이다. 도쿄, 베이징, 상하이, 홍콩, 방콕, 쿠알라룸푸르 등 도시의 거대한 아파트도 그런 이유로 세워졌다. 다음으로 정원을 잘 가꾼 집을 갖고 싶어 하는 서양의 중산층과는 달리 한국의 중산층은 아파트 거주의 편리함을 선호한다. 여기에는 문화적 요인도 있을 것이다. 자연 가까이 살던 전통적인 양반 상류층 문화의 뿌리가 뽑히면서 정원 있는 주택은 더 이상 매력과 동경의 대상이 되지 못한 것이다.

한국에서 아파트는 현재 급속하게 확산되고 있는 추세다. 오늘날 전 국토에서 아파트에 살고 있는 사람들의 비율은 50%에 달한다. 전국의 도로를 달리다 보면 논과 밭 사이에 우뚝 솟아 있는 아파트를 쉽게 볼 수 있다. 경제주의와 기능주의를 강조하는 모더니즘 건축이 한국의 들판에서 실현되고 있는 것이다. 하지만 주위 환경과 어울리지 않는 아파트는 어색하다 못해 파괴적이기까지 하다. 한국적 아름다움을 간직한 모더니즘 건축이 그립다.

더 읽을거리

- 장 장제르, 김교신 옮김, 《르코르뷔지에: 인간을 위한 건축》, 시공사, 1999.
- 수잔나 파르취, 홍진경 옮김, 《집들이 어떻게 하늘 높이 올라갔나》, 현암사, 2000.
- 르코르뷔지에, 이관석 옮김, 《건축을 향하여》, 동녘, 2002.
- 르코르뷔지에, 정성현 옮김, 《도시계획》, 동녘, 2003.
- 로버트 벤투리, 임창복 옮김, 《건축의 복합성과 대립성》, 동녘, 2004.
- 하요 뒤히팅, 윤희수 옮김, 《바우하우스》, 미술문화, 2007.
- 빌 리제베로, 박인석 옮김, 《건축의 사회사》, 열화당, 2008.
- 케네스 프램튼, 송미숙 옮김, 《현대건축》, 마티, 2017.

트위드 재킷, 무릎길이 치마,

진주 액세서리 등

샤넬의 패션은

지금도 유행 중이다.

8 꽉 죄는 속옷을 벗어 던져라

샤넬과 패션의 혁명

사람들은 내가 옷 입은 모습을 보고 비웃었지만,
그것이 바로 내 성공의 비결이었다.
나는 그 누구와도 같지 않았다.
─코코 샤넬, 패션 디자이너

허리가 가늘게 보이는 옷. 코르셋corset은 배와 허리를 조여 체형을 보정하거나 교정하는 여성용 속옷이다. 허리를 가늘게 보이기 위해 착용하는 코르셋은 오랫동안 서양 여성의 필수품이었다. 숨 쉬기 어려울 정도로 조여 호흡곤란을 일으키는 경우도 있었지만 아름답게 보이려는 욕망은 끝이 없었다.

16~18세기 서양 여성들은 꽉 죈 코르셋 아래로 고래 뼈와 강철 심에 넓고 뻣뻣한 천을 대 넓게 편 스커트를 연결한 속옷을 입었다. 허리는 가늘고 엉덩이는 커 보이게 하기 위해서였다. 그런데 20세기에 들어서면서 여성들은 코르셋을 벗어 던지고 편안한 옷을 입기 시작했다. 누가, 어떻게 코르셋을 벗어 던지게 했을까?

패션은 언제나 변한다

전통 사회에서 옷은 신분을 상징했다. 19세기부터 유럽에 경제적 계급이 등장했고 옷은 계급을 나타냈다. 가난한 노동자들에게 옷은 너무 비싼 물건이었으며 중요한 재산 목록 중 하나였다. 대부분의 여성들은 결혼 당시 마련한 옷을 평생 간직하며 예배, 결혼식, 장례식 같은 중요한 행사 때만 입었다. 옷은 사회적 계급과 성별을 나타내는 중요한 상징이었다.

그런데 산업혁명으로 직물 산업이 발전하면서 옷은 점차 저렴해졌다. 상류계급의 전유물이었던 패션은 중간계급과 노동자계급에게 점차 확산되었다. 그리하여 모든 사회 계급이 비슷한 종류의 옷을 입게 되었다. 이러한 19세기 말의 변화를 미국 사회학자 다이아나 크레인은 '패션의 민주화'라고 정의했다. 독일의 사회학자 게오르크 지멜은 하층계급이 상층계급의 옷을 모방함으로써 신분 상승의 만족감을 느꼈다고 말했다. 그러나 여전히 모든 사람이 마음대로 옷을 입을 수 있는 것은 아니었다. 직업에 따른 제복이 새로 등장해 패션은 사회적 통제 수단으로 기능했다.

20세기에 들어서 패션은 계급 문화에서 소비자 문화로 바뀌었다. 19세기 산업사회에서는 계급이 옷을 결정하는 가장 중요한 요소였으나, 성별·연령별·인종별로 세분화된 20세기 사회에서는 다양한 요소가 작용했다. 특히 주목할 것은 여성과 남성 옷의 차이가 점점 줄어들었다는 점이다. 남성들은 가부장주의 이데올로기를 이용해 여성에게 일정한 옷을 입도록 요구했지만, 여성들은 끊임없이 새로운 옷을 입으면서 가부장주의 이데올로기에 무언의 저항을 했다.

1850년대 미국 여성운동가 아멜리아 블루머는 터키풍의 헐렁하고 풍성한 바지와 그 위에 입는 짧은 스커트로 구성된 '블루머 스타일'을 제안했다. 여성을 속박했던 거추장스러운 드레스와 달리 블루머 스타일은 편리하고 실용적이었지만 격렬한 반대에 부딪쳤다. 남성들은 여성이 바지를 입게 되면 남성과 차이가 없어진다고 입을 모았다. 이후 바지가 여성의 일상복이 되기까지는 그로부터 무려 100여 년의 투쟁이 필요했다.

여성이 남성의 옷을 입음으로써 성별 경계에 도전하는 것은 여성의 독립이라는 의미가 있었다. 20세기 초까지 서양 여성들은 말을 탈 때도 풍성하고 기다란 치마를 입어야 했다. 이런 불편한 관습을 사라지게 한 것은 혁명가나 정치가가 아니었다. 여성들이 바지를 입고 승마를 할 수 있는 세상을 만든 것은 깡마른 몸매에 짧은 머리를 한 여성 디자이너 코코 샤넬(1883~1971)이었다.

코르셋, 여성 억압의 상징 19세기에 유행했던 코르셋은 허리를 잘록하게 보여줌으로써 옷을 입었을 때 여성성을 부각시켰다. 허리가 잘록할수록 더 아름답다고 여겨 이 코르셋을 너무 과도하게 착용했고, 여성들은 호흡곤란과 가슴 통증, 척추 이상 등의 고통에 시달려야 했다.

코코 샤넬의 성공 비결

20세기 패션의 상징인 샤넬은 매우 극적인 삶을 살았다. 본명은 가브리엘 샤넬. 샤넬은 1883년 8월 19일 프랑스 오르베뉴 지방의 시골 소뮈르에서 떠돌이 청년과 시골 처녀 사이에서 태어났다. 12세 때 어머니가 죽자 아버지는 가난 때문에 그녀를 고아원에 보냈고, 샤넬은 이곳에서 훗날 그녀를 디자이너로 만든 계기가 되는 봉제 기술을 배웠다. 그녀는 가난 속에서도 절망하지 않았다. 어머니의 불행을 보면서 그녀는 평범한 가정보다 독립적인 삶을 원했다. 샤넬은 "자유로워지기 위해서는 돈이 필요했다. 나는 내게 감옥 문을 열어줄 돈만 생각했다"고 회상하곤 했다.

1907년 어느 저녁, 샤넬은 가방 하나만 손에 들고 파리에 도착했다. 시골 출신의 말라깽이 처녀 샤넬이 앞으로 전 세계의 패션을 송두리째 바꿀 사람이라고 짐작한 이는 아무도 없었다. 샤넬은 낮에는 의상실 견습공으로, 밤에는 클럽의 가수로 일했다. 그녀는 가수로서는 성공하지 못했지만, 대부호 에티엔 발장의 정부가 되었다. 노래 연습을 하면서도 생계 때문에 바느질을 계속했던 그녀는 27세가 된 1910년 가수의 길을 포기하고 발장의 도움을 받아 파리에 조그만 모자 가게를 연다. 그리고 자신이 밤무대에서 불렀던 노래 〈누가 코코를 보았는가〉에서 착안해 'COCO'라는 로고를 만들었다. 이것이 세계적인 명품 '샤넬'의 시작이다. 이는 나중에 C가 서로 등을 대고 겹쳐 있는 로고로 바뀌었고, 영원히 변치 않을 샤넬의 상징이 되었다. 샤넬은 가브리엘이란 이름 대신 코코로 유명해졌다.

그 후 샤넬은 새로운 애인인 영국 부호 보이 카펠의 도움으로 의류업계에서 성공을 거두었다. 그는 샤넬이 진정으로 사랑한 사람이라고 한다. 패션 사업에 진출한 샤넬은 1차 세계대전의 두려움에 떠는 상류층 여성들에게 자신의 부티크를 열린 공간으로 제공했다.● 그녀의 의상은 개성 있고 단순하면서도 실용적인 감각, 완벽주의를 지향하는 바느질로 상류층 여성들의 마음을 사로잡았다. 부티크 종업원들도 귀족이나 상류층 출신 아가씨들을 채용했다. 샤넬은 우아하고 고급스러움을 선호하는 여성들의 허영심을 이용하는 비즈니스 기술을 터득하고 있었다.

● 원래 부티크boutique는 '작은 점포'라는 뜻으로, 개성 있고 우아한 옷을 파는 상점을 뜻하는 말로 사용되었다.

밑바닥 인생에서 출발해 상류층 패션을 통째로 뒤바꿔버린 샤넬의 발상은 매우 특이하다. 어쩌면 '마음껏 복수하자'는 역발상이 성공한 것인지도 모른다. 상류 사회를 동경하면서도 경멸했던 그녀는 마치 복수하듯 기존의 화려하고 장식적인 상류계급 의상을 철저히 파괴하고 심플하면서도 기능적인 의상을 만들었다. 레이스나 털 장식은 일절 쓰지 않았다. 과거의 것은 모두 버렸다. 덕분에 샤넬은 '모든 것을 죽이는 천사'라는 별명을 얻었다.

샤넬은 단지 옷만 만드는 디자이너였다기보다 당대의 예술운동을 이끄는 중요한 역할을 했다. 넓은 의미에서 샤넬 패션은 1930년대 이후 확산된 건축과 예술의 모더니즘과 관련이 깊다. 지나친 장식을 없애고 단순한 디자인으로 기능성과 효용성을 강조하는 것은 새로운 추세였으며, 시대의 대세였다. "적은 것이 더 많은 것이다 Less is more"라는 모더니즘 건축의 슬로건은 샤넬의 패션에서도 그대로 구현되었다.

샤넬은 당대의 모더니스트 예술가들과 친분을 나누었다. 그녀는 예술가를 알아보는 안목과 예술가들을 위해 거액을 쓸 줄 아는 배포, 그리고 새로운 사랑에 인생을 내던지는 자유분방한 기질을 지니고 있었다. 장 콕토, 세르게이 파블로비치 디아길레프, 파블로 피카소, 살바도르 달리, 이반 스트라빈스키, 그레타 가르보, 마를레네 디트리히 등 그녀의 친구들은 당대의 일류 명사들이었다. 샤넬은 당대의 예술가들과 사귀면서 자신만의 패션 왕국을 만들어 20세기 패션을 완전히 바꾸는 혁명을 시도했다.

샤넬의 패션은 무엇이 달랐나

패션의 역사에서 샤넬의 위치는 절대적이다. 여성 패션의 역사를 샤넬 이전과 이후로 나눌 수 있기 때문이다. 샤넬은 꽉 조이는 코르셋과 장식적인 옷들로부터 여성들을 해방시킨 선구적인 디자이너였다.● 그녀가 만든 여성용 승마 바지와 값싼 저지 jersey로 만든 저지룩은 패션계에 혁명을 일으켰다. 프릴이 달린 화려한 드레스 대신 저지로 만든 스커트와 남성복에서 착안한 활동적인 투피스, 바지를 입은 샤넬은 디자이너이자 걸어 다니는 모델이었다.

앞에서 말했듯이 원래 샤넬이 처음 열었던 것은 모자 가게였다. 당시 상류층 여성들이 쓰던 모자는 화려한 꽃 장식이 달려 매우 예뻤지만 너무 거추장스러워서 모자를 쓰고서는 도저히 활동적

● 코르셋에서 여성을 해방시킨 역사는 프랑스 패션 모더니즘의 기수인 폴 푸아레로 알려졌다. 하지만 그는 허리 대신 다리를 조이는 패션을 도입했다. 그 후 프랑스 패션 디자이너 모들린 비오네는 코르셋이나 몸을 구속하는 속옷을 없애고 '바이어스 재단bias cut'으로 여성에게 자유로운 패션을 선사했다. 비오네는 철저한 장인 생산을 추구해 대량 생산을 주도한 샤넬 등 다른 패션 디자이너만큼 유명 브랜드를 만들지 못했지만, 현대 패션의 주요 선구자 중 한 사람이라고 볼 수 있다.

여성을 활동적으로 만드는 디자인 저지룩, 모자, 투 톤 구두, 판탈롱 바지는 여성을 편하면서도 아름답게 보이도록 했다. 샤넬은 남성을 위해 꾸미는 것에서 여성 자신을 위해 아름다워지려는 디자인을 추구했다.

● 19세기 말에서 20세기 초의 서구 사회에서 모자는 신분을 표시하는 가장 중요한 패션 품목이었다. 사회적 지위를 막론하고 모자를 쓰지 않고 거리에 나가는 행동은 허용되지 않았다. 남성의 모자는 신분을 표시하는 기능에 그쳤지만, 여성의 모자는 사치의 극치를 달렸다.

인 일을 할 수 없었다.● 그런 모자만이 여성의 모자라고 여겨지던 시절에 샤넬은 단순하면서도 아름답고 활동성이 높은 모자를 선보였다. 샤넬의 모자는 아주 독특하고 편해서 여성들에게 인기를 끌었다.

또한 샤넬은 최초로 핸드백에 줄을 달아 숄더백을 만들었다. 당시 여성용 핸드백에는 끈이 없었다. 외출할 때면 여성의 한쪽 손은 늘 핸드백에 얽매여야 했으므로 활동성이 떨어질 수밖에 없었다. 하지만 핸드백에 끈을 달자 상황은 달라졌다. 여성의 두 손은 자유로워졌다. 이렇게 작지만 매우 독창적인 샤넬의 아이디어는 여성들의 환호를 받았다.

샤넬 패션에서 가장 유명한 것은 '샤넬 라인'이다. 샤넬 라인은 무릎을 살짝 덮는 정도의 스커트 길이를 말한다. 1차 세계대전 이후 밖에서 일하는 여성들이 늘어나고 여성들의 외출이 더욱 잦아지면서, 치마 길이는 더 이상 길 필요가 없었다. 바닥

시민의 세계사

에 끌리는 긴 치마를 과감하게 무릎까지 끌어올린 사람이 바로 샤넬이었다. 이 파격적인 샤넬의 치마 선은 지금까지도 여성들에게 사랑받고 있다. 또한 몸에 착 달라붙는 수영복도 샤넬에 의해 처음 개발됐다. 이는 여가 시간에 바닷가에 가는 중산층 여성들의 새로운 패션으로 자리 잡았다.

샤넬 패션의 절정은 1926년 발표한 리틀 블랙 드레스다. 당시 검정색 옷은 상복이나 점원의 의상으로 인식되었다. 샤넬은 남성복의 검은 색 정장에서 댄디dandy한 분위기를 살려 여성 패션에 혁명적 장을 열었다. 단순미와 기능성의 극치를 보여준 샤넬의 옷은 복제가 쉬워 다양한 소재로 만들어졌다. 샤넬은 이를 저작권 침해라고 보지 않고 자신을 찬양하는 것으로 생각했다. 결국 샤넬 패션의 복제는 유명세를 키우는 동시에 오리지널의 가치를 높여주는 결과를 만들었다. 실제로 샤넬은 자신이 최후로 선택할 옷으로 리틀 블랙 드레스로 꼽았다.

매혹적인 샤넬 No. 5의 탄생

샤넬의 패션은 구두와 향수로 확장되었다. 구두 코 부분과 몸체 부분의 색깔을 달리한 투 톤 구두로 선풍적인 인기를 얻은 샤넬은 전도유망한 향수 산업에 뛰어들었다.●

샤넬의 향수는 '샤넬 No. 5'가 유명하다. 이를 만든 사람은 러시아 출신 조향사인 에르네스트 보였다. 인공 향료에 화학 성분을 합성해 오랫동안 향기가 지속되는 향수를 만들어 유럽에서 명성을 얻었다. 당시에 러시아 귀족이 사용하던 향수는 최고의 평가를 받았다. 그를 샤넬에게 소개한 사람은 샤넬보다 열한 살 연하의 연인이었던

● 향수는 고대 이집트에서 사용된 기록이 있는데 이는 인공적으로 만든 것이 아니라 동양에서 가져온 천연향료였다. 19세기에 프랑스는 동양의 향료를 수입해 막대한 이익을 얻었는데 그것은 천연향료를 약간만 가공한 것이었다. 1834년 독일에서 처음으로 니트로벤젠을 이용한 합성 향수가 발명되면서 비로소 향수 산업이 시작되었다. 여러 가지 화합물의 조합으로 자연에 존재하지 않는 상상 속의 향기를 만들어 상품화한 것이다.

러시아 망명 귀족 드미트리 파블로비치 대공이었다. 러시아 볼셰비키 혁명 이후 탈출한 파블로비치 대공은 로마노프왕조의 직계 후손이었으며, 로마노프왕조의 마지막 시기에 차르를 좌지우지했던 신비의 인물 라스푸틴의 암살을 주도한 사람이었다. 인생에서 우여곡절을 거듭했기에 우울한 성격이었던 파블로비치 대공에게 샤넬은 따뜻한 사랑을 베풀었는데, 파블로비치는 그들의 사랑이 끝나갈 무렵 보를 소개했던 것이다. 연인이 준 마지막 선물이라 할까.

드디어 1921년 5월 5일, 인공 향수 '샤넬 No. 5'가 세상에 모습을 드러냈다. 이 향수는 80가지가 넘는 꽃향기에 화학물질을 섞어 만든 것이다. 천재적인 재능을 가진 보가 1~5, 20~24의 번호가 적힌 향수 10개를 내놓았을 때 샤넬은 그중 5를 선택했고, 때문에 샤넬 No. 5가 되었다. 5는 샤넬이 평소 행운을 가져다준다고 믿어온 숫자다. 5월 5일 세상에 알려진 것도 그래서였다.

처음에 샤넬은 자신의 향수를 부티크의 고급 손님에게 공짜로 주었다. 1924년 샤넬은 향수 회사를 만들어 누구나 사용할 수 있는 현대적인 향수를 본격적으로 판매하기 시작했다. 샤넬의 고급스런 이미지와는 달리 'No. 5'는 귀족들을 위한 고급 향수가 아니라 알데히드라는 화학 성분으로 만든 서민용 향수였다. 2차 세계대전 때 유럽에 주둔했던 가난한 미군들은 이 서민용 향수를 미국에 전했고 배우 마릴린 먼로가 "나는 샤넬 'No. 5'를 입고 잔다"는 말을 남길 정도로 많은 사람들에게 사랑을 받는 향수가 되었다. 먼로의 이 말은 옷을 입지 않고 잔다는 의미로 해석되기도 했다. 사실 영어에서 향수를 '뿌리다'는 '입다wear'라는 단어를 사용한다.

샤넬은 어떻게 세상을 바꾸었나

샤넬의 일생은 변화를 상징하는 사건들의 연속이었다. 그녀는 디자인뿐만 아니라 행동도 상당히 진보적이었다. 담배를 피우거나 수영복을 입은 모습은 당시 여성으로서는 파격적인 것이었다.● 디자이너로서의 활동 자체도 동시대 여성들에겐 충격이었다. 남자들을 뛰어넘는 커다란 성공을 거두면서 사업가로서 입지를 굳힌 샤넬 자체가 여성이 남성과 동등하다는 것을 보여주는 극적인 요소였다.●●

　샤넬은 일요일을 싫어할 정도로 일에 중독된 사람이었다. 자신이 하는 일에 엄청난 열정을 쏟아부었다. 그리고 엄청난 부와 명예를 얻었다. 1954부터 1971년까지 파리 패션계의 여왕처럼 군림했다. 하지만 샤넬의 일생은 그다지 행복하지 못했다. 샤넬은 유부남인 영국인 사업가 보이 카펠과 사랑에 빠졌지만 그의 갑작스러운 죽음으로 마음의 상처가 컸고, 영국의 웨스트민스터 공작과의 만남은 낙태 수술의 후유증으로 아기를 낳을 수 없었기 때문에 이별로 끝났다. 그 후에도 여러 남자를 만나 사랑에 빠졌지만 모두 상처만 남기고 끝이 났다. 샤넬은 언젠가 "단 한 번도 행복한 적이 없었다"고 고백한 적이 있다. 화려했지만 평생 고독했던 샤넬의 죽음은 쓸쓸했다. 1971년 1월, 그녀는 파리 리츠호텔●●● 객실에서 홀로 숨을 거두었다.

　리츠호텔은 지금도 각국의 부호들이 묵는 초특급 호텔이다. 샤넬은 리츠호텔에서 30여 년을 살았다.●●●● 지금도 샤넬이 사용하던 스위트룸에는 그녀가 직접 고른 세계 각국의 가구와 장식품

● 1920년대 일제강점기 조선에도 짧은 파마머리에 종아리를 드러낸 통치마를 입은 '신여성'이 등장했다. 무용가 최승희, 서양화가 나혜석, 서양 음악을 보급한 김애식, 김영의, 윤심덕, 한국 최초의 여성 박사 김활란, 기자인 차미리사, 최은희, 의사인 이영실, 허영숙 같은 이들이 신여성을 대표했다.

●● 상류층 고객을 위해 오트 쿠튀르(고급 패션)를 만든 파리의 디자이너들은 많은 직원을 고용했으며 반년마다 컬렉션을 열었다. 1935년 샤넬의 회사에서는 약 4000명의 직원들이 일했다.

●●● 리츠호텔은 저명인사들의 방문처로도 유명하다. 오스카 와일드, 앙드레 말로, 스콧 피츠제럴드, 장 폴 사르트르, 어윈 쇼 등 같은 유명한 문인들도 유난히 리츠호텔을 좋아했다. 특히 1940년대에 이곳에 자주 머문 어니스트 헤밍웨이는 "천국에 관한 꿈을 꿀 때면 그곳은 항상 리츠호텔이다"라는 찬사를 남겼다.

●●●● 2차 세계대전이 일어나자 샤넬은 부티크의 문을 닫는 대신 독일에서 온 나치스를 친구로 만들었다. 그녀는 연하의 나치스 대원을 애인으로 삼아 전쟁 중에도 리츠호텔에서 살 수 있었다. 독일군과 어울렸다는 이유로 종전 후 처벌을 받을 뻔했으나 '영국인 친구 윈스턴 처칠'이 전화를 걸어주자 모든 문제가 해결됐다. 1995년 샤넬이 '모델의 여자'라는 암호명으로 나치스 간첩으로 활동했다는 사실이 드러나 충격을 주었다.

이 가득 차 있다. 상하이에서 만든 중국 가구, 아프리카 장식품 등이 놓여 있고 샤넬의 사진들이 걸려 있다. 오로지 일에만 몰두했던 샤넬은 이곳에서 잠을 자고 몇 걸음 떨어진 방돔의 의상실에 가서 밤늦도록 일했다.

샤넬은 오로지 자신의 성공을 위해 일했다. 성공을 위해서라면 무엇이든 했다. 그녀는 이렇게 고백한 적이 있다. "나는 못된 여자다. 툭하면 화를 내고, 속이고, 거짓말하고 엿듣는다. 내가 가장 좋아하는 것은 남의 것을 빼앗는 것이다." 거짓말도 서슴없이 하며 자신의 과거를 화려하게 포장하는 허영심과 세련된 문학적 화술도 빠뜨릴 수 없는 샤넬의 개성이었다. 그녀는 리츠호텔에서 숨을 거두는 마지막 순간에도 하녀에게 이렇게 말했다고 한다. "나의 귀염둥이, 이제 죽음이군." 어쩌면 그녀의 인생은 여성이 사회적으로 인정받지 못하던 시대에 반드시 성공해야 한다는 집념을 가진 한 여성이 걸어야 했던 험난한 역정이었는지도 모른다.

샤넬은 항상 고정관념에 맞서 싸웠다. 여성은 남성을 위해 꾸미는 것이 아니라 자기 자신을 위해 아름다워져야 한다고 생각했다. 샤넬은 과감하게 여성복에 남성적 요소를 끌어들였다. 그와 반대로 20세기 후반의 남성복 디자이너 조르지오 아르마니는 남성복에 여성적 요소를 끌어들였다. 아르마니 옷에서 보이는 남성과 여성의 구분을 뛰어넘는 시도를 오래전에 샤넬이 먼저 한 것이다. 어찌 보면 아르마니는 거울에 비친 샤넬인 셈이다.

오늘의 패션을 주도하는 사람들

1946년 7월 5일 파리의 한 수영복 패션쇼에서 핵폭탄이 터졌다. 프랑스 디자이너 루이 레아가 투피스 수영복을 내놓아 관객들을 경악시킨 것이다. 침실에서 입는 속옷이 해변에 나타난 듯한 파격이었다. 당시 여성의 수영복은 모두 원피스나 반바지 스타일이었다. 핵폭탄급 충격을 준 이 수영복은 6월 30일 프랑스가 핵폭탄을 실험한 남태평양의 비키니 섬에서 이름을 따 '비키니'라 불리게 되었다.

수영복 패션쇼는 시작부터 순탄하지 않았다. 모델을 구하지 못해 결국 스트립 댄서 출신인 미셸린 베르나르디니를 데려와야 했다. 바티칸의 교황은 '부도덕한 패션'이라 비난했으며, 가톨릭 국가인 이탈리아와 에스파냐는 비키니 착용을 금지했다. 그러나 1947년 할리우드에서 마릴린 먼로가 비키니를 입고, 1956년 프랑스 배우 브리지트 바르도가 영화 〈그리고 신은 여자를 창조했다〉에서 비키니를 입고 등장하자 세상은 서서히 바뀌기 시작했다. 1960년대 들어 비키니는 점점 대중화되었고, 점점 작아졌다.

과거의 패션은 오로지 패션 디자이너의 몫이었다. 그러나 그것이 서서히 대중의 손으로 넘어가고 있다. 대중화의 첫 번째 계기는 바로 1960년대 중반에 일어난 미니스커트의 유행이었다.● 이를 계기로 이전까지 30대 여성을 대상으로 삼았던 패션은 15~20세의 젊은 여성에게로 관심을 옮겨가게 되었다. 부모 세대가 이룩한 물질적인 풍요의 혜택을 입은 청소년기 여성들이 갖는 실험 정신과 도전 정신이 새로운 패션을 창조했다. 베이비붐으로 등장한 젊은 세대는 인구통계학적으로도 거대한 구매력을 가진 집단이었다. 젊은 여성들이야말로 강력한 구매력을 가진 소비자다. 지금 당장 의류 매장에 가보면 누가 옷을 사고 있는지 볼 수 있을 것이다.

특히 1968년은 패션의 전환점이었다. 개성의 시대였다. 미니, 미디, 숏팬츠, 판탈롱 등이 동시에 나타났다. 패션 디자이너들은 보통 사람들이 편안하게 입을 수 있는 옷을 만들어내기 시작했으며 구두, 핸드백, 선글라스, 스카프 등 액세서리에도 개성이 드러났다. 고급 부티크 대신 대중의 취향과 추세에 따르는 패션 기업이 등장하기 시작했다. H&M이나 자라Zara 같은 브랜드로 대표되는 패션 기업은 시즌마다 새로운 유행 상품을 저가로 대량 공급을 통해 유럽과 미국 등지에서 선풍적인

> ● 미니스커트는 1960년 영국 디자이너 메리 퀀트의 작품이다. 1967년 가수 윤복희가 미국에서 미니스커트를 가져와 패션쇼와 앨범 재킷에서 소개했다. 사람들은 놀라 자빠졌고 이후 크게 유행을 일으키자. 경찰이 자를 들고 치마 길이를 재는 웃지 못할 일이 벌어졌다.

미니스커트 메리 퀸트는 자신이 좋아하던 차에서 영감을 받아 '미니'스커트를 만들었다. 왼쪽은 1968년 패션쇼장에서 퀸트와 모델들, 오른쪽은 포토저널리즘을 주도했던 미국의 시사 사진 잡지 LIFE에 실린 미니스커트를 입은 여성의 모습.

인기를 끌고 있다. 몇몇 디자이너가 패션을 주도하던 시대는 이제 끝났다. 유행을 주도하는 집단들은 뉴욕, 파리, 밀라노의 패션쇼뿐만 아니라 이름 없는 개인들이 오가는 거리에도 나타났다. 현대의 패션은 고급 디자이너 패션, 산업 패션, 길거리 패션에서 동시에 만들어진다.

19세기의 의상이 자신이 아니라 남을 위해서 입는 것이라면, 오늘날의 의상은 남이 아니라 자신을 위해 입는다고 할 수 있다. 신분과 계급이라는 집단적 정체성보다는 개인의 정체성에 더 관심이 많다. 이전의 옷은 사회적 부와 지위를 상징하는 전통적인 역할을 했지만 '민주화된 패션'은 개성 표현의 수단이 된다. 19세기 패션의 변화가 상층에서 하층으로 확산되는 '톱다운top down' 방식이었다면, 오늘날의 패션은 하층에서 상층으로 확산되는 '바텀업bottom up' 방식으로 이루어지기도 한다.

유행이 돌고 돌며 바뀌듯이 패션의 사회적 의미도 달라지고 있다. 패션의 사회적 의미 변화를 극명하게 보여주는 것은 청바지다. 청바지는 원래 육체노동자가 작업장에서 입는 옷이었다. 그런데 1960년대의 유럽 대학생들은 주류 문화에 대해 저항하는 의미로 청바지를 입었다. 1970년대 한국에서도 청바지와 통기타가 청년 문화의 상징이

● 첨단 패션의 보고서라고 할 《보그》와 《바자》 같은 패션 잡지는 독자들에게 유행을 자신의 것으로 만들고 싶은 욕망을 불러일으킨다. 그리고 잡지에 나오는 아름답고 멋진 모델들에 대한 환상이 마음속에 자리 잡는다. 광고와 화보로 쏟아지는 패션 사진은 대중들에게 환상적 이미지를 전달하며 유행을 따르고 싶은 욕망을 자극한다.

었다. 그러나 1980년대 들어 첨단 패션으로 변화한 청바지에는 그러한 의미가 없다.● 대중이 주도하는 패션의 시대가 열리고 있다. 이들에게 영향을 주는 것은 텔레비전과 영화 속의 스타들이고, 수많은 패션 잡지와 쇼핑센터다. 옷이 갖고 있는 권력이 보통 사람들의 수중에 넘어간 조용한 혁명이 지금도 진행되고 있다.

더 읽을거리

● 앙리 지델, 이원희 옮김, 《코코 샤넬》, 작가정신, 2002.

● 다이애너 크레인, 서미석 옮김, 《패션의 문화와 사회사》, 한길사, 2004.

● 카타리나 칠코프스키, 유영미 옮김, 《코코 샤넬: 내가 곧 스타일이다》, 솔출판사, 2005.

● 조안 핑켈슈타인, 김여경 옮김, 《패션의 유혹》, 청년사, 2005.

● 준 마시, 김정은 옮김, 《패션의 역사》, 시공아트, 2013.

● 김홍기, 《옷장 속 인문학》, 중앙books, 2016.

1934년

나치스 집회에

히틀러가 도착했다.

9 히틀러와 나치스

2차 세계대전

사람들이 아무런 생각을 하지 않는 것은
통치자에게 엄청난 행운이다.
―아돌프 히틀러, 독일 총통

　　20세기 세계사에서 가장 중요한 사건은 두 차례의 세계대전이다. 특히 1939년에 일어난 2차 세계대전은 참전국이 60개국이 넘고, 지역적으로도 유럽, 북아프리카, 아시아, 태평양에 걸치는 인류 역사상 최대의 전쟁이었다. 질적으로도 이전의 전쟁과는 매우 달랐다. 이전의 전쟁이 정규군의 전쟁이었다면, 2차 세계대전은 군대와 시민의 구별이 사라진 '총력전'이었고 대량 살상 무기, 독가스, 원자폭탄에 의한 대량 학살이 자행된 전쟁이었다. 이념적으로도 2차 세계대전은 매우 중요한 의미가 있다. 2차 세계대전은 극단적인 전체주의(파시즘)와 민주주의의 한판 승부였다. 파시즘●을 신봉하는 독일, 이탈리아, 일본과 민주주의를 추구하는 미국, 영국이 맞서 싸웠다.

2차 세계대전을 돌아보면 인간은 왜 잔인하게 서로 죽여야 했는가 하는 윤리적 문제에 부딪치게 된다. 이는 종전 후 유행처럼 번진 실존주의 철학이나 허무주의와 밀접한 관련을 갖고 있다. 좀 더 실제적인 문제를 질문할 수도 있다. 왜 독일은 두 번이나 전쟁을 일으켰나? 2차 세계대전은 독일의 책임인가? 유대인 학살은 전적으로 히틀러 개인 또는 나치스의 책임인가? 아니면 히틀러와 나치스를 지지하고 반유대주의에 열광한 독일 국민 모두의 책임인가?

● 파시즘fascism은 '파쇼'라는 이탈리아어에서 생긴 말이다. '파쇼'라는 말의 어원은 라틴어의 '도끼'인데, 이는 고대 로마 시대에 호민관을 상징했다. 1930년대 이탈리아의 무솔리니가 이끄는 극우 정치 세력을 파시스트당이라고 불렀는데, 이후 대중 동원을 기반으로 한 극우 독재를 파시즘이라 칭한다.

나치스의 등장

영국 역사학자 에드워드 H. 카는 1939년 《위기의 20년》이라는 책에서 유럽을 전쟁으로 이끈 사건들은 갑작스럽거나 새로운 것이 아니라 20년에 걸쳐 일어난 것이라는 통찰력 있는 주장을 펼쳤다. 1차 세계대전이 끝난 1919년부터 2차 세계대전이 시작된 1939년 사이의 유럽의 위기는 오랜 시간 동안 계속된 정치 역학에 뿌리를 두고 있다. 1차 세계대전에서 패배한 독일은 정치적 소용돌이에 휘말렸다. 1918년 혁명이 일어나 국왕 빌헬름 2세가 해외로 망명하자 다양한 정치 세력이 모여 바이마르에서 국민회의를 소집하고 민주공화국을 수립했다.●●

●● 1919년 총선거에서 사회민주당, 민주당, 중앙당이 주도한 민주공화파가 압승하면서 바이마르공화국이 탄생했다. 바이마르공화국은 국민주권을 인정하고 국민의 기본권을 보장한 민주적인 헌법을 제정했다.

바이마르 시기의 독일은 경제 부흥을 이룩했고, 학문과 예술이 급속하게 발전했다. 모더니즘 예술이 꽃피었으며, 바우하우스가 모더니즘 건축의 새로운 장을 열었다. 베를린에서는 카바레가 성황을 이루었다.●●● 1926년 독일은 국제연맹에 가입해

종잇조각이 된 돈 대공황의 여파로 독일은 실업자가 폭등하고 화폐가치는 폭락했다. 1923년 쓸모없는 돈으로 연을 만들어 노는 아이들의 모습.

상임이사국으로 선출됐다.

그런데 1929년 세계공황이 발생하자 독일 경제는 심각한 타격을 입었다. 독일에 있던 미국 자본이 급격하게 철수하면서 독일의 공업 생산력은 4년 만에 40%나 감소했다. 독일 경제는 갑작스레

●●● 카바레는 음식과 술을 즐기면서 예능인의 쇼를 구경하는 사교장이었다. 1880년대에 파리에서 시작되었으며, 처음에는 연극을 주로 공연했다. 독일에서는 전위 예술가들의 모임 장소였다.

붕괴해 1932년에는 무려 600만 명이 넘는 실업자가 거리로 쏟아져 나왔다. 이는 전체 노동자의 40%에 달하는 숫자였다. 물가는 하늘을 찌를 듯 치솟고 화폐가치는 폭락해 빵 한 조각을 사기 위해서 가방에 돈다발을 가득 채워야 했다.

극심한 경제 혼란에도 불구하고 독일 정부는 전혀 리더십을 발휘하지 못했다. 공산당과 사회민주당은 분열되어 앙숙처럼 으르렁거렸고, 중산층의 지지를 받는 정당들은 모두 지리멸렬했다. 이때 등장한 것이 바로 아돌프 히틀러(1889~1945)의

나치스Nazis였다.

　나치스는 '국가사회주의독일노동자당'이라는 '좌파' 냄새가 나는 이름으로 하층 노동자와 실업자 들을 조직했다. 나치스는 1929년 대공황 이전에는 불과 12석을 얻었을 뿐이었는데, 대공황 직후인 1930년 선거에서는 18%의 지지를 얻어 무려 107석을 가진 정당으로 약진했다. 뛰어난 웅변술로 나치스의 지도자가 된 히틀러는 1932년 대통령 선거에 출마했으며, 비록 전쟁 영웅 힌덴부르크 장군에게 패배했지만, 일약 전국적으로 유명한 인물이 되었다. 같은 해 6월 총선에서 나치스는 37%를 얻어 230석을 획득, 제1당이 되었다. 히틀러의 나치스는 다른 독재 정권처럼 쿠데타로 정권을 빼앗은 것이 아니라 선거를 통해 합법적으로 집권했다.

히틀러는 인기 없는 독재자였나

선거로 집권한 히틀러의 나치스는 독일인들의 뜨거운 지지를 받았다. 히틀러는 패전으로 자존심이 구겨지고 경제난으로 고통받는 독일 국민들에게 신비한 마력을 가진 정치인으로 비쳐졌다. 나치스는 과중한 패전 배상금을 부과한 베르사유조약 파기, 오스트리아를 포함한 대독일주의와 게르만 민족주의 지지, 유대인과 공산주의 반대를 주장함으로써 실업자뿐 아니라 도시의 중산층과 청년층, 농민층의 지지를 얻었다.

　히틀러는 계급투쟁을 강조하는 공산당과 달리 유대인을 공격하며 인종 투쟁을 선동했다. 당시 독일과 유럽의 유대인 중에는 막대한 부를 축적한 기업가나 금융가도 많았지만 공산주의 혁명가도 많았다. 히틀러는 자본주의와 공산주의를 동시에 비판하면서 모든 정치적·경제적 혼란과 고통의 책임이 유대인에게 있다고 선동했다. 그와 동시에 대외적으로는 굴욕적인 베르사유체제● 타파와 군비 확대를 통한 재무장을 주장하고, 대내적으로는 대기업 국유화, 부당 소득과 고리대금 금지, 노동자들에 대한 적당한 이익 배분, 농지 정리를 약속했다. 이렇게 '실업 해결'과 '경제 회생'을 외친 히틀러와 나치스는 독일 국민의 지지를 얻을 수 있었다.

1933년 총리가 된 히틀러는 아우토반Autobahn●●을 비롯해 대규모 건설 사업을 추진하고, 국영기업 폭스바겐 같은 자동차 산업을 통해 대기업의 대량 생산을 지원했다. 또한 노동자의 임금에서 공제하는 상품 판매 방식을 도입해 경제 회복을 이끌었다. 히틀러가 통치하는 독일은 영국이나 미국의 자유시장경제와는 전혀 다른 정부 주도의 생산계획, 원료 배분, 가격 규제, 무역 통제를 통해 나치스 방식의 경제체제를 수립했다. 어떤 면에서는 국가 주도의 사회주의식 경제체제라고 할 수 있다. 어쨌든 히틀러는 천문학적 수치로 치솟던 인플레이션을 연간 25% 내로 끌어내렸으며, 600만 명에 달하던 실업자를 90만 명으로 줄였

● 1919년 6월 28일 파리 평화회의의 결과로 31개 연합국과 독일이 맺은 강화조약으로 이루어진 전후 체제를 가리킨다. 베르사유조약으로 독일은 해외 식민지를 포기해야 했고, 알자스 로렌 지방을 프랑스에 반환했으며, 유럽 영토를 잃었다. 육군 10만 이내, 해군 군함 보유량 10만 톤 이내로 군비도 제한되었다. 또한 연합국 손해에 대한 막대한 전쟁배상금도 지불해야 했다.

●● 흔히 히틀러가 아우토반을 완성했다고 알고 있지만, 사실은 1907년 빌헬름 황태자배 국제 자동차 대회를 계기로 만들기 시작했다. 본격적인 아우토반은 1913년 베를린에 최초로 건설되었는데, 1차 세계대전으로 중단되었다가 1921년에 완성되었다. 현재 아우토반은 총 길이 1만 1427킬로미터의 속도 무제한 고속도로다. 1964년 아우토반을 달려본 박정희 대통령은 곧장 고속도로 건설을 계획해 야당의 반대를 무릅쓰고 군대까지 동원해 추진했다. 결국 1970년 경부고속도로가 완공되었다.

다. 국민총생산을 102%까지 증가시켰으며 1억 7500만 마르크에 불과하던 산업 이익을 50억 마르크로 증가시켰다.

히틀러는 철저한 독재 체제를 수립하기 위한 계획을 추진했다. 1933년 히틀러는 국회의사당의 방화 사건을 조작해 공산당을 탄압하는 한편, 정부에 입법권을 부여하는 '전권위임법'을 통과시켜 의회를 손에 넣었다. 1934년 힌덴부르크 대통령이 사망하자 히틀러는 총리 겸 대통령이 되었다. 그 후 신성로마제국과 독일제국의 뒤를 이은 '제3제국'을 수립했다. 히틀러는 퓌러Führer라고 불리는 총통으로 취임해 '지도자의 원칙'을 내세우며 무소불위의 권력을 장악했다. 바이마르공화국은 14년

홀로코스트의 희생자 2차 세계대전 중 나치스 독일에 의해 자행된 유대인 대학살은 인간이 얼마나 악할 수 있는지를 보여준 비극이다. 사진은 아우슈비츠 강제수용소 벽에 마련된 희생자의 사진.

만에 막을 내렸다.

히틀러의 야욕은 끝이 없었다. 1935년 히틀러는 재군비를 선언하고 군수산업에 투자하면서 베르사유조약을 파기했다. 독일을 패전국으로 낙인찍고 재무장을 방해하는 베르사유체제는 군사 대국을 꿈꾸는 히틀러에게는 없애야 할 장애물이었다.

국내적으로 히틀러는 나치스 친위대ss와 비밀국가경찰(게슈타포)을 이용해 언론과 노동조합을 철저하게 감시했다. 1934년부터는 수용소를 만들어 유대인을 강제로 이주시켰다. 2차 세계대전이 시작된 뒤로 무려 400만 명의 유대인이 학살당했다.● 수많은 지식인이 나치스의 탄압을 피해 망명을 떠났고, 남아 있던 이들은 나치스에 협력하거나 침묵했다. 유대계 마르크스주의 철학자 발터 벤야민은 에스파냐 국경 근처에서 망명이 좌절되자 자살했고, 좌파 극작가 베르톨트 브레히트는 미

시민의 세계사

국으로 망명해 영화 대본을 쓰면서 생계를 이어
갔다. 그런가 하면 철학자 마르틴 하이데거와 카
를 슈미트, 음악가 리하르트 슈트라우스, 베를린
필의 저명한 지휘자 빌헬름 프루트뱅글러와 헤르
베르트 폰 카라얀은 나치스에 적극 협력했다. 지
식인들뿐만 아니라 상당수의 중산층과 노동자계
급, 실업자들이 나치스를 독일 민족의 대표자라
여기며 적극 지지했다.

● 우파 역사가 에른스트 놀테는 1986
년 6월 6일자 《프랑크푸르트 알게마
이너 차이퉁》에 유대인 학살을 소련
의 위협에 대한 일종의 정당방위로 해
석하는 글을 발표했다. 이로 인해 독일
의 대표적인 지식인들이 참여한 이른바
'역사가 논쟁'이 전개되었다. 위르겐 하
버마스를 비롯한 자유주의 좌파 지식인
들은 놀테의 새로운 해석을 히틀러에게
면죄부를 주려는 신보수주의적 시각으
로 간주했다. 결국 스탈린의 테러가 히
틀러의 홀로코스트를 이끌어냈다는 주
장은 근거가 없는 것으로 판명되었다.

히틀러가 에스파냐 내전에서 배운 것

나치스의 등장으로 유럽 국가들의 경계심이 커졌으나 당시의 영국과 프랑스는 독
일과 직접 대결하는 것을 꺼렸다. 그때 새로운 강자로 부상한 독일과 다른 유럽 국
가들의 관계에 시금석이 된 사건이 일어났으니, 바로 에스파냐 내전이다.●●

　처음에 에스파냐 내전은 국내 문제였다. 합법적 선거로 선출된 인민전선 정부를
전복하기 위해 프란시스코 프랑코 장군이 쿠데타
를 일으켰다. 그러나 시간이 지나면서 유럽의 두
진영 사이의 대리전으로 양상이 바뀌었다. 히틀러
의 나치스가 이끄는 독일과 무솔리니의 파시스트
당이 집권한 이탈리아는 공산주의에 반대한다는
명분으로 프랑코 장군을 지지했다. 독일은 1만
6000명, 이탈리아는 7만 5000명에 이르는 군대
를 에스파냐에 보냈으며, 1936년 독일과 이탈리
아는 '베를린-로마 추축'을 형성했다. 1937년 4월

●● 1931년 왕정에서 공화정으로 바
뀐 에스파냐는 공산당과 노동조합 등
사회주의 세력에 맞선 군부와 기업 등
의 보수 세력 사이의 갈등으로 정치 불
안이 계속되었다. 1936년 선거에서 좌
파 세력인 인민전선은 의회의 472석
가운데 258석을 차지하고, 가톨릭교회
의 특권을 박탈하고 농민을 위한 토지
개혁에 착수했다. 이에 가톨릭교회, 군
부, 보수 세력의 지원을 받은 프랑코
장군이 군대를 동원해 인민전선 정부
에 도전장을 냈다. 사태는 군부와 인민
전선 사이의 내전으로 치달았다.

● 독일의 공습에 격분한 에스파냐 출신의 화가 파블로 피카소는 학살에 항의하는 표시로 대작 〈게르니카〉를 그렸다. "회화는 집을 장식하는 물건이 아니다. 적에 대항하는 공격적이고 방어적인 전쟁 도구다"라고 피카소는 말했다. 나중에 피카소는 프랑스공산당에 가입했다.

●● 의용군 가운데 세계적으로 유명한 작가들도 있었다. 미국 작가 어니스트 헤밍웨이는 에스파냐 내전에 참전한 경험을 바탕으로 소설 〈누구를 위하여 종은 울리나〉를 썼으며, 〈동물 농장〉과 〈1984년〉의 작가로 널리 알려진 영국의 조지 오웰도 에스파냐 내전에 참전해 〈카탈로니아 찬가〉를 발표했다. 〈인간의 조건〉을 쓴 프랑스 작가 앙드레 말로 역시 내전에 참여한 후 그 체험을 바탕으로 르포르타주 소설 〈희망〉을 썼다.

26일 히틀러의 독일 공군은 에스파냐의 바스크 지방에 있는 소도시 게르니카를 세 시간 동안 무차별 폭격해 인구 7천 명 가운데 1천 명을 사살했다.●

반면에 영국과 프랑스는 전쟁 확대를 두려워하여 에스파냐 내전에 관여하지 않았으며, 전쟁 물자의 공급도 금지했다. 다만 소련만이 인민전선 정부를 지원했다. 전 세계의 좌파들은 '국제의용군'으로 자원해 에스파냐 인민전선 정부를 도와 싸웠다. 53개국에서 약 3만 5000명의 의용군이 참여했으나●● 인민전선 정부는 결국 1939년 5월 19일 프랑코 군에 패배하고 말았다.

에스파냐 내전은 공화파와 파시스트의 내전으로 출발했지만 시간이 지나면서 파시즘과 사회주의 사이의 국제전이 되었다. 영국과 프랑스는 독일과 무력으로 충돌할 배짱이 없다는 것을 보여준 반면, 독일과 이탈리아는 군대를 보내서라도 파시스트 정권을 지원할 수 있다는 것을 보여주었다. 그리하여 에스파냐 내전은 2차 세계대전에 영향을 미치는 중대한 사건이 되었다.

에스파냐 내전의 승리로 자신감을 얻은 히틀러는 1938년 영국과 프랑스가 간섭하지 않으리란 계산 아래 베르사유조약을 어기고 오스트리아를 무력으로 합병했다. 오스트리아의 나치스 세력이 내란을 일으키자 독일 군대를 오스트리아에 보낸 것이다. 같은 해 히틀러는 체코슬로바키아 주데텐 지방의 할양을 요구하며 전쟁을 개시했다. 독일의 국경 지대인 주데텐 지방에는 약 350만 명의 독일계 주민이 거주하고 있었다. 체코슬로바키아는 영국과 프랑스의 지원을 기대하며 독일의 요구를 거부했다. 하지만 영국과 프랑스는 체코슬로바키아를 방어할 준비가 안 되었다면서 독일과의 군사적 충돌을 피했다.

실패로 끝난 뮌헨회담

1938년 9월 영국 총리 네빌 체임벌린은 독일 총통 히틀러와 회담하기 위해 그가 휴양하고 있는 베르히테스가덴으로 떠났다. 이 만남에서 히틀러는 앞으로 사전 협의 없이는 군사적 행동을 하지 않고, 체임벌린은 주데텐의 국민투표 결과를 받아들이도록 영국과 프랑스를 설득하기로 합의했다. 이후 영국과 프랑스가 주데텐에서 독일인이 50% 이상 되는 지역을 모두 독일에 할양하기로 합의하자, 체코슬로바키아는 어쩔 수 없이 받아들여야만 했다. 9월 22일, 체임벌린은 다시 독일로 가 히틀러를 만났으나 히틀러의 입장은 변했다. 히틀러는 주데텐 지방을 완전히 점령하고 모든 체코슬로바키아인을 10월 1일까지 철수시킨다는 강경 조치를 취했다. 그러자 체코슬로바키아는 총동원령을 내리고, 프랑스는 부분 동원령을 내렸으며, 영국 군대는 비상사태를 선포했다.

체임벌린은 전쟁을 막기 위해 영국, 프랑스, 독일, 이탈리아가 참여하는 4국 회담을 제안했다. 히틀러, 체임벌린, 프랑스의 달라디에 총리, 이탈리아의 무솔리니가 뮌헨에 모였다. 이를 뮌헨회담이라 한다. 하지만 당사국인 체코슬로바키아와 그 동맹국 소련은 초청되지 않았다. 9월 29~30일 개최된 뮌헨회담은 독일군이 10월 10일까지 주데텐 지방을 완전 점령하되, 다른 분쟁 지역은 국제위원회에서 결정하기로 했다. 체임벌린과 달라디에는 본국에 돌아가 군중 앞에서 전쟁의 위험은 사라졌다고 주장했다. 체임벌린은 영국 국민들에게 "명예롭게 평화를 이룩했다. 우리 시대는 평화롭다고 믿는다"고 말했다. 그러나 1939년 3월 히틀러는 체임벌린을 비웃듯 뮌헨협정을 깨고 체코슬로바키아를 침공했다.

히틀러의 집요한 영토 야욕과 군사적 강경책 앞에서 영국과 프랑스의 유화정책은 오류였음이 판명되었다. 뮌헨회담은 시간만 지연시켰을 뿐 아무것도 얻지 못했다. 결국 1939년 8월 23일 독일과 소련은 '독소불가침조약'을 체결하고, 폴란드를 동서로 분할했으며, 발트 3국을 소련에 넘기기로 약속했다. 원수처럼 으르렁거리던

WONDER HOW LONG THE HONEYMOON WILL LAST?

깨진 평화 영국 수상 체임벌린은 뮌헨에서 히틀러와 회담을 마치고 돌아와 평화 협정 문서를 들어올리며 "우리 시대의 평화"라고 말했지만, 그 평화는 오래가지 않았다. 이듬해 독일과 소련은 불가침조약을 체결했는데 이는 독일의 폴란드 침공을 위한 소련의 보증수표였다.

히틀러와 스탈린이 손을 잡자, 세계는 충격의 도가니에 빠졌다. 1939년 9월 1일 독일은 170만 명의 병력을 동원해 폴란드를 공격하고 불과 3주 만에 완전히 점령했다. 영국과 프랑스는 독일에 군대 철수를 요구했지만 히틀러는 이를 무시했다. 9월 3일 영국과 프랑스는 독일에 선전포고를 했고, 이로써 2차 세계대전이 시작되었다.

2차 세계대전은 어떻게 일어났나

과연 독일은 2차 세계대전을 원했던 것일까? 독일이 소련과 손을 잡으면 영국과 프랑스가 선전포고를 할 수 없을 거라고 생각했기 때문에 2차 세계대전이 히틀러에게는 계획하지 않은 전쟁이었다는 주장이 있다. 게다가 영국과 프랑스의 군대는 110개 사단인 데 비해, 독일은 29개 사단에 불과했다. 실제로 영국과 프랑스의 선전포고 이후로 6개월 동안 어떤 전투도 없었다. 유럽의 모든 나라들은 경제공황의 후유증에서 완전히 벗어나지 못한 상태였으며 전면전을 벌일 만큼 경제적 여건이 좋지 않았다. 개전 후 히틀러는 미국의 루스벨트 대통령에게 중재를 요청했으나 거절당했다. 어쩌면 독일은 처음부터 이길 수 없는 전쟁을 시작했는지도 모른다. 도박하는 심정으로.

1940년 4월 독일군은 예상을 뒤엎고 덴마크와 노르웨이를 침공했으며, 5월에는 벨기에, 네덜란드, 룩셈부르크에 이어 프랑스를 공격했다. 독일군은 새로운 군사 전술을 채택하고 공군과 기갑부대를 동원해 '전격전'을 감행했다. '참호전' 위주의 1차 세계대전과 달리 2차 세계대전에서는 '기동전'이 유력한 전술이 되었다. 히틀러가 주도해 만든 독일의 전차 군단은 영국과 프랑스의 군대를 순식간에 물리치고 6월, 파리를 점령했다. 프랑스 북부 지역은 독일군이 점령했고, 남부 지역은 나치스에 동조하는 앙리 필리프 페탱이 괴뢰정부를 수립했다. 그 후 이탈리아가 참전하고 일본도 가담해, '독일-이탈리아-일본 3국 군사동맹'이 결성되었다.●

1940년 7월까지 독일과 이탈리아는 유럽의 대부분을 점령했으며, 영국은 독일 공군의 공격을 받으며 홀로 힘겹게 싸워야 했다. 히틀러는 영국

> ● 1940년 9월 결성된 3국 군사동맹은 '베를린-로마-도쿄 추축'이라고 불렸다. 이후 '추축국axis'이라는 용어는 대외 정책에서 긴밀하게 공동보조를 취하는 국가들을 가리키는 말이 되었다.

의 안전을 보장하면 독일의 유럽 지배를 인정할 것이라고 생각하고 영국에 타협을 통한 평화를 제안했다. 그러나 체임벌린에 이어 새 총리가 된 윈스턴 처칠은 히틀러에 맞서 싸우는 철저한 항전을 주장했다.

독일은 영국에 대한 폭격을 계속하면서, 다른 한편으로는 소련 침공을 준비했다. 1939년 독소불가침협정을 체결한 뒤 1941년까지 스탈린은 히틀러에게 바쿠의 석유와 곡물을 공급했다. 그러나 1941년 5월 독일은 소련 유전의 공동 개발을 거부당하자 소련을 침공하기로 결정하고, 6월에 300만 명의 병력과 항공기 2740기, 전차 3580대를 투입했다. 이는 독일 육군의 75%, 공군의 60%에 해당하는 수치였다. 독일군은 모스크바로 진격했다. 소련군은 과거 나폴레옹의 침략에 맞서 미하일 쿠투조프 장군이 사용했던 전략대로 모스크바를 비우고 쿠이비셰프로 후퇴했다. 결

국 텅 빈 모스크바에서 철수하던 33만 명의 독일군은 스탈린그라드에서 소련군의 포위공격을 받아 병력의 3의 2가 전사했고, 약 9만 명이 포로가 되었다. 이 치열한 스탈린그라드 전투는 전쟁의 전환점이 되었고 독일군은 후퇴를 거듭했다. 이 전쟁을 통해 소련은 강대국의 지위를 회복했으며, 전후 세계 질서를 재구성하는 과정에서 강력한 발언권을 얻을 수 있었다.

전쟁 초기 히틀러는 유럽의 패권을 장악했으나 소련과 미국의 개입으로 전쟁의 양상은 급격하게 변화했다. 파리가 히틀러의 수중에 떨어지자 미국은 1941년 3월 의회에서 연합군에 대한 군수물자 지원을 결정한 '무기대여법'을 결의했다. 1941년 12월, 일본이 미국 하와이의 진주만에 기습 공격과 함께 선전포고를 하자, 3일 만에 독일과 이탈리아도 미국에 선전포고를 했다. 세계대전이 본격화되면서 미국은 압도적인 경제력을 바탕으로 신속하게 군사체제로 전환했다. 전쟁 전 세 척에 불과하던 항공모함은 2년 만에 50척이 되었고, 항공모함에 탑재하는 비행기도 3600기에서 3만 기를 넘어섰다. 세계대전 중 미국이 지출한 전비는 약 2450억 달러로 전쟁 전의 정부 예산을 합친 액수보다 더 많았다. 결국 1944년 6월 6일, 아이젠하워 장군이 이끄는 미영 연합군이 프랑스의 노르망디에 상륙해 프랑스를 해방시켰고, 소련은 동유럽으로 진격했고 베를린을 점령했다. 급속하게 전세가 불리해지자 1945년 4월 30일 히틀러는 베를린 벙커 속에서 절망에 빠진 채 권총으로 자살했다. 결국 독일은 5월 9일 베를린에서 항복문서에 조인하고, 히틀러의 '제3제국'은 역사 속으로 사라졌다.

2차 세계대전은 국가 간 전쟁이기도 했지만 더 중요한 정치적 의미가 있다. 파시즘을 선택한 극우 독재 국가인 독일, 이탈리아, 일본은 민주주의 정치체제를 채택한 미국, 영국과 맞서 싸웠다. 미국과 영국이 이끄는 연합군은 뉘른베르크와 도쿄에서 전범 재판을 개최해 독일과 일본의 전쟁 책임자와 지배 세력을 단죄하고 민주적 개혁을 추진했다. 이에 비해 공산주의 체제와 일당 국가를 유지했던 소련은 처음에는 히틀러의 독일에 협력하다가 독일이 소련을 침공하자 연합국에 가담했다.

이러한 전쟁 상황의 급격한 변화 때문에 2차 세계대전에 대한 역사적 평가는 오랫동안 논란이 되었다.●

● 냉전 시대에 미국과 소련이 서로 세계대전에 대한 책임을 주장하는 논쟁이 일어났다. 미국은《독소 관계 문서집》에서 '독소불가침조약의 비밀 부속의정서'를 폭로해 소련의 책임을 시사했다. 반면에 소련은 히틀러에 대한 영국과 프랑스의 유화정책을 격렬하게 비난했다.

히틀러만의 책임일까

1961년 영국 역사가 A. J. P. 테일러는 저서《2차 세계대전의 기원》에서 2차 세계대전은 히틀러라는 한 개인으로부터 시작된 것이 아니라 1차 세계대전의 패전국이었던 독일의 국제적 지위가 더 큰 원인이라고 주장했다. 히틀러는 전쟁을 주도면밀하게 계획하지 않았으며, 다른 정치 지도자들처럼 합리적인 선에서 자신의 권력과 국가의 지위를 높이려고 했다는 것이다. 전쟁 계획의 증거로 제시된 히틀러의《나의 투쟁》은 진정한 의미의 계획이라 보기 힘들고, '호스바흐 메모'●●는 사료적 가치가 없으며, 히틀러는 전쟁을 절대적 수단으로 보기보다 상황에 따라 생각을 계속 바꾸었다고 주장한다.

●● 1937년 11월 5일 정부와 군부 수뇌부가 모인 총통 관저의 비밀회의에서 히틀러가 밝힌 전쟁 계획을 국방부부관 호스바흐가 메모로 남겼다고 한다. 이는 훗날 뉘른베르크 재판에서 커다란 논란거리가 되었다.

테일러의 주장은 커다란 충격을 주었다. 2차 세계대전은 곧 '히틀러의 전쟁'이며, 히틀러가 전쟁과 악의 근원이라는 많은 사람의—독일 사람들을 포함해서—상식에 도전했기 때문이다. 테일러는 '나치스 동조자'라는 비난을 받기도 했으나, 그가 전쟁에 대한 새로운 시각과 해석을 제공한 것은 분명하다. 역사를 한 개인의 책임으로 해석하는 것은 무리가 있다. 일본의 진주만 공격과 태평양전쟁을 일왕 히로히토 한 사람이 책임질 수 있는 것은 아니다.

히틀러와 히로히토 둘 다 전쟁을 선호한 것은 분명하지만, 전쟁이 일어나기까지는 다양한 요인들이 크고 작은 영향을 미쳤다. 미국이 베르사유조약을 인준하고 유럽의 세력균형을 위해 군대를 주둔시켰다면 히틀러가 권력을 잡지 못했을지도 모른다. 영국과 프랑스가 독일을 상대하고, 영국과 미국이 1930년대 초반에 소련과 동맹을 맺었거나 미국이 국제연맹에 가입했다면 전쟁이 국제전으로 비화하는 것을 피할 수 있었을지도 모른다. 하지만 모든 것을 국제 관계의 구조로 설명하려는 것 또한 논란을 불러일으킬 수 있다. 국제정치에서 개인과 구조의 문제는 서로 복잡하게 연결되어 있다.

존스홉킨스대학교 국제대학원SAIS의 데이비드 칼레오 교수는 신흥 강대국에 대한 합리적 조정을 거부할 경우 파괴적 결과를 가져올 수 있다고 지적했다. 또한 이런 점에서 하버드대학교 국제정치학과 교수 조지프 나이는 2차 세계대전을 피할 수 있었던 전쟁이었다고 본다. 1920년대 서구 민주국가들이 독일을 달래고 응징의 수준을 낮추었다면, 민주적인 바이마르공화국이 더 오래 유지되었을지도 모른다. 나이는 유럽의 정치 지도자들이 저지른 가장 큰 실수는 독일을 달랬어야 할 1920년대에는 대결을 택하고, 대결해야 했던 1930년대에는 반대로 독일을 달랜 점이라고 날카롭게 지적했다. 일부 학자는 체임벌린의 유화정책이 히틀러가 전쟁을 일으키도록 방조했다고도 주장한다. 그러나 유화정책은 외교의 고전적 수단이다. 유화정책을 통해 전쟁을 피한 사례는 유럽뿐 아니라 세계의 역사에서 쉽게 찾아볼 수 있다. 1938년 체임벌린의 오류는 유화정책 자체가 아니라 히틀러의 의중을 제대로 파악하지 못한 무지였다.

히틀러의 두 얼굴

사람들은 히틀러가 전쟁광이고 개인적 증오로 유대인을 잔인하게 학살하고, 파리를 불태우며 즐거워했다고 한다. 그러나 그는 세상의 평판과는 달리 미친 사람도, 성격 이상자도 아니었다. 그는 술도 담배도 하지 않았으며, 채식주의자였고 매우 검소했다. 항상 군복을 입고 다니며 나치스를 군대식으로 훈련시키고, 독일 전체를

아리아인에게만 친절한 보통 사람들은 히틀러를 전쟁광 또는 악마로 알고 있지만 그에게도 이면은 있었다. 하지만 인간으로서 지켜야 할 보편적 윤리를 포기했기에 그의 말로는 비참했고 역사는 그를 독재자의 전형으로 기록했다.

군사 조직처럼 이끌었지만, 정작 히틀러 본인은 그리 엄격하게 규율을 지키지 않았으며 규칙적인 생활도 하지 않았고 예술가처럼 보헤미안 스타일을 유지했다.●

히틀러가 젊은 시절 화가 지망생이었다는 사실은 널리 알려져 있다. 빈의 미술학교에 두 차례나 응시했다가 낙방한 후 엽서나 광고에 삽화를 그려 생계를 잇기도 했다. 그는 사치와 미식을 즐기지도 않았고 화려한 여성 편력도 없었다. 오랫동안 결혼하지 않았지만 나중에 시골 이발소 딸인 에바 브라운을 연인으로 두었다. 히틀러는 베르크호프 별장에서 자신의 사진사와 의사, 운전수와 비서들에게 편안하게 담소하는 것을 큰 즐거움으로 여겼다고 한다. 이때의

> ● 히틀러는 오전 10시가 넘어서야 일어났으며, 거의 한낮이 될 때까지 침대에 누운 채 조간신문을 훑어본 후 직무를 시작했다. 그리고 밤늦게까지 일하다가 다음 날 새벽 동틀 무렵 잠자리에 들었다. 한마디로 뒤죽박죽인 생활을 했다. 엄격하고 절도 있는 군인 스타일은 절대 아니었다.

화제는 주로 개를 키우는 방법, 최신 유행, 예술계 이야기, 일상생활에서 벗어난 사소한 사건 등으로 다양했는데, 오페라를 듣고 여가수 이름 맞추기 게임을 즐겼다고 한다. 여비서의 히틀러에 대한 평가는 "친절하고 아버지 같은 사람"이었다.

히틀러는 결핍의 인생을 살았다. 그의 인생에는 교육, 직업, 사랑, 우정, 가족애는 존재하지 않았다. 1889년 오스트리아에서 세관원의 아들로 태어난 히틀러는 일찍 아버지를 여의고 16세의 나이에 학업을 중단한 채 불행한 소년 시절을 보냈다. 요하임 페스트의《히틀러 평전》에 따르면, 히틀러는 어린 시절 가난을 체험하면서 빈의 부르주아와 유대인 부자들에 대한 부정적인 감정을 키웠다. 20세 즈음 어머니마저 잃은 히틀러는 1914년 1차 세계대전이 발발하자 독일군에 자원해 전쟁에 참가했다. 패전 후 비참한 상태에 빠진 독일을 보며 집권당인 사회민주당 정부와 베르사유체제에 대한 증오감을 키웠다.

1921년 나치스의 지도자가 된 히틀러는 이전 지도부가 합법주의와 사회주의를 주장했던 것에 반대하며 폭력 행동을 강조하고 군부와 밀접한 연계를 가질 것을 주장했다. 그 후 1923년 바이에른 우익 정부에 반대하는 뮌헨 봉기가 실패하자 히틀러는 체포되어 란츠베르크 감옥에 수감되었으며, 일약 우익 세력의 전국적 지도자로 부상했다. 감옥에서 히틀러는 자서전이자 사상서인《나의 투쟁》을 저술했다.

히틀러는 어떻게 대중을 선동했나

히틀러의 사상은 독창적인 것이 아니라 대부분 우익 정치가나 학자들에게서 차용한 것이다. "개인과 인종의 불평등은 변하지 않는 자연의 질서다. 인류의 자연적 단위는 민족이며, 독일 민족은 세계에서 가장 위대한 민족이다. 아리아인은 유일한 창조적 인종이다. 모든 도덕성과 진리의 판단 기준은 민족의 보호와 민족의 이익에 있다. 민주주의는 존재하지도 않는 민족 간 평등을 상정하고 민족의 이익을 투표나 토론을 통해 결정할 수 있다고 생각하기 때문에 용납할 수 없다. 민족의 통일성은 절대적 권위를 부여받은 지도자에게서 나타난다. 지도자 밑에서 당은 민족의 가장 위대한 요소를 발견하고 보호해야 한다." 이와 같은 독일 민족지상주의, 우생학, 의회주의 비판, 계급투쟁과 프롤레타리아 국제주의에 대한 반대가 나치주의Nazism의 주요 사상이었다. 그리고 나치주의에서 유대인과 공산주의는 모든 악의 실체였다.

히틀러는 감옥에 투옥된 뒤 합법적 운동과 선거를 중시하는 쪽으로 방향을 전환했다. 그리하여 도시와 농촌에서 중간계급의 지지를 얻은 다음 의회에서 합법적인 활동을 통해 대중정당을 발전시켰다. 또한 군부와 금융자본가의 환심을 얻기 위해 많은 노력을 기울였다. 우파 노동조합을 결성해 자본가의 지지를 얻어내 재정 지원을 받았으며, 중하층 시민과 실업자들의 조직을 만들었다. 총리가 된 뒤에는 군부의 협력을 얻어 반대파를 철저히 탄압하고 일당독재 체제를 확립했다.●

히틀러는 실업자 감소, 사회보장 확대, 신분적 특권의 소멸, 중하 계급 출신 청년들의 충원 같은 정책으로 대중적 인기를 얻었다. 히틀러가 나타나면 독일 국민은 열광하며 환영했다. 눈부신 외교적 성공도 거두었다. 1935년 1월에는 자아르 지방의 국민투표에서 대승해 자아르의 영유권을 회복했다. 같은 해 베르사유조약의 군사 제한 조항을 폐기하고 징병제를 부활시켰으며, 6월에는 영독 해군협정을 체결해 독일 해군을 증강시켰다. 1936년 3월에는 로카르노조약●●을 파기하고 라인란트 지역의 재무장을 강행했다. 1938년의 오스트리아 합병, 뮌헨 협정으로 그의 인기는 절정에 이르렀다. 히틀러는 '불세출의 영웅', '탁월한 위인'으로 추앙받았다.

● 1934년 6월 29일 히틀러는 군부의 신임을 얻지 못한 나치스 돌격대장 에른스트 룀을 체포해 재판도 하지 않고 처형했다. 나치스 돌격대의 붕괴에 만족한 군부는 히틀러를 지지했다. 이때부터 독일은 군비의 급격한 확대와 군수공업의 비약적인 발전을 이루었고, 순식간에 유럽 최강국이 되었다.

●● 1925년 스위스 남부의 로카르노에서 체결한 중부 유럽의 안전보장에 관한 조약. 영국, 프랑스, 독일, 이탈리아, 벨기에 5개국의 상호 안전을 보장하고, 독일과 벨기에, 프랑스, 폴란드, 체코슬로바키아 사이에 독일 국경의 현상 유지, 상호 불가침, 중재재판 등을 규정해 1차 세계대전 이후 유럽의 안정을 이루려 했다. 1936년 독일에 의해 파기되었다.

국민 계몽 선전부 장관 괴벨스는 나치당의 제복 대신 양복을 주로 입었으며, 선전술과 유창한 말솜씨로 독일인을 설득했다. 특히 텔레비전, 라디오 같은 대중매체를 활용한 정치 선전술을 창조했는데, 그는 세계 최초로 정기적인 텔레비전 방송을 통해 선전을 한 사람이다.

그렇다면 나치스는 악마인가

히틀러는 기억력과 직관력이 뛰어났고, 사람 보는 눈이 있어서 유능한 인물을 적소에 배치해 능력을 발휘하게 했다. 그는 특정 인물의 권력 독점을 방지하기 위해 두 명 이상의 인물에게 같은 일을 배당하여 충성 경쟁을 유발시켰다. 그의 부하들은 모두 평범한 사람들이었다. 나치즘의 이데올로그로 유명한 선전부 장관 요제프 괴벨스는 반유대주의의 증오심을 부추겼지만 자신이 여섯 아이의 '자상한' 아버지라고 선전했다. 하지만 히틀러에 대한 개인적 충성심이 가득한 측근들은 독일 민족주의 발호에 앞장서면서 모두 비극적 최후를 맞이했다.

히틀러와 나치스는 소련의 참전으로 패전이 기운이 짙어지자 유럽의 유대인을

하일 히틀러 나치스의 상징 독수리와 경례를 하고 있는 군 장교들. 히틀러에 대한 맹목적 충성은 집단 광기를 낳았고 전 세계는 전쟁의 도가니에 빠졌으며 불행해졌다.

모두 제거하기로 결정했다. 점령된 유럽은 프랑스에서 폴란드까지 서쪽에서 동쪽까지 샅샅이 수색되어 학살했다. 최소 400만 이상, 많으면 600만 명의 유대인이 총살을 당하거나 폴란드의 아우슈비츠 등 수용소에 갇혀 가스실에서 살해되었다. 수용소 바로 옆의 소각장에서는 거대한 연기가 피어올랐다. 1942년 1월 베를린의 반제Wannsee 회의에서 결정된 '최종 해결'은 국가가 자행한 거대한 조직범죄였다. 유대인 홀로코스트는 독일뿐 아니라 유럽 문명, 아니 현대사회의 도구적 합리성에 대한 깊은 회의감을 불러일으켰다.

미국으로 망명한 유대인 철학자 한나 아렌트는 1961년 이스라엘 예루살렘에서 열린 유대인 대학살을 기획하고 주도한 아돌프 아이히만의 재판을 참관한 뒤 악마의 얼굴이 저렇게 평범할 줄은 몰랐다고 고백했다. 아렌트는《예루살렘의 아이히만-악의 평범성에 대한 보고서》에서 "아이히만은 악하지도 유대인을 증오하지도 않았다. 단지 히틀러에 대한 맹목적인 충성에서 관료적 의무를 기계적으로 충실히 수행했을 뿐이다. 가정에서도 그는 아이들을 끔찍하게 돌보는 가장이었다"라고 썼다. 이로써 아렌트의 '악의 평범성banality of evil'이란 개념은 세계적으로 유명해졌다. 그렇지만 아렌트의 보고서는 당시 유대인 사회에 커다란 반발을 불러일으켰다. 나치스를 변호하거나 옹호하는 말로 들렸던 것이다. 그러나 사실 나치스 독일의 핵심 인물들은 지극히 '평범한' 사람들이었다.

아렌트는 인간의 선한 본성을 믿었으며, 선한 인간성을 파괴하는 것은 반성적 사고의 상실과 획일적인 전체주의라고 지적했다. 법정에서 말할 때 "그의 (아이히만의) 말은 언제나 똑같은 단어로 표현됐다"고 아렌트는 지적했다. 이러한 '말하기의 무능력함'은 '생각하기의 무능력함'에서 비롯되었고, 그것은 결국 '타인의 입장에서 생각하기의 무능력함'이었던 것이다. '아무런 생각 없이 사는 삶'이 바로 악의 근원이라는 것이 아렌트의 결론이다. 반성적 사고가 사라지자 전체주의가 등장했고, 전체주의가 사회를 지배하자 인간들은 인종주의와 국수주의에 휩쓸려갔다. 과거를 돌아보는 반성적 사고가 없는 곳에서는 언제나 전체주의가 되살아날 수 있다는 이야기다.

더 읽을거리

● 요하임 페스트, 안인희 옮김,《히틀러 평전》, 푸른숲, 1998.

● 리처드 오버리, 류한수 옮김,《스탈린과 히틀러의 전쟁》, 지식의풍경, 2003.

● 막스 피카르트, 김희상 옮김,《우리 안의 히틀러》, 우물이있는집, 2005.

● 리처드 오버리, 조행복 옮김,《독재자들: 히틀러 대 스탈린, 권력 작동의 비밀》, 교양인, 2008.

● 폴 콜리어 외, 강민수 옮김,《제2차 세계대전: 탐욕의 끝, 사상 최악의 전쟁》, 플래닛미디어, 2008.

● 로버트 S. 위스트리치, 송충기 옮김,《히틀러와 홀로코스트》, 을유문화사, 2011.

● 제바스티안 하프너, 안인희 옮김,《히틀러에 붙이는 주석》, 돌베개, 2014.

● 칭케 나이첼·하랄트 벨처, 김태희 옮김,《나치의 병사들》, 민음사, 2015.

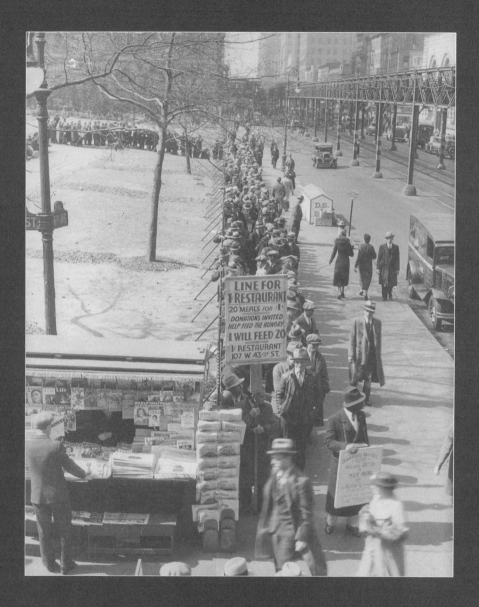

복지국가는 대공황 이후

본격적으로 발전했다.

1932년 뉴욕의 길게

늘어선 빵 배급 줄.

10 요람에서 무덤까지

복지국가의 등장

> 자본주의는 잘 관리만 된다면
> 경제적 목적을 달성하기 위해 다른 어떤
> 대안적 시스템보다 더 효율적일 수 있다.
> ─존 메이너드 케인스, 경제학자

아플 때 병원에 가거나, 공부하러 학교에 다니는 것이 공짜라면? 직장에서 쫓겨나 실업자가 되어도 수당이 나오고, 나이 들어 은퇴한 다음에도 연금이 나와 살 수 있다면? 아이를 낳으면 돈이 나오고, 직장에서 월급을 받으며 육아휴직을 할 수 있다면? 이렇듯 모든 국민에게 기본적 생활을 보장하는 복지를 제공하기 위한 사회제도를 갖춘 국가를 '복지국가'라고 부른다. 구체적인 복지 제도는 주로 건강보험, 고용보험, 노령연금 등 사회보험과 함께 빈곤층을 돕는 공공부조 등으로 구성된다. 다시 말해 정부가 국민들에게 최소한의 수입, 영양, 건강, 주택, 교육, 고용을 보장하는 국가가 복지국가다.

복지국가를 꼽으라면 대개 스웨덴, 노르웨이, 핀란드 같은 북유럽 국가들을 꼽는다. 영국, 프랑스, 독일, 네덜란드 등도 복지국가의 성공 사례로 알려져 있다. 네덜란드는 1960년대부터 주5일 근무제를 실시했고 제조업 노동자들은 보통 한 달 동안 여름휴가를 즐긴다. 고등학교까지 무상교육이며, 무상의료가 거의 완벽하게 실시되고 있다. 다른 서유럽 국가들도 비슷하다. 이러한 복지국가는 많은 사람의 이상향이 되고 있다.

최초의 복지국가는 어디

역사학자들은 복지국가의 기원으로 1880년대 독일에서 수립된 사회보험제도를 꼽는다. 1883년 질병보험, 1884년 재해보험, 1889년 노령보험 등이 대표적이다. 노동자를 위한 사회보험을 도입한 총리 오토 폰 비스마르크는 원래 노동운동을 탄압하고 '반사회주의자법'을 만들어 사회민주당SPD이라는 두통거리를 없애려고 했다. 노동운동을 탄압한 보수파 정치인이 노동자를 위해 복지 정책을 세우다니, 의아하게 들릴지 모르겠다. 비스마르크는 대외 정책에서 능수능란한 외교를 펼쳤을 뿐만 아니라, 대내 정책에서도 '채찍'과 '당근'을 적절하게 사용할 줄 아는 노련한 정치인이었다. 그는 정치는 과학이 아니라 '예술'이라고 했다. 사회보험제도는 비스마르크가 전통적인 지배계급과 새로운 신흥계급인 노동자계급 사이에 타협을 추구하는 '정치의 예술'을 발휘한 사건이었다.

급속한 산업화로 유럽의 노동자계급은 날로 증가했고 정치적으로 무시 못 할 존재가 되었다. 노동자들은 더 많은 임금과 투표할 수 있는 권리를 요구했다. 이를 위해 노동조합을 결성하고 전국적인 조직을 만들어 기업과 정부를 상대로 협상을 벌여나갔다. 그러나 유럽 어느 나라에서도 기업이나 정부가 노동조합의 요구를 순순히 들어주지는 않았다. 그들은 군대를 동원해 노동자들의 시위를 진압하고 무장하지 않은 군중을 향해 발포해 수많은 사람이 살상되었다. 성난 노동자들은 공장과 기업가들의 집을 습격하고 방화하거나 거리에서 폭동을 일으켰다. 이에 비하면 우리나라의 노사 갈등은 대단한 것이 아닐지도 모른다.

하지만 항상 노동조합이 탄압당하기만 한 것은 아니었다. 독일의 비스마르크처럼 건강보험과 연금보험 등 사회보장제도를 도입하는 나라들이 나타났다. 1911년 영국은 로이드 조지 총리의 자유당 정부가 독일을 모방한 국민보험을 도입했다. 다른 유럽의 주요 국가는 1919년까지 복지 제도를 도입했으며, 미국은 가장 늦게 1930년대 대공황 시기에 복지 제도를 도입했다.

사회보험제도의 아버지 보수파 정치인이자 철혈재상으로 불렸던 독일의 비스마르크가 노동자를 위한 사회보험을 도입했다는 사실은 놀랍다. 이는 날로 증가한 노동자계급을 의식한 그다운 영리한 정치적 행보였다.

스웨덴의 복지 제도의 도입은 사회민주당SAP 정부가 주도했다는 점에서 주목을 끌었다. 노사 분규가 극심했던 스웨덴은 1938년 '살트세바덴 협약'을 통해 임금 억제와 복지 확대를 동시에 추구하기로 노사가 합의했다. 스웨덴은 20세기 초 유럽에서 가장 가난한 나라였다. 1920년대에는 노동자 1인당 파업 일수가 세계 1위였을 정도로 노사 갈등이 심했다. 하지만 1930년대에 들어 극적으로 합의를 이끌어냈다. 노동조합은 국유화 강령을 포기하고 파업을 자제했으며, 경영자단체는 소득세 인상을 받아들이고 직장 폐쇄를 자제하기로 했다. 이는 1932년 집권한 사회민주당의 중재로 이루어진 것이었다. 이러한 사회 협약을 통해 스웨덴은 좌우익의 정치적 격돌을 피하고 안정적인 경제성장을 이룩할 수 있었다. 같은 시기에 극심한 계급 갈등을 겪으며 나치즘으로 치달은 독일과 매우 대조적이다.

복지국가가 등장할 수밖에 없었던 이유

복지국가가 본격적으로 발전한 시기는 아이러니하게도 세계경제를 강타한 1929년 대공황 직후부터였다. 수많은 노동자의 일자리가 사라지고 실업자들이 거리에 내몰렸다.● 유럽과 북미의 정부들은 노동자와 실업자의 불만을 달래는 조치를 취해 계급 타협을 모색했다. 노동조합 활동을 법률적으로 보장하고 노동자의 생활 개선을 위한 제도적 장치를 마련하기 시작했다.

> ● 미국 전체 노동자의 3분의 1이 넘는 1500만 명이 실업자가 되었고 무료 배식을 받으려는 빈민층의 줄은 끝이 보이지 않았다. 패전국 독일의 고통은 더욱 컸다. 거리에서 빵을 사기 위해 줄을 서야 했던 실업자의 대열에는 젊은 아돌프 히틀러도 있었다.

1935년 미국의 루스벨트 정부는 '뉴딜New Deal'정책의 일환으로 실업보험, 노령연금 등을 포함한 사회보장법Social Security Act을 제정했다. 또한 루스벨트 정부는 '와그너법Wagner Act'이라 불리는 전국노동관계법을 제정했는데, 이를 토대로 전국노동단체인 산별노동조합CIO이 결성되었다. 2차 세계대전을 거치면서 서유럽의 정부들은 기업과 노동조합 사이의 계급 타협을 적극적으로 추진했다. 이러한 노사정 삼자의 정치적 연합을 코포라티즘corporatism이라고 부른다.●●

> ●● '코포라타coporata'는 이탈리아어로 '신체의 일부분'이라는 뜻이다. 코포라티즘은 인간의 몸과 같이 사회집단은 서로 유기적으로 연결되어 있다는 의미다. 파시즘을 창시한 무솔리니도 코포라티즘이라는 말을 사용하며 국민 총화를 부르짖었지만, 코포라티즘은 파시즘과는 다르다.

전후 유럽의 정치 지도자들은 서로 화해하고 협력하는 새로운 국가를 건설해야 한다고 목소리를 높였다. 그러기 위해서는 자유로운 시장경제에 모든 것을 맡겨서는 안 된다고 생각했다. 세계 무역량이 65%나 줄어든 상황에서는 국가의 적극적 시장 개입 없이 경제 회복이 불가능했다. 국가가 경제에 개입하고 계급 갈등을 완화할 수 있는 제도적 장치를 만들어야 했다. 공산주의에 놀라 파시즘 편에 섰던 중간계급도 다시 계급 타협이 필요하다고 보았다. 더 많은 세금을 납부하더라도 노동자계급을 지원하는 복지 정책을 수용해야겠다고 생각한 것이다.

복지국가의 등장에 영향을 준 또 다른 결정적 사건은 2차 세계대전이었다. 전시 체제에서 유럽의 국가들은 강력한 힘을 행사했다. 국민을 동원해 전선으로 가도록 명령하고 전시 배급 체제를 운영했다. 주요 산업은 군수 조달을 위해 조직되었으며 경제는 군사적 목적에 종속되었다. 이전의 자유방임 국가에서는 상상도 할 수 없는 일이었다. 전후에 많은 국가들이 기간산업을 국유화하고 경제에 개입하고 복지를 확대하려고 나섰던 것은 그리 놀랄 만한 일이 아니다. 두 차례의 세계대전을 거치면서 국가는 광범위한 노동자 대중을 군인으로 동원하면서 국가적 차원에서 '국민통합'이 얼마나 중요한지 뼈저리게 느꼈다. 국가는 전쟁이 끝난 후 고향으로 돌아온 전쟁 영웅들에게 무언가를 해주어야만 했다.● 이들은 농촌에서 막 도시로 올라온 촌뜨기나 고분고분한 얼간이가 아니었다.

1·2차 세계대전을 거치는 동안 노동자들은 투표권을 얻을 수 있었고, 군대 생활을 통해 강한 전우애와 조직적 행동을 배울 수 있었다. 사실 노동자들이 갖고 있는 유일한 힘은 조직력이었다.

전쟁이 끝난 후 노동자들은 직장이나 공장으로 돌아가 노동조합을 만들었다. 이들은 일자리와 복지 제도를 요구했고, 나아가 정권까지 요구했다. 자신들의 요구를 관철시키기 위해 고용과 복지를 약속하는 좌파 정당을 조직적으로 지지했다. 2차 세계대전의 '영웅'이었던 윈스턴 처칠은 영국에 승전을 바친 전공을 인정받지 못한 채 노동당의 클레멘트 애틀리에게 다우닝가 10번지의 총리 관저를 내주어야만 했다.●● 애틀리는 탄광과 제철을 포함한 산업의 국유화와 완전고용을 공약으로 내걸었다. 전 국민에게 제공하는 보편적 교육과 보건 서비스가 선거의 쟁점이 되었다. 특히 국가보건서비스NHS는

● 1942년 영국에서 런던정경대학교 LSE 총장이었던 윌리엄 베버리지가 주도한 〈베버리지 보고서〉가 발표되면서 복지국가에 대한 최초의 계획이 등장했다. 전쟁이 끝나기 전부터 영국의 미래를 위한 청사진을 준비한 것이다. 전쟁에 국민을 동원하기 위한 사탕발림이었을 수도 있지만, 아무튼 앞날을 준비하는 노력이었다. 영국 정부는 '요람에서 무덤까지' 국민에게 복지를 제공하겠다고 약속했다.

●● 런던의 중산층 가정에 자란 애틀리는 옥스퍼드대학교를 졸업했으며, 한때 런던정경대학교에서 교수를 지낸 사회주의자였다. 1945~1951년 동안 애틀리 정부는 영국 경제의 20%를 국유화하고 국가보건서비스를 만들었으며, 인도의 독립을 승인했다.

한국의 국민건강보험과는 달리 국가가 예산을 통해 모든 국민에게 포괄적인 의료 서비스를 제공하는 것이다. 당시 영국 노동자는 전체 인구의 50%에 달했으며, 노동조합의 조직률은 80%에 달했다. 선거는 해보나마나였다. 복지국가의 청사진을 만든 베버리지도 자유당 후보로 출마했으나 낙선하고 말았다.

1945년 영국 노동당이 총선에서 압도적으로 승리하면서 의무교육과 국가보건서비스가 도입되었다. 모든 국민이 유치원, 초등학교, 중고등학교, 그리고 대학교와 대학원까지 무상으로 교육받을 수 있게 되었다. 또한 병원의 치료비, 입원비, 처방전, 약값도 공짜가 되었다. 외국에서 온 유학생들도 마찬가지였다. 이로써 복지는 종교단체의 자선이나 국가가 베푸는 특별한 시혜가 아니라 영국 국민이 당연히 누려야 할 보편적 권리로 간주되었다.

복지국가는 자본주의를 어떻게 바꾸었나

세계 대공황 이후 자본주의 국가의 자유주의 경제정책은 후퇴하기 시작했다. 자유방임과 자유무역이 국가의 부를 만들어줄 것이라고 철석같이 믿어왔지만, 현실은 믿음대로 이루어지지 않았다. 자유시장을 맹목적으로 숭배하는 지금의 신자유주의자들과는 달리, 당시의 정치 지도자들은 자유시장이 만병통치약이 아니라는 것을 깨달았다. 시장은 명백하게 실패했다. 그리하여 국가가 경제에 개입하기 시작했으며, 사회주의국가에서나 볼 수 있는 계획경제의 요소를 도입했다.

복지국가에 직접적인 영향을 준 경제학 이론은 마르크스주의나 사회주의 이론이 아니었다. 한 자유주의 경제학자의 머리에서 출발한 것이다. 사실 공산주의 국가는 복지를 위해 세금을 걸을 필요가 없다. 모든 산업이 다 국가 소유이기 때문이다. 하지만 세금이 없다는 것은 재산도 없다는 뜻이다. 영국 경제학자 존 메이너드 케인스는 자본주의경제체제가 항상 완벽하게 작동하는 것은 아니라고 비판했다. 그렇

복지국가의 기초 이론을 제시한 케인스 케인스는 이성이 죽으면 괴물이 태어나며, 세상을 파멸로 이끄는 것은 사악함이 아니라 어리석음이라고 경고했다. 지난 30년을 지배한 신자유주의의 폐해가 지나간 자리에 다시 케인스의 이론이 주목받고 있다.

다고 사회주의의 국유화와 통제경제를 지지하지 않았다. 그는 자본주의경제의 문제점을 적절하게 수정·보완하는 것이 더욱 현실적이고 효율적이라고 생각했다. 자본주의경제의 경기순환과 공황을 막기 위해서는 정부가 일정한 역할을 수행해야 하며, 이에 대한 해결책으로 불황기에 유효수요의 관리를 통해 고용을 확대해야 한다고 주장했다.

케인스는 특히 정부가 추진하는 재정 정책의 중요성을 강조했다. 정부의 재정으로 투자를 확대해 고용을 증대하고 노동자의 구매력을 확대해 경제성장을 자극할 수 있다는 그의 이론은 당시로서는 혁명적인 발상이었다. 자본주의경제가 '보이지 않는 손invisible hand'에 의해 작동되고 있다고 설파한 고전파 경제학자 애덤 스미스의 이론에 대한 정면 공격이었기 때문이다. 당시의 경제학자들은 실업은 경기순환을 위해 불가피한 것이며 정부가 나서서 해결할 수 있는 것이 아니라고 생각했다. 그러나 '케인스 혁명'은 경기회복과 고용 확대를 위해서 정부가 경제에 개입해야 한다고 주장했다. 그동안 세금을 징수하고 전쟁을 선포하던 국가가 이제 경제 영역까지 활동 범위를 확대하게 된 것이다. 케인스주의Keynesianism는 2차 세계대전 이후 복지국가의 이론적 기반이 되었다. 그야말로 케인스의 전성시대였다.●

서유럽의 복지국가는 순수한 시장경제가 작동한 것이 아니라, 국가가 경제의 목표, 정책, 규칙을 설정하고 노동을 통제하는 역할을 수행한 것이다.●● 그렇다고 사회주의 같이 국가가 생산, 분배, 교환 전부를 결정했던 것은 아니다. 시장경제와 통제경제의 요소를 결합한 혼합경제mixed economy로서 자본주의와 사회주의의 요소를 결합한 것이었다. 이러한 혼합경제는 1940년대 후반부터 1970년대 중반까지 서유럽과 북미에서 실행되었다.

이제 복지는 실업, 교육, 의료 분야로 확대되었다. 대다수 유럽 국가들은 모든 국민에게 적용하는 국민보험 제도를 마련했다. 산재보험, 질병보험, 노령연금, 고용보험, 소득 지원, 가족수당, 주택 급여 등 복지 제도가 실행되었고, 대인적 사회 서비스와 공적부조 제도가 확충되었다.●●● 복지 수혜자도 거의 100%로 확대되었고, 국가의 복지

● 종전 이후 새로운 복지 수요에 필요한 엄청난 재정을 충당하기 위해 영국 노동당 정부는 주요 산업의 국유화를 추진했다. 기업의 이익을 대변하는 보수당도 철강 분야를 제외하고는 거의 반대하지 않았다. 대부분의 정당들이 자본주의경제를 유지한 채 기간산업의 국유화를 추구하는 사회민주주의를 당연하게 받아들였다. 1980년대 대처의 보수당이 추진한 대대적인 공기업 매각과 사유화 조치와 비교해보라. 프랑스의 에어프랑스와 르노자동차도 국영기업이 되었다. 1950년대 프랑스에서는 기업가 단체들도 사회민주주의를 공공연하게 지지했다. 덴마크와 스웨덴에서는 더욱 본격적으로 사회민주주의의 실험이 이루어졌다.

●● 복지국가가 발전하게 된 토대에는 유럽의 급속한 경제성장이 있었다는 점을 간과해서는 안 된다. 2차 세계대전이 끝난 후 20년 동안 서유럽과 미국 경제는 연평균 5~8%의 급속한 성장을 이루었으며, 이 시기를 '자본주의의 황금기'라 부른다.

●●● 미국 사회학자 테다 스카치폴은 복지국가란 일정한 영토 안에서 세금을 걷어 그 재원을 연금과 아동수당 같은 현금 급여 또는 보건, 교육 서비스 같은 현물급여로 제공하는 국가라고 설명했다.

재정 지출은 국내총생산GDP 대비 20~30% 수준으로 증가했다. 이런 점에서 1945년에서 1975년에 이르기까지는 '복지국가의 황금기'였다.

복지국가에 찾아온 위기

복지국가가 인간의 물질적 생활을 전면적으로 보장할 것이라는 기대는 커다란 위기에 직면했다. 1970년대 중반 석유파동 이후 경기 침체와 인플레이션이 동시에 발생하는 스테그플레이션stagflation이 장기화되면서 경제성장률은 1~2% 수준으로 떨어지고 실업자가 증가하면서 복지국가의 물질적 토대가 약화되었다. 복지국가를 지지하던 사회민주주의 정당의 인기는 바닥에 떨어졌다. 중간계급은 더 이상 세금을 낼 수 없다며 등을 돌렸고, 노동자계급은 복지 혜택을 줄여선 안 된다며 거리로 나섰다. 중간계급과 노동자계급의 정치적 타협은 와해되어 갔고, 복지국가의 정치적 토대가 무너지기 시작했다.

이러한 분위기를 틈타 영국과 미국에서 새로 집권한 보수적인 정부들은 복지국가를 대대적으로 공격했다. 특히 1979년 영국의 대처 정부와 1980년 미국의 레이건 정부는 인플레이션을 억제하기 위해서는 통화 발행을 억제하고 정부 재정을 축소해야 한다고 주장했다. 레이건은 "정부가 문제를 해결하는 것이 아니라 오히려 문제를 키우고 있다"고 주장했다. 이들은 세금을 줄여 기업과 개인의 투자를 유도하고, 실업자와 빈곤층에게 '의존의 문화'를 심어주는 복지 재정은 줄여야 한다고 주장했다. 복지가 빈곤을 없애는 것이 아니라 제도화하고 있다고 비난한 것이다. 그리하여 영국과 미국에서는 복지 재정의 증가율이 정체하거나, 일부 프로그램의 재정이 축소되었다. 대학의 장학금은 줄어들고 실업급여도 작아졌다. 영국의 병원에서는 환자들이 의사의 처방전에 별도의 돈을 내고 약값의 일부를 지불해야 했다.●

그러면 1970년대 중반부터 발생한 경제 위기는 왜 생겨났는가? 무엇보다도 네 배 가까이 폭등한 석유 가격이 인플레이션의 큰 원인이었다. 정부의 재정 적자는 눈덩이처럼 커졌다. 정부 예산의 비효율적 집행도 경쟁력을 약화시켰다. 특히 복지 재정이 지속적으로 확대되면서 기업의 조세 부담이 증가하자 기업은 점차 세금이 적은 외국으로 이전했다. 세계경제의 통합은 자본이 일국 내의 통제를 벗어나게 만들었고 복지 정책은 하향 평준화될 수밖에 없었다. 한편 기업이 투자를 축소하고 감원을 단행하자 실업이 증가하면서 빈곤층이 증가하기 시작했다. 1980년대 유럽 국가의 실업률은 10% 대를 넘었다. 이에 반발한 노동자들은 파업을 하고 거리로 쏟아져 나왔다. 결국 가장 복지 정책이 필요할 때 복지국가는 흔들리기 시작했고, 노사 타협이 필요할 때 노사 갈등이 시작되었다.

그러나 자료를 자세히 살펴보면, 1980년대 영국과 미국의 복지 재정이 대대적으로 축소된 것은 아니었다. 1994년 출간된 미국 정치학자 폴 피어슨의 책《복지국가는 해체되는가》에 따르면, 대처와 레이건 정부가 추진한 복지 예산 삭감에도 불구하고 복지국가는 거의 그대로 유지되었다. 아무리 보수적인 정부도 급격하게 복지를 줄여 발생하는 대중의 반발을 무시할 수는 없다. 사람들은 세금 납부는 싫어하지만, 사회복지에 대해서는 강한 애착을 보였다. 선거에서 국민의 지지를 얻기 위해서 오히려 보수적 정부가 일부 복지 제도와 복지 재정의 지출을 그대로 유지하는 경우가 많았던 것이다.

● 정부가 복지 재정을 축소하면서 사회복지의 혜택을 받지 못하는 극빈층이 발생했다. 교육과 의료 혜택을 받지 못하는 한편 취업하기 위한 아무런 노력도 하지 않는 사회집단을 가리켜 일부 사회학자들은 '언더클래스underclass'라고 불렀다. 미국 사회학자 찰스 머레이는 이러한 최하층이 국가의 복지에 의존함으로써 '빈곤의 문화'가 만들어졌다고 비판했다. 이는 주로 복지 예산의 삭감을 주장하는 우파의 주장에 근거로 이용되었다. 신자유주의를 신봉하는 신우익New Right은 복지국가의 지나친 확대가 근로 의욕을 약화시키고 '의존의 문화'가 발생하면서, 저축과 투자가 감소되고 산업 생산이 위축되며 경제성장이 둔화된다고 주장했다. 특히 실업수당과 공공부조를 받고 살면서도 일자리를 찾는 노력을 하지 않는 극빈층은 격렬한 공격 대상이 되었다. 신우익은 이들에게 복지 혜택을 주어봤자 밑 빠진 독에 물 붓기에 불과하다고 했다. 다시 말하면 복지를 없애거나 줄여야 스스로 일할 수 있는 자활 의욕을 키울 수 있다는 것이다.

'제3의 길' 복지 개혁은 성공했는가

1990년대 런던 거리에는 노숙자들이 구걸을 하거나 땅바닥에 누워 잠을 자고 있었다. 킹스 크로스 역 앞에는 걸인들이 어슬렁거리고 알코올 중독자들이 대낮에 거리에 누워 있었다. 젊은이들이 집도 없이 건물 앞에서 잠을 자는 모습도 여기저기에서 볼 수 있었다. 막대한 예산이 복지를 위해서 쓰이고 있는데, 도대체 어떻게 된 일일까?

1980년대 이후 영국과 미국에서 경제가 침체되고 빈부 격차가 커지면서 사회 해체의 징후가 심각하게 나타났다. 기업의 구조 조정으로 고용이 불안정해지고 직업을 얻지 못한 실업자가 증가하면서 극빈층은 증가하고 런던과 뉴욕에는 노숙자가 넘쳐났다. 도시의 중간계급은 세금을 덜 내기 위해 교외로 이전하고 도심에는 빈곤층만 남았다. 도심은 슬럼이나 게토ghetto로 변하고 범죄가 증가하면서 치안이 흔들렸다. 뉴욕, 시카고, 로스앤젤레스의 밤거리를 혼자 걸어 다니는 것은 자살행위와 같았다. 도시의 빈민굴은 마약을 팔거나 범죄를 저지르는 아이들로 넘쳐났다. 중간계급은 지나친 복지 축소가 반드시 자신들에게 이익으로 돌아오지 않는다는 것을 깨달았다. 보수적인 정치인들이 복지 삭감을 외쳤지만 그 결과를 보고 회의적인 태도로 변한 것이다. 반면에 좌파 정부들은 이전과 같은 국가 통제의 사회주의와 조세 인상을 통한 복지 확대가 만병통치약이 될 수 없다는 것을 인정했다.

1994년 미국의 클린턴 정부는 '제3의 길' 노선을 제창하며 정부의 역동적 역할과 복지의 적극적 역할을 다시금 강조했다. 클린턴의 신민주당New Democrat은 제3의 길을 내세워 레이건 정부가 추진한 경제정책을 수용하는 대신, 복지 정책을 현대적으로 변화시키려고 노력했다. 클린턴 정부는 조세 감면과 재정 균형을 추진하는 동시에, 복지 개혁과 '일자리를 만드는 복지'를 주창하며 새로운 사회 개혁을 추진했다. 새로운 복지 정책은 사회적 약자와 실업자에게 현금을 지급하는 대신에 가난한 사람들의 자활을 지원해야 한다고 강조했다. 경제적 위기를 대비해 사회 안전망을 제공하는 동시에 개인의 자율성을 최대한 확대해야 한다고 보았다.

1998년 집권한 영국의 블레어 정부도 제3의 길을 수용했다. 신노동당New Labour 정부는 보수당의 경제정책을 계속 유지하는 동시에, 스웨덴의 '적극적 노동시장 active labor market'정책을 도입해 노동자의 교육과 훈련을 위한 정부의 지원을 강조했다.● 블레어는 빈곤과 불평등에 대한 낡은 해결책으로는 안 된다면서 권리와 의무 모두를 기반으로 하는 국가와 시민 사이의 '복지 협약'을 주장했다. '복지 협약 Welfare Contract'은 국가가 주는 급여에만 의존해서 살아가는 데 익숙해진 사람들에게 자립하도록 유인하고 격려하며 궁극적으로는 급여를 받지 않고도 살 수 있도록 만들겠다는 계획이다. 국가 급여는 도움이 가장 필요한 사람들에게 한정되어 지원될 것이었다. 이는 결국 복지의 책임이 상당 부분 개인에게 돌아간다는 말이기도 하다. ●●

블레어 정부는 복지 개혁으로 개인주의와 집단적 책임성을 결합시켜 조화를 이루려고 했다. 이는 국가가 개인의 전반적 복지를 책임지고 해결하겠다고 약속했던 사회민주적 복지국가와는 다르다.

블레어 정부는 교육개혁을 통해 투자자들이 필요로 하는 기술의 향상을 추구하고, 복지 개혁을 통해 국민이 스스로 일자리를 얻을 수 있도록 도와주려고 했다. 여기에는 개인의 책임과 자활을 강조하는 '근로 연계 복지workfare'의 요소가 있지만, 실업에 대한 국가의 책임도 인정하고 특히 청년 실업자를 위한 적극적인 고용정책을 새로 도입했다.●●● 스웨덴에서 추진했던 '적극적 노동시

● 영국 사회학자 기든스는 《제3의 길》에서 실업 급여와 같은 시혜적·소비적 복지를 '소극적 복지negative welfare'라고 하고, 교육과 훈련을 강조하는 투자적·생산적 복지를 '적극적 복지positive welfare'라고 불렀다. 기든스는 전통적 복지국가를 사회 투자 국가로 개혁해야 한다고 역설했고, 그의 사고는 블레어 정부에 큰 영향을 미쳤다.

●● 1998년 블레어 정부의 사회보장부는 〈우리나라를 위한 새로운 큰 계획: 복지를 위한 새로운 계약〉이라는 제목의 보고서를 발표했다. 이 보고서는 새로운 복지 정책을 위해 사람들의 직업과 개인적인 삶이 힘을 갖도록 하는 '적극적 복지'를 제시했다.

●●● 근로 연계 복지는 정부가 실업자에게 교육과 훈련을 제공하고 그 대신 정부가 제공하는 고용 기회를 거부하는 실업자에게는 실업 급여를 줄이거나 중단했다. 좌파들은 근로 연계 복지가 고용을 시장 논리에 맡기고 있으며, 사실상 실업자를 방치하는 신자유주의적 정책이라고 비판했다.

시민의 세계사

장 정책'은 인적 자본과 사회적 투자를 강조하는 블레어 정부의 정책에 많은 영향을 주었다. 이는 개인의 책임을 강조하고 최소한의 사회 안전망을 제공하는 신자유주의적 정책과는 다른 특성을 보여준다. 클린턴과 블레어의 제3의 길 정치는 '증세 없는 복지'를 주장해 선거에서 성공을 거두었지만, 미국과 영국의 빈곤과 불평등은 더욱 심화되었다는 비판을 받았다.

복지국가는 어디로 가야 하나

복지국가를 유지하기 위해서는 엄청난 재정이 필요하다. 경제개발협력기구OECD에 가입한 나라들의 국내총생산 대비 사회보장 지출은 평균 24% 수준이고, 정부 예산의 40% 수준이 복지 재정이다. 대부분의 복지 예산은 국민의 세금과 사회보험 기여금에서 나온다. 스웨덴, 덴마크, 핀란드 등 복지 선진국의 국내총생산 대비 조세 부담률은 40%가 넘는다. 스웨덴의 경우, 2016년 기준 조세부담률이 43% 수준이고 정부 예산 중 52.3%가 복지 재정으로 쓰였다.

반면에 같은 해 한국의 조세부담률은 19.4% 수준이고 정부 예산 중 복지 재정은 33.1% 수준이다. 이쯤 되면 스웨덴과 한국의 복지 수준은 차이가 매우 클 수밖에 없다.●

복지국가에서 점점 늘어나는 복지 재정을 충당하기 위해서는 세금 부담이 커지고 정부 예산 가운데 복지 지출의 비중은 점점 늘어나게 된다. 노동자와 가난한 서민은 수입이 적기 때문에 세금 낼 돈도 많지 않다. 그러면 수입이 많은 중간계급과 상층계급이 더 많은 세금을 내야 하는데, 이를

● 스웨덴의 모성(출산)휴가는 유급휴가가 390일이고 무급 90일을 더 활용할 수 있다. 유급휴가 기간 동안 국가가 기존 월급의 80%를 보전해준다. 한국의 출산휴가는 유급휴가가 90일인데, 최초 60일 동안은 회사와 고용보험기금이 통상 임금의 100%를, 나머지 30일은 고용보험기금에서 135만 원을 지급한다. 실업수당의 차이는 더 크다. 현재 스웨덴에서는 실업 후 최대 35개월 동안 이전 직장에서 받았던 월급의 70%를 지급한다. 현재 한국에서는 만 30~50세 실업자에게 최대 210일까지 이직 전 3개월간의 평균임금의 최대 50%를 지급한다. 2018년부터 1일 최고 6만 원을 받을 수 있으므로 한 달에 약 180만 원 정도를 받게 된다.

복지국가, 누군가에게는 요원한 일 복지 제도와 정책을 두고 공방이 오가지만 가령, 북한의 어린이들에게 복지국가는 꿈에서나 만날 곳이 아닐까. 2014년 기준 북한에서 중증 급성 영양실조로 치료를 받은 어린이 수는 전년보다 38% 증가했다.

위해 소득과 재산에 비례해 누진세를 부과하는 조세제도가 만들어졌다. 우리나라에서도 2017년 기준 연봉 1천 200만 원 이하는 6%를 세금으로 내야하지만, 연봉 1억 5000만 원 이상 소득을 얻는 사람은 38%의 세율을 납부해야 한다. 잘사는 사람들이 더 많은 돈을 세금으로 내고 복지 제도를 유지해 부의 재분배를 실행하는 것이다. 자본주의경제를 유지하면서 결과의 평등을 추구할 수 있게 된다. 복지국가는 사회주의경제처럼 공장과 기업을 국가가 몰수해 직접 통제하는 제도와는 다르다. 결국 복지국가는 사기업의 활동과 사유재산을 보장하되 조세를 통한 재분배로 사회적 형평을 추구한다.

그러나 복지국가를 유지하는 문제는 그리 간단하지 않다. 세금을 얼마나 낼 것인가? 누가 더 낼 것인가? 복지 혜택은 어느 정도로 할 것인가? 누구에게 복지 혜택을 줄 것인가? 예를 들어 대학 등록금은 개인 부담을 어느 정도로 해야 하는가? 병원비는 어떻게 분담할 것인가? 실업자들에게 수당을 얼마만큼 줄 것인가? 이런 모든 문제를 푸는 것은 매우 복잡하고 어렵다. 그래서 나라마다 비율과 액수가 다르고 제도의 차이도 크다. 복지 제도와 정책을 놓고 서유럽 복지국가 의회는 항상 옥신각신 논쟁을 벌인다. 노동자와 서민은 복지 혜택이 적다고 항의한다. 복지 혜택을 줄이면 파업을 하고 거리에서 시위를 하겠다고 목소리를 높인다. 반면에 부유층과 기업은 세금이 많다고 불평한다. 세금을 낮추지 않으면 더 이상 투자하지 않거나 해외로 기업을 옮기겠다고 으름장을 놓는다. 민주국가의 보수정당과 진보정당이 논쟁하는 주제도 대개 이 문제다.

오늘날 대부분의 국가에서 복지 제도는 모든 국민의 보편적 '시민권'을 보장하는 사회제도로 인정받는다. 하지만 복지국가를 비판하는 사람들은 복지국가가 정부의 재정 부담을 증가시켜 기업에 부담을 주고 경제성장을 약화시키고, 노동자들에게 시혜를 제공해 근로 의욕을 감퇴시키고 도덕적 해이를 가져온다고 비판한다. 좀 더 나아가 복지국가는 세계경제의 통합과 산업구조의 변화로 더 이상 '지속 불가능'하다는 주장도 있다. 개방경제와 정보경제가 발전한 미국은 복지 재정의 부담이 적기 때문에 경제성장을 할 수 있는 반면, 복지 재정의 부담이 큰 유럽 국가들은 경제성장이 어렵다고 비판한다. 과연 그럴까?

미국 경제학자 피터 린더트는 《공공성의 증가 Growing Public》에서 1980년대 이후 복지국가의 후퇴는 거의 없었다고 주장한다. 오히려 복지국가는 성장 친화적인 조세 구조를 유지했기 때문에 경제성장에 유리하다고 반박한다. 유럽식 복지국가 모델이 실패의 길을 걸어갔다는 비판과 달리, 1980년대 이후 경제협력개발기구의 사회 지출은 증가하고 하향 평준화는 없었다고 지적한다. 실제로 대다수 복지국가는 부자, 기업 및 재산에 과도한 세금을 부과한다고 생각하지만, 오히려 법인세와 재산세의 의존도는 유럽이 미국보다 낮다.●

● 2016년 기준 총 조세 대비 재산세 비율이 미국 10.2%, 스웨덴 2.4%고, 법인세 비율은 미국 8.6%, 스웨덴 5.7%다. 조세 대비 근로소득세의 비중은 2016년 기준 미국이 40.2%, 스웨덴이 30%다. 덴마크는 50.3%로 세계에서 가장 높은 수준이다. 대신 유럽의 복지국가는 부가세 등 간접세가 높은 편이다. 2016년 기준 미국 17%, 스웨덴 28.2%이다. 2014년 기준 조세 대비 소비세는 미국이 14.7%, 스웨덴이 27.4%다. 이러한 세입 구조는 기업에 대한 세금 부담을 줄이면서도, 보편적 복지국가를 유지하기 위해 모든 계층이 간접세의 인상을 지지한 결과다. 이를 성장 친화형 조세라고 부르기도 한다.

● 1990년대 중반 국내총생산 대비 재정적자는 대표적 복지국가인 스웨덴이 5.2%로 미국 4.1%와 큰 차이가 없다. 또 사회지출 규모가 큰 유럽 국가들이 영미권 국가들보다 경제적 성과가 우수했다. 1979~1996년 노동생산성 증가율을 보면, 북유럽 국가들은 2.4%, 유럽대륙 국가들은 2.0%, 영미권 국가들은 1.7%이었다. 실질임금 증가율도 북유럽 국가들은 1.5%, 유럽대륙 국가들은 1.1%, 영미권 국가들은 0.8%로 나타났다.

비슷한 맥락에서 미국 정치학자 해롤드 윌렌스키는 복지국가가 오히려 성장을 촉진하고, 복지국가의 우수한 경제적 성과의 원인은 사회적 합의기구의 제도화와 높은 사회 지출에 있다고 강조했다. 사실 복지국가의 사회비용 지출이 경제성장을 낮춘다는 주장은 아무런 근거도 없다. 또한 1961~1990년 동안 유럽연합 12개국의 국가 채무와 사회 지출 사이의 상관관계는 전혀 없는 것으로 나타났다.●

사회 지출은 규모도 중요하지만 지출의 구조가 경제성장을 촉진하는 중요한 변수로 작용한다. 빈곤층에 초점을 맞추는 사회 지출은 근로 동기의 저하와 조세 저항의 심화를 초래해 경제성장에 부정적이지만, 공공 보건 제도, 의무교육, 적극적 노동시장 정책, 가족 지원 정책은 경제성장에 매우 긍정적이다. 한편 조세 구조의 경우 사회 지출 규모가 큰 유럽 국가들은 법인세와 자본이득세 의존도가 낮은 반면, 간접세 및 사회보장세 의존도가 높은 기업 친화적 조세제도를 운영하고 있다.

유럽 국가들은 높은 사회 지출을 통해 노동조합의 양보를 얻어 간접세를 늘리고 기업에 대한 과세를 줄이는 조세 구조인 반면, 영미권 국가들은 노동조합의 양보를 얻기 힘들기 때문에 기업에 대한 과세에 의존하는 조세 구조를 보인다. 결국 사회적 합의 구조의 형성은 경제성장에 매우 중요한 기여를 한다고 볼 수 있다. 이러한 사회적 합의가 제도화된 국가는 지나친 임금 인상과 파업을 자제해 오히려 기업의 투자와 노동생산성을 높일 수 있는 조건을 형성할 수 있다. 19세기 초에 유럽에서 가장 가난한 나라에 속했던 스웨덴이 1930년대 이후 노사정의 사회 협약을 통해 선진국으로 발돋움하는 계기를 만든 것은 시사하는바가 매우 크다.

한국에서도 늘 성장이 먼저냐, 분배가 먼저냐는 주장이 제기된다. 또 성장과 분배는 양자택일이 아니라 병행해야 한다는 지적도 나온다. 하지만 이런 주장들은 모두 피상적인 이야기에 불과하다. 성장이 과연 어떤 성장을 가리키는지 말해야 한다. 경제총생산의 증가를 가리키는지, 인간적 삶의 질을 포함한 사회 발전을 가리키는지 분명하게 설명해야 한다. 또한 분배도 어떤 분배를 의미하는지 말해야 한다. 시혜적·소비적 복지를 가리키는 것인지, 인간 개발을 위한 교육과 재훈련 등 투자적·생산적 복지를 가리키는 것인지 명확히 설명해야 한다. 세금도 그렇다. 세금을 올리느냐 낮추느냐의 문제가 아니라 어떤 세목의 세율을 올리고, 어떤 세원의 징수를 확대하느냐의 문제를 따져가며 자세하게 보아야 한다. 이제 복지국가에 대한 논쟁을 구체적인 정책 차원으로 보아야 할 때다. 무엇보다도 공정한 조세와 성장 친화적 복지국가의 설계와 운영이 중요하다. 복지국가가 모든 시민에게 기회의 평등을 제공하고, 사회의 약자를 돕고, 더욱 인간적인 삶을 보장하는 효율적인 사회제도로 작동할 수 있도록 해야 한다.

더 읽을거리

● 캐슬린 존스, 엄영진 옮김,《영국 사회정책 현대사》, 인간과복지, 2003.
● 고스타 에스핑 앤더슨, 한국사회복지학연구회 옮김,《변화하는 복지국가》, 인간과복지, 2005.
● 폴 피어슨, 박시종 옮김,《복지국가는 해체되는가》, 성균관대학교출판부, 2006.
● 김인춘,《스웨덴 모델, 독점자본과 복지국가의 공존》, 삼성경제연구소, 2007.
● 가스통 림링거, 비판과대안을위한사회복지학회 옮김,《사회복지의 사상과 역사》, 한울, 2009.
● 존 허드슨·스테판 쿠너, 김보영 옮김,《복지국가를 향한 짧은 안내서》, 나눔의집, 2010.
● T. H. 마셜, 김윤태 옮김,《시민권과 복지국가》, 이학사, 2013.

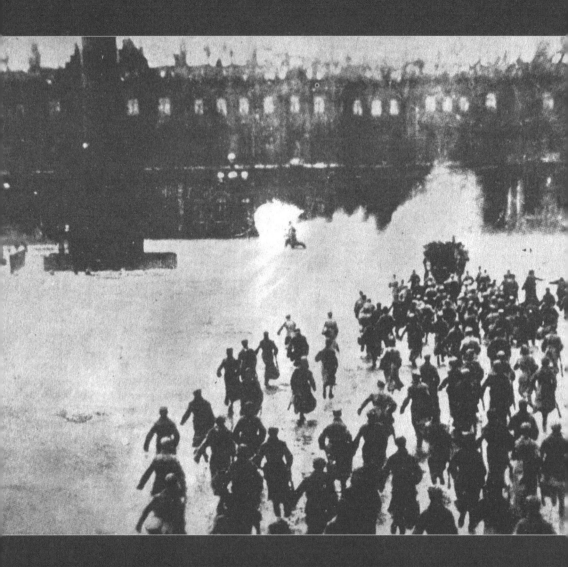

러시아혁명 하면 으레 등장하는

이 장면은 실제가 아니라

에이젠슈테인이 만든 영화

〈10월〉의 한 장면이다.

11 영화의 시대

오락의 도구인가, 혁명의 도구인가

우리에게 가장 중요한 예술은 영화다.
—블라디미르 레닌, 소련공산당 서기장

오늘날 영화는 현대인의 지친 삶에 없어서는 안 될 대중매체다. 영화를 만드는 데는 엄청난 제작비가 들지만 입장료는 싼 편이다. 게다가 대부분 영화관은 콘서트홀과 달리 좌석에 따른 가격차가 없다. 로열석이든 C석이든 차별 없이 선착순으로 정하는 영화관 좌석은 평등하다. 또한 영화는 다양하다. 보는 이에 따라 영화는 예술이기도하고, 오락이기도 하다. 텔레비전을 바보상자라고 비판하는 사람들도 영화에 대해서는 비교적 관대하다.

영화는 연극과 달리 수많은 사람이 볼 수 있다. 연극은 배우들이 한정된 장소에서 실시간으로 공연하지만, 영화는 무한정 복제가 가능하기 때문에 언제 어디서나 볼 수 있다. 블록버스터가 되면 전 세계를 휩쓸며 수천만 명의 사람들을 대상으로 상영할 수도 있다. 군중이 모이는 것을 좋아하는 좌파들이 영화라는 매체를 좋아하는 이유이기도 하다. 또한 대중의 인기에 민감한 정치인들도 영화관에 얼굴을 내밀고, 대중의 인기와 담 쌓고 사는 학자들도 대중의 반응을 분석하기 위해 영화관을 찾는다.

영화에 대규모 관중이 몰리면서 영화는 산업이 되고, 자본이 모여들었다. 할리우드는 거대한 자본이 탄생한 곳이기도 하지만 여러 백만장자들이 재산을 날린 곳이기도 하다. 한편 영화의 영향력이 커지면서 영화는 국가의 후원을 받기도 한다. 소련 영화는 사회주의 이념을 전파했고, 할리우드 영화는 미국의 가치를 전파한다. 영화관은 소리 없는 전쟁터다.

사회적 이슈를 다룬 영화나 정치적 영화도 있지만, 영화는 대개 인간들의 일상생활을 다룬다. 구체적인 삶을 다루기 때문에 사람들의 공감도 크다. 또한 영화는 시각 효과를 중시한다. 그리고 영화 속 주인공들의 말투나 옷차림, 영화에 등장하는 자동차, 집 등은 그 시대상을 반영하며 유행을 이끈다. 영화는 학교를 능가한다. 젊은이들은 영화에서 자신의 모습을 발견하고, 또 영화 속 모습들을 따라한다. 이쯤되면 영화는 무시할 수 없는 강력한 교육기관이다. 영화는 대학의 강의나 연구 주제이자 교육 그 자체다.

사람들은 영화를 보며 웃음을 터트리고, 놀라고, 한숨짓고, 눈물을 흘린다. 영화에서 즐거움을 얻고 마음의 위안을 찾기도 한다. 교회나 절에 가듯이 정기적으로 영화관에 찾아가는 것이다. 신에게서 인간의 잃어버린 신성을 발견하려 하듯이, 영화에서 잃어버린 인간성을 찾으려는 것인지도 모른다. 영화는 우리 시대의 종교이며, 영화 관람은 거대한 의식이다. 어두운 영화관에서 사람들은 깊은 숨을 들이쉬며 사라져가는 영혼을 되돌아본다. 프랑스의 시인이자 극작가이며 영화감독인 장 콕토는 이렇게 말했다. "영화는 생명이 없는 행동을 다시 살린다."

영화 탄생의 순간

영화의 아버지는 사진이다. 영화의 탄생에 결정적 영향을 끼친 것은 사진 기술의 발명이었다. 1823년 프랑스의 니에프스와 다게르가 사진 기술을 처음 발명한 후 1878년 미국인 에드워드 마이브리지가 달리는 말을 24장의 사진으로 촬영했다. 그 후 1898년 전기를 발명했던 토머스 에디슨이 혼자서 볼 수 있는 키네토스코프를 발명했지만, 아직은 이를 가리켜 영화라고 하기에는 부족했다.

본격적인 영화 기술은 프랑스의 루이 뤼미에르 형제가 완성한 것으로 알려져 있다. 뤼미에르 형제는 시네마토그라프라는 촬영기와 영사기를 발명했다. 드디어 1895년에 여러 사람이 한꺼번에 볼 수 있는 영화가 등장한 것이다. 일 년 뒤 에디슨도 여러 사람이 볼 수 있는 비타스코프를 발명했지만, '최초'라는 영광은 뤼미에르 형제에게 돌아갔다. 역사는 항상 처음만을 강렬하게 기억한다.

하지만 뤼미에르 형제의 영화는 오늘날의 영화와는 매우 거리가 멀다. 카메라를 일정한 위치에 고정시켜 촬영하는 영화는 사실적 기록에 그쳤다. 영화를 트릭(속임수)을 이용해 상상력의 세계로 이끈 사람은 조르주 멜리에스다. 뤼미에르 방식은 기록영화의 길을 열었고, 멜리에스 방식은 극영화fiction film가 되었다.●

● 뤼미에르 형제는 1895년 〈리옹의 뤼미에르 공장 출구〉, 〈열차 도착〉 등을 발표했고, 같은 해 멜리에스는 〈달나라 여행〉을 만들어 흥행에 성공했다.

할리우드 영화는 어떻게 세계를 지배했나

프랑스에서 시작된 영화는 본격적으로 미국에서 그 꽃을 피우게 된다. 미국에서 영화를 만드는 사람들은 영화 제작과 필름 보존을 위해 기후가 건조한 지역을 물색하게 되었다. 1911년 비가 거의 내리지 않는 캘리포니아가 영화 촬영에 가장 적당한

영화의 시작 뤼미에르 형제가 발명한 시네마토그라프는 카메라인 동시에 영사기도 되는 기계로 각 사진이 초당 16장의 속도로 화면에 비춰지도록 되어 있었다. 그림은 코미디 영화를 광고하는 1895년의 포스터.

지역으로 알려지면서 로스앤젤레스 교외의 할리우드Hollywood에 촬영소들이 세워지기 시작하였다. '할리우드 영화가 곧 미국 영화'가 되는 시대가 열린 것이다. 당시 가장 주목을 끌었던 영화는 1915년 D. W. 그리피스 감독의 장편영화 〈국가의 탄생〉이다.● 그리피스는 여기서 영화의 고전적 기법이 된 컷백(연속된 장면 가운데 갑자기 다른 장면이 나왔다가 다시 원래의 장면으로 돌아가는 것), 페이드인(어두운 화면이 점점 밝아지면서 장면이 전개되는 것), 페이드아웃(페이드인의 반대) 등의 촬영 기술을 시도했다.

● 그리피스는 미국 영화의 아버지요, 영화 문법과 영화 언어의 완성자라 불린다. 그러나 백인우월주의 테러단체 KKK단을 미화하고 남부에 대한 우월적 표현으로 인종차별주의라는 논란을 불러일으키기도 했다.

제작 기술의 발전과 함께 새로운 자본이 몰리

면서 할리우드 영화는 영화의 부흥을 이루어냈다. 스타를 내세워 관객을 끄는 '스타 시스템'도 이 무렵에 확립되었다. 1차 세계대전으로 유럽의 영화 산업은 쇠퇴했으나, 참전하지 않았던 미국의 영화 산업은 커다란 발전을 이루었다.● 특히 서부극, 희극 등이 전성기를 맞았다. 전쟁이 끝난 1920년대는 무성영화의 황금시대였으며, 이후 유성영화 시대가 열렸다.●●

> ● E. 폰 슈트로하임, 에른스트 루비치, F.W. 무르나우, 빅터 셰스트룀 등 유럽의 영화 작가들과 스웨덴 여배우 그레타 가르보 등이 할리우드로 진출하면서 미국 영화는 점차 '국제적 성격'을 띠게 되었다. 찰리 채플린도 영국 출신이다.

> ●● 희극으로 인기를 모은 찰리 채플린이 1925년 〈황금광 시대〉를 제작했고, 제임스 크루즈의 〈포장마차〉, 존 포드의 〈철마〉 등 서부영화가 개봉되었다.

1929년 대공황은 오히려 영화 산업 발전의 계기가 되었다. 영화가 유망 산업으로 기대를 모으면서 투자자들은 영화판으로 몰려들었다. 마틴 스코세이지 감독의 〈에비에이터〉(2005)의 모델인 억만장자 하워드 휴즈가 할리우드에 뛰어든 것도 이때였다. 거대한 자본이 들어오면서 할리우드 영화는 더욱 상업주의의 성격을 갖게 되고 대중오락의 대표 상품으로 발전했다. 풍부한 자본과 기술에 힘입어 서부영화, 범죄영화, 전쟁영화 등 다양한 장르가 개발되었다.●●●

1950년대 텔레비전이 보급되면서 미국 영화는 큰 타격을 받았으나 영화 산업은 대형 화면으로 승부수를 던졌다. 1953년 변형오목렌즈를 사용해 가로가 긴 대형 화면을 이용하는 '시네마스코프' 방식이 도입되면서 대형 영화 시대가 열렸다.●●●● 이후 할리우드 영화는 텔레비전에서는 볼 수 없는 영화만의 독특한 기술로 대중을 사로잡으려 했다. 위기의 시기마다 할리우드는 멈추지 않는 기관차처럼 새로운 기술과 장르 개척에 앞장섰다. 할리우드 영화가 세계시장을 지배하는 이유도 여기서 찾을 수 있겠다.

> ●●● 이 시기의 대표작은 루이스 마일스턴의 〈서부전선 이상 없다〉(1930), 프랭크 카프라의 〈어느 날 밤의 살인사건〉(1934), 존 포드의 〈역마차〉(1939) 등이다. 미국 영화의 기념비적 작품으로 평가받는 〈바람과 함께 사라지다〉(1939)는 지금 보아도 훌륭하다. 할리우드가 추진한 대작주의의 정수라 할 수 있다.

> ●●●● 기존 필름의 두 배인 70mm 영화가 만들어지면서 로버트 와이즈의 〈웨스트 사이드 스토리〉(1961), 데이비드 린의 〈아라비아의 로렌스〉(1962) 등이 관객의 눈을 사로잡았다.

새로운 시도 영화 산업은 1950년대 텔레비전 보급으로 위기를 맞았지만, 기술력을 바탕으로 한 70mm 영화로 승부수를 띄운다. 뮤지컬 영화 〈웨스트 사이드 스토리〉의 한 장면.

비슷하고도 다른 할리우드식 영화

2차 세계대전 중 할리우드는 미국 정부의 정책에 적극 협력해 국민들의 전쟁 의지를 북돋우는 오락영화를 주로 만들었다. 전쟁이 끝난 뒤에도 이런 경향은 여전했다. 이 때문에 할리우드는 '꿈의 공장'이라 불렸다. 그러나 2차 세계대전 이후 시대상의 변화에 맞춰 리얼리즘 경향의 작품도 등장했다.● 모든 영화가 해피엔딩으로 끝나던 할리우드로서는 큰 변화였다.

● 윌리엄 와일더의 〈우리 생애 최고의 해〉(1946), 〈선셋 대로〉(1950), 엘리아 카잔의 〈워터프론트〉(1952) 등은 현실적인 주제를 다룬 작품들이다.

아서 펜 감독의 1967년 영화 〈우리에게 내일은 없다〉는 종래의 갱 영화와는 매우 다른 작품으로, '아메리칸 뉴시네마'의 시대를 열었다. 베트남전쟁, 존 F. 케네디 대통령과 마틴 루서 킹 목사의 암살을 겪으면서 미국 사회가 변화했다. 영화에서도 간통, 히피, 범죄자들이 낭만적으로 묘사되었고, 급진적 반문화

시민의 세계사

계속되는 스타워즈 시리즈 1980년 탄생한 조지 루카스의 스타워즈 시리즈는 아직 끝나지 않았다. 오리지널과 프리퀄을 오가며 이야기를 이어나간다.

counter culture가 영화에 유입되었다.● 영상과 사운드의 결합을 통한 감각적 묘사와 섹스, 폭력 장면의 과감한 도입 등으로 기성 영화 양식을 파괴했다. 이러한 시도는 새로운 트렌드를 만들었다. 영화는 이제 청년 문화의 상징이 되었다.

● 〈졸업〉(1967), 〈이지 라이더〉(1969), 〈내일을 향해 쏴라〉(1969) 등은 베트남전쟁 이후 미국의 반체제적 분위기를 반영한다.

　1975년 프랜시스 코폴라는 마피아 세계를 그린 〈대부〉를 발표해, 권선징악에서 벗어나지 않는 기존의 할리우드 영화와 완전히 다른 시나리오로 세상을 놀라게 했다. 살인자를 미화하고 범죄 조직을 낭만적으로 묘사했다는 논란을 불러일으켰지만, 범죄 영화의 새로운 미학을 보여준 것은 충격적이었다.

　1977년 조지 루카스의 〈스타워즈〉는 할리우드 액션 영화를 서부극에서 SF영화로 바꾸어놓았다. 하지만 그 구조는 비슷했다. 세상은 선과 악의 이분법으로 나뉘고 항상 영웅은 고독하며 백인이다. 그리고 악당은 외부인이다. 다만 서부극의 악당은 원주민이지만 공상과학 영화의 악당은 아무리 죽여도 비판받을 일 없는 우주 인이다. 흥미로운 건 악역인 우주인이 일본 사무라이들의 투구 같은 마스크를 쓰고 있다는 점이다. 당시 미국에 진출한 일본 기업에 대한 미국인의 좋지 않은 감정을 나타낸 것이라고도 볼 수 있다.

할리우드 영화는 영화가 상업적으로 성공할 수 있는 가장 완벽한 형식을 만들었지만, 결과적으로 할리우드식 획일주의를 낳았다. 그래서 비슷비슷한 영화가 많다. 아무리 할리우드 영화가 전 세계를 지배한다고 해도 프랑스, 인도, 한국 등 할리우드 대항마 역할을 하는 다른 나라 영화가 공존할 수 있는 이유도 여기에 있다.

영화는 선전의 도구인가

"우리에게 가장 중요한 예술은 영화다." 일찍이 영화의 중요성을 간파한 레닌이 혁명 직후인 1919년 8월 영화 사업을 국유화한 뒤 내건 슬로건이다. 레닌은 사회주의 이념을 대중에 전파하는 수단으로 영화를 적극 활용했다. 그런데 소련 영화는 선전 수단뿐만 아니라 예술적으로도 신기원을 이룩했다.

예술적 측면에서 소련 영화가 부각된 계기는 푸도프킨과 에이젠슈테인이 '몽타주 기법'을 제시하면서부터다. 이는 오늘날까지도 영화 이론의 출발점으로 높이 평가받고 있다.● 사실 몽타주 이론은 하늘에서 뚝 떨어진 것은 아니다. 프랑스의 무성 영화 이론과 미국의 그리피스 등의 실험적 작품들을 세밀히 연구해서 체계화시킨

● 몽타주는 '조립하는 것'이란 뜻의 프랑스어다. 영화에서 몽타주란 따로 촬영된 필름의 단편을 창조적으로 접합해서 현실과는 다른 영화적 시·공간을 만드는 것. 몽타주는 영화 속 현실을 새롭게 창조하고 시각적 리듬과 심리적 감동을 불어넣는다.

것이었다. 에이젠슈테인의 〈전함 포템킨〉(1925), 푸도프킨의 〈어머니〉(1926)는 당시 영화 선진국이었던 미국과 유럽에서도 창의적 기법을 사용한 작품으로 인정받았다.●●

1930년대에 소련 영화도 유성영화 시대로 접

어든다. 하지만 이 시기에 소련의 예술 활동은 전 분야에 걸쳐 공산당이 제시한 '사회주의 리얼리즘'을 따라야 했다. "사회주의 리얼리즘은 현실을 그 혁명적 발전에 있어서 올바르게 역사적 구체성을 가지고 묘사할 것을 예술가에게 요구한다. 그때 예술적 묘사의 진실성과 역사적 구체성은 근로자를 사회주의 정신에 있어서 사상적으로 개조하고 교육시키는 과제와 결부되지 않으면 안 된다." 1934년 제1회 소련작가동맹 대회가 채택한 규약이다. 이에 따라 영화도 사회주의 리얼리즘을 구현하는 수단이 되어야 했다.●●●

1941년 독소전쟁의 발발로 소련의 예술은 새로운 전기를 맞았다. 혁명 초기에 큰 역할을 했던 영화는 이번에도 또 힘을 발휘했고, 다시금 기록영화가 각광을 받았다. 1944년 전쟁은 승리로 끝났으나 스탈린주의는 소련 예술을 질식 상태로 몰아넣었다. 공산당의 비호를 받아 스탈린을 우상화하는 영화들이 만들어지면서 저질 정치 선전 영화가 판을 쳤다. 에이젠슈테인의 갑작스런 죽음도 스탈린주의가 원인이었다. 그는 당초 3부작으로 구상한 〈이반 대제〉 제1부(1944)를 완성했는데, 공산당의 간섭으로 상영이 금지되자 충격을 받고 심장발작으로 사망한 것이다.

1953년 스탈린이 사망하자, 예술의 자유가 제한적으로 허용되면서 영화는 생기를 되찾았다.●●●● 할리우드를 능가하는 대작인 〈전쟁과 평화〉(1965~1967), 〈카라

●● 특히 러시아혁명 당시 선상 반란과 오데사 학살을 주제로 다룬 에이젠슈테인의 〈전함 포템킨〉은 몽타주 기법의 전형으로 일컬어진다. 부두 근처의 계단에서 차르 군대의 발포로 쓰러지는 시민들의 모습을 담은 장면이 유명하다. 전함의 장교와 수병, 카자크 군대와 시민들로 혁명과 반혁명이 극단적으로 양분되며 두 집단 사이에는 타협할 수 없는 적대감이 가득 차 있다. 오데사 시민에게 내려치는 카자크 병사의 칼, 땅에 떨어져 깨져버린 안경, 피 흘리는 여인의 얼굴, 계단을 굴러 내려오는 유모차 등을 보여주는 장면은 극적으로 감정을 고조시키면서 관객들에게 단호한 선택을 요구한다.

●●● 예술이 철저하게 목적을 위한 수단이 된 것처럼 영화 역시 공산주의 혁명과 건설을 위한 수단이 되었다. '예술을 위한 예술'이라는 부르주아 심미주의나 세상을 한 발 뒤로 물러서서 바라보는 관조적 인생관은 공산주의 이데올로기에 대한 커다란 위협으로 간주되었다. 소련공산당은 소설에 19세기 리얼리즘 수준에 머무를 것을 요구했고, 영화에도 비슷한 요구를 했다.

●●●● 사회주의 리얼리즘에서 벗어나 서구적인 구조와 양식을 개인적 상상력으로 표현한 안드레이 타르코프스키의 〈내 이름은 이반〉(1962), 〈안드레이 류블료프〉(1966), 〈솔라리스〉(1972)는 국제 영화제에서 잇달아 상을 받았다.

마조프의 형제〉(1968) 등이 만들어졌다. 이런 대작이 가능했던 것은 소련 영화사가
국영으로 운영되었기 때문이었다. 이러한 대작 문예영화는 감독의 현대적 해석보
다는 원작의 재현에 충실하려고 노력하면서 소련 예술을 화면에 담아내는 데 주력
했다. 여기에는 미국의 할리우드 영화에 맞서 소련의 예술을 영화를 통해 대중에게
확산시키고 소련의 국력을 대외적으로 과시하려는 목적도 있었다.

인공위성이나 핵무기를 놓고 경쟁하듯 미국과 소련은 영화 제작에서도 경쟁자였
다. 이념은 다르지만 기술 발전에 온 힘을 쏟는다는 점에서 같았던 두 초강대국들
은 영화를 통해 자신의 이념과 체제를 과시하기 위해 노력했다. 스탈린 시대였다면
서구 부르주아 형식주의라고 비판받았을 새로운 기법의 작품들이 상당 부분 허용
되기도 했다. 그런데 한국에서는 이런 소련 영화를 1991년까지도 볼 수 없었다.

영화는 권력으로부터 자유로운가

영화는 그 어느 예술 매체보다도 사회에 강력한 영향을 끼친다. 왜냐하면 영화는

한 장소에서 수많은 사람의 감정을 동시에 움직일 수 있는 강한 호소력을 가졌기 때문이다. 그래서 전체주의 국가의 통치자들은 영화를 그들의 이념이나 정당의 홍보 수단으로 이용했다. 독일의 히틀러나 이탈리아의 무솔리니도 영화를 나치즘과 파시즘의 선전 도구로 활용했다. 히틀러는 영화를 좀 더 철저히 지배하고 활용하기 위해 검열 제도를 강화했으며, 유대인과 자유주의적인 영화인을 탄압하고 축출했다. 무솔리니는 국립중앙영화실험센터를 창설하고 로마 교외에 영화 도시 치네치타를 건설했다. 군국주의 일본도 철저히 영화를 통제하면서 침략 전쟁을 위한 수단으로 이용했다. 북한의 김일성도 영화의 정치적 유용성을 중요하게 생각했고, 그의 아들 김정일도 영화에 심취했다. 박정희 또한 선전용 반공 영화를 만들게 했다.

영화는 언제나 정치인들이 좋아하는 대상이었다. 하지만 정치인들은 자신들의 구미에 맞지 않으면 그대로 두지 않았다. 공화당 상원 의원이었던 조지프 매카시가 주도한 의회 내 비미활동위원회Committee on Un-American Activities는 국무성 등 정부 기관과 할리우드에 공산주의자들이 침투했다고 주장했다. 이들은 할리우드의 선정적이고 폭력적인 영화들이 공산주의의 선전이라고 지목했다. 그로 인해 〈욕망이라는 이름의 전차〉를 제작한 엘리아 카잔 감독 등이 소환되었다. 미국 공산당 당원이었던 카잔은 동료 공산주의자들의 이름을 댈 것을 강요받았다. 그는 처음에는 이를 거부했으나, 1947년 아카데미 시상식에서 〈욕망이라는 이름의 전차〉가 모든 수상에서 제외되자 끝내 굴복하고 말았다. 결국 카잔은 여덟 명의 동료들의 이름을 댔다.

카잔은 이미 공산당을 탈당했으나, 그의 행동은 매카시의 위원회가 정당하다고 인정하는 결과가 되었다. 그러자 〈어느 세일즈맨의 죽음〉의 극작가이자, 한때 가까운 동료였던 극작가 아서 밀러는 매카시의 청문회는 마치 교회의 마녀재판 같다고 비판하면서, 1953년 연극 〈가혹한 시련〉을 발표했다. 변절한 친구에게 보내는 메시지이자 이성을 잃어버린 미국 정치에 대한 경고였다.

모든 시대의 예술이 그렇듯이 영화도 자본과 권력의 지배와 통제를 받으며 발전했다. 미국 할리우드 영화는 영화를 대중문화의 최고 지위에 오르도록 만들었으며, 소련 국영 영화는 당대 최고의 기술과 양식으로 만들어졌다. 하지만 영화가 오락 산업이 되고 선전 수단이 되는 것은 소수의 엘리트들이 영화 배급을 지배하는 과정에서 불가피했다. 현재와 같은 소수의 독점에 의한 영화 배급 형태는 말초적 자극과 폭력적 흥분을 통해 단순한 메시지를 전달하는 오락 산업을 벗어나지 못한다. 여기서 벗어나기 위해서는 대중이 영화를 보는 안목을 높여야 한다. 세상에 대한 대중의 관심이 넓어질수록 영화의 주제와 양식도 다양해질 것이다. 그리고 다양한 형식과 내용을 표현할 수 있도록 영화 산업을 지원해야 한다. 미래의 영화는 현대 영화의 한계를 뛰어넘어 새로운 가치를 창조하는 예술이 되어야 할 것이다.

현실의 사회문제를 정면에서 다루고 비판하는 영화는 대중의 관심에서 멀어지기 쉽다. 자본을 제공하는 기업의 입장에 따라 특정한 정치적 편향을 나타내기도 한다. 하지만 관객이 수동적으로 영화의 내용과 메시지를 받아들이는 것만은 아니다. 대중의 정치의식은 훨씬 복잡한 과정을 통해 형성되고 변화된다. 대중의 정치의식이 높아지면 저속한 상업주의 영화에 대한 대중의 불만도 커질 수 있다. 심지어 어떤 영화에서는 급진적 반문화가 또 다른 상품이 되어 인기를 얻기도 한다. 남미의 혁명가 체 게바라의 얼굴이 찍힌 티셔츠가 날개 돋친 듯이 팔리는 것과 같다. 영화인 스스로 이러한 상업주의 한계를 극복하기 위한 노력을 하기도 한다. 상업적인 제작 시스템 내부에서도 사회 비판 영화를 만들려는 시도가 꾸준히 일고 있으며, 독립적인 영화를 만들기 위해 독립 프로덕션을 운영하기도 한다.

프랑스에서 시작된 새 물결, 누벨 바그

2차 세계대전을 거치면서 미국과 소련의 예술영화는 급격하게 쇠퇴했다. 미국 영화는 오락물이 주조를 이루는 반면, 소련 영화는 혁명의 도구로 전락하고 말았다.

미국의 상업주의 영화와 소련의 정치 선전 영화는 냉전 시대의 결과이기도 했다. 그리하여 새로운 영화의 실험은 자본과 정치의 논리에서 비교적 자유로운 프랑스에서 이루어졌다. 프랑스 정부는 '영화원조법'을 만들어 의무상영제(스크린쿼터), 정부 보조금, 사전 제작비 지원 체제, 단편영화 장려금 등을 실시했다. 젊은 영화인들을 육성하기 위해 시네마테크Cinematheque를 운영하고, 비평잡지 《카이에 뒤 시네마Cahier du cinema》를 간행했다.

드디어 1957년 이후 새로운 물결이 일어났다. '누벨 바그nouvelle vague'가 그것이다. 누벨 바그는 영어로 뉴웨이브New Wave, 즉 새로운 물결이라는 뜻이다. 누벨 바그는 현실적인 문제의식을 제기하면서 전통적인 영화 문법을 부정하고 새로운 기법을 추구했다.• 누벨 바그의 주도 세력은 영화 평론가 앙드레 바쟁이 이끄는 《카이에 뒤 시네마》를 중심으로 활동하던 젊은 평론가들이었다. 이들은 앙리 랑글루아가 운영하는 시네마테크에 드나들면서 고전 영화를 통해 영화를 공부했다.

곧 이들이 만든 새로운 형식의 영화들이 쏟아져 나왔다. 루이 말의 〈사형대의 엘리베이터〉(1957), 클로드 샤브롤의 〈사촌들〉(1958), 프랑수아 트뤼포의 〈400번의 구타〉(1959), 〈쥘과 짐〉(1961), 장 뤽 고다르의 〈네 멋대로 해라〉(1959) 등이 누벨 바그를 대표하는 작품이다.••

누벨 바그의 폭발적인 유행으로 수많은 젊은 감독이 등장했다. 누벨 바그는 스타 배우 중심의 영화가 아니라 감독이 중심이 되는 영화였다. 1960년대를 휩쓴 누벨 바그는 기술적인 실험 정신뿐만 아니라 소재 선택에서도 참신했다. 누벨 바그는 이전의 영화에서 다루지 않은 주제를 다

• 누벨 바그는 고전 영화와 현대 영화를 구분하고, 작가주의 정신을 강조하며, 소격효과(거리두기)를 통해 영화의 줄거리나 등장인물에 관객이 몰입하거나 동일화하려는 시도를 차단했다. 이는 이전의 영화에서 볼 수 없었던 아주 새로운 시도였다.

•• 고다르의 〈네 멋대로 해라〉는 손으로 잡은 35mm 카메라를 배우의 얼굴을 향해 지속적으로 움직이면서 독특한 분위기의 화면을 연출해 누벨 바그의 대표적인 영화로 평가받았다. 떠돌이 자동차 도둑과 유학생의 사랑과 비극을 다룬 이 영화는 기성 권위에 저항하는 젊은이들의 절규를 담고 있다. 이 영화를 본 사람은 유학생 역의 진 세버그와 도둑 역의 장 폴 벨몽도가 마주 앉아 이야기 나누는 장면을 찍은 카메라의 움직임을 잊지 못할 것이다.

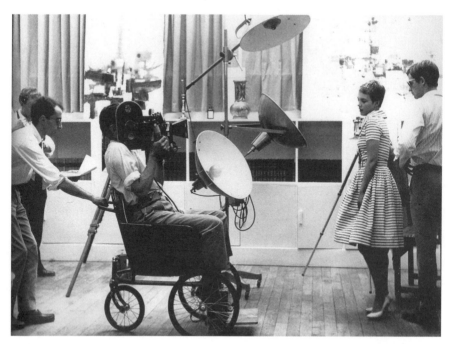

| **작가주의 감독의 시대** 누벨 바그를 대표하는 장 뤽 고다르 감독, 1959년 〈네 멋대로 해라〉 촬영 현장에서의 모습.

루었다. 현대인의 의식구조가 변화하는 모습을 표현하면서, 현대인의 정신적인 위기를 묘사해냈다. 이제 영화는 독특한 영상 표현과 주제 제시로 현대 예술의 중요한 장르가 되었다.●

　1980년대에 들어서자 할리우드도 새로운 영화를 선보였다. 스티븐 스필버그의 〈E.T.〉(1982), 베리 레빈슨의 〈레인맨〉(1988) 등 섹스와 폭력을 앞세우지 않은 영화도 상업적으로 성공할 수 있다는 사례를 보여주었다. 영화관을 찾는 관객이 많아지면서 영화 제작사는 예술적 감각을 가진 전문가를 유치했고, 많은 예술가가 영화에 뛰어들었다. 대중의 인기를 얻은 소설과 연극이 영화로 제작되고 뛰어난 작가가 영화 시나리오를 쓰기도 했다. 이는 영화를 보는 관객의 취향이 다

● 레오 까락스의 〈퐁네프의 연인〉(1991)은 이러한 프랑스 예술영화의 전통을 계승한 작품이다.

양해지고, 고급 예술을 선호하는 계층을 겨냥한 영화가 만들어지고 있음을 뜻한다. 영국의 '프리 시네마', 미국의 '아메리칸 뉴 시네마', 그리고 독일의 '노이에 벨레'뿐만 아니라 제3세계의 나라들, 동유럽, 일본, 인도 등지에서 영화는 새로운 예술로 급속하게 발전했다. 1980년대 중반부터는 제5세대 감독들을 내세운 중국이 주목할 만한 작품들을 쏟아냈다.●

● 천카이거의 〈황토지〉(1984)와 〈패왕별희〉(1993), 장이머우의 〈붉은 수수밭〉(1988)과 〈홍등〉(1992)이 유명하다.

영화는 영상을 통한 예술적 커뮤니케이션의 새로운 시대를 열었다. 지금 영화는 인간성의 근본 문제를 미학적으로 표현하는 탁월한 예술 장르로 인정받는다. 현대 영화는 영화 역사상 그 어느 시기보다도 다양한 작품을 만들어내고 있다. 동시에 거대 자본이 지배하는 산업으로서의 영화 외에, 작가의 영화가 자리 잡아가고 있다.

문화의 다양성을 위해서

영화는 예술의 중심적 위치를 차지했다. 루카스나 스필버그는 현대 문화의 지도자이자 예언자다. 이들의 상상력은 사람의 마음을 움직이고 시대를 바꾼다. 세계에 대한 독특한 해석을 제공한다는 점에서 부처나 예수에 비견할 만하다. 물론, 엄청난 자본과 결합했다는 점에서는 다르지만. 다른 어떤 예술 장르보다 영화는 대자본과 밀착되어 있다. 그래서 동시에 대중의 관심과 사랑을 받는다. 미국에서는 영화가 대중 예술로 간주되며 영화에 대한 미국인들의 관심과 애정은 대단하다. 미국인에게 영화는 또 다른 현실이다. 꿈의 공장 할리우드에서 만드는 영화는 '아메리칸 드림'을 표현하고 전 세계에 미국의 가치를 전파한다. 할리우드는 서양 중세의 교회나 소련의 공산당보다 더 효과적으로 사람들의 영혼과 의식을 지배하고 통제하고 있다.

왜 할리우드 영화가 세계를 지배하게 되었는가? 영화를 만들기 위해서는 막대한 자본과 과학기술, 그리고 예술 감각이 필요하다. 하지만 영화의 성공 여부는 매표구에서 결정된다. 그렇기 때문에 영화는 기업이 되고 산업으로 발전한다. 미국의 영화 산업이 거대한 자본에 의한 대규모 영화사를 통해 발전한 데 비해, 유럽에서는 중소 자본에 의한 소규모 프로덕션이나 개인 프로덕션에 의해 영화가 만들어진다. 프랑스를 비롯한 여러 나라들이 자국의 영화를 보호하고 육성하기 위한 정책을 실행하고 있지만, 영화 시장을 지배하는 미국의 영향력은 점점 커지고 있다. 이처럼 영화의 세계적 독점은 경제적이고 사회적 조건에 의해 결정된 것이다. 더욱이 최근 미국 자본이 유럽으로 진출하면서 미국과 유럽 영화사의 합작이 이루어지기도 했다.

예외적으로 1980년대 홍콩의 갱 영화와 무협 영화가 동남아시아 시장을 공략해 성공을 거두었지만, 아시아, 아프리카, 남미 등 제3세계의 영화는 미국을 따라가지 못하고 있다. 한국에서도 스크린쿼터●를 통해 국내 영화를 보호하고 육성하려는 전략을 선택했으나 미국의 요구로 스크린쿼터가 사라질 위기에 처하기도 했다. 2006년 인터넷 포탈사가 주최한 '국민과의 대화'에서 노무현 대통령은 스크린쿼터

● 한국 영화는 스크린쿼터를 통해 비약적인 성장을 할 수 있었다. 박찬욱, 봉준호 등 세계 무대에서 호평을 받는 감독들이 등장하고, 전 세계적으로 한국 영화에 대한 관심도 상승했다.

축소 등 영화계 현안에 대해 "한국 영화, 그렇게 자신이 없냐"고 물었다. 하지만 다른 나라의 문화를 약화시키고 세계적 차원의 문화적 다양성까지 위협한다면, 자유무역은 폭력이 될 수 있다. 실제로 최근 한국에서는 대형 배급사가 영화관을 독점하면서 해외의 대형 블록버스터를 중시하고 독립영화와 예술영화는 설 자리를 잃고 있다. 영화가 시장과 자본의 논리에서 질식한다면 영화는 획일화되고 창의성은 사라지고 말 것이다. 1930년대 영국 경제학자 케인스가 말한 대로 문화는 경제학의 논리로 좌우되어서는 안 되기 때문이다.

한편 전통적인 영화관은 급격한 환경의 변화에 직면하고 있다. 젊은 세대들은 점

시민의 세계사

점 더 스마트폰과 태블릿 스크린으로 영화를 보며, 넷플릭스와 같은 인터넷 사이트에서 수많은 영화를 제공한다. 영화관의 우월한 지위는 이전보다 약화된 것처럼 보인다. 누구나 스마트폰으로 영화를 만들 수 있기 때문에 영화는 민주적으로 해방되고 있다. 영화의 내용도 달라지고 있다. 많은 예술가는 영화에 다른 관점을 제공하는 한편, 영화의 언어를 쓰는 예술가들이 늘어나고 있다. 유명한 영화배우들은 전보다 많이 텔레비전에 출연하고 할리우드 배우들이 예술영화에 등장하기도 한다. 영화와 예술의 상호작용이 커지면서 고정된 형태가 아니라 다양한 형태의 영화가 등장한 것이다.

21세기 영화는 전략, 소통, 유통의 새로운 지평을 열고 있다. 이 과정에서 정보와 이미지의 전달이 과거와 다르게 엄청나게 빠른 속도로 이루어진다. 동시에 너무나 빨리 잊히고 사라진다. 오늘날 영화는 다양한 사회적 관계의 연결 속에서 명멸한다. 이제 우리는 어떻게 최고의 영화를 고를 수 있을까? 어떻게 사회에 필요한 영화를 만들 수 있을까? 이것이 미래의 영화에 도전하는 새로운 과제가 될 것이다.

더 읽을거리

● 잭 C. 엘리스, 변재란 옮김, 《세계 영화사》, 이론과실천, 1988.
● 데이비드 보드웰·크리스틴 톰슨, 주진숙 옮김, 《세계 영화사》, 시각과언어, 2000.
● 호현찬, 《한국 영화 100년》, 문학사상사, 2000.
● 로저 에버트, 최보은·윤철희 옮김, 《위대한 영화》, 을유문화사, 2006.
● 제프리 노웰 스미스 편집, 이순호 외 옮김, 《옥스퍼드 세계 영화사》, 열린책들, 2006.
● 수잔 헤이워드, 이영기·최광렬 옮김, 《영화 사전: 이론과 비평》, 한나래, 2012.
● 루이스 자네티, 박만준·진기행 옮김, 《영화의 이해》, K-books, 2017.

흑인 인권 신장에 힘을 쏟았고

1964년 노벨 평화상 수상자이기도 한

마틴 루서 킹은 백인 극우주의자에게

안타깝게 살해되었다.

12 검은 것은 아름답다

노예제에서 아파르트헤이트 반대 투쟁까지

우리는 형제로서 함께 사는 법을 배워야 한다.
그렇지 않으면 우리는 바보처럼 함께 망할 것이다.
—마틴 루서 킹, 목사

　　옛날에는 피부색이 다른 사람들을 만날 기회가 거의 없었다. 유럽인들은 아프리카 대륙에 흑인들이 살고 있다는 사실조차 몰랐다. 그러나 16세기 이후 교통과 운송 수단이 발전하면서 유럽인들은 아프리카를 탐험했고 흑인들과 마주치게 되었다. 현대식 무기를 가졌던 유럽의 백인들은 흑인들을 동물처럼 취급하고 노예로 혹사시켰다. 지금 미국의 흑인들은 아프리카에서 강제로 끌려온 노예들의 후손이다.

　　미국 흑인들은 1863년 노예해방령이 선포되기까지 수백 년간 굴종의 세월을 보내야 했다. 노예해방이 된 뒤에도 흑인들은 오랫동안 백인들과 동등한 권리를 갖지

● 국어사전의 '검다'에는 '마음이 엉
큼하다'는 뜻이 있다. 영어사전에도 검
은색에 대해서는 나쁜 뜻이 가득하다.
'더러운', '부정한', '비합법적인', '병적
으로 이상한', 심지어 '악마에 관한'이
라는 뜻도 있다. 이렇듯 검은색에 대한
거부감은 역사적으로 인종주의와 깊은
관계가 있다.

못한 '2등 시민'이었다. 흑인들이 시민답게 살 권
리를 주장하기 시작한 것은 아주 최근인 1960년
대부터였다. 이때의 구호는 '흑인도 사람이다',
'흑인과 백인은 평등하다'가 아니라 '검은 것은 아
름답다Black is Beautiful'였다.● 몹시도 시적이지만
이 구호가 나오기까지 흑인의 역사는 너무나 슬
프고 비참했다.

백인들은 어떻게 흑인 노예제를 만들었나

1492년 콜럼버스가 신대륙을 발견한 이후 유럽인들은 대거 아메리카로 이주했다.
이들은 그 땅에서 오랫동안 살아온 원주민들을 내몰고 주인 행세를 했다. 처음에는
돈을 주고 땅을 샀지만, 이내 그럴 필요가 없다는 것을 깨달았다. 총은 모든 것을
해결해주었다. 이민자들은 신대륙을 식민지로 만들고 대규모 농업을 시작했다. 상
상을 초월할 정도로 넓은 농장에는 엄청난 숫자의 노동력이 필요했다. 그러나 아메
리카 원주민들은 백인들의 토벌과 처형으로 인구가 급격히 감소하고 있었다.

백인들은 아프리카로 눈을 돌렸다. 아프리카의 흑인들은 건강한 데다 저항하거
나 도망갈 위험이 없다고 생각되었다. 흑인들을 잡아와 일을 시키면 노동력 공급은
간단히 해결될 것이었다. 그래서 아주 본격적이고 체계적이면서 잔인하게 노예제
가 시작되었다. 이렇게 끌려온 흑인 노예는 16세기부터 노예무역이 폐지된 19세기
초까지 1200만 명에서 2000만 명 정도였다. 3000만 명에 이른다는 주장도 있다.
이동 중에 죽은 흑인까지 합하면 5000만 명에 달한다고도 한다. 당시 아프리카의
인구를 약 1억 명으로 추정하는 것을 감안하면 실로 엄청난 숫자다.

1592년 에스파냐 왕은 해마다 3만 8000명의 노예 수송을 허가했다. 17세기에

인간 동물원 믿을 수 없는 참담한 광경이지만 유럽에서 인간 동물원은 20세기 중반까지 인기를 끌었다. 세계 각지에서 잡혀온 원주민들은 '미개인 마을' 안에 갇혀 뼈를 갉아먹는 식인종 '연기'를 해야 했다.

들어서면서 네덜란드, 프랑스, 영국 등도 본격적인 노예무역에 뛰어들었다. 아프리카 서해안 지역은 노예 사냥터로 변했다. 유럽의 항구를 떠난 노예 무역선들은 철포, 탄약, 장식용 구슬, 면포를 갖고 가서 노예와 교환했다. 운 나쁘게 백인 사냥꾼들에게 붙들린 흑인들은 얼굴, 가슴, 등, 어깨에 낙인이 찍혀 노예 무역선에 실린 채로 북아메리카, 카리브 해 군도, 에스파냐령 남아메리카로 운송되었다.

배 안의 노예 1인당 공간은 높이 180cm, 넓이 40cm에 불과했다. 알몸의 노예들은 드러누울 수도 없이 두 손과 두 다리가 사슬에 묶여 있어야만 했다. 하지만 이들이 모두 노예가 된 것은 아니었다. 기나긴 항해 중에 약 6분의 1 정도가 사망했다. 탈수증과 자살뿐만 아니라, 전염병으로 인한 사상자가 속출했다. 질병에 걸린 흑인들은 바다에 던져졌다. 미국에 도착한 후에도 노예로 길들여지는 기간에 3분의 1이 죽어갔다. 노예의 운명은 비참했지만 노예 상인들은 노예무역으로 막대한 이득을 얻을 수 있었다.

1607년 영국인들이 아메리카 대륙에서 본격적으로 식민 활동을 시작하면서 노예의 수요는 급증했다. 1619년 버지니아에 최초의 노예가 수입된 이후 남부 지역의 담배와 쌀농사는 흑인들이 도맡았다. 17세기 중반 이후에는 북아메리카의 여러 지역에서 노예제가 법률로 제도화되기 시작했다. 백인 농장주들에게 흑인만큼 값싸고 안정적인 노동력은 없었다. 아메리카 원주민들은 정착 농업에 적합하지 않았고, 계약 노동을 하는 백인들은 안정적인 노동력이 못 되었기 때문이다. 평생 부려먹을 수 있고, 넓은 미국 땅에 아는 사람이 없어 어디로 도망갈 수도 없는 흑인들이 필요했다.

그러나 18세기 중반 이후 유럽의 계몽주의의 영향으로 인도주의 사상이 확산되면서 노예해방 여론이 생겨나기 시작했다. 노예제의 잔인함이 유럽에 전해지면서 노예제 폐지를 주장하는 목소리가 커졌다. 1840년 영국의 식민지에는 단 한 명의 노예도 없게 되었다. 1848년의 2월혁명은 프랑스의 속령지에서 노예제를 폐지하게 했다. 포르투갈은 1858년에 향후 20년 이내에 모든 노예에게 자유를 보장하겠다고 선언했다. 1863년에 네덜란드가 노예제를 폐지했고, 같은 해 러시아가 농노제를 폐지했다.

자유의 나라에 노예제가 있다니

영국 철학자 존 스튜어트 밀은 미국은 "모든 제도는 평등을 토대로 한다고 공언하면서도 흑인 노예제를 유지하고 있는 나라"라고 비판했다. 노예제가 가장 강력하게 남아 있던 나라가 바로 혁명으로 새로운 나라를 세운 미국이었다는 사실은 매우 역설적이다. 모든 인간은 평등하다고 미국의 독립선언은 주장했지만, 여기에서 흑인들은 제외되었다. 특히 미국은 남부 농장주들의 강력한 반대로 헌법에서조차 노예제를 사실상 인정하고 있었다. 노예제는 미국에서 가장 어두운 역사를 보여준다.

영국 산업혁명의 영향으로 미국 남부에 목화 생산이 급속도로 증가하면서 흑인 노예제는 확대되었다. 산업혁명은 면직 공업을 발전시켰으며, 가격이 급상승하면서 미국 남부는 면화 재배에서 큰 수익을 거둘 수 있었다. 남부의 조지아, 사우스캐롤라이나의 해안 지방과 연안 도서에서 씨를 쉽게 뽑을 수 있는 긴 섬유의 면화가 재배되었다. 그런데 씨와 섬유의 분리 작업은 기계화되지 않아서 많은 노동력이 필요했던 것이다. 면화를 재배하는 농장주들은 흑인 노예들을 이용해 막대한 이익을 얻고자 했다. 노예제는 남부에서 다시 번창했고, 1820~1830년대 남부 경제의 필수적 요소가 되었다. '자유의 나라' 미국의 남부에는 '노예제 국가'가 건설되었다.

1808년 미국 연방 정부는 형식적으로는 노예의 수입을 금지했으나, 노예제는 계속 유지되었다. 노예 매매는 계속되었고 흑인 노예는 더욱 비참한 처지에 빠졌다. 노예 수입이 중지되자 노예 가격이 상승하게 되고, 이에 따라 노예 노동의 착취도 더욱 가혹해졌다. 흑인 노예들은 로마의 스파르타쿠스●를 몰랐지만, 스스로 백인 주인들에 저항하는 방법을 터득했다. 이미 16세기부터 아이티, 푸에르토리코, 파나마 등지에서 노예들의 폭동이 일어났다. 미국에서도 노예들의 폭동이 끊이지 않았다. 1831년 나트 터너의 반란●●을 시초로 곳곳에서 노예 반란이 일어났다. 하지만 노예 폭동은 모두 무자비하게 진압되었다.

1820년대 후반 미국 북부에서 노예제 반대 운

● 기원전 73~71년 로마 공화정 말기에 이탈리아의 카푸아에서 검투사 스파르타쿠스가 주도한 노예 반란이 일어났다. 70여 명의 검투사들이 주동한 반란에 한때 12만 명에 달하는 노예들이 합류했다. 그들은 북부의 알프스까지 진격했다가 남부의 레기움까지 이동하며 2년 동안 로마를 휩쓸었다. 자유와 해방을 외치는 그들의 분노 앞에 로마는 연전연패하면서 공포에 떨어야 했다. 마르크스는 스파르타쿠스를 "프롤레타리아트의 진정한 대표"라고 불렀으며, 레닌과 로자 룩셈부르크도 열렬하게 스파르타쿠스를 찬양했다. 스파르타쿠스의 반란은 공산주의 이념을 넘어 노예제에 반발하는 인간의 해방 정신을 보여주는 역사적 사건으로 평가받는다.

●● 1831년 미국 버지니아 주에서 흑인 노예 나트 터너가 50여 명의 노예와 함께 반란을 일으켜 수십 명의 백인들을 살해했으나, 결국 모두 처형되었다.

노예해방선언 1863년 미국 대통령 링컨은 연방 정부에 대항하던 남부 연합 정부의 노예들에 대해 해방을 선포했다. 하지만 진짜 해방은 쉽게 오지 않았다.

동이 시작되었다. 1831년 《해방자》라는 정기간행물이 창간되었고, 1833년 노예제반대협회가 설립되었다. 1854년 노예제에 반대하는 '공화당'이 창당되면서 노예해방운동은 본격적으로 정치 문제가 되었다. 하지만 대규모 면화 농업을 위해 노예노동이 필요했던 남부의 분위기는 달랐다. 결국 노예해방은 북부와 남부의 정치적 쟁점이 되었고, 1861년 마침내 남북전쟁이 일어났다. 사실상 남부 경제는 노예제를 토대로 하고 있다고 해도 과언이 아니었다. 노예 가격은 계속 치솟았고, 남부 경제도 번영일로에 있었다. 남부 농장주들은 수익을 위해 노예를 결코 포기할 수 없었다. 남부가 왜 노예해방에 반대하고, 노예해방을 주장하는 연방을 탈퇴했는지 알 수 있을 것이다.

그런데 의문점이 하나 있다. 대농장주와 달리 노예를 소유하지 않았던 남부의 자영농들은 노예해방에 반대하기 위해 왜 그리 많은 피를 흘렸을까? 사실상 경제적 이유보다 뿌리 깊은 인종차별이 더 큰 이유였다. 남부의 백인들은 심리적으로 흑인에 대한 심한 우월감을 가지고 있었다. 흑인 노예보다 별반 나은 생활을 하지 못하는 가난한 백인들조차 흑인들에 대한 강한 증오감을 가졌던 것이다. 원래 연방의 유지를 위해 노예제 존속을 주장했던 링컨 대통령은 나중에 입장을 바꿔 전쟁의 승리를 위해 노예해방을 선언했다. 미국의 노예해방에 이어 1888년에 브라질이 노예해방을 선언하면서 노예제는 역사 속으로 사라졌다.

미국 최초의 흑인 대통령 특히 미국에서 흑인 인권을 위한 길에는 많은 사람의 고통이 있었다. 2009년 마침내 최초의 흑인 대통령이 탄생했다. 버락 오바마는 재선되었고 퇴임 때까지 인기 있는 대통령이었다.

흑인 민권운동의 시작

현재 미국 인구 가운데 흑인 인구는 12% 수준으로 약 3000만 명 정도다. 이들은 1863년 링컨의 노예해방선언, 1865년과 1869년의 헌법 개정에 따라 시민권 및 인종 차별 금지를 헌법상 보장받았지만, 남부를 중심으로 대부분의 주에서 심한 인종차별, 투표권 제한, 공공시설 출입 및 사용의 차별을 받아왔다.

특히 '딥 사우스Deep South'라고 불리는 미시시피, 앨라배마, 조지아, 루이지애나 주에서는 정부 기관과 연결된 백인들이 끊임없이 인종차별을 유지하고자 했으며, KKK(Ku Klux Klan)단 같은 폭력적인 인종주의 단체도 등장했다. 북부에서는 백인들과 어울리지 못하고 흑인들끼리 모여 사는 극빈층 거주 지역이 형성되었다. 뉴욕의 할렘이 대표적이다.

20세기 초반에 들어서면서 흑인들의 자생 조직이 결성되었다. 1909년 유색인종향상전국협회National Association for Advancement of Colored People, NAACP가 결성되고 전국도시동맹과 다양한 흑인해방운동 조직이 만들어졌다. NAACP는 급진적인 운

● 1961년 '자유승객운동Freedom Ride'과 '인종평등회의Congress of Racial Equality, CORE'가 조직되었고, 1962년에는 흑인의 투표권 등록운동이 시작되었다. 1964년 여름에는 '미시시피의 여름'이라는 전국 프로젝트를 조직해 투표권 등록운동을 추진했다. 1964년 최초로 공공시설 및 학교에 적용되는 차별금지법이 제정되었고, 1965년에는 흑인의 투표권 등록에 관한 차별금지법이 제정되었다. 1968년 마틴 루서 킹 목사 암살 사건을 계기로 흑인에 대한 주택 차별을 금지하는 민권법Civil Right Act이 제정되었다. 그리하여 법률상으로는 흑인도 백인과 평등한 지위를 보장받게 되었다.

동이라기보다 흑인들의 시민권을 얻기 위한 점진주의를 주장했다. 또한 흑인들이 전쟁에 참가하면서 미국 정부는 인종통합을 위한 몇몇 조치를 시행했지만, 매우 제한적이었다. 흑인들은 언제나 비주류였다.

흑인들의 평등을 위한 사회운동이 본격화된 것은 2차 세계대전 이후의 일이다. 1954년 대법원의 공립학교의 인종차별에 대한 위헌판결에 이어 1955년 인종을 차별하는 버스에 대한 보이콧을 계기로 새로운 민권운동이 확산되었다. 1960년 노스 캐롤라이나 주의 흑인 대학생들이 시작한 농성이 민권운동으로 확대되었으며, '남부 그리스도교 지도자회의SCLC'가 마틴 루서 킹 목사의 비폭력 직접행동을 채택하면서 하나의 독립된 운동으로 전개되었다.●

킹 목사는 왜 비폭력 운동을 주장했나

미국 흑인 인권운동의 지도자 마틴 루서 킹(1929~1968) 목사는 조지아 주 애틀랜타에서 침례교회 목사인 아버지와 학교 교사인 어머니 사이에서 장남으로 태어났다. 중산층 가정에서 자란 킹은 1948년 모어하우스대학교를 거쳐 펜실베이니아 주 체스터의 크로저신학교를 졸업했다. 그는 비폭력 저항운동, 인종차별주의 철폐, 식민지 해방운동, 사해동포론 등을 주창한 인도의 독립운동가 마하트마 간디의 사상에 깊은 영향을 받았다. 킹 목사는 보스턴대학교 대학원에서 철학박사 학위를 받고, 1954년 앨라배마 주 몽고메리의 침례교회 목사로 취임했다.

목사가 된 지 2년 뒤인 1955년 12월, 킹 목사는 시내버스의 흑인 차별 대우에 반대하는 시민운동을 조직했다. 흑인들은 버스 뒷좌석에만 앉게 하는 앨라배마 주의 법이 문제였다. 백인 버스 운전사는 로자 리 파크스라는 흑인 여자 승객에게 뒷좌석에 가서 앉을 것을 요구했다. 그녀는 백인에게 버스 좌석을 양보하라는 지방법령을 어긴 혐의로 현장에서 체포되었고 재판에 출두하라는 명령을 받았다. 킹 목사는 몽고메리 버스 회사를 상대로 보이콧 운동을 벌였다. 결국 382일 동안 5만 명의 흑인이 참여한 끝에 '몽고메리 버스 보이콧 운동'은 1956년 12월에 승리를 거두었다. 이 운동의 승리로 킹 목사는 흑인 민권운동의 지도자로 널리 알려지게 되었다.

버스 보이콧 투쟁이 승리한 직후 킹 목사는 남부 그리스도교도 지도자회의를 결성했다. 1963년 4월 인종차별에 반대하는 비폭력 평화 시위를 최루탄, 전기 막대, 살수기, 군견까지 동원해 폭압적으로 저지하는 광경이 텔레비전으로 중계되자, 10주 동안 186개 지역에서 750회의 시민권 행진civil rights rally이 이루어졌다. 킹은 기독교 원칙과 간디의 비폭력주의 철학에 따라 평화적 방법을 통해 흑인이 백인과 동등한 시민권을 얻기 위한 흑인 민권운동을 주도했다. 킹은 비폭력 운동을 통해 흑인뿐만 아니라 양심적인 백인을 시민권 운동에 끌어들이고 지지를 얻어내는 데 성공했다. 비폭력 운동은 철학적 차원에서 출발했으나 전술적 차원에서도 효과를 거두었다. 킹 목사는 소수인 흑인의 시민권 운동은 백인들의 인정과 지원을 받지 못하면 성공할 수 없을 것이라고 생각했는지도 모른다.

드디어 1963년 8월 28일 오전 워싱턴 D.C.의 국회의사당 앞 광장에는 흑인뿐아니라 백인들이 참여한 20만 명의 군중이 모였다. 노예해방 100주년과 링컨의 기념일을 맞아 미국 전역에서 기차로 버스로 도보로 수많은 사람이 모였다. 1514대의 버스와 21편의 열차가 동원됐지만, 가난한 흑인들은 고향에서부터 걸어왔다. 오전 11시 15분, 링컨기념관을 향한 군중들의 마지막 대행진이 시작되었다. 참석자들의 손에는 '인종차별 철폐', '일과 자유를 달라'는 현수막이 들려 있었다. 노벨평화상 수상자 랠프 번치, 영화배우 말론 브란도, 가수 밥 딜런, 존 바에즈, 피터 폴 앤메리, 해리 벨라폰테 등의 모습도 보였다.

"나에겐 꿈이 있습니다" 노예해방 100주년을 맞아 킹 목사가 워싱턴 링컨기념공원에서 연설하고 있다.

링컨기념관까지의 대행진이 끝나자 킹 목사가 연단에 올랐다. 킹 목사는 그 유명한 연설 "나에겐 꿈이 있습니다I have a dream"를 시작했다.● 연설이 끝나자 밥 딜런이 〈초라한 보병〉을 불렀고, 피터 폴 앤 메리가 〈바람만이 아는 대답〉을 불렀다. 이윽고 존 바에즈가 등장해 〈우리 승리하리라〉을 부르자 20만 명의 군중이 따라 부르기 시작했다.

● 킹 목사는 기도 형식의 연설로 깊은 감명을 주었다. 예의 바른 수사학적 표현을 이용하면서도 설교하는 듯한 운율이 결합되어 마음을 흔드는 표현법이었다. 킹 목사는 외쳤다. "나에게는 꿈이 있습니다. 언젠가는 조지아 주의 붉은 언덕에서 노예의 후손들과 노예 주인의 후손들이 형제처럼 손을 맞잡고 나란히 앉게 되는 꿈입니다."

우리 승리하리라. 우리 승리하리라. 우리 승리하리라. 그날에. 오오, 참맘으로. 나는 믿네. 우리 승리하리라. 손에 손을 잡고. 손에 손을 잡고. 손에 손을 잡고 그날에. 오오 참맘으로 나는 믿네. 우리 승리하리라. 두려움이 없네. 두려움이 없네. 두려움이 없네 그날에. 오오 참맘으로 나는 믿네. 우리 승리하리라.●●

이듬해 린든 B. 존슨 대통령이 흑인들의 권리 신장을 위한 '민권법'에 서명함으로써 목 놓아 부르던 〈우리 승리하리라〉는 현실이 되었다.

●● 이 노래는 민주주의와 인권을 향한 저항 가요의 대명사가 되었다. 한국에도 1970년대 초반 개신교 교회의 학생운동을 통해 전해졌는데, 훗날 가수가 된 김민기가 1971년 서울대 신입생 환영회에서 처음 불렀다고 한다.

그리고 킹 목사는 1964년 서른다섯 살의 나이로 노벨평화상을 수상했다. 그 후 3년 동안 미국 전역을 돌며 시민의 인권을 역설했다. 또한 그는 베트남전쟁을 도덕적 죄악이라고 비판했으며, 가난을 상대로 전쟁을 선포하고 가난한 사람들을 위해 다시 한번 워싱턴 행진을 시도하려 했다. 그러던 1968년 4월 4일, 테네시 주 멤피스 시에서 흑인 청소부 파업을 지원하던 중에 불의의 저격을 당해 서른아홉의 나이로 세상을 떠났다. 너무 젊은 나이였다.

급진주의적 흑인 운동가 맬컴 엑스

모든 흑인 운동이 킹 목사의 비폭력주의와 점진주의적 방법을 따른 것은 아니다. 이미 1950년대에 '지금 곧 자유'를 주장하는 급진주의적 흑인 운동이 등장했다. 특히 1965년 로스앤젤레스의 흑인 거주 지구에서 일어난 폭동은 흑인들의 해방이 투표권 등록이나 공공장소에서 격리하는 조치를 폐지하는 정도로는 이루어질 수 없다는 여론이 일기 시작했다. 남부의 인종차별주의뿐만 아니라 북부 및 중서부에 사는 흑인들의 빈곤을 해결하기 위해서는 급진적인 사회 개혁을 추진해야 한다는 주장이 대두되었다. 특히 킹 목사의 비폭력 운동은 흑인들을 무력감에 빠지게 하는 전술이라는 비판이 나오기 시작했다. '시민권이 아니라 인권'을 주장해야 하며, '블랙 파워black power'를 형성해 흑인 시민권 운동을 흑인 혁명 운동으로 전환해야 한다는 주장도 등장했다.

이러한 급진주의적 흑인 운동을 주장하는 사람들 가운데 대표적인 인물이 맬컴 엑스(1925~1965)다. 그의 이름은 원래 엑스x가 아니었다. 그는 네브래스카 주에서 맬컴 리틀이라는 이름으로 태어났다. 아버지 얼 리틀은 개신교 목사로 마르쿠스 가

비●를 존경하는 흑인 민족주의자였다. 그는 신자들을 상대로 선조의 고향 아프리카로 귀향할 것을 설교했다. 그러다 백인 우월주의자들이 집에 불을 지르고 아버지와 형제들을 살해했으며, 어머니마저 정신이상이 되어 가족이 뿔뿔이 흩어졌다.

결국 맬컴은 학교를 중퇴했고, 21세에 강도죄로 투옥되었다. 이때 맬컴은 이슬람 신앙을 받아들였다. '엑스'라는 성은 그가 이슬람에 입교하면서 원래의 성을 버리고 대신 쓰기 시작한 것이다. 흑인들의 성은 조상의 것이 아니고, 이들을 노예로 부리던 백인 주인들이 아무렇게나 붙여준 것이니, X자를 써서 흑인의 빼앗긴 성을 상징하자는 것이 당시 흑인 이슬람교도의 생각이었다. 맬컴은 석방된 뒤 흑인 해방운동가로 활동하게 되었는데, 흑인의 분노를 대담하게 표현한 그의 웅변은 흑인 사회에 커다란 영향을 주었다.●●

킹 목사는 1964년 맬컴을 만나 깊은 애정을 느꼈으며 인종 문제의 현실과 근원에 대한 그의 통찰력을 높이 평가했다. 하지만 백인과의 분리를 주장하는 맬컴의 방법론은 백인과의 통합을 주장하는 킹 목사와는 매우 달랐다. 1964년 맬

컴은 아프리칸 미국인 통합조직OAAU을 결성해 '이슬람 국가' 건설을 주장했다. 그러나 1965년 뉴욕 OAAU 연설회장에서 다른 흑인들의 총격을 받고 현장에서 살해당했다. 당시 그의 나이 마흔이었다.

맬컴이 살해된 해, 흑인 운동의 무장을 주장하는 '블랙 팬더Black Panthers'가 등장했다. 이들은

장난치는 맬컴과 알리 세계적인 권투 선수인 알리가 맬컴의 이슬람 운동에 영향을 받아 개종하고 이슬람식으로 이름을 바꾼 것은 유명하다. 1963년 두 사람은 매우 친한 사이었지만 맬컴이 네이션 오브 이슬람Nation of Islam을 떠난 후 사이가 멀어졌다.

시민권 운동을 통해 미국 사회에서 백인과 공존하자는 킹 목사의 통합주의에 반대하고 흑인들의 분리주의 운동을 지지했다. 또한 마오쩌둥의 혁명적 계급투쟁에 관한 용어를 사용하고 마르크스와 레닌의 주장을 인용하기도 했다. 블랙 팬더는 정치 운동뿐 아니라 빈곤 구제를 위한 사회 서비스와 교육 등 대중운동을 강조했다. 이들은 나중에 블랙팬더당BPP을 결성했으나, 내부 분열과 갈등으로 점차 그 세력이 약화되었다. 1960년대 중반 이후 흑인의 정치적 권리는 점차 개선되었지만, 빈곤과 뿌리 깊은 인종차별주의가 아직도 남아 있어 미국 민주주의를 위협하는 심각한 문제가 되고 있다.

남아프리카공화국의 아파르트헤이트

미국에서는 다수의 백인이 소수의 흑인들을 차별했지만, 남아프리카공화국에서는 반대로 16% 인구를 차지하는 소수의 백인이 84%를 차지하는 다수의 흑인을 체계적으로 차별했다. 남아프리카공화국의 백인 정권은 수십 년 동안 '아파르트헤이트 apartheid'를 통해 다수의 흑인을 배제하고 인종주의적 독재 정권을 유지했다.●

● 원래 아파르트헤이트는 분리 또는 격리를 뜻하는 아프리칸스어다. 아프리칸스어는 남아프리카공화국의 네덜란드계 후손들이 쓰는 말을 가리킨다. 남아프리카공화국의 백인들은 네덜란드계 후손으로 막대한 토지와 산업을 지배하는 상층계급을 형성했다. 백인 우월주의에서 비롯된 인종차별 정책은 17세기 중엽에 백인의 이주와 더불어 사회제도로 확립되었다.

●● '반투'는 카메룬에서 남아프리카에 걸쳐 퍼져있는 400개의 아프리카 흑인 종족의 언어를 가리키는 말로 '사람'이라는 뜻을 가지고 있다. 1951년 반투법, 1956년 유권자분리대표법 등을 제정해 남아프리카공화국과 같은 다인종 사회에서 유색인종의 참정권을 부정했다. 또한 1949년 이인종 혼인금지법, 1950년 집단지역법, 1952년 원주민법 수정안과 여권법 등을 통해 백인의 특권을 유지했다.

아파르트헤이트는 '반투 홈랜드Bantu Homeland'라는 구호를 내걸고 흑인의 독립이라는 미명하에 흑인을 격리하는 인종 분리주의 정책을 추진했다.●● 이는 마치 유대인을 격리시킨 히틀러의 인종주의 정책을 연상시킨다.

남아프리카공화국에 살고 있는 다수의 흑인들은 소수 백인 정권의 인종차별주의 정책에 맞서 새로운 운동에 참여하기 시작했다. 이러한 흑인 운동의 지도자로 부상한 사람이 넬슨 만델라(1918~2013)다. 그는 1918년 템부족 족장의 아들로 태어났다. 1940년 포트헤어대학교에 다니던 중 시위를 주동하다 퇴학당한 뒤 1944년 아프리카민족회의ANC 청년연맹을 창설했다. 만델라는 영국 런던대학교의 원격 교육으로 법학사 학위를 취득하고 변호사가 되었으며, 1952년 백인이 아닌 사람으로는 최초로 남아프리카공화국의 수도인 요하네스버그에 법률 상담소를 열고 아파르트헤이트 반대 운동을 조직해 본격적으로 흑인 인권 운동을 주도해나갔다.

흑인 인권 운동에 나선 만델라의 인생은 순탄하지 않았다. 1952년과 1956년 두

인종 분리 대작전 남아프리카공화국은 인종을 구분해 나누는 것에 악랄할 정도로 최선을 다했다. 이에 항의하기 위해 백인 전용 좌석에 앉은 여인의 모습.

차례에 걸쳐 체포되었으며, 1960년 샤프빌 흑인 학살 사건을 계기로 평화 시위운동을 중단하고 무장투쟁을 지도했다. 만델라는 아프리카 민족회의 산하의 군사 조직 '움콘도 웨 시즈웨(민족의 창)' 초대 사령관을 맡아 사보타주(태업)와 게릴라 투쟁을 벌이다가 1962년 거주지 이탈 및 파업 선동 혐의로 체포되어 5년 형을 선고받았다. 감옥에 있던 중 만델라는 새로운 범죄 혐의가 추가되어 국가반역죄 혐의로 종신형을 선고받기에 이른다.

만델라가 수십 년간 로벤 섬의 감옥에 갇혀 있는 동안에도 아프리카민족회의는 지속적으로 정치투쟁을 주도했다. 만델라는 옥중에서도 아프리카민족회의를 이끄는 지도자였으며, 아프리카 흑인 운동의 상징이었다.● 그러나 백인들은 기득권

● 만델라는 옥중에서 1962년 레닌 평화상, 1979년 자와할랄 네루상, 1981년 브루노 크라이스키 인권상, 1983년 유네스코의 시몬 볼리바 국제상을 받았으며, 1990년 석방 때까지 28년간 복역하면서 세계 인권 운동의 상징적인 존재가 되었다.

을 순순히 내어놓지 않았다. 백인들의 정당인 국민당 정부는 국제적 비난 속에서도 아파르트헤이트 정책을 강화했다. 그러나 유엔과 국제사회는 남아프리카공화국의 아파르트헤이트 정책을 격렬하게 비난했고 유엔 회원국의 자격을 박탈했다. 이로 인해 1976년 요하네스버그 주변의 흑인 집단거주 지역인 소웨토에서 폭동이 일어 났다. 이후 아프리카인을 중심으로 하는 유색인종의 투쟁이 강화되었다. 결국 국내 외의 압력과 경제적 압박에 직면한 남아프리카공화국은 흑인 운동과 타협하려는 노선으로 선회하기 시작했다. 그리하여 백인 정권의 대통령 프레데리크 데 클레르 크와 흑인 운동의 지도자 넬슨 만델라가 서로 만나 역사적 타협이 이루어졌다.

넬슨 만델라는 어떻게 인종 화해에 성공했나

1990년 2월 11일, 28년 동안 감옥에 갇혀 있던 만델라가 드디어 석방되었다. 마흔 넷의 나이에 감옥에 들어가 일흔둘에 세상에 나온 것이다. 감옥에서 나온 만델라는 젊은이들에게 이렇게 말했다. "당신들의 무기를 바다에 버려라." 만델라는 혁명을 원하던 청년들을 설득해 타협의 길로 이끌었다. 당시에 인구의 대다수를 차지하는 흑인들은 급격한 혁명을 요구했고, 백인들이 장악한 군부는 무력을 사용할 태세였 으며, 흑백 충돌이 일어날 경우 대량 유혈 사태가 일어날 수 있는 상황이었다. 하지 만 1991년 만델라가 아프리카민족회의 의장으로 선출되면서 새로운 변화가 일어 났다.

아프리카민족회의는 이전의 강경 노선을 수정해 실용주의 노선으로 전환했으며, 모든 정당이 참여하는 교섭회의CODESA가 결성되었다. 드디어 1992년 만델라는 데 클레르크와 협상을 벌여 350여 년에 걸친 인종 갈등을 종식시켰다. 두 사람은 이 공로로 1993년 노벨 평화상을 공동 수상하기도 했다. 그리고 1994년 5월 남아프 리카공화국 역사상 최초로 흑인이 참여하는 자유로운 선거가 치뤄졌다. 백인과 흑

큰 별이 지다 만델라는 종신형을 받고 28년 간 복역하면서 세계 인권 운동의 상징적인 존재가 되었고, 남아프리카공화국 최초의 흑인 대통령이 되었다. 그가 남긴 유명한 말이 있다. "용서한다. 하지만 결코 잊어서는 안 된다."

인이 함께 참여하는 다인종 의회가 구성되고, 결국 만델라는 대통령이, 데 클레르크는 부통령이 되었다.

이제 흑인은 백인의 기득권을 인정하고, 백인은 정부에 최대한 협조한다는 역사적 타협이 이루어진 셈이다. 그 뒤 3년 만에 새로운 헌법이 만들어지고, 또 2년이 지난 뒤 '진실과 화해위원회'가 구성되었다. 1998년에 출범한 진실과 화해위원회는 사회의 안정을 해치지 않으면서 과거사를 해결한다는 원칙을 세웠다. '진실을 밝힌 가해자는 용서한다'는 원칙을 세우고, 4년 동안 조사 끝에 진실을 고백한 1000명을 사면해주었다. 위원회는 백인뿐 아니라 흑인 쪽의 인권유린 행위도 조사했다. 집권 여당이 된 아프리카민족회의 지도자는 물론 만델라의 부인인 위니 만델라도 흑인을 살해한 죄목으로 조사받았다. 이 일로 만델라는 부인과 이혼하게 된다. 어쨌든 진실과 화해위원회는 패자(백인)에 대한 승자(흑인)의 징벌이 아니라, 공평한 진실 규명을 추구했기 때문에 양쪽 다 결과를 납득할 수 있었다.

인도의 독립운동 지도자였던 마하트마 간디는 "눈에는 눈의 방식으로 처리한다면 모든 사람들의 눈이 멀고 말 것"이라고 말했다. 그러나 원수를 용서한다는 것은 쉬운 일이 아니다. 화해와 평화를 주장했던 간디는 극단주의자의 흉탄에 쓰러졌다. 하지만 남아프리카공화국에서는 사면받은 백인 가해자에 대한 보복이 전혀 발생하지 않았다. 피해자는 자기를 가해한 사람이 누구인지 알고 있지만 개별적인 보복은 하지 않았던 것이다. 이것은 바로 만델라 정부의 위대한 점이다.

피해자가 가해자를 용서할 수 있다는 생각은 만델라의 정치철학일 뿐만 아니라 현실적인 정치 전략에서 비롯된 것이다. 만델라는 백인과 화해해야만 그들의 협력을 얻을 수 있다고 판단했다. 이는 도덕적 결단이라기보다 경제문제까지도 고려한 실용적 결단이었던 것 같다.●

● 만델라 정부는 흑인 탄압에 앞장 섰던 군 정보 담당 간부 출신인 반 살 퀴크를 환경부 장관으로 임명하기도 했다.

남아프리카공화국 최초의 흑인 대통령이 된 만델라는 다양성 속에서 조화를 추구하는 '무지개 국가Rainbow Nation'라는 새로운 비전을 제시했다. 백인과 흑인의 조화와 협력을 통해 만델라 정부는 성장과 분배의 조화를 추구하며, 재정 적자의 해소와 고도성장의 기반을 마련할 수 있었다. 이는 백인의 땅을 무상으로 몰수해 가난한 흑인에게 나누어주자, 백인들이 떠나고 외국자본이 등을 돌리면서 고물가와 고실업으로 엄청난 고통을 겪은 짐바브웨의 사례와 비교된다. 당신이 만약 흑인 지도자라면 어떤 길을 선택하겠는가?

더 읽을거리

● 알렉스 헤일리, 심대환 옮김, 《맬컴 엑스》, 세기, 1993.

● 넬슨 만델라, 김대중 옮김, 《자유를 향한 머나먼 여정》, 아태평화출판사, 1995.

● 에드워드 S. 모건, 황혜성 옮김, 《미국의 노예제도와 미국의 자유》, 비봉, 1998.

● 데이비드 허버트 도널드, 남신우 옮김, 《링컨》, 살림, 2003.

● 이안 모리슨, 이주영 옮김, 《자유를 찾은 넬슨 만델라》, 삼성당, 2006.

● 에릭 윌리엄스, 김성균 옮김, 《자본주의와 노예제도》, 우물이있는집, 2014.

● 클레이본 카슨 엮음, 이순희 옮김, 《나에게는 꿈이 있습니다: 마틴 루서 킹 자서전》,
바다출판사, 2015.

"모든 권위에 저항하라"

구호를 외치며

학생과 노동자 들은

거리로 쏟아져 나왔다.

13 불가능한 것을 요구하라

전 세계를 뒤흔든 68혁명

"상상력에게 권력을"
―1968년 파리 대학가에 학생들이 썼던 낙서

"2차 세계대전 이후 딱 한 번 세계적인 대격변이 있었다." 1968년을 가리켜 영국의 역사학자 에릭 홉스봄은 이렇게 말했다. 세계적인 대격변이라니? 대체 무슨 일이 일어났던 것일까?

먼저 한국을 보자. 1968년 초 한국에서는 깜짝 놀랄 일이 벌어졌다. 1월 21일 북한의 특수부대원 31명이 한밤중에 휴전선을 뚫고 산을 타고 청와대 뒤편까지 왔다가 총에 맞아 죽는 사건이 일어났다. 이들은 북한 민족보위성 정찰국 소속 124군 부대원으로 밝혀졌다. 생포된 김신조는 "우리는 박정희를 죽이러 왔다"고 말해 충격을 주었다. 이틀 후인 1월 23일에는 미국 해군 정보수집함 푸에블로호가 동해상에서 북한에 의해 강제 나포되었다. 영해를 침입한 혐의로 미 해군 승무원 83명이 억류되었던 것이다. 그야말로 한반도는 일촉즉발의 상황이었다.

1·21 사태가 일어난 며칠 후 음력 설이었던 1월 30일, 한반도에서 멀리 떨어진 베트남에서는 전쟁이 벌어지고 있었다. 북베트남은 남베트남에 전면 공세를 벌였는데, 이날이 설날(테트)이라 '테트 공세'라 불렀다. 북베트남 군대는 세계 최강의 군사력을 가진 미국을 상대로 '독립 전쟁'을 했고, 미군은 지구 반대편에 있는 이름도 잘 몰랐던 나라의 정글에서 '자유민주주의'를 수호하기 위해 싸웠다. 베트남전쟁은 베트남과 미국의 전쟁이면서, 공산주의 진영과 자본주의 진영 사이의 대리전이었다. 이런 이유로 베트남전쟁은 국제적 성격을 띠고 있었다.

베트남전쟁과 반전운동의 시작

● 한국군은 미군과 함께 남베트남을 위해 싸웠으며, 북한은 북베트남에 군대와 물자를 지원했다(북한은 2000년에야 이를 공식적으로 인정했다). 한국은 미국으로부터 받은 파월 한국군 급여로 '외화벌이'를 했다. 가수 김추자가 〈월남에서 돌아온 김 상사〉를 부르던 바로 그 시절이다. 대우, 대림, 현대 등 한국 기업들도 베트남의 건설 사업에 진출해 막대한 이익을 얻었다. 한국은 1965~1973년 사이에 약 10억 달러의 외화를 벌어 경제개발계획의 재원으로 활용했고, 연평균 12% 수준의 경제성장을 이룩할 수 있었다. 마치 일본이 한국전쟁 때 미국의 군수물자를 생산하며 경제 대국으로 발돋움한 것처럼, 한국은 베트남전쟁을 경제성장의 계기로 삼았다.

1964년부터 시작된 베트남전쟁에 미국은 연인원 260만 명의 병력을 보내고 2000억 달러를 퍼부었으며, 소련도 약 15억 달러를 몰래 보냈다. 사상자는 120만 명, 부상자는 300만 명이 넘는 것으로 추정되는데 그중 미군은 5만 7939명, 한국군도 4000명 정도 사망했다.● 베트남 민간인은 200만 명이 사망했다. 베트남전쟁은 2차 세계대전 이후 가장 많은 사상자를 기록한 전쟁이었다.

10년 가까이 지속된 베트남전쟁은 전 세계적으로 엄청난 논란을 일으켰다. 사실 베트남전쟁은 논쟁만큼 실체도 복잡하다. 북베트남은 프랑스의 식민지 지배에 저항해온 공산주의자 호치민이 이

누구를 위한 전쟁인가 전쟁은 남편과 아들을 죽음의 전장으로 내몰았고 여성과 아이들은 살아남기 위해 고통을 이겨야 했다. 베트남과 미국의 전쟁은 10년이 넘어갔고, 베트남은 외세에 거의 100년 동안 저항해 싸워야만 했다.

끄는 베트남독립동맹(베트민)이 상당한 민중의 지지를 받고 있었다.●

그러나 남베트남에 세워진 응오 딘 지엠 정부는 매우 부패하고 무능해 국민의 지지를 별로 받지 못했다. 1963년에 군부가 이끄는 쿠데타가 일어나 군사독재가 이루어졌지만, 남베트남은 공산주의자들이 이끄는 베트남민족해방전선(베트콩)

● 1884년부터 베트남을 지배해온 프랑스는 영국이나 미국과는 달리 2차 세계대전 이후에도 식민지 종주권을 포기하려 하지 않았다. 그러나 1954년 디엔비엔푸 전투에서 보 응우옌 지압 장군이 이끄는 베트남에게 패해 눈물을 흘리며 철수했다. 프랑스가 물러간 뒤 베트남에 새로 들어온 외세는 미국이었다.

의 저항으로 사실상 내전 상태에 빠져 있었다. 황석영이 소설 〈무기의 그늘〉에서 남베트남 군수품 암시장을 둘러싼 암투를 묘사했듯이, 남베트남 정부는 통제력을 잃고 있었다.●● 북베트남은 남베트남의 공산화가 프랑스 식민지로부터의 완전한 독립이라고 생각했다. 그러나 미국은 소련과 연결된 베트남의 공산주의 정권을 절대 용납할 수 없었다.

잘 알려지지 않았지만 베트남전쟁에 최초로 군사적 개입을 한 사람은 존 F. 케네디 대통령이다. 케네디 대통령은 1961년 특수부대를 양성하는 군사고문단을 보낼 것을 승인했으며, 1963년 말 이미 베트남에는 1만 6300명의 미군 군사고문단이 베트남에 주둔하고 있었다.●

케네디가 암살되자, 대통령이 된 린든 존슨은 본격적으로 베트남에 미군을 투입하기 시작했다. 존슨이 1964년 8월 통킹 만 사건●●을 계기로 북베트남을 공습하는 '북폭'을 명령하면서 베트남전은 '전면전'으로 비화되었다. 이후 미국 지상군은 54만 명으로 늘어났다. 코폴라의 영화 〈지옥의 묵시록〉이나 올리버 스톤의 〈플래툰〉에서 볼 수 있듯이 미국은 베트남전쟁에 막대한 군대와 물량을 쏟아부었다.●●●

아시아의 작은 나라 베트남에서 벌어진 전쟁은 전 세계의 관심을 끌게 되었다. 드디어 베트남전쟁에 반대하는 최초의 시위가 벌어졌다. 1968년 2월이었다. 프랑스, 이탈리아, 미국에서 수많은 사람이 모인 가운데 독일에서 열린 '국제베트남회의'는 긴장과 활기로 넘쳤으며, 회의가 끝나자 거리로 나가 평화 행진을 했다. 참가자 수는 1만

●● 남베트남의 수도 사이공에서 불과 30km 거리의 쿠치 현 지하에는 베트콩이 만든 터널이 있었다. 이를 통해 베트콩은 상호 교신은 물론 미군 군사기지까지 침투해 기습공격을 감행했다. 프랑스와 싸울 때부터 사용했던 이 터널은 총 길이가 무려 250km 이상이었으며, 몇 층 깊이까지 파고 들어간 곳도 있었다. 한창 때 이 터널은 사이공에서 캄보디아 국경까지 뻗어 있었다.

● 케네디는 과감한 군사 공격으로 공산주의에 맞선 경험이 있었다. 1961년 4월 16일 피델 카스트로 쿠바 대통령이 사회주의국가 건설을 선언하자, 다음 날인 17일 쿠바를 전격 침공했다. 미국 중앙정보부CIA가 주축이 되어 쿠바 망명자 1500명으로 구성된 2506 공격여단이 피그 만The Bay of Pigs에 상륙했으나 미 공군의 지원 부족으로 실패했으며, 쿠바와 미국 간 대립만 깊어지는 계기가 되었다. 케네디는 가난한 나라들을 돕기 위해 '진보를 위한 동맹'을 주장하고 '평화봉사단'을 만드는 한편, 동독의 '베를린 봉쇄'에 신속히 대응하고, 소련이 쿠바에 미사일 기지를 배치하려는 '쿠바 미사일 위기'에 대해서도 기민하게 대응했다. 케네디는 호락호락한 정치인이 아니었다.

●● 통킹 만 사건은 베트남의 통킹 만에서 북베트남이 미군을 공격한 사건을 가리킨다. 그러나 미국 《뉴욕타임즈》는 미국 국방성 비밀문서를 폭로하고 통킹 만 사건이 조작되어 전쟁 확대에 이용되었다고 주장해 세상을 놀라게 했다.

5000명에 달했다.

이후 베트남전쟁에 반대하는 운동은 프랑스뿐 아니라 독일, 이탈리아, 영국 등 서유럽 전역을 휩쓸었으며, 폴란드, 체코, 유고에도 영향을 주었고, 미국, 멕시코, 일본에까지 확산되었다. 이 운동에서 중요한 것은 이들의 시위가 새로운 세대를 대변한다는 점이었다. 이 운동은 자본주의와 제국주의를 비판하는 운동이었지만, 소련의 조종을 받거나 연계된 세력이 아니라는 점에서 매우 특이했다.

●●● 미국은 한국전쟁 때는 16개국이 참여하는 유엔군을 조직해 전쟁에 개입했지만, 베트남전쟁에는 유엔군을 조직할 수 없었다. 한국은 유엔의 인정을 받은 정부였던 데 비해, 남베트남은 그렇지 못했기 때문이다. 결국 미국은 '자유세계 연합군'이라는 명칭으로 호주, 뉴질랜드, 한국, 필리핀, 태국의 군대를 동원했다. 1967년 남베트남군과 '자유세계 연합군'을 포함한 사이공 정부 휘하의 군대는 130만 명이었는데, 이는 남베트남 인구 15명당 1명 꼴이었다.

소련은 왜 '프라하의 봄'을 짓밟았나

베트남전쟁에 반대하는 서구의 새로운 세대는 소련의 스탈린주의에 대해서도 반기를 들었다. 이들이 소련에 등 돌리게 된 결정적인 계기는 1968년 체코슬로바키아의 '프라하의 봄'이다. 당시 체코슬로바키아에서는 스탈린주의자 노보트니 공산당 정권이 국민들의 자유와 민주화 요구를 외면하고 있었다. 이에 반발한 지식인들이 중심이 되어 조직적인 운동이 일어났고, 마침내 1968년 1월 개혁파의 알렉산드로 두브체크가 당 제1서기가 되었다.

그해 4월 개혁파는 '인간의 얼굴을 가진 사회주의'를 강령으로 채택하고 자유화와 민주화 조치를 추진했다. 독립적인 재판, 의회제도 확립, 사전 검열제 폐지, 민주적인 선거제도 실시, 언론·출판·집회의 자유, 국외 여행과 이주의 자유, 경찰정치 중단, 경제계획 추진, 체코와 슬로바키아의 동등한 연방제로의 이행, 자주적 대외정책 추진 등을 약속했다. 검열제가 폐지되고, 정당과 사회단체 들이 부활했으며, 의회는 활발한 토론과 논쟁의 장이 되었다.

사람들은 이러한 변화를 '프라하의 봄'이라 부르며 환영했다. 그러나 소련공산당은 이를 내버려두지 않았다. 체코슬로바키아의 개혁이 동유럽 공산국가들에게 미칠 영향을 우려한 레오니트 브레주네프 소련공산당 서기장은 '마르크스-레닌주의로부터의 이탈'이라고 비판하면서, 사회주의 국가 전체의 이익은 각국의 개별적 이해관계에 우선한다는 '사회주의 제한 주권론'을 내세우며, 탱크를 앞세워 불법적으로 무력 침공을 감행했다.

1968년 8월 20일 소련은 소련군을 비롯한 바르샤바조약기구 5개국 군대 약 20만 명을 동원해 체코슬로바키아를 침공하고, 두브체크 등 개혁파 주도자들을 숙청하고 자유화 운동을 무참하게 짓밟았다. 학생들은 화염병을 들고 탱크에 맞서고 분

신자살로 항의의 굳은 의지를 표출했다. 그러나 이들의 저항은 소련의 탱크 앞에서 역부족이었다. 두브체크는 해임되고 개혁파를 지지한 50여 만 명의 당원은 제명 또는 숙청당했다. 결국 프라하의 봄은 이렇게 끝이 났다.

소련의 무력 침공은 즉각 커다란 반발을 일으켰다. 서유럽의 좌파 지식인들은 소련에 항의하기 위해 공산당을 탈당했다. 소련공산당은 더 이상 혁명의 전위가 아니었다. 자유의 적이었다.

'68혁명'은 왜 파리에서 시작되었나

체코슬로바키아에서 프라하의 봄이 한창이던 1968년 5월, 프랑스 파리에서 전 세계 학생들을 혁명의 소용돌이에 빠지게 한 사건이 일어났다. 사건의 발생지는 파리 교외에 있는 낭테르대학교의 기숙사였다. 처음부터 자본주의니, 사회주의니 하는 거창한 구호에서 출발한 것은 아니었다. 오히려 너무 사소한 문제에서 운동이 촉발되었다. 당시 기숙사는 남학생과 여학생이 사는 동이 따로 있었는데 남학생이 여학생 기숙사에 방문하는 것은 엄격한 규정에 의해 제한되었다. 학생 기숙사에서 자유롭게 지내고 싶었던―자유로운 사랑을 포함해서―학생들의 불만이 터져 나왔다. 이 조그만 사건이 계기가 되어 비약적으로 폭발한 것이 바로 1968년 5월혁명이다.

당시 프랑스 학생들은 세계대전 이후에 탄생한 베이비붐 세대였다. 인구가 증가하면서 대학의 정원도 늘어났지만, 시설은 예전 그대로였다. 강의실은 학생들로 가득 찼고, 전통적인 주입식 강의는 학생들의 관심을 끌지 못했다. 이들은 부모 세대와 달리 대공황과 전쟁을 겪지 않았으며, 오히려 부모들의 간섭에 불만을 품고 있었다. 이들의 분위기는 드골 정부의 권위주의적 통치에 적응하기 어려운 점이 많았다.

이러한 사회적 분위기 속에서 정치적 사건이 촉발되었다. 베트남전쟁과 관련된 사건이었다. 급진파 학생 일부가 미국의 베트남 공습에 항의하기 위해 아메리칸 익스프레스 건물을 습격하다 체포되었다. 그러자 구금된 학생 여섯 명의 석방을 요구하기 위해 3월 낭테르대학교 사회학과 학생이었던 다니엘 콩방디를 비롯한 학생 여덟 명이 학부장의 집무실을 점거했다.• 이것이 유명한 낭테르 사건이다. 5월 경찰이 낭테르대학교를 폐쇄하자, 다음 날 이에 반발한 학생들이 파리의 소르본느대학교에 결집해 시위를 계속했다. 이 시위에 장 폴 사르트르, 모리스 블랑쇼, 장 뒤비그노, 장 주네 등 내로라하는 지식인들이 동참했다.

• 원래 독일 태생인 다니엘 콩방디는 낭테르대학교에서 스페인 사회학자 마누엘 카스텔의 지도를 받으며 공부하고 있었으며, 나중에 1968년 파리 학생운동의 지도자가 되었다. 그는 당시에 붉은 머리 색깔과 정치적 성향 때문에 '빨갱이 대니'라는 별명이 붙었으나, 프랑스공산당은 그를 '독일 무정부주의자'라고 비난했다. 1994년 독일에서 유럽의회 의원으로 선출되어 활동했다.

소르본느에서 사르트르는 처음에는 야유를 받았으나, 학생들에게 "여러분들이 저항하는 것은 정당하다"고 외쳐 박수갈채를 받았다. 5월 10일 학생들은 거리로 나가 바리케이드를 설치하고 경찰과 충돌하기 시작했다. 사르트르는 모리스 블랑쇼, 자크 라캉, 앙리 르페브르 등과 함께 《르몽드》에 성명서를 발표했다. "모든 제도권과 정치집단, 그리고 언론기관들이 학생들을 가로막으려 하고 그 의미를 변질시키려 하는 시도에 맞서서 우리는 학생들 편에 있음을 선포한다."

대통령 드골은 거리로 나선 63세의 노철학자 사르트르를 연행하지 말라고 명령했다. "볼테르를 연행할 수는 없지"라고 드골은 말했다. 하지만 당시 무명의 젊은 철학자였던 미셸 푸코는 경찰의 곤봉에 맞아 뼈가 부러졌다.

대학 캠퍼스에서는 대학과 교수의 권위에 저항하며 자율과 자치를 내건 조직들이 속속 결성되었다. 학생들의 점거 농성이 뒤를 이었다. 마르크스, 레닌, 마오쩌둥, 체 게바라의 사진이 걸리고, 무수한 표어들이 나붙었다. "현실주의자가 되자, 불가능한 것을 요구하라." 68혁명을 상징하는 이 유명한 구호를 만든 사람은 장 뒤비그노였다. 당시 학생들이 휘갈겨 쓴 낙서는 시대의 변화를 표현하고 있다.

—상상력에게 권력을.

—금지하는 것이 금지된다.

—자유 없는 사회주의는 병영이다.

—소비사회를 타도하자.

—더 많이 섹스를 할수록 더 많이 혁명을 하고 싶다.

—더 많이 혁명을 할수록 더 많이 섹스를 하고 싶다.

—노동조합은 매음굴이다.

—모든 권력은 썩는다.

—정치는 거리에 있다. 시詩는 거리에 있다.

5월 13일 노동자들이 가두시위에 가담했다. 하루 최고 80만 명이 참가하며 시위대의 규모는 급속도로 커졌다. 노동자들은 공장을 점거하고 1000만 명의 노동자가 참여하는 총파업을 벌여 사실상 프랑스는 마비 사태에 이르렀다. 그러나 노동자들의 목표는 학생들과 달랐다. 노동자들은 22일부터 정부와 협상하기 위해 학생들과의 연대를 단절했다. 27일 노동조합총연맹CGT은 임금 10% 인상 등을 담은 '그르넬 협약'을 체결했다. 결국 6월 5일 시위는 중단되었다. 파리의 혁명은 이렇게 끝났다. 드골 정부는 6월 총선에서 승리를 거두고 다시 권력으로 복귀했다.

68혁명은 무엇을 바꾸었나

"때때로 한 세대 전체를 마법에 빠뜨리는 특별한 한 해가 있다." 영국 런던정경대학교 학생으로 68혁명을 주도하고 훗날 《세계를 뒤흔든 1968》을 쓴 크리스 하먼의 말이다. 또한 68혁명 당시 미국 컬럼비아대학교 학생이었던 사회학자 이매뉴얼 월러스틴은 말했다. "이제까지 세계혁명은 단 두 개밖에 없었다. 하나는 1848년에, 그리고 또 하나는 1968년에 일어났다. 둘 다 역사적 실패로 끝났지만 둘 다 세계를 바꾸어놓았다." 1848년은 마르크스가 《공산당선언》을 쓴 해이다. 《공산당선언》은 지구상에 공산주의 국가를 탄생시켰다. 그럼 68혁명은 무엇을 바꿔놓았는가? 자본주의경제와 정치 시스템은 전혀 변하지 않았다. 그러나 사람들의 일상생활은 이전과 완전히 달라졌다. 이전에는 거리에서 남녀가 키스를 하면 경찰이 호각을 불었지만, 이제는 누구도 사랑에 빠진 애인들을 방해하지 않았다. 피임 도구가 자유롭게 판매되고 젊은이들의 동거가 자연스럽게 확산되었다. 학교에서도 학생들은 더 이상 교수들에게 경어를 사용하지 않았다. 학교에서 학생들의 자주 관리가 시작되고, 노동자들의 경영 참여가 허용되었다.

68혁명은 개인 해방과 함께 사회 해방을 추구했다. 새로운 가치, 새로운 사고방식, 새로운 라이프 스타일을 확산시켰다. 학교, 공장, 언론, 정치에서 권위주의적·수직적 소통 방식이 무너지고 민주적·수평적 대화를 통한 새로운 소통 방식이 이루어졌다. 마침내 1974년 프랑스는 성년을 18세로 낮추는 법안을 통과시켰다.

68혁명에 참여한 학생들은 낡은 기성 질서에 저항했고, 나아가 체제에 대한 거부를 선언했다. 권력 장악이라는 측면에서 볼 때 5월혁명은 정치혁명으로서는 실패했으나, 인간의 소통 방식을 바꾸었다는 점에서 사회혁명으로서는 상당한 진전을 이루었다고 할 수 있다. 가정·학교·직장에서 권위주의가 크게 허물어진 것과, 오늘날 프랑스 여성들이 누리고 있는 남녀평등은 5월혁명이 없었다면 상상조차 할 수 없는 일이다. 페미니즘이 대두하면서 여성해방에 관한 책들은 베스트셀러가 되고, 여성들은 공공연하게 피임과 낙태의 자유를 주장했다. 1975년 프랑스에서 간통죄가 폐지되고, 임신중절을 허용하는 베이유법이 통과되었다. 결과적으로 낭테르대학교의 여학생 기숙사가 5월혁명의 발원지가 된 것은 우연이 아니었던 것이다.

68혁명에 참여한 학생들은 자본주의에 반대하는 것으로 그치지 않고, 공산당의 권위주의와 관료주의를 비판했다. 1965년부터 시작된 중국의 '문화대혁명'을 지지

영원한 혁명의 아이콘 "네 자유와 권리는 딱 네가 저항한 만큼 주어진다." 아르헨티나 태생인 체 게바라는 말과 행동을 함께하며 혁명 속에서 죽음을 맞았다.

하면서 관료주의를 비판한 마오쩌둥을 숭배했다. 마오쩌둥 사상은 소련의 마르크스 레닌주의의 대안처럼 여겨지기도 했다. 물론 당시에 문화대혁명의 잘못은 잘 알려지지 않았지만, 어쨌든 중국 학생들이 학교를 점거하고 교사를 비판하며, 노동자들이 공장의 자주 관리를 주장하는 모습은 서구 지식인들에게 많은 영감을 주었다. 실제로 사르트르를 비롯한 좌파 지식인들은 마오쩌둥 사상과 문화대혁명을 관료주의와 싸운다는 점에서 매우 긍정적으로 보았다.

그러나 68혁명에 참여한 학생들은 마오쩌둥이 결코 받아들일 수 없는 개인주의적 성향이 강했다. 이들은 사르트르의 실존주의와 프로이트의 정신분석을 새로운 사상으로 받아들였고, 계급해방과 동시에 개인 해방을 요구했다.● 아마도 마오쩌둥은 이러한 주장을 모두 '자유주의'로 간주하고

● 사르트르의 실존주의 철학은 개인의 자유를 되찾을 것을 강조하고, 사회 참여를 통한 개인의 재발견을 제시했다는 점에서 학생들에게 커다란 영향을 주었다. 또한 사르트르의 부인 시몬드 보부아르는 《제2의 성》이라는 책에서 자본주의사회에서 여성의 사회적 위치는 차별받고 있다고 비판했다.

비난했을 것이다.

비록 68혁명은 실패로 끝났지만 이때 폭발한 에너지는 식지 않았다. 드디어 1969년 드골은 국민투표에서 패해 퇴진했다. 그리고 10여 년 뒤인 1981년 사회당의 미테랑 정부가 승리할 때까지 68혁명의 정신은 프랑스 사회를 계속 바꿔나갔다. 68혁명으로 등장한 좌파를 '신좌파New Left'라고 한다. 이들 신좌파는 이전의 좌파와는 달랐다. 이들은 새로운 대항문화를 창조했다. 체 게바라와 호치민이 영웅으로 떠올랐고, 로큰롤, 비틀스, 밥 딜런, 히피가 이들의 문화였다. 사르트르, 마르쿠제, 프란츠 파농의 책이 널리 읽혔다. 68혁명은 개인 해방과 사회 해방을 동시에 이룩하려고 시도한 진정한 개인의 혁명, 일상의 혁명, 문화의 혁명, 아나키즘의 혁명이었다.

신좌파가 추구한 것

68혁명에서는 정치투쟁보다 문화투쟁이 전면에 부각되었다. 젊은 세대는 기성세대의 인습, 전통, 성도덕을 모두 거부했다. 베르나르도 베르톨루치의 영화 〈몽상가들〉에서 볼 수 있듯이 68혁명은 기성 사회에 커다란 문화 충격을 주었다. 68혁명의 주인공인 청년 세대는 저항적 대중문화를 무기로 삼아 기성 사회가 만든 모든 것의 전복을 외쳤다. 이는 롤링스톤즈, 도어즈, 존 레논에 이르러 절정에 달했다.● 짐 모리슨의 〈디 엔드〉가 베트남전쟁을 다룬 코폴라의 영화 〈지옥의 묵시록〉의 주제가 된 것은 어쩌면 당연한 일이었다. 베트남전쟁은 세대 갈등을 드러낸 극적인 사건이었다. 베트남전쟁을 둘러싸고 기성세대와 청년 세대는

● 롤링스톤즈의 믹 재거는 런던의 메이페어 주변 미국 대사관 앞에서 베트남전쟁에 반대하는 시위에 참여했다. '인식의 문'을 넓히기 위해 마약에 열중하던 도어즈의 짐 모리슨은 캘리포니아를 떠나 파리로 갔다. 비틀스의 존 레논은 아내 오노 요코와 함께 암스테르담의 호텔 침대에서 평화 시위를 벌였다. 규율과 질서를 거부하고 기성 사회에 분노와 절망을 몸짓을 보여준 이들의 음악은 기성세대와 정면으로 충돌했다.

정면으로 부딪혔다.

미국의 청년들은 베트남전쟁을 거부하며 징집영장을 불태웠고, 프랑스의 학생들은 바리케이드를 쳤으며, 파키스탄에서는 독재정권이 타도되었다.● 프라하에서 파리까지, 런던에서 도쿄까지, 샌프란시스코에서 베이징까지 기성 질서에 저항하는 학생운동이 번져갔다. 학생들의 시위에는 유대인, 아랍인, 흑인 등 외국인들이 참여했고 노동자들도 동참했다.

● 1958년 파키스탄에서 쿠데타로 정권을 장악한 아유브 칸 장군은 나중에 대통령이 되어 독재정권을 유지했으나, 전국적인 저항운동으로 1969년 3월에 하야했다. 이후 아히아 칸 장군이 계엄사령관을 거쳐 대통령이 되었으나, 결국 1971년 인도-파키스탄 전쟁에서 패배하자 사임한 후 1973년에야 제헌의회가 제정한 새로운 헌법하에서 줄피카르 알리 부토가 총리로 당선되었다.

반전운동에 앞장선 학생들 중에서 미국의 민주사회학생연맹, 독일의 사회주의학생연맹, 프랑스의 혁명적공산주의청년, 일본의 전공투 같은 신좌파들이 등장했다. 이들 중 일부는 폭력 투쟁을 주장하면서 적군파나 테러 조직으로 변질되었다. 프레데릭 포사이스의 소설 〈자칼의 날〉에 등장하는 것 같은 정치적 암살자가 실로 나타난 것이다. 이들은 돈이 아니라 정치적 신념 때문에 총을 든다는 점이 달랐다.

그러나 대다수의 신좌파들은 비폭력 운동에 관심을 갖고 삶의 방식을 근본적으로 바꾸는 새로운 운동을 추구했다. 톨스토이, 간디, 킹 목사가 이들에게 영감을 주었다. 이들은 기성 정당이나 노동조합과는 전혀 다른 사회운동을 모색했다. 위계질서를 갖춘 조직보다 '직접행동direct action'을 강조하고, 이색 시위로 언론의 각광을 받았다. 고래잡이를 반대하기 위해 포경선을 에워싼 환경단체 그린피스의 해상 시위는 너무나 유명하다.

68혁명을 주도한 '창조적 소수'는 미디어를 이용한 대중문화를 창조하고 사회운동의 방향을 근본적으로 바꾸어놓았다. 이들은 또한 권위주의에 반대하고 대안적 문화를 창조하기 위해 노력하며, 코뮌 형태의 생활공동체를 실험했다. 이들은 마르크스-레닌주의나 교조적인 사회주의를 거부하는 대신 19세기에 사라진 아나키즘의 영향을 강하게 받았다. 존 레논은 천국도 없고, 국가도 없고, 소유도 없는 세상을 꿈꾸며 〈이매진〉을 불렀다.

천국이 없다고 생각해봐요.

하려고만 하면 그다지 어렵지 않을 거예요.

발밑에는 지옥이 없고 머리 위에는 빈 하늘만 펼쳐 있다고 상상해봐요.

모든 사람이 오늘 밤을 위해 살아간다고 상상해봐요. 아하.

국가가 없다고 상상해봐요.

그다지 어렵진 않을 거예요.

신념을 위해 죽이지도 않고 죽일 일도 없고,

또 종교마저 없다고 상상해봐요. 그대.

모든 사람이 평화롭게 살아간다고 상상해봐요.

나를 몽상가라고 하겠지요.

하지만 나만 이런 꿈을 꾸는 게 아니랍니다.

그대 언젠가 우리와 함께하길 바랄게요.

그러면 우리의 세상은 하나가 될 거예요.

그대, 할 수 있을지 모르겠지만 아무도 소유하지 않는다고 상상해봐요.

탐할 필요나 배고픔도 없고.

오직 인간에 대한 사랑만 존재한다고 상상해봐요.

모든 사람이 이 세상에 함께하는 모습을 상상해봐요.

새로운 문화의 토양이 된 68혁명

혁명에 앞장섰던 '68세대' 중에는 30년이 지난 뒤 정치 지도자가 된 이들이 많다.
미국의 빌 클린턴 대통령, 영국의 토니 블레어 총리와 고든 브라운 재무장관, 독일

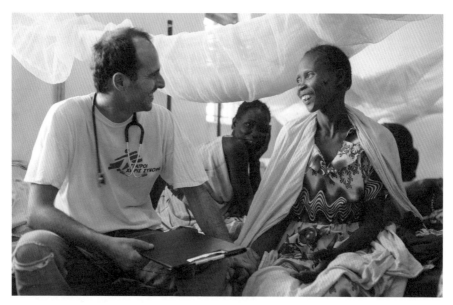

국경 없는 의사회 새로운 세상을 꿈꾼 68혁명의 씨앗은 다양한 곳에서 뿌리를 내렸다. 국경 없는 의사회는 오늘날까지 이어지고 있다.

의 게르하르트 슈뢰더 총리와 요시카 피셔 외무장관이 그렇다. 특히 독일의 녹색당은 68세대의 대표적 작품이다. 낭테르대학교 사건의 주역이었던 다니엘 콩방디는 독일로 건너가 녹색당을 창당하는 데 중요한 역할을 했다.

미국의 클린턴 대통령은 베트남전쟁 당시 실정법을 어기고 징집을 기피한 젊은 이였다. 그는 조지타운대학교를 졸업한 후 장학생으로 영국 옥스퍼드대학교 대학원을 다녔다. 클린턴은 조국의 징집영장에 따르지 않고 런던에서 반전시위에 참여했는데, 학위를 얻는 데는 실패했다. 좌파 정당이 없는 미국에서 68세대는 정치권보다는 학계와 문화계에 더 많이 진출했다. 이들은 민권운동가, 환경운동가, 사회복지사, 교사가 되었다.

유럽에서도 신좌파가 모두 정치권에 진출한 것은 아니다. 프랑스에서는 젊은 지식인들과 저널리스트들이 새로운 일간지 《리베라시옹*Liberation*》을 창간했다. 의사

베르나르 쿠슈네르는 중남미의 게릴라 투쟁에 의료진을 파견해 좌파 운동을 지원했다. 그 후 '국경 없는 의사회MSF'를 창설했고, 1978년 베트남 난민인 보트피플을 구출하면서 세계적으로 유명해졌다. 프랑수아 피용 내각에서 외무부 장관을 지내며, 아프리카와 아시아의 빈곤층을 위해 모든 인간이 기본적인 의료 혜택을 누려야 한다는 '글로벌 보건 기본권' 운동을 추진하기도 했다.

68혁명은 새로운 삶을 구상하는 새로운 문화의 토양이 되었다. 68혁명 이후 삶에 대한 가치와 태도가 변화되어 개인의 가치, 정체성, 생태적 환경, 삶의 질을 강조하는 '탈물질주의 가치'가 확산되었다. 그러면서 남녀관계를 새로 정립하려는 페미니즘, 인간과 자연의 관계를 새로 규정하려는 생태주의, 정치적 이유로 박해를 받는 양심수의 권리를 지키려는 인권 운동, 제3세계의 빈곤과 저개발을 해결하려는 운동이 등장하기 시작했다. 그린피스, 국제사면위원회(엠네스티 인터내셔널), 옥스팜Oxfam 등은 새로운 사회운동을 대표한다.

68혁명은 하위문화가 지배 문화에 도전한 상징적 사건이었으며, 68혁명 이후 등장한 신좌파는 권위와 억압에 저항해 국제적 연대를 시도한 20세기의 가장 강력한 세력으로 평가받을 수 있다. 1967년《혁명 속의 혁명Révolution dans la révolution? et autres essais》을 발표하고 볼리비아에서 체 게바라와 함께 무장투쟁을 벌이다가 체포되어 30년형을 언도받은 후 3년 만에 풀려난 레지스 드브레는 다음과 같은 말을 남겼다. "나는 결코 후회하지 않는다. 그것은 자유의지에 따른 신념의 소산이었다. 나는 68혁명을 함께한 내 또래를 '메시아를 기대한 마지막 세대'로 본다." 그들은 정말 메시아를 본 것일까?

더 읽을거리

- 타리크 알리·수잔 앨리스 왓킨스, 안찬수·강정석 옮김, 《1968-희망의 시절, 분노의 나날》, 삼인, 2001.
- 로널드 프레이저, 안효상 옮김, 《1968년의 목소리》, 박종철출판사, 2002.
- 로저 스크루턴, 강문구 옮김, 《신좌파의 사상가들》, 한울, 2004.
- 크리스 하먼, 이수현 옮김, 《세계를 뒤흔든 1968》, 책갈피, 2004.
- 오제명 외, 《68, 세계를 바꾼 문화혁명》, 길, 2006.
- 잉그리트 길허-홀타이, 정대성 옮김, 《68운동》, 들녘코기토, 2006.
- 조지 카치아피카스, 이재원 옮김, 《신좌파의 상상력》, 난장, 2009.
- 제임스 밀러, 김만권 옮김, 《민주주의는 거리에 있다: 미국 신좌파 운동과 참여 민주주의》, 개마고원, 2010.

1978년 7월 9일 워싱턴에서

평등권 수정안을 지지하는 이들의 모습.

가운데에서 정면을 응시하는 이가

여성해방운동의 선구자인

베티 프리단이다.

14 가부장제를 공격하라

페미니즘의 등장

인간은 여자로 태어나지 않는다. 여자로 만들어지는 것이다.
—시몬 드 보부아르, 《제2의 성》 중에서

1963년 《여성의 신비》라는 책이 미국에서 출판되었다. 저자 베티 프리단 (1921~2006)은 잡지에 글을 쓰는 저널리스트였으나, 책 출간 당시에는 극장 감독인 남편을 위해 집에서 요리하고 아이들을 키우는 평범한 가정주부였다. 그녀는 사회생활에서 쓴 맛을 본 기억을 갖고 있었다. 명문 대학인 스미스칼리지를 최우등으로 졸업하고 버클리대학교 장학생으로 심리학을 공부한 프리단은 연구원 자리를 얻었지만 그에 만족하지 않고 대학을 떠나 뉴욕에서 저널리스트로 사회에 첫 발을 내디뎠다. 프리단은 인종차별과 여성차별에 관한 글을 많이 썼다. 둘째 아이를 임신한 그녀는 당시로서는 매우 용감하게, 직장에 출산휴가를 신청했다. 그러나 돌아온 것은 해고 통보였다. 그녀의 자리는 출산휴가를 신청하지 않을 남자로 교체되었다. 일자리를 잃은 그녀는 가정으로 돌아와야 했다.

《여성의 신비》는 무엇을 말했나

'집에서 놀고 있는' 동안 프리단은 프랑스의 여성 철학자이자 페미니스트인 시몬 드 보부아르가 1949년에 쓴 《제2의 성》을 읽고 큰 충격을 받았다. 프리단은 여성의 처지가 어떻게 이렇게 되었는지 알기 위해 살림을 뒤로 하고 도서관을 다니며 책을 찾아 읽기 시작했다. 그리고 스미스칼리지를 졸업한 여자 동창생들이 어떻게 살고 있는지 추적했다. 아! 동창생들은 절망에 빠져 있었다.

'부엌 바닥을 윤이 나도록 닦으며 나는 만족감을 느끼지 못했다. 뭔가 분명히 잘못된 것이 있다.' 여성들은 이 문제를 가슴속 깊이 간직한 채 침묵해왔다. 프리단은 《여성의 신비》에서 행복한 현모양처처럼 보이는 중산층 주부들의 생활이 실은 '안락한 포로수용소'라고 비판하면서 언론 종사자, 광고주, 사회학자, 교육학자 들이 '여성의 신비'라는 이데올로기를 이용해 여성을 속박하고 있다고 했다. 프리단의 《여성의 신비》는 앨빈 토플러의 표현대로 "역사에 방아쇠를 당겨" 수많은 중산층 주부들에게 '인생을 바꾸는 충격'이 되었다.

프리단은 여성은 남편과 육아로부터 해방되어야 하며, 사회 활동을 통해 질적인 양성평등을 이루어야 한다고 주장했다. 즉 완전한 인간이 되기 위해서는 여성은 남성과 동등해져야 한다고 역설했다. 프리단의 책은 260만 부나 팔려 베스트셀러가 되었고, 이 책을 읽은 사람들은 여성 교육과 취업을 확대하기 위해 법률과 제도를 개선하라고 요구했다.●

보부아르, 프리단의 책과 삶은 페미니즘의 등장을 알리는 서막이었다. 1960년대부터 서구와 북미에서 여성의 권리와 이익을 주장하는 페미니즘이 등장하면서 여성을 보는 관점이 급격히 변화하기 시작했다. 페미니스트 이론가들은 현대사회는 남성이 지배하며, 여성은 억압받고 있다고 격렬하게 비판했다. 남자와 여자는 선천적으로 차이가 있다고 오랫동안 믿어왔으나 페미니스트 이론가들은 남자와 여자의 차이는 유전적인 결과라기보다 사회적으로 만들어진 결과라고 주장했다. 남자와 여자는 타고

나는 것이 아니라 사회적으로 재생산되고 문화적으로 재창조된다는 것이다. 이렇게 사회문화적으로 창조된 성 차이를 '젠더gender'라고 한다. 젠더는 페미니스트 이론가들이 처음 사용한 표현이다.

페미니즘을 낳은 프랑스혁명

현대사회에서 가장 강력한 영향력을 가진 운동인 페미니즘은 20세기 훨씬 전부터 꾸준히 성장해온 것이다. "모든 인간은 자유롭고 평등하게 태어났다"고 선언한 1789년 프랑스혁명의 상징은 여성이었다. 1830년 8월혁명을 그린 들라크루아의 그림 〈민중을 이끄는 자유의 여신〉을 보라. 자유는 여성으로 표현되어 있다. 바리케이드와 빗발치는 총탄 속에서 반라의 여성이 깃발을 들고 있다. 이는 매우 의미심장한 상징이다.

당시 군주제의 상징은 태양이었으며, 두말할 필요 없이 지극히 남성적이었다. 그런데 가난하고 못 배운 군중들은 그들의 군주인 왕을 불경스럽게도 단두대에서 처형했다. 프로이트의 학설에 따르면, 아버지로 상징되는 군주를 제거함으로써 해방된 군중들이 어머니로 이동한 것이다. 이때 어머니는 단순한 성적 이미지가 아니라 아버지 대신 사회적 통일성을 제시하는 상징이다.

민중을 이끄는 자유의 여신 프랑스혁명의 상징은 여성이었다. 이 그림은 단순히 여성의 성적 이미지를 부각한 것이 아니라, 사회적 통합을 상징하고자 했는데 낭만주의의 중요한 요소인 현실에 없는 진리를 대변한다.

프랑스혁명 당시 〈여성과 시민의 권리 선언*Déclaration des droits de la femme et de la citoyenne*〉을 발표한 올랭프 드 구즈는 "여성이 사형대에 오를 권리가 있는 이상 연단에 오를 권리도 가져야 한다"고 주장했다. 그러나 구즈는 결국 남성들에 의해 사형대에서 처형되었고, 국민공회의 연단은 모두 남성들로 채워졌다.

● 루소는 "여자는 남자보다 약하게 태어났으며 수동적이고 소심하기 때문에 남성적 특성이 중요한 시민사회에는 적합하지 않다"고 주장했다. 심지어 "여자는 어떤 형태의 예술도 좋아하지 않는다. 게다가 어떤 예술에 대해서도 아는 것이 없으며, 예술에 대한 재능은 더욱더 없다"고 말했다. 몽테스키외는 "아름다운 여인은 이성이 없다"고 말했으며, 칸트는 "여자는 이성이 없으며 설령 이성을 가졌다 해도 남자들에 비해 추상적 사고 능력이 떨어진다"고 했다. 니체는 《차라투스트라는 이렇게 말했다》에서 "여자에게 갈 때는 채찍 갖고 가는 것을 잊지 말라"라고 말했다.

당시 서양에서는 계몽사상가조차도 여성에 대해 지독한 편견을 갖고 있었다. 프랑스혁명의 아버지라 일컬어지는 장 자크 루소도 남자와 여자는 사회와 가정으로 활동 범위를 나누어야 한다고 주장했다.● 유럽에서 여성이 투표할 권리를 갖게 된 것은 150여 년이 지난 1920년대에 들어서다.

19세기 후반 남녀의 동등한 권리를 주장하는 자유주의적 정치 운동이 시작되었다. 구즈의 영향

시민의 세계사

을 받은 영국의 메리 울스턴크래프트가 1792년 《여성의 권리 옹호》라는 책을 출판한 후 확산된 영국의 여성참정권 운동이 대표적이다. 1903년 에멀린 팽크허스트가 폭력적인 운동을 벌이는 여성사회정치연맹을 결성한 후 서프레제트suffragette 운동이 더욱 확산되었다. 그 후 1918년에 국민대

● 1893년 뉴질랜드는 세계 최초로 여성에게 참정권을 부여했다. 여성운동가 케이트 셰퍼드가 이끄는 '기독교여성금주동맹'이 청원 운동을 주도하면서 참정권을 획득했다. 사우디아라비아는 2011년 여성 참정권을 최초로 허용한 뒤 2015년 첫 지방선거에서 투표권이 실시되었다.

표법을 제정되어 30세 이상의 여성에게 투표권을 부여했다가, 1928년에야 전체 여성의 참정권을 허용했다.● 소련은 1917년, 미국은 1920년에, 프랑스는 1944년에야 여성의 참정권을 인정했으며, 스위스는 놀랍게도 1971년에야 여성의 투표를 허용했다.

페미니즘 운동의 어제와 오늘

자유주의 여성운동은 여성도 남성과 동등한 능력을 갖고 있기 때문에 동등한 처우를 받아야 하지만, 현실적으로는 능력주의 제도로 인해 성적 불평등이 발생하고 여러 가지 제도적·법적 불평등으로 인한 기회의 차단이 불평등을 영속화시킨다고 본다. 그리하여 자유주의 여성운동은 참정권 쟁취, 교육권 보장, 취업 기회의 평등을 주장한다. 프리단이 주도했던 미국의 여성운동이 대표적인 사례다. 이들은 브래지어를 불태우고 남성을 공격하거나 레즈비언이 주도하는 급진주의 여성운동과는 거리를 두었다. 급진적 방법보다 점진적 방법으로 여성의 지위를 개선하려고 노력했다. 여성의 문제는 성의 문제라기보다 경제적인 문제로 보면서 동일 노동, 동일 가치, 동일 임금으로 해결할 수 있다고 생각했다.

그러나 자유주의 여성운동은 '여성문제'를 백인 중산층 여성의 문제로만 보고, 빈민굴이나 공장에 있는 여성들을 도외시한다는 비판을 받았다. 이러한 비판을 하

1921년 미국의 여성 참정권 시위 미국부터 사우디아라비아까지, 각 나라 여성들은 투표하기 위해 싸워야 했다. 여성에게 최초로 참정권을 인정한 나라는 1893년 뉴질랜드고 놀랍게도 스위스는 1971년에야 여성 참정권을 인정했다.

며 등장한 것이 마르크스주의 여성운동이다. 마르크스주의 여성운동은 여성문제의 근원은 성이 아닌 계급으로 보았다. 계급해방이 이루어져야 여성해방도 가능하다고 주장했다.

한편 급진주의 여성운동은 계급문제와 여성문제는 별개이고, 성차별은 가부장제를 파괴해야만 가능하다고 주장했다. 자유주의 여성운동이 금기로 여겼던 성의 영역을 정면으로 다루면서, 여성해방을 위해서는 여성의 생물학적 한계를 극복해야한다고 주장했다. 슐라미스 파이어스톤은 1970년 《성의 변증법》에서 성 역할, 일부일처, 어머니의 돌봄, 가족, 자본주의뿐 아니라 임신과 출산의 생리학을 거부했다. 그 후 급진주의 여성운동은 남성과의 성관계나 출산을 거부하고, 동성애자 운동,

인공수정, 공동 양육, 남녀분리주의 등을 지지하기도 했다. 급진주의 여성운동은 동성애에 대한 새로운 시각도 제시하고, 남녀의 성 정체성에 대한 근본적인 문제 제기를 시도했다. 그러나 급진주의 여성운동은 소수의 여성들에게서만 호응을 얻었으며, 대다수 여성들의 공감을 얻는 데 실패했다.

자유주의 여성운동과 마르크스주의 여성운동, 급진주의 여성운동 모두를 비판하며 등장한 사회주의 여성운동은 계급문제와 여성문제를 동시적 문제로 파악하고, 가부장제와 사유재산제의 문제를 함께 해결해야 한다고 주장했다. 즉, 계급해방을 우선시하는 마르크스주의 여성운동과 성 해방을 강조하는 급진주의 여성운동의 한계를 극복하고 계급과 성의 문제를 동시에 해결해야 한다고 강조했다. 이들은 주로 정당에 참여해 노동운동과 여성운동을 연결시키기 위해 노력했다. 여성 노동자의 모성을 보호하기 위한 양육 시설의 확대와 아동수당의 지급을 주장하는 동시에, 공직 선거와 공직 임명에서 여성할당제를 도입할 것을 주장했다.●

● 프랑스 사회과학고등연구원 철학 교수이며 리오넬 조스팽 총리의 부인인 실비안 아가친스키는 1997년 조스팽 내각의 여성화, 남성과 여성의 평등성에 관한 법률 개혁을 추진했으며, 남녀 동수 의회의 구성을 제안했다. 여성 할당은 30%가 아니라 50%로 해야 한다는 것이다. 그래야 진정한 양성평등이 가능하지 않을까?

1980년대 이후 포스트모더니즘이 등장하면서 페미니즘은 새롭게 변화했다. 포스트모더니즘 이론가들은 남녀의 성적 차이는 언어, 담론, 권력들을 통해 사회적으로 재구성된다고 보았다. 이들은 동성애와 성전환에 관심을 가졌다. 페미니즘 운동은 다양한 성향으로 분화했다. 특히 페미니즘의 사회적 성공과 더불어 여성은 더 이상 사회적 소수집단이 아니라면서 페미니즘과 페미니즘 아닌 것의 구별을 거부하는 경향이 등장했다.●● 그 후 여성성을 다시 강조하는 프랑스의 페미니즘, 흑인과 제3세계 여성의 다양성을 강조하는 포스트식민주의 페미니즘이 관심을 끌고 있다.

●● 포스트페미니즘은 '어머니' 혹은 '창녀'라는 이분법에서 벗어나 여성의 주체적 위치를 발견하기 위해 남자와 여자를 반대의 성으로 보는 관념을 거부한다. 이는 68혁명 때 프랑스에서 '정신분석과 정치' 그룹이 '페미니즘을 타도하라'는 플래카드를 들고 벌인 시위에서 출발했다.

남자와 여자는 태어나는가, 만들어지는가

남자란 무엇이며 여자란 무엇인가? 남자다움이란 무엇이고 여자다움이란 무엇인가? 남성은 공격적이고 적극적인데 반해, 여성은 소극적이고 수동적이라는 생각이 오랫동안 존재해왔다. 이러한 남녀의 차이가 생물학적 차이에서 비롯된 것인지, 아니면 문화에 의해 영향을 받은 것인지에 대한 논쟁도 오랫동안 계속되었다.

2005년 1월 하버드대학교 총장이자 클린턴 정부에서 재무장관을 역임한 로런스 서머스는 과학과 수학에서 여성이 남성보다 뒤떨어지는 것은 사회적 요인 때문이 아니라 선천적인 차이 때문일 수 있다고 말했다. "사람들은 남녀 간 성취도 차이를 사회적 요인 때문이라고 믿으려 하지만, 이는 더 연구해볼 필요가 있는 문제"라고 주장한 것이다. 회의에 참석한 미국 전역의 저명 학자 50명 중 한 사람이었던 매사추세츠공과대학교MIT 생물학 교수 낸시 홉킨스는 자리에서 일어나 퇴장해버렸다. 서머스 총장은 뛰어난 경영 수완으로 하버드대학교의 재정을 획기적으로 늘렸지만, 결국 연임을 포기해야 했다.

사실 20세기 초반까지 여성의 '자연적' 역할은 유전적으로 결정된 것이라는 가설이 압도적 지지를 받았다. 이에 따르면 남자와 여자는 호르몬이 결정한다. 남성의 공격성과 여성의 수동성은 호르몬에 따라 결정되는 것이다. 또한 이와 같은 생물학적 차이는 지능지수에 영향을 준다. 여성은 언어능력이 좋고 남성은 공간 인지능력이 좋다, 사춘기 전에는 여자아이들의 지능지수가 높지만 이후에는 남자아이들이 더 높다, 남학생들이 과학과 수학을 더 잘한다 등등.

그러나 페미니스트 이론가들은 이러한 이야기는 남녀의 유사한 특징은 무시하고, 남성의 우월성만 강조하는 것이며 남녀의 역할에 대한 고정관념은 시간과 함께 형성된 결과라고 비판했다. 즉 가정에서 부모들은 여자아이에게 집안일을 도울 것을 기대하지만 남자아이에게는 공부에 열중하기를 기대한다. 학교에서도 여자아이들은 수학과 과학을 열심히 공부하면 과학자나 기술자가 될 수 있다는 성취동기를 얻지 못한다. 사회에서도 여성은 육아를 도맡아야 한다는 기대가 크다. 성 역할에 대한 이러한 고정관념은 사회의 성차별주의sexism로 변화한다.●

● 성차별주의는 성의 차이 때문에 발생하는 부당한 차별을 가리킨다. 성적 모욕 같은 개인적 차원의 차별도 있고 고용·승진·보수 등 제도적 차원의 차별도 있다.

페미니스트 이론가들은 아버지가 지배하는 가족 형태인 가부장제가 남성이 지배하는 사회의 성격을 대변한다고 보았다. 그들에 따르면 성 역할에 대한 고정관념에는 남성이 우월하다고 여기는 권력의 힘이 존재한다. 하지만 남성성과 여성성은 단일한 문화적 산물이 아니라, 계급·성·연령·교육 등 여러 가지 차원에서 만들어진 것이다. '남자다움'과 '여자다움'은 자연적으로 존재하는 것이 아니라 사회적으로 만들어진다. 성 역할이란 본질적으로 여성을 남성에 복종하도록 유지하는 방법이며, 남성이 현재 상태를 유지함으로써 자신들의 이익을 지키려는 가부장적 사회 때문에 재생산되고 있다.

남자의 일과 여자의 일이 따로 있는가

생물학적 성 차이는 유아기 단계에서 부모에 의해 의식적 또는 무의식적으로 젠더 차이로 변화한다. 연구에 따르면, 남자아이와 여자아이에 대한 부모의 태도는 매우 다르다. 생후 6개월 이전의 아이들을 관찰한 결과, 부모들은 여자아이에게 더 빨리 밥을 먹이고, 더 자주, 오랫동안 울게 내버려두고, 함께 놀아주는 시간이 적었다. 이렇게 유아기에 학습한 성 차이는 성장한 후에도 영향을 미친다. 젠더의 사회화는 아동기 단계부터 본격적으로 시작된다. 미국 인류학자 마거릿 미드는 모든 사회에는 일정한 형태의 젠더 차이가 있으며, 남성의 일과 여성의 일이 구분되어 있다고 인정한다. 그런데 어떤 사회에서는 여성의 역할인 것이 다른 사회에서는 남성의 일이 될 수 있다. 그런데도 만약 그 일이 여성의 일이면 사회적으로 낮은 대우를 받는 반면, 남성의 일로 인정받으면 높은 대우를 받는다고 주장했다.

군수공장의 여성 노동자들 남녀의 성별 분업은 생물학적 요인일까, 사회화의 결과일까. 두 차례의 세계대전을 치르면서 여성들은 전쟁터에 나간 남성을 대신해 공장에서 일했다.

현대 산업사회에서 남녀의 성별 분업은 일반적인 현상이다. 일반적으로 남성은 밖에서 직업을 갖고, 여성은 가정주부 역할을 수행한다. 이와 같은 성별 분업은 산업화로 인해 노동 장소가 분리되면서 발생했다. 남성은 임금이나 지위가 높은 직업을 갖고, 여성은 단순한 서비스 직업에 종사하는 비율이 높아 이를 '여성의 일'이라고 불러왔다.● 그러나 남녀의 역할은 생물학적 요인이 아니라 사회화의 결과라고 보는 페미니즘이 확산되면서, 남자의 일과 여자의 일을 구분하려는 시도 자체가 남녀 사이의 불평등한 권력관계를 위장하고 있다는 비판을 받았다.

● 산업화 이전의 전통 사회에서도 대체로 '남자의 일'과 '여자의 일'은 구분되었다. 예를 들면 여자는 곡물 재배와 직물 제조를 담당하고, 남자는 사냥과 도자기 제조를 담당했다.

'만들어진' 남존여비의 풍습

오랫동안 한국에서 여성의 지위는 매우 낮았으며 여러 가지 사회적 제약이 많았던 것으로 알려져 있다. 그러나 항상 그랬던 것은 아니다. 여성의 사회적 지위는 역사적 조건과 시대 상황에 따라 변화가 있었다. 삼국 시대와 고려 시대에는 여성들이 비교적 자유롭게 활동할 수 있었다. 조선 시대에 들어서 성리학이 본격적으로 도입되면서 여성의 지위가 하락했다.

조선 전기까지 농촌의 가족 제도는 자녀에 대한 균분상속제를 기반으로 하고 있었다. 균분상속제는 부모의 재산을 자녀에게 공평하게 물려주는 제도로서, 남자와 여자, 장남과 차남의 차별이 없었다. 야심 있는 청년들이 출세할 수 있는 지름길은 재산 많고 권력 있는 집안에 '장가가는' 것이었다. '장가杖家간다'는 말은 신부의 집에 가서 산다는 뜻이다. 당시에 대부분의 남자들은 결혼하고 아이가 낳아 자랄 때까지 아내의 집에서 살았다.● 처가 마을에 정착해 평생 사는 경우도 많았다. 그들의 아들도 역시 자신의 처가 마을로 장가를 갔다. 따라서 부계가족은 강력하게 유지될 수 없었다. 이러한 풍속은 고

> ● 신사임당은 19세에 결혼해 친정인 강릉에서 딸 셋과 아들 넷을 낳고 키우며 무려 20년이나 살다가 시댁인 파주로 갔다.

대로부터 조선 전기까지 오랫동안 유지되어온 것으로서 한반도 전역에서 쉽게 찾아볼 수 있다.

조선 중기까지만 해도 가부장적 가족 제도는 그다지 엄격하지 않았다. 남녀의 차이는 인정했지만 남녀의 차별은 심하지 않았다. 1485년 성종 때 완성된 법전《경국대전》의 재산 분배와 상속 규정을 보면, 재산 상속 시 본처의 소생인 경우 장남에서 혼인한 딸에 이르기까지 모두 똑같이 분할하도록 규정하고 있다. 또한 제사 역시 아들딸의 구별이나 장남과 차남 구별 없이 똑같이 나누어 모시게 했다. 유학자 율곡 이이는 외할머니(신사임당의 친정어머니)로부터 서울의 기와집과 노비, 전답을 물려받는 대신에 그녀의 제사를 맡아 행했다. 족보도 성별 구별 없이 태어난 순서

조선왕조가 안정되고 유교 이념이 농촌 사회에 까지 뿌리내리면서 강력한 부계가족이 형성되기 시작했다. 특히 농촌을 정치적·경제적 기반으로 삼았던 사림들은 중앙 정치에서 세력을 확보하기 위해 농촌 사회를 재조직하고자 했다. 그러나 경제적으로 평등한 조건에서는 남녀 혹은 형제 간 서열과 위계를 세우기는 어려웠다. 사림은 자녀 균분상속제 타파와 장자상속제를 주장하고 정착시켰다. 임진왜란과 병자호란을 거치면서 기존의 가치관이 붕괴되고 혈연과 자손에 의존하는 문화가 확산된 것도 영향을 주었다.●●

가부장제와 장자상속제가 확산되면서 농촌에서는 점차 같은 성씨들이 모여 사는 씨족 마을이 형성되었다. 이런 마을에는 종가가 있고, 재산을 상속한 장남이 가문의 제사를 책임진다. 이때부터 '시집간다'는 말이 쓰였다. 동시에 '겉보리 서 말 이면 처가살이 하지 않는다'는 말도 퍼졌다.

● 이런 점에서 조선 전기 감동과 어우동의 간통 사건은 매우 시사적이다. 이들은 기생이 아니었다. 감동은 검한 성 벼슬을 한 유귀수의 딸로 평강 현감을 지낸 최중기의 아내가 되었으며, 어우동은 승문원 지사였던 박윤창의 딸로서 종친인 태강수 이동과 결혼해, 정4품 혜인惠人이란 품작까지 받은 양반 여성이었다. 상류층 부인이었던 이들은 다른 남자들과 간통을 했다는 이유로 집에서 쫓겨났다가 급기야 국가의 처벌을 받게 되었다. 그런데 이들의 처벌 수위는 달랐다. 세종 시대의 감동은 조정 관리와 자제들 39명과 간통했다는 혐의를 받았으나 사형은 면했다. 그런데 성종 시대의 어우동은 교수형에 처해졌다. 원래 여성의 간통은 집에서 쫓아낼 수는 있지만 사형에 처할 만한 죄는 아니었다. 율에 따라 유배에 그쳐야 한다는 반대에도 불구하고, 조정 대신들은 어우동을 엄벌에 처해 가정과 사회의 기강을 잡아야 한다고 생각했던 것이다. 물론 어우동과 관계한 남자들은 한 사람도 처벌받지 않았다. 문초 과정에서 드러난 고위 관리들은 한결같이 어우동과의 관계를 부인했다. 일이 더 커지기 전에 어우동은 교수형을 당했고, 조선 최대의 스캔들은 막을 내렸다.

●● 당시 권력을 장악한 노론의 지도자 송시열은 동성동본의 결혼을 금지시켰다. 오늘날 유림들이 그토록 지키고자 애쓰는 동성동본 결혼 금지가 실은 그리 오래된 풍습이 아닌 것이다.

한국 여성의 지위와 오늘날 여성운동

조선 후기 가부장제가 강화되면서 각 집안에서 장자 중심의 상속 제도와 예법을 강조하는 전통이 형성되었고, 학문에서도 예학이 발전하게 되었다. 또한 족보가 일반화되기 시작했으며, 딸 대신 사위를 기재하고 외손을 기재하지 않게 되었다.

장가가는 길 성경을 보면 모세도 미디안 제사장 집에서 40년간 처가살이를 했다고 한다. 우리의 경우도 조선 초기에는 처가살이가 당연했으나, 조선 후기에 친영례 풍습이 보편화되었다. 가부장 질서가 확고해지면서 여성의 시집살이가 시작된 것이다. 그림은 기산 김준근의 〈혼행〉

딸은 이름도 없이 사라진 것이다. 씨족 마을은 철저히 남자를 중심으로 한 부계가족을 형성했다. 경상도 안동과 충청도 논산에 가보라.* 이로써 가문을 중심으로 학파와 당파가 형성되는 사회적 토대가 마련되었다.

이 시기부터 조선의 양반 사회는 고대 중국의 율법에 따라 여자에게 '삼종三從'의 의무를 강요했다.** 조선 중기 이후 여성의 사회적 지위는 낮아졌다. 여성의 재산 상속이 인정되지 않으면서 단지 여자라는 이유만으로 재산을 가질 수 없게 되자 여성은 아버지, 남편, 그리고 아들에게 경제적으로 종속될 수밖에 없었다. 경제적인 의존은

● 안동에는 광산 김씨, 안동 권씨, 의성 김씨, 풍산 류씨의 집성촌이 있으며, 논산에는 광산 김씨, 은진 송씨, 파평 윤씨의 집성촌이 있다.

●● 중국 춘추전국시대의 《의례》를 보면, 여성은 시집가기 전에는 아버지에게, 시집간 후에는 남편에게, 남편이 죽으면 아들을 따르도록 되어 있다.

결국 정치적 의존도를 높일 수밖에 없었다.

조선 시대 들어 시간이 지나면서 여성의 사회적 지위는 하락했으며, 심지어 과부의 재혼도 금지되었다. 성종 이후부터 양반 여성이 재혼하면 그 자식이 과거에 진출할 수 없도록 제한했으며, 조선 중기 이후로는 과부 재가 금지를 권장했다. 재가하지 않은 과부가 스스로 목숨을 끊는 경우에 조정에서 열녀문을 세워주는 관습이 생겨났다. 여자는 '일부종사'해야 한다는 발상이었다. 비슷한 유교 문화권인 중국과 일본에서는 과부의 재가까지 금지하지는 않았다.

결국 과부 재혼 금지는 1884년 개화당이 집권해 갑오개혁이 이루어졌을 때에야 비로소 타파되었다. 그렇다고 이때부터 남녀의 사회적 권리가 평등해진 것은 아니었다. 그 후로도 꽤 오랫동안 남성의 축첩은 허용되었으며, 간통의 경우에도 여성만 처벌되고 남성은 처벌되지 않았다. 축첩제 금지와 간통죄 쌍벌제가 도입된 것은 1948년 대한민국이 수립되고 헌법이 만들어진 다음이었다.

그런데 대한민국이 수립된 뒤에도 바뀌지 않은 것이 있었다. 바로 호주제다. 한국의 여성들은 '시집'을 가면 '호적'을 파서 가야 했다. 그것이 곧 결혼증명서였다. 혼인증명서가 따로 없이 여성의 호적을 남성의 호적으로 옮기면 그만이었던 것이다. 그런데 이 호적이란 것은 조선 시대에 존재한 것이 아니고 일제강점기에 조선총독부가 만든 법에 따른 것이었다. 법을 만든 일본에서조차 이미 폐기한 호주제를 한국은 해방 후 50년이 넘도록 붙들고 있었다.

한국에서 남녀의 사회적 권리가 법률적으로 동등해진 것은 매우 최근의 일이다. 여성의 참정권은 1948년 제헌국회 선거 때부터 허용되었다. 서양과 같은 여성 참정권 운동 없이 다소 쉽게 이루어졌다. 그러나 일자리에서의 평등은 쉽게 이루어지지 않았다. 산업화가 이루어지면서 여성의 취업과 사회 진출이 급속하게 증가했지만, 남녀의 임금격차와 성차별은 오랫동안 유지되었다. 1987년 민주화운동 이후에야 취업과 직장에서 남녀의 평등한 기회와 대우를 보장하기 위한 '남녀고용평등법'이 제정되었다.

'여성'에 대한 '묻지 마' 범죄 2016년 벌어진 강남역 여성 살인 사건의 추모 현장. 혐오 범죄냐, 묻지 마 범죄냐를 두고 논쟁이 오갔다. 가해자는 여성임을 확인한 후 살해했고, 그 방법이 '묻지 마'였다. 억울한 죽음 앞에 이런 논쟁은 의미가 없다.

1989년에는 재산 상속 등 양성평등의 내용을 포함하도록 가족법이 대폭 개정되었고, 2005년에는 호주제 폐지가 국회에서 결정되었다. 성폭력특별법, 가정폭력방지법, 성매매방지법이 제정되면서 여성에 대한 폭력은 사회의 구조적 폭력이라는 인식이 확산되고 국가의 적극적인 개입이 필요하다는 공감이 커졌다. 이러한 변화는 특히 여성들의 적극적인 노력으로 이루어진 결과다. 오늘도 한국에서는 가부장제 사회에 맞서 여성의 사회적 지위를 개선하려는 여성운동이 활발하게 이루어지고 있다.

그러나 여성의 경제활동 참여 비율이 높아지고 있는 현실에도, 여성들의 일자리는 여전히 전문직·기술직·관리 행정직보다는 임금, 숙련도와 기술적 능력이 낮은 생산직·단순 서비스직·판매직 등에 집중되어 있다. 또한 임시직·일용직·시간제 고용인 경우가 많아 여전히 노동시장과 취업 구조에서 성차별이 유지되고 있다.●

2010년 이후 '일베' 등 인터넷에서 여성 혐오 발언이 확산되고 남성 혐오 사이트로 알려진 '메갈리아'가 등장하면서 여성에 대한 폭력과 남성 우월주의가 논쟁을 일으켰다. 2016년 '강남역 노래방 살인 사건' 추모 운동으로 여성 혐오 범죄가 중요한 사회문제로 부각되었다. 한국의 여성운동은 사회경제적 차원뿐 아니라 문화와 정체성의 영역에서 새로운 대중운동으로 확산되면서 양성평등, 인권, 민주주의의 중요한 과제를 수행하고 있다.

더 읽을거리

- 마거릿 미드, 조혜정 옮김, 《세 부족사회에서의 성과 기질》, 이화여대출판부, 1998.

- 제프리 윅스, 서동진 옮김, 《섹슈얼리티: 성의 정치》, 현실문화연구, 1999.

- 오장미경, 《오늘의 페미니즘, 세계 여성운동》, 문원출판, 2000.

- 앤서니 기든스, 배은경·황정미 옮김, 《현대사회의 성, 사랑, 에로티시즘》, 새물결, 2001.

- 피에르 부르디외, 김용숙 옮김, 《남성 지배》, 동문선, 2003.

- 여성문화이론연구소, 《페미니즘의 개념들》, 동녘, 2015.

- 한우리, 《페미니즘 선언》, 현실문화, 2016.

- 벨 훅스, 이경아 옮김, 《모두를 위한 페미니즘》, 문학동네, 2017.

지구가 병들면

그 속에 사는 사람도 병든다.

대표적인 환경운동 단체

그린피스의 활동 모습.

15 지구를 구하라

환경운동의 도전과 생태학

'자연에 대한 통제'라는 오만한 표현은 자연이 인간의 편의를
위해 존재한다고 생각했던 네안데르탈 시대의 생물학과 철학
에서 탄생한 것이다.
―레이첼 카슨, 《침묵의 봄》 중에서

1979년 독일에 듣도 보도 못한 새로운 정당이 등장했다. 환경을 보호하자
는 구호를 내걸고 등장한 녹색당은 기성 정치 세력과는 전혀 달랐다. 68혁명
출신과 풀뿌리 시민운동가들이 주축이 된 녹색당은 이전의 정치에서 보았던 좌익
과 우익의 구분과는 다른 새로운 패러다임을 주장했다.

녹색당이라 하면 환경주의자들만 모인 정당이라고 생각하기 쉽다. 하지만 녹색
당은 사회주의자부터 무정부주의자에 이르기까지 생태학 사상에 공감하는 다양한
사람들이 모인 곳이다. 생태학ecology이라는 새로운 차원의 문제를 제기한 이들은
인간과 자연의 조화를 위해 성장 우선의 생산구조를 변경하고, 공정한 재분배를 실

현하자고 제안했다. 또한 분권적 직접민주주의 제도를 채택하고, 국가의 억압에 대해 저항권을 행사하는 경우를 제외하고는 모든 활동에 비폭력적 수단을 사용하겠다고 했다. 생태주의, 사회적 책임, 풀뿌리 민주주의, 비폭력주의 이 네 가지는 녹색당의 기본 원칙이었다.

녹색당의 주장은 무엇인가

녹색당은 1984년 총선에서 5.6%의 지지율을 얻어 최초로 연방의회에 진출했다. 그리고 10년 뒤인 1994년 총선거에서는 7.3%의 지지로 49석을 얻어 연방의회 의석수를 대폭 늘렸다. 이는 독일의 독특한 비례대표 제도 덕분이기도 하다. 지역구에서는 단 한 곳도 1위 득표를 하지 못했지만, 정당의 득표 비율에 따라 비례대표를 통해 많은 수의 녹색당원들이 연방의회에 진출할 수 있었던 것이다. 고등학교를 갓 졸업하고 19세의 나이로 독일 의회 사상 최연소 하원 의원이 된 안나 뤼어만은 2002년 총선 때 프랑크푸르트 서부 교외 오프하임에서 출마했는데, 지역구에서는 7.1%의 득표율로 4위에 그쳤지만, 소속당인 녹색당의 높은 득표율에 따라 비례대표로 당선됐다.

녹색당 의원들은 청바지에 운동화를 신은 채 자전거를 타고 등원했다. 한국에서도 2003년 유시민 의원이 국회에 첫 등원하면서 하얀색 면바지를 입어 논란이 된 적이 있는데, 녹색당의 패션에 비하면 이는 점잖은 편이라 하겠다. 톡톡 튀는 새로운 녹색당의 주요 지지층은 청년층과 여성층이며, 그 지도층은 중산계급 출신의 지식인이다. 조직상의 특징은 직접민주주의 제도를 채택함과 동시에 구성 단체 간의 상하 관계가 존재하지 않는 점이다. 정당은 복수의 대변인만 선임하고, 비례대표도 4년 임기를 1년씩 네 사람이 교대로 의원직을 승계하면서 활동한다.

1984년 인도 보팔의 유니온 카바이드 독가스 유출 사고와 1986년 소련 우크라이나의 체르노빌 원자력발전소의 사고 이후 전 유럽에서 생태학에 관한 관심이 고조되면서 녹색당의 지지층이 급속도로 확대되었다. 또한 전 유럽 차원의 핵무기 폐기 운동이 확대되면서 녹색당의 의제는 더욱 많은 사람의 관심을 끌었다. 오늘날 독일뿐만 아니라 프랑스, 영국, 이탈리아 등 유럽 전역에 녹색당을 모방한 정당들이 생겼으며, 이들은 유럽의 모든 녹색당이 하나로 단합해 궁극적으로는 환경보호를 추구하는 유럽 합중국United States of Europe을 창설하자고 제안했다.

이러한 노력의 일환으로 2004년 범유럽 정당인 유럽녹색당EGP이 창당됐다. 유럽녹색당은 2004년 선거에 참여해 총 732개 의석 가운데 42석을 얻어 의회 진출에 성공했다. 그 후 녹색당은 전 세계로 확산되어 스위스, 핀란드, 남아프리카공화국, 호주, 콜롬비아, 페루, 브라질 등 대부분의 민주주의국가에서 존재하고 있다. 2009년 있었던 유럽연합EU 선거에서 녹색당-유럽자유연맹Greens-EFA은 총 736석 가운데 42석(5.7%)을 얻어 교섭단체 가운데 5위를 차지했다. 유럽 녹색당의 주요 강령은 기후 보호, 유럽연합의 농업정책 수정, 재생 가능한 에너지 개발, 민주적 유럽연합 건설, 핵 원자력 시설의 철거, 유전자 변형 식품의 중단 등이다.

녹색당의 새로운 정치 실험은 중요한 의미가 있다. 지난 수백 년 동안 유럽은 산업자본주의 발전을 이끈 전통적 자유주의자들, 노동조합과 복지국가의 발전을 주도한 사회민주주의자들이 주도했다. 이들은 좌파와 우파로 나뉘어 서로 갈등하기도 하고 경쟁도 했다. 이들이 주도한 전통적 정치의 주요 가치는 자유 대 평등, 또는 성장 대 분배였다. 그런데, 녹색당이 제기한 생태학이야말로 이에 필적하는 새로운 이데올로기로 대두하고 있는 것이다.

녹색당은 전통적인 좌파와 우파의 구분에 속하지 않는 환경보호와 생태학을 주장한다. 이들은 환경 파괴 산업을 주도하는 기업에 비판적이지만, 기업과 협력해 환경 파괴에 동조하는 노동조합에도 비판적이다. 생태학은 환경을 보호하자는 측면에서 보수적인 면이 있지만, 자본주의경제 질서에 비판적이라는 측면에서 급진적인 면을 갖고 있다. 어쨌든 좌우의 구분으로 설명할 수 없는 정치적 녹색운동의 실험은 인간 문명과 자연환경의 관계에 대해 근본적인 문제 제기를 하고 있다.

이스터섬의 사람들이 사라진 이유

남태평양에 이스터라는 섬이 있다. 삼각형의 화산섬에 살고 있는 원주민들은 '라파 누이'라고 불렸지만, 1722년 네덜란드 탐험가 야콥 로게벤이 부활절Easter에 이 섬을 발견한 뒤로 이스터라고 불렸다. 이 섬에는 사람 얼굴을 한 거대한 석상들이 있다. 고고학상 매우 중요한 가치가 있는 이 석상에는 폴리네시아 문화권에서 유일한 문자가 적혀 있으나, 거석을 만든 사람들이 누구인지는 명확하지 않다.

원주민들은 이스터섬에 있는 돌 유적을 '아후'라고 부른다. 고고학자들은 아후가 조상의 영혼을 모시는 성스러운 장소였다고 보고 있다. 돌 기단인 아후 위에 세워진 '모아이'라고 불리는 석상은 260여 개나 되는데, 몇 개를 제외하고는 바다가 보이는 절벽과 해안을 따라 서 있고, 섬을 일주하는 형태를 이루고 있다. 전형적인 석상 하나는 길이 45m, 너비 2.7m, 높이 2.4m에 달하는 것으로서 최대 6톤의 돌로 쌓아 만들어졌다. 이 거대한 석상은 누가, 왜 만들었을까? 그리고 석상을 만든 사람들은 어디로 갔을까? 이스터섬 이야기는 수수께끼로 남아 있다. 이스터섬의 문명 붕괴를 둘러싸고 환경 파괴설, 종족 갈등설, 그리고 우주인이 석상을 만들었다는 UFO 개입설까지 나돌았다.

고고학 및 고생물학의 연구 조사 결과에 따르면, 거석상은 12~15세기 동안 조각되었고, 당시 원주민의 숫자는 약 7000명~2만 명이었던 것으로 보인다. 그러면 거대한 석상은 어떻게 운반했을까? 아마도 통나무를 사용했을 것으로 짐작된다. 늪지의 침전물에 있는 꽃가루를 조사해보니, 오래전부터 이 섬에는 아열대 수림이 우거져 있었으며, 지금은 찾아볼 수 없는 거대한 야자수가 많이 있었다는 사실이 밝혀졌다. 거대한 야자수로 만든 둥근 통나무는 모아이를 운반하기에 적합했다. 그러면

이스터섬의 미스터리 모아이 석상이 미스터리로 남은 이유는 누가, 언제 만들었는지 알 수 없기 때문이다. 만든 사람은 사라지고 모아이만 남았다.

이 숲은 모두 어디로 갔나?

2004년 미국 생물학자 재러드 다이아몬드가 출간한 《문명의 붕괴》는 이스터섬의 멸망에 대해 좀 더 사회학적인 설명을 제공한다. 그에 따르면 당시 이스터섬의 지배계급들은 너나 할 것 없이 종교적 목적으로 모아이 만들기에 여념이 없었다. 풍요로웠던 섬은 서로 먹고 할퀴는 아비규환이 되었다. 풍부했던 나무는 잘려 나갔고, 농지는 줄어들었다. 인구는 많아지고, 지배계급은 자신의 이익에만 급급했다. 전쟁이 일어났고, 식량이 부족해 식인 풍습도 생겼다. 그들은 경쟁하는 상대 부족의 모아이를 쓰러뜨리거나 머리를 부수는 방법으로 증오심을 표현했다. 그러면서도 그들은 계속 나무를 베어냈고, 결국 나무는 더 자라지 않았다. 야자수는 1400년경 완전히 사라진 것으로 추측된다. 숲이 사라짐에 따라 토양도 황폐해져 식량이 부족하게 되었다. 결국 모아이만 남긴 채 사람들은 사라져갔다.● 이스터섬의 마지막 나무를 벤 사람은 무슨 생각을 했을까?

수백 년이 지난 지금 우리는 환경 파괴가 어떻게 문명의 붕괴를 가져오는지 잘 알게 되었다. 하지만 인류는 지금도 똑같은 오류를 저지르고 있다. 다이아몬드는 르완다, 도미니카, 아이티, 중국, 호주에서도 비슷한 상황이 벌어지고 있다고 말한다. 세계 곳곳에서 나무가 잘려나가고 숲이 사라지면서 사막이 늘어나고 있다. 거리에는 자동차가 넘치고 끊임없이 도로가 건설되고 있으며 도시에는 소음과 매연이 가득 차 있다. 어쩌면 지구 전체에서 똑같은 오류가 동시에 일어나고 있는지도 모른다.

지구온난화는 정말 위험한가

현재 전 지구적 차원에서 가장 심각한 환경 위기는 지구가 따뜻해지고 있다는 지구온난화다. 과연 그럴까? 사실 이것은 과학자와 환경운동가들 사이에서 계속되고 있는 논쟁거리다. 과학적 불확실성이 있기 때문이다. 지구온난화는 산업혁명 전에도 있었다는 주장이 있다. 문제는 19세기 들어 석탄·석유 같은 화석연료 사용량이 증가하고 삼림 벌채가 급속도로 이루어지면서 지구온난화의 속도가 빨라지고 있는 것이다.

그럼 지구온난화는 왜 발생하는 것일까? 지구온난화가 처음 공식적으로 제기된 것은 1972년 '로마클럽'의 보고서에서였다. 지구의 이산화탄소 농도는 10만 년 동안 거의 변화가 없다가 1800년대 산업혁명 200년 후에 30%나 증가했다. 대기 중에 축적된 이산화탄소는 지구의 복사열을 차단해 지구온난화를 유발한다. 1985년

| 북극곰의 눈물 북극곰은 갈수록 심해지는 얼음 손실 때문에 육지에서 번성할 수 없다.

세계기상기구WMO와 유엔환경계획UNEP은 이산화탄소가 지구온난화의 주요 원인이라고 공식 선언했다.● 현재 지구온난화를 일으키는 물질은 이산화탄소 외에 메탄, 아산화질소, 염화불화탄소(프레온), 수중기 등으로 추정된다. 이산화탄소의 영향이 55%며, 염화불화탄소 24%, 메탄 15%, 아산화질소가 6%의 영향을 미친다고 본다. 이 가운데 메탄과 아산화질소는 많은 양이 자연계에서 방출되기 때문에 배출을 억제하기가 어렵다. 이산화탄소와 염화불화탄소는 주로 산업 시설과 민간 주택에서 이용하는 연료에서 발생한다. 특히 염화불화탄소는 지구의 대기층 상층에 있는 오존층을 파괴하는 물질로 알려져 있다. 오존층은 지구의 생물들에게 해로운 태양 자외선을 흡수하는 기능을 한다. 이게 없어지면 생물은 물속에서나 살아남을 수 있다.

● 2000년 7월 미국항공우주국은 지구온난화로 그린란드의 빙원이 녹아내려 지난 100년 동안 해수면이 약 23cm 상승했다고 발표했다. NASA 연구팀이 과학잡지 《사이언스》에 게재한 논문에 따르면, 그린란드 빙원이 녹아 1년에 500억 톤 이상의 물이 바다로 흘러들어 해수면이 0.13mm씩 상승하고 있으며, 그린란드의 빙하는 매년 2m씩 얇아지고 있다.

오존층이 파괴되어 지구의 기온이 상승할수록 바닷물이 따뜻해져 남극 및 북극의 빙하와 고산지대의 만년설이 녹아 해수면이 높아지게 된다. 또한 육상 및 해양 생태계가 파괴되고, 농작물의 수확량이 감소하는 등 지구 전역에 광범위한 피해가 예상된다. 얼음이 녹을수록 지구 표면이 태양 에너지를 많이 흡수해 지구온난화가 촉진되는 악순환이 계속되고 있다. 이러한 지구온난화 현상을 방지하기 위해서는 이산화탄소 고정화 기술 개발과 대체에너지의 개발이 이루어져야 한다. 그러나 무엇보다 개개인의 에너지 절약을 위한 노력과 국제적 협력이 중요하다.

인류가 기후변화를 해결할 수 있을까

이제 지구온난화는 전 지구적 의제다. 1988년에 최초로 기후변화에 관한 정부 간 패널이 구성되어 이에 관한 조사와 연구를 수행하며 대응 전략을 제시했다. 1995년 3월 독일 베를린에서 개최된 '기후변화 협약' 제1차 당사국 총회에서 협약의 구체적 이행을 위한 방안이 추진되었다. 1997년 제3차 당사국 총회에서 온실가스 감축의 목표에 관한 의정서를 채택키로 하는 '베를린 위임 사항'이 채택되었다. 이에 따라 2000년부터 온실가스를 감축하기로 한 '교토의정서'가 채택되었다. 교토의정서는 온실가스의 감축 목표와 감축 일정, 개발도상국의 참여 문제로 선진국 간, 그리고 선진국과 개발도상국 사이의 의견 차이로 심한 대립을 겪기도 했지만, 2005년 2월 16일 공식 발효되었다.

교토의정서는 가맹국의 온실가스 배출량을 정하고 그 배출권을 거래하는 방식을 고안했다. 기후변화의 방지를 위해 국제 협약으로 개별 국가가 경제를 운영하는 방식을 제한한 것이다. 교토의정서는 먼저 기후변화 협약의 구체적 이행 방안으로 선진국의 온실가스 감축을 위한 목표를 규정했다. 의무 이행 대상국은 미국, 캐나다, 호주, 일본, 유럽연합EU 회원국 등 총 38개국이다. 각국은 2008~2012년 사이에 온실가스 총 배출량을 1990년 수준보다 평균 5.2% 정도 감축해야 했다. 각국의 감축 목표량은 -8~+10%로 나라별로 차이를 두었다. 1990년 이후의 토지 이용의 변화와 산림에 의한 온실가스의 제거를 의무 이행 당사국의 감축량에 포함하도록 했다. 이에 따라 유럽연합은 8%, 일본은 6% 수준으로 온실가스를 2012년까지 줄이기로 했다.[•]

한국은 제3차 당사국 총회에서 기후변화 협약의 개발도상국으로 분류되어 의무 대상국에서 제외되었다. 일부 선진국들은 감축 목표의 합의를 명분으로 한국, 멕시코 등이 선진국과 같이 2008년부터 자발적인 의무를 수행할 것을 요구했고, 제4차 당사국 총회 기간에 아르헨티나, 카자크스탄 등 일부 개발도상국은 자발적으로 의무를 수행할 것을 선언했다.[••]

● 감축 대상 가스는 이산화탄소CO_2, 메탄CH_4, 아산화질소N_2O, 불화탄소PFC, 수소화불화탄소HFC, 불화유황SF_6 등 여섯 가지다. 당사국은 온실가스 감축을 위한 정책과 조치를 취해야 한다. 특히 에너지 효율의 향상, 온실가스의 흡수원 및 저장원의 보호, 새로운 에너지와 재생에너지의 개발과 연구 등을 추진해야 한다. 의무 이행 당사국의 감축 이행 시 신축성 있는 배출권 거래, 공동 이행, 청정 개발 체제 등의 제도를 도입했다.

●● OECD가 발간한 〈제3차 한국 환경 성과 평가 보고서〉에 따르면 우리나라는 OECD 국가 중 온실가스 배출량이 다섯 번째 많은 국가로, 2013년 기준 2.38배 증가했다. 이런 증가 규모는 터키에 이어 두 번째다. 2015년 파리 기후변화 협약에 따라 한국도 2021년부터 온실가스 의무 감축 대상국에 포함된다.

특히 미국은 전 세계 이산화탄소 배출량의 28%를 차지하고 있지만, 자국의 산업 보호를 위해 2001년 3월 교토의정서를 탈퇴했다.[•••] 하지만 2005년 미국 남부를 강타한 카트리나와 리타 등 초대형 허리케인의 공포가 이어지면서 부시 정부의 환경 정책이 다시 세계 여론의 도마 위에 올랐다. 《뉴욕 타임스》는 《사이언스》에 게재된 미국 조지아공과대학교 연구팀의 연구 결과를 인용하며, "상당수 과학자가 지구 온난화로 인한 해수면 온도 상승이 허리케인의 강도와 강우량을 급속히 증가시킨 것으로 보고 있다"고 지적했다. 온실가스 배출국 1위인 미국은 1997년 선진국 온실가스 감축 목표치를 규정한 교토의정서의 비준을 줄곧 거부했다. 그동안 미국의 교토의정서 가입을 줄기차게 촉구해온 영국과 독일 등 유럽 국가들은 리타의 미국 상륙에 맞춰 다시 비판의 목소리를 냈다. 교토의정서를 거부하는 부시 정부의 입장

●●● 미국은 1997년 일본 교토에 열린 기후변화 당사국 총회에서 도출된 교토의정서에 서명했으나 의회가 비준하지 않아 가입국이 되지 못했다. 당시 다수당인 공화당이 내세운 반대 이유 중 하나는 "중국이 서명하지 않았다"는 것이다. 다른 한편 교토의정서는 미국의 경제적 이익과 충돌할 수 있다. 부시 정부의 부통령이었던 딕 체니는 미국의 거대 석유회사 엔론과 연루된 인물이며 석유회사 사장이다. 콜린 파월은 걸프전 당시 합참의장이었으며, 석유 관련 기업의 주식을 보유하고 있었다. 당시 국방장관 로널드 럼즈펠드는 미국 최대의 군산복합체의 사장을 지냈으며, 법무장관을 지냈던 존 애쉬크로프드는 환경오염을 제재하는 법률을 억제해 기업의 편을 들었다. 물론 부시 자신도 텍사스에 있는 석유회사의 사장이었으며, 다른 석유회사에도 투자했다. 즉 부시 대통령과 각료들은 모두 석유 산업과 연루되어 있었다. 이들은 교토의정서에 찬성하면, 알래스카의 석유를 개발할 계획을 가지고 있는 미국의 산업이 어려움에 처하리라 생각한 것이다.

은 계속 논쟁거리가 되었다.

2020년 만료되는 교토의정서를 대체하기 위해 2015년 파리에서 유엔 기후변화 협약 당사국 총회에 195개국이 모여 '역사적인' 신기후체제에 합의했다. 가장 많은 온실가스를 배출하면서도 교토의정서에 불참한 중국과 미국이 참여하면서 기후변화에 대응한 국제사회의 협력이 큰 성과를 거두었다. 195개국은 산업화 이전 수준 대비 지구의 평균온도가 2℃ 이상 오르지 않도록 온실가스 배출량을 감축하는 협정에 합의했다. 파리 협정은 11월 4일 발효됐고, 2016년 11월 현재 109개국이 비준했다. 그러나 2016년 파리 기후변화 협정의 탈퇴를 공언한 공화당 후보 도널드 트럼프가 당선되면서 암운이 드리우기 시작했다. 기후변화에 대응하는 인류의 노력은 지속적인 도전에 직면하고 있다.

석유 연료의 사용을 줄이려면

석유 연료를 쓰는 공장을 기반으로 하는 산업사회에서 이산화탄소 감소는 불가능한가? 사실 지구온난화를 유발하는 이산화탄소의 배출은 공장이나 기업의 책임이 크다. 동시에 온실가스는 석유·가스 등 화석연료를 사용하는 민간 주택과 자동차의 영향으로 만들어진다. 그런데 석유 연료 이외에 새로운 환경친화적인 연료가 충분하게 개발되지 않고 있다. 녹색운동은 오래전부터 태양열·풍력 등을 이용한 신

무너진 원자력 안전 교과서에서 원자력은 값싸고 친환경적인 에너지라 배워왔다. 하지만 2011년 3월 일본을 강타한 대지진과 그 여파로 후쿠시마 원자력발전소의 방사능 누출 사고가 이어졌다. 2016년 경주, 2017년 포항 지진으로 보건대 한국도 더 이상 안전지대가 아니며, 더구나 그 지역은 원진 밀집 지역 중 하나. 원전 폐쇄는 전 세계적인 흐름이다.

재생 에너지의 사용을 주장했지만, 아직 충분한 효율성을 인정받지 못하고 있다.

미국, 프랑스, 일본, 한국 등 많은 국가는 원자력을 대안 에너지로 사용했으나 2011년 발생한 후쿠시마 원전 사고로 인해 원자력 안전에 대한 우려가 커졌다. 그 후 독일은 즉각 노후 원전의 수명 연장을 철회하고 2020년 이전에 17기의 모든 원전을 폐쇄하기로 결정했다. 다른 나라에서도 원전 사용에 대한 지지가 약화되었으며 국제기구에서 원전 안전 강화 방안에 관한 논의가 이루어졌다. 그러나 한국의 이명박 정부는 원전 수출을 주도했으며, 현재까지도 한국의 원전 의존도는 매우 높다. 한국 원전의 안전에 대한 우려도 계속 증가하고 있다.

최근에는 많은 국가에서 수소에너지를 개발해 이를 자동차 연료로 사용하는 연구가 상당히 진척되었으며 상용화 단계에 이르렀다. 그런데 여기에 문제가 있다. 대안 에너지를 개발하기 위해서는 초기에 엄청난 투자가 필요하다. 새로운 수요가 일정 수준에 도달할 때까지는 가격이 비쌀 수밖에 없다. 더욱이 거대한 에너지 기업은 새로운 대안 에너지 개발에 소극적이다. 심지어 대안 에너지 개발을 막기 위해 영향력을 행사하기도 한다. 《에너지 주권》을 쓴 독일의 경제학자이자 사회학자 헤르만 셰어는 대안 에너지가 잠재력을 가지고 있지만, 공정한 경쟁 기회를 갖지 못하고 있다고 비판한다.

또 다른 문제는 석유 연료를 쓰는 우리에게 있다. 대체에너지 개발에 드는 막대한 비용에 비하면 상대적으로 값싼 석유 연료를 사용하려는 유혹을 떨쳐내지 못하고 있다. 경제적 효율성의 문제만이 아니다. 대중의 라이프 스타일 자체가 막대한 석유 자원의 소비를 유혹하고 정당화한다. 겨울에 따뜻한 난방시설을 이용하고, 여름에는 시원한 에어컨을 켠다. 밤에도 낮처럼 밝게 네온사인을 켜대며, 외출할 때마다 자동차를 타는 문화는 우리를 에너지 소비문화에서 벗어나지 못하게 한다. 이런 점에서 환경보호는 정치적 문제인 동시에 개인적 문제이기도 하다. 그 때문에 권력을 장악한다고 해결되는 것이 아니라, 지속적으로 사람들의 의식과 행동을 바꾸려는 노력이 필요하다.

녹색 도시의 미래

콜롬비아의 수도 보고타는 엄격하게 자동차 이용을 제한해 국제적으로 관심을 모았다. 1982년부터 에너지 대량 소비의 라이프 스타일을 바꾸기 위한 작은 실험이 시작되었다. 일요일마다 도시의 도로는 7시간 동안 자동차가 사라지고 사람들의 천국이 된다. 자동차 통행은 일절 금지되고 온통 걷고 달리는 사람들, 자전거 이용자와 롤러스케이트, 인라인 스케이트 이용자들이 도로를 가득 메운다. 이 실험은

'시클로비아Ciclovia'라고 불리며 보고타의 새로운 전통이 되었다.

평소에도 보고타 시는 자동차보다 보행자를 우선하는 교통정책을 추진하고 있다. 가장 붐비는 평일 출퇴근 시간대에도 40% 가량의 자동차가 달릴 수 없다. '피코 이 플라카Pico y placa'라는 강력한 부제部制 운행 체제가 모든 자동차 소유자에게 주중 이틀씩 차를 몰지 못하게 하고 있기 때문이다. 자가용 운행을 제약받는 대신 시민들은 값싸고 빠른 버스 기반의 대중교통 시스템을 이용할 수 있다. 중앙 버스 전용 차로, 돌발 상황, 승객 수, 배차 간격 정보를 읽고 대처하는 중앙 관제 센터, 지하철식 개찰구를 갖춘 360여 개 정류장이 갖춰져 있을 뿐 아니라 버스 간 환승도 무료다. 보고타의 이 같은 변화는 시장 엔리케 페냐로사가 주도한 것이다. 그는 1998~2000년 3년이라는 짧은 재임 기간에 보고타를 선진국 어느 국가에서도 볼 수 없는 도시로 탈바꿈시켰다.

보고타 시의 사례는 한국처럼 더 많은 차를 타고, 더 많은 고속도로를 건설하고, 더 많은 지하철을 만들기 원하는 현실에서는 상상하기 어렵다. 자동차 문화는 도시 자체를 살기 힘든 곳으로 만들고 빈부 격차에 따른 사회 양극화를 악화시킬 수 있다. 도시에 자동차가 계속 늘어나면 도로를 넓히고 주차장을 건설하기 위해 대규모 공공투자를 해야 한다. 도시에는 대중교통을 이용하는 대다수 시민들의 통행이 더 어려워지고 교통 혼잡과 대기오염은 가중된다. 사람들은 연료를 더 사용하는 '오토매틱' 자동차를 선호하고, 차 안에서 오디오를 감상한다. 길이 막혀도 끄떡없다고 생각하며, 그럴수록 더 많은 도로와 시설이 필요하다. 간선도로, 순환도로, 육교, 지하도를 더 만들어야 한다. 결국 사람들이 쾌적하게 걷기는 더욱 힘들어진다.

녹색 도시를 만들기 위해서는 무엇보다 차량 통행과 도로를 줄여나가야 한다. 대중교통을 우선하고 걷기를 장려하는 도시 개발이 필요하다. 걷기나 자전거 타기만으로 웬만한 도시 생활을 할 수 있게 주요 공간을 모으는 고밀도 도시 개발로 나아가야 한다. 시내 곳곳에 자전거 지름길을 만들어 자전거를 주된 교통수단으로 바꿔놓은 네덜란드의 그로닝겐, 산림 지역의 차고 신선한 공기가 밤에 도심부로 흘러

녹색 도시 쓰레기 재활용 정책 등 생태 환경 도시의 본보기로 주목받는 쿠리치바. 이 도시에서 가장 눈길을 끄는 것은 독창적인 녹색교통 체계다.

들어와 외곽으로 빠져나가는 '바람길'을 만들어 도시 열섬화 현상과 대기오염 문제를 해결한 독일의 슈투트가르트, 세계 최고의 환경보호국으로 평가받는 핀란드의 헬싱키가 대표적인 녹색 교통도시다. 환경단체와 녹색당의 활동이 활발한 런던, 암스테르담, 뮌헨, 코펜하겐 등에는 자전거 전용 도로가 있다. 그에 비해 서울은 자전거는커녕 한가하게 걷기조차 힘든 곳이다. 19세기 파리에 자동차가 등장하자 시인 보들레르가 했다는 "저 도로는 원래 내가 이용하던 도로였다"는 탄식이 절로 나온다.

자동차보다 사람을 중요하게 생각하는 녹색 교통도시의 또 다른 대표적인 사례로 브라질의 쿠리치바가 유명하다. 쿠리치바의 도시 혁명은 1971년 건축가 출신이었던 자이메 레르네르가 시장에 취임하면서 시작됐다. 그는 25년간 시장을 지내면서 신념과 철학을 갖고 쿠리치바 가꾸기를 이끌었다. 다양하고 창조적인 실험으로 도시의 얼굴을 바꿨다. 쿠리치바는 시 정부 주도로 1965년 녹색 교통 체계 도입을 핵심으로 하는 '세레테 계획'을 세웠다. 중앙 차선을 이용한 버스 전용 차로, 보행자 가로, 통합 교통망 등의 시스템을 도입했다. 급격한 도시화와 산업 개발로 잔뜩 망가졌던 도시 쿠리치바는 인간과 자연, 인간과 인간이 조화를 이루며 누구나 살고 싶어 하는 도시로 탈바꿈했다. 버스 중심의 싸고 편리한 교통 체계, 보행자 천국, 충분한 녹지, 공간의 효율적인 사용, 쓰레기 처리와 재활용, 어린이와 가난한 이를 위한 복지, 문화유산의 보전, 주택 보급과 고용 등에서 쿠리치바는 다른 도시들에 놀라운 영감을 주는 생태 도시의 모델이 되었다.

쿠리치바는 1990년 유엔이 선정한 '환경적으로 지속 가능한 도시 대상'을 받았다. "만약 우주가 되고자 한다면 당신의 마을을 노래하십시오. 이것은 문학에서 진리이고, 음악에서도 진리입니다. 도시에서도 역시 진리입니다. 당신의 마을을 알아야 하고 사랑해야 합니다." 쿠리치바 시장 레르네르는 말했다. 이 말에는 작은 실천이 거대한 도시를 바꾸고, 나아가 우리가 살고 있는 지구의 운명을 조금씩, 그리고 끝내 바꿀 수 있다는 신념이 담겨 있다.

더 읽을거리

● 머레이 북천, 박홍규 옮김, 《사회생태주의란 무엇인가?》, 민음사, 1998.
● 존 벨라미 포스터, 김현구 옮김, 《환경과 경제의 작은 역사》, 현실문화연구, 2001.
● 박용남, 《작은 실험들이 도시를 바꾼다》, 이후, 2006.
● 박용남, 《꿈의 도시 꾸리찌바》, 녹색평론사, 2009.
● 재러드 다이아몬드, 강주헌 옮김, 《문명의 붕괴》, 김영사, 2009.
● 앤서니 기든스, 홍욱희 옮김, 《기후변화의 정치학》, 에코리브르, 2009.
● 레이첼 카슨, 김은령 옮김, 《침묵의 봄》, 에코리브르, 2011.
● 고이데 히로아키, 김원식·고노 다이스케 옮김, 《은폐된 원자력 핵의 진실》, 녹색평론사, 2011.
● 우쿠더스 지구이주대책위원회, 환경운동연합·환경교육센터 옮김, 《지구 사용 설명서》,
  한솔수북, 2011.

러시아에

사회주의를 실현시킨

블라디미르 레닌.

러시아혁명은·20세기

전 세계를 뒤흔들었다.

16 사회주의의 성공과 실패

레닌에서 고르바초프까지

> 혁명은 수단이 아니라 목적이다.
> 사람들은 혁명을 방어하기 위해서 독재를 하는 것이 아니라
> 독재를 하기 위해 혁명을 하는 것이다.
> —조지 오웰, 《1984년》 중에서

    1917년 세계사에 대격변이 일어났다. 직업적 혁명가를 자처하는 레닌과 트로츠키가 이끄는 사회주의자들이 러시아의 페트로그라드(지금의 상트페테르부르크)에서 무장봉기를 일으켜 일거에 권력을 장악했다. 이들은 스스로를 '볼셰비키'라고 불렀다. 러시아어로 '다수파'라는 뜻을 가진 볼셰비키는 러시아사회민주노동당 가운데서도 즉각적인 사회주의혁명을 주장한 급진파들이었다. 이들에 의한 러시아혁명은 프랑스혁명 같은 대중적 혁명이라기보다 소수의 직업혁명가에 의한 군사 쿠데타로 볼 수 있다. 이들은 마르크스의 이론을 신봉하며 프롤레타리아혁명을 위한 전위를 자처하는 사람들이었다.

러시아혁명은 누가 주도했나

1917년 4월 블라디미르 레닌(1870~1924)은 유럽에서의 오랜 망명을 끝내고 핀란드를 거쳐 기차를 타고 러시아로 돌아오고 있었다.● 그는 돌아오자마자 페트로그라드에서 '4월 테제'를 발표해 세상을 놀라게 했다. "우리에게는 '자유주의국가'는 필요하지 않다. 부르주아 민주주의도 필요하지 않다. 노동자, 농민, 소비에트 이외에 그 어떤 정부도 필요 없다." 레닌은 자본주의 대신 즉각 사회주의를 건설할 것과, 노동자와 병사가 주도하는 '소비에트'를 조직할 것을 주장했다.

● 1870년 레닌은 교사의 아들로 태어났으며, 카잔대학교 시절 차르에 반대하는 학생운동에 참여해 제적되었다. 독학으로 변호사가 되었으나 평탄한 중산층의 삶을 선택하지 않았다. 당시 신흥 산업도시였던 페트로그라드에 가서 노동자들의 정치 운동을 조직하고 사회주의혁명가의 길을 걸었다. 차르의 탄압으로 시베리아 유형에 처해졌지만, 1900년 연인 크룹스카야와 함께 유럽으로 망명했다.

사실 이는 마르크스의 이론과 배치되는 것이었다. 부르주아지도 없고 산업 발전도 없는 후진적인 러시아에서 사회주의혁명이 일어날 것이라고는 꿈에도 생각할 수 없었다. 마르크스는 죽는 순간까지도 혁명이 일어난다면 생산력이 가장 발전한 영국에서 일어날 것이라고 예측했다.

레닌은 한 번 더 마르크스가 깜짝 놀랄 제안을 했다. 마르크스는 농민은 사회주의혁명의 주도 세력이 될 수 없다고 생각했으나, 레닌은 러시아의 절대다수를 차지하는 농민의 지지를 얻기 위해 토지 분배를 내세우며 '노농동맹'을 외쳤다. 10월혁명 직후 열린 전 러시아 소비에트 대회에서 레닌은 역설했다. "볼셰비키가 그 필요성에 대해서 항상 이야기해왔던 노동자와 농민의 혁명이 실현되었다."

레닌과 볼셰비키는 민주주의에 대해서도 마르크스와 전혀 다른 생각을 하고 있었다. 서구의 자유민주주의 정치체제 대신 '프롤레타리아 독재'의 사회주의 정부를 수립하고자 했다. 실제로 볼셰비키는 1918년 제헌의회 선거에서 다수 의석을 차지하지 못하자 강제로 국회를 해산했다. 그리고 미국혁명이나 프랑스혁명으로 등장한 의회주의 정치체제와는 다른, 소비에트가 주도하는 사회주의 체제를 선언했다.

시민의 세계사

또한 자본주의경제 대신 국가가 주도하는 '위로부터의 혁명'과, 외국의 간섭에 대항하는 전쟁을 하는 동안 국가가 모든 경제활동을 통제하는 '전시공산주의' 체제를 도입했다. 심각한 경제난에 직면한 레닌은 일시적으로 시장을 허용하는 신경제정책NEP을 도입하고 농민의 토지 소유를 허용했지만, 이는 얼마 가지 않았다. 스탈린이 집권하면서 소비에트는 공산당이 주도하는 도구가 되었고, 공산주의도 소수의 공산당 관료가 주도하는 경제체제가 되고 말았다.

대다수 인구를 차지하는 프롤레타리아가 권력을 장악하는 것은 형식적으로는 민주적일지도 모른다. 그러나 모든 국가권력과 경제권력을 공산당이 장악하면서 개인의 자유는 파괴되기 시작했다. 마르크스는 미래의 사회주의에서 개인과 사회의 조화를 꿈꾸었지만, 현실 사회주의에서는 사회가 개인을 압도했다.

불붙는 사회주의혁명의 확산

레닌은 스위스 망명 시절에 공산당의 조직 노선에 관해 격렬한 논쟁을 벌였다. 그는 유명한 저서 《무엇을 할 것인가》에서 러시아의 사회주의 정당에 노동자 대중이 참여하는 것에 반대하면서 '직업혁명가'로 이루어진 '전위 정당'을 만들어야 한다고 주장했다. 레닌은 자발성을 강조했지만, 당은 '민주집중제'를 통해 소수 지도부에게 강력한 권위를 부여했다. 차르의 전제정치와 비밀경찰의 탄압에 맞서기 위해서는 그것이 불가피하다는 이유였다. 그러자 유럽의 마르크스주의자들은 레닌을 정치투쟁만 강조하는 '블랑키주의자Blanquist', 혹은 프랑스혁명 때 독재를 한 '자코뱅주의자Jacobin'쯤으로 여겼다.●

민주집중제로 운영되던 공산당은 점차 소수의

● 레닌은 정치를 전쟁으로 생각하고 《전쟁론》의 저자 카를 폰 클라우제비츠를 존경했다. 실제로 이 당시에는 공산주의냐 전쟁이냐 하는 선택의 기로에 선 것처럼 보였다. 투쟁은 승자가 모든 것을 가지고 패자는 모든 것을 잃는 제로섬 게임이었다. 이는 마치 19세기에 '사회주의냐, 야만이냐'의 양자택일을 주장했던 마르크스의 주장과 일맥상통한다.

● 원래 공산당 서기국은 비밀문서를 담당하던 사람들이다. 서기書記란 영어로 비서와 마찬가지로 secretary라 한다. 서기는 비밀 활동을 해야만 했던 시절에 사용하던 말이다.

●● 서기장은 영어로 general secretary이다. 우리말로 하면 사무총장이다. 1962년 중앙정보부KCIA 김종필이 주도한 민주공화당에서 우리나라 최초의 사무총장이 등장했다. 공화당 사무총장은 공산당 서기장처럼 당의 재정권과 공천권을 장악하고 무소불위의 권력을 휘둘렀다. 물론 당 총재인 대통령보다는 아래에 있었지만. 어쨌든 미국식으로 중앙정보부를 만들었던 김종필이 소련식 공화당을 만든 것은 매우 역설적이다.

●●● 스탈린의 숙적이었던 트로츠키는 스탈린이 만든 국가를 사회주의도 국가자본주의도 아닌 관료제가 지배하는 '노동자 국가'라고 비판하고, '영구혁명론'을 주장했다. 그에 맞서 스탈린은 '일국 사회주의혁명론'을 주장하면서, 제국주의의 간섭에 맞서 러시아 공산 정권을 유지하는 것을 우선적인 과제로 보았다. 결국, 트로츠키는 멕시코로 망명했다가 스탈린의 지령을 받은 암살범에게 죽임을 당했다.

●●●● 1921년 상하이에서 소수의 마르크스주의자들이 창건한 중국공산당은 수차례의 도시 무장봉기에서 실패한 후, 인구의 절대다수를 차지하는 농민의 지지를 이끌어내는 유격전으로 전환했다. 이는 노동자계급의 주도권을 강조하는 소련의 '마르크스–레닌주의'에서 이탈한 것이다.

공산당 관료만의 독재로 변질되었다. 특히 1924년 레닌이 죽은 뒤 공산당 서기국 출신인 이오시프 스탈린이 정권을 장악하면서 개인숭배 경향이 강하게 나타났다.● 서기국 출신의 스탈린이 정권을 장악하자 서기국은 일약 권력의 핵심이 되었다. 그 후로 소련의 국가원수는 스탈린부터 흐루시초프, 브레즈네프, 안드로포프, 고르바초프에 이르기까지 모두 공산당 서기장이 겸임했다.●● 1930년대 들어 스탈린은 3차에 걸친 숙청과 '반혁명재판'으로 반대파를 제거하고 독재 권력을 강화했다.●●●

소련은 전 세계에 공산주의를 전파하기 위해 노력했다. 1919년 레닌이 결성한 '제3 인터내셔널'을 통해 사회주의를 전파하고 세계혁명을 지원했으며, 제3세계 민족해방혁명에 많은 영향을 주었다.

가장 성공적인 사회주의혁명은 유럽이 아니라 저 멀리 동방의 중국에서 일어났다. 그렇지만 중국혁명은 러시아혁명과는 매우 다른 사회주의혁명이다.●●●● 중국공산당의 지도자 마오쩌둥은 '농촌 근거지론'을 주장하며 농촌에서 도시로 포위 공격하는 전략을 제창했다. 마오쩌둥은 1940년 〈신민주주의론〉라는 논문에서, 민주주의혁명 단계에서는 노동자와 농민뿐 아니라 지식인과 '민족자본가'까지 포함한 신민주주의 정권을 수립

가장 성공한 사회주의혁명 러시아인에게 레닌의 사회주의혁명은 구소련 붕괴와 함께 실패했음이 드러난 과거의 사건에 불과하다. 그러나 가장 성공적인 사회주의혁명을 이룬 중국인에게 러시아는 사회주의혁명의 고향이다. 러시아 혁명 100주년을 맞아 러시아의 상징인 붉은 광장과 레닌기념당을 주로 찾은 이는 아이러니하게도 중국인이었다.

해야 한다고 주장했다. 마오쩌둥은 항일 전쟁을 수행하기 위해 국민당과 합작했으나, 일본이 패전한 뒤 국공 내전을 거쳐 1949년 정권을 장악했다. 마오쩌둥은 공산당의 전위적 역할보다는 대중 속으로 들어가 대중의 요구를 파악해 정책을 만들어야 한다는 '대중노선'을 강조했다.

한편 1950년대 이후 제3세계에서는 민족해방혁명이 잇달아 일어났다. 쿠바혁명 (1959), 알제리혁명(1961), 베트남혁명(1945~1975), 니카라과혁명(1979)이 대표적이다. 이 혁명은 외국 군대 또는 외국의 지원을 받는 독재 정부에 저항하는 무장 세력이 주도했다. 특히 비정규 무장 세력인 게릴라가 주도하는 경우가 많았다. 쿠바혁명에서 체 게바라가 주장한 소수의 핵심이 저항 전쟁을 일으킨다는 '포코Foco' 전략이 유명하다. 베트남 해방군 총사령관이었던 보 응우옌 지압 장군은 베트남전쟁을 정규군의 전쟁이 아니라 모든 민간인이 참여하는 '전인민항쟁'이라 불렀다.

제3세계 혁명은 대부분 소련과 직접적·간접적 연계를 가졌다. 농민 인구가 절대 다수였으므로, 마오쩌뚱 사상의 영향을 받아 농민혁명을 추구하는 경우도 있었다. 어쨌든, 이렇게 해서 전 세계 면적의 60%가 사회주의국가의 영토가 되고, 전 세계 인구의 50%가 사회주의 체제에서 살게 되었다.

유토피아를 꿈꾼 사회주의

역사적으로 사회주의는 많은 지식인의 관심을 끌었다. 18세기에 등장한 자본주의는 물질적 풍요를 가져왔지만, 재산 소유에 따른 불평등은 사회의 통합을 심각하게 위협했다. 그리하여 사유재산 철폐와 사회 평등을 주장하는 사회주의 이념이 19세기 유럽에서 최초로 등장했다.

최초의 사회주의자로 꼽히는 프랑스의 생시몽은 사회주의적 생산이 중앙집권화된 국가조직에 의해 가능하다고 보았다. 프랑스의 푸리에는 소생산자의 협동조합 운동을 전개했으며, 영국의 자수성가 기업가 로버트 오언도 협동조합의 생산을 목표로 한 '뉴 하모니'라고 불리는 소규모 공동체를 건설하는 실험을 했다.

그러나 초기의 사회주의 운동은 사회적 관계와 경제조직의 관계에 대한 이론적 관점이 부족하다는 비판을 받았다. 엥겔스는 〈공상적 사회주의와 과학적 사회주의 *Die Entwicklung des Sozialismus von der Utopie zur Wissenschaft*〉라는 팸플릿에서 역사의 발전 법칙에 따라 사회 계급의 갈등이 생기고 정치체제의 갈등이 성숙되면서 대중의 도덕적 행동이 발생해 경제 제도를 변화시킨다는 '과학적 사회주의'를 주장했다. 마르크스와 엥겔스가 주장하는 사회주의는 시장, 자본, 그리고 상품으로서의 노동이 소멸하는 것을 의미했다. 사유재산이 사라지고 생산수단의 사회화가 이루어진 사회에서 진정한 사회 해방, 인간 해방이 가능하다고 믿었다. 그러나 마르크스는 사회주의가 구체적으로 어떤 사회인지는 명확히 밝히지 않았다.●

시민의 세계사

1864년 마르크스가 런던에서 국제노동자협회를 결성한 후 사회주의 이념은 노동운동 속으로 파고 들어갔다. 드디어 1917년 러시아에서 최초로 공산주의혁명이 발생하고 2차 세계대전 후 중국과 동유럽이 공산화되면서 사회주의는 전 세계로 급속하게 확대되었다.

● 마르크스는 1875년 《고타 강령 비판》에서 사회주의는 자본주의 이후 첫 단계로서 '능력에 따라 노동하고 노동한 만큼 보수를 받는 사회'며, 더 고도의 단계인 공산주의는 '능력에 따라 일하고 필요한 만큼 보수를 받는 사회'라고 말한바 있다.

소련 경제의 찬란한 성공과 비참한 추락

사회주의의 확산에 따라 그에 대한 비판도 함께 제기되었다. 그중 가장 유명한 비판은 1944년에 출간된 프리드리히 폰 하이에크의 《노예의 길》이다.●● 하이에크는 소비에트 공산주의가 추구하는 중앙집권적 계획경제는 시장 기능을 파괴하기 때문에 절대로 운영될 수 없다고 주장했다. 1930년대에 오스트리아 경제학자 루드비히 폰 미제스가 사회주의경제에서 시장에 대한 계산이 현실적으로 불가능하다고 비판한바 있다. 자유시장을 옹호하는 미제스와 하이에크는 중앙 계획경제가 시장을 따라잡을 수 없다고 주장했다.●●●

그러나 소련과 동유럽의 '현실 사회주의'는 자유시장 대신 국가계획을 선호했다. 스탈린식 경제체제는 시장 대신 극단적인 중앙집권적 계획경제를 추진했다. 스탈린은 레닌이 신경제정책에서 채택한 상대적으로 자유로운 경제를 폐지하고 통제경제의 길로 나아갔다. 그런데 스탈린의 사회주의

●● 오스트리아 출신인 하이에크는 당시 런던정경대학교의 경제학 교수가 되었다. 소련의 계획경제에 반대했던 영국 보수당 총리 처칠은 하이에크의 책을 극찬했다.

●●● 그러나 1930년대에 소비에트 경제는 비약적으로 발전했으며, 서구 자본주의도 케인스 개입주의와 계획경제 요소를 도입했다. 하이에크의 이론은 묻혀버렸고, 그는 경제학을 떠나 정치학·심리학·철학을 연구하며 미국으로 건너갔다. 하이에크의 이론이 다시 관심을 끌기 시작한 것은 1970년대 사회주의경제가 심각한 침체 상태에 빠져 있다는 사실이 서방에 알려지면서다.

СЛАВА СТАЛИНУ, ВЕЛИКОМУ ЗОДЧЕМУ КОММУНИЗМА

강력한 스탈린주의 스탈린식 사회주의가 변질되어 전체주의와 결합함으로써 공산주의를 낳았고 중국의 마오쩌둥 사상과 북한의 주체사상에 영향을 끼쳤다. 그러나 극단적 계획경제체제에서 생산성은 지속적으로 하락했으며 경제 성장은 성공을 거두지 못했다.

는 1930년대 급속한 중공업화로 놀라운 경제성장률을 보였다. 소련이 이룬 경이적인 경제성장은 서방에서도 찬탄의 대상이었다. 같은 시기에 자본주의경제가 대공황의 위기에 빠진 것과 매우 대조적이다. 1950년대에도 소련의 국민총생산은 5.7% 수준으로 증가했다. 이는 1924~1940년 사이의 경제성장에 버금가는 빠른 속도였다. 1960년 9월 유엔 총회에서 소련공산당 서기장 흐루시초프는 단상에서 주먹을 휘두르며 미국과 서방세계를 향해 "당신들을 묻어버리겠다"고 큰소리쳤다. 신발을 벗어 연단을 두들겼다고도 하는데 명확한 증거나 사진이 있는 것은 아니다. 어쨌든 당시 미국은 소련의 빠른 경제성장에 커다란 위협을 느끼고 있었다.●

그러나 1960년대부터 소련의 경제성장률은 하락하기 시작했다. 시장을 부분적

으로 허용하는 새로운 시장사회주의 실험도 성공
을 거두지 못했다. 경제성장률은 5.3%로 하락했
으며, 1970년대 전반기에는 3.7%, 후반기에는
2.6%로 더 떨어졌다. 급기야 고르바초프 집권 직
전인 1980년대 전반기에는 2% 수준에 머물렀다.

    동유럽의 나라들도 비슷한 실정이었다. 경제개
혁이 시도되었지만 헝가리를 제외하고는 거의 성
공을 거두지 못했다. 유일한 예외는 스탈린주의를
비판하면서 노동자의 자율성을 중심으로 협동기업을 발전시킨 유고슬라비아였다.

> ● 한편 1961년 4월 12일 소련은 세계 최초의 인공위성 보스토크 1호를 발사했다. 유리 가가린은 1시간 29분 만에 지구를 일주함으로써 인류 최초로 우주비행에 성공했다. 가가린이 우주에서 지구를 보면서 "지구는 푸른빛이다"라고 한 말은 유명하다. 그는 세계적인 유명인사가 되었으며, 소련의 이런 행보는 1958년 미항공우주국NASA를 만들어 우주개발에 앞서려고 했던 미국을 당황하게 만들었다.

사회주의 경제체제는 왜 붕괴했는가

사회주의는 생산수단의 공동소유와 분배를 주장한다. 국가의 계획에 따른 경제활동을 중요하게 여기고, 시장은 자원 배분의 역할을 거의 하지 않는다. 사유재산과 경제적 계급이 소멸함에 따라 국가의 억압적 기능은 사라지고 단순하게 관리적 기능만 남는다고 주장한다. 이에 따라 형법과 재산법도 변화하고 법률 체계는 행정적인 것이 되며, 이러한 구조적 변화는 이데올로기와 종교의 종말을 가져온다고 본다. 결국 사회주의사회에서는 사유재산이 소멸됨으로써 인간의 소외도 완전히 소멸된다는 것이다.

    사회주의자들은 사회주의가 자본주의보다 우월하다고 주장했다. 통제경제가 자본주의 시장경제에서 발생하는 자원의 낭비를 없앨 것이므로 더 효율적이라는 것이다. 인간의 요구를 만족시키는 결정이 집단적이고 공개적으로 이루어지기 때문에 더욱 민주적이며, 자본과 상품의 출구가 필요하지 않기 때문에 식민지 시장을 소유할 필요가 없다고 강조했다.

빈곤에 시달리는 사람들 1990년대 초, 소련 경제는 매우 어려웠다. 계획경제에서 시장은 제대로 작동하지 않았고 많은 사람은 가난과 싸워야만 했다. 소비재 부족으로 이런 광경은 식료품 보관소에서 쉽게 볼 수 있었다.

그러나 소련과 동유럽의 현실 사회주의는 사회주의자의 이상과 너무 동떨어져 있었다. 먼저, 현실 사회주의는 자본주의경제보다 효율적이지 않았다. 계획경제에서 시장 기능은 제대로 작동하지 않았고 개인의 근로 의욕과 인센티브는 매우 약화되었다. 열심히 일하나 일하지 않으나 소득이 거의 같았다.

다음으로, 현실 사회주의는 모든 중요한 정치적·사회적 결정과 임명이 소수의 공산당 관료에 의해 이루어진다는 점에서 결코 민주적이라고 할 수 없었다. 사유재산이 소멸되자 경제적 계급은 덜 중요해졌지만, 소득 격차, 사회적 위신의 차이, 권력의 불평등으로 사회계층이 나눠지고 이것이 계속 유지되었다. 시장에 의한 불평등 대신 권력을 독점하는 공산당과 관료 기구에 의한 불평등이 존재했다. 유고슬라

시민의 세계사

비아 공산주의자 밀로반 질라스가 지적한 대로, 공산당 관료를 중심으로 '새로운 계급'이 형성되었다. 한편, 계획경제를 실행하면서 시장의 운영을 완전히 제거하는 것은 현실적으로 어려운 일이었다. 암시장은 정치적 독점과 관련을 갖고 사회적 불평등을 강화시켰다.

결국 중앙집권적 계획경제는 시장을 대체할 수 없었고, 창의성 없는 관료주의 때문에 소련 경제는 점차 침체되었다. 특히 통제경제와 중공업 우선 정책에 따라서 경공업이 약화되고, 식료품과 생필품이 부족한 생활이 오래 지속되었다. 배급제를 실시하던 전시戰時처럼 식료품 가게에 긴 줄이 늘어서기 시작했다. 국민의 생필품을 공급하기 위해서는 배급제를 실시할 수밖에 없었다. 아무리 군사력이 발달하고 핵무기를 많이 보유했다 해도 국민을 제대로 먹일 수 없는 경제체제는 더 이상 유지될 수 없었다.

자유를 잃어버린 사회주의 체제

소련과 동유럽의 현실 사회주의는 권위주의 정치에 대한 저항에 직면했다. 국가의 이름에 '민주주의' 또는 '인민'이라고 이름 붙인 것과는 달리 민주정치가 제대로 이루어지지 않았다. 공산당은 자신의 무오류성을 과신했다. 공산당 이외의 정당 활동은 제대로 보장되지 않았고, 보통선거도 실시되지 않았으며, 정부를 비판하는 언론의 자유와 시민권도 극도로 제한되었다. 1930년대 스탈린의 농업집단화 과정에서는 1000만 명의 농민들이 처형되고, 강제 노역 또는 굶주림으로 죽었지만 아무도 이를 알지 못했다.

소련공산당 내부의 권력투쟁이 진행되는 가운데 1934년부터 1939년까지 400~500만 명의 당원과 간부 들이 체포되었고, 이들 중 40~50만 명이 재판 없이 처형되었다. 1934년 7차 당대회에 참석한 1827명의 대의원 가운데 1939년 8차 당대회에 참석한 사람은 불과 37명뿐이었다.

정치적 반대파들은 '굴라크'라는 수용소에 수감되어 철저히 격리되었다. 굴라크는 감옥이 아니라 정신 병동으로 간주되었다. 알렉산드르 솔제니친의 소설 〈이반 데니소비치, 수용소의 하루〉에서 그려진 것처럼 수많은 정치범이 비참하게 살아야 했다. 그런데도 공산당은 소련에는 정치범이 없으며, 단지 정신 치료를 받아야 할 환자만 있다고 강변했다.

스탈린 정권이 소련을 경찰국가로 만들면서 소련에 정치적 자유란 사실상 존재하지 않았다. 드미트리 쇼스타코비치와 보리스 파스테르나크의 작품은 공산당의 검열을 받아야 했으며, 사하로프나 솔제니친 같은 반체제 인사들은 국외로 추방되었다. 동유럽에서도 지식인, 작가, 예술가를 비롯해 체제를 비판하는 인사들은 활동에 제약을 받았다. 체코 작가 밀란 쿤데라의 소설 〈농담〉에서 볼 수 있듯이, 모든 사람이 지속적으로 공산당의 감시와 탄압의 대상이 되었다.

중국에서도 1950년대 '대약진운동' 시기에 농업집단화를 추진하면서 기근이 겹쳐 수백만 명의 농민들이 죽어갔지만 아무도 알지 못했다. 국영방송은 언제나 '위대한 사회주의 조국'과 '노동자의 지상낙원'을 홍보하고 있었다. 1966년의 '문화대혁명'은 중국을 엄청난 혼란과 무정부 상태에 빠뜨렸다. 노동 개조를 뜻하는 '라오가이勞改'라고 불리는 수용소는 늘어만 갔다. 진시황의 분서갱유焚書坑儒 때보다 훨씬 많은 수의 지식인들이 감옥에서 죽거나 농촌으로 쫓겨났다.

그러나 1975년 헬싱키협정 이후 서방의 정보가 대거 유입되면서, 자본주의사회의 풍요로운 소비생활이 알려졌고 노동자들의 낙원을 건설하겠다던 공산당의 권위는 형편없이 약화되기 시작했다. 절대 권력을 가진 듯했던 공산당은 1980년대부터 내부의 새로운 도전에 직면했다. 1980년 폴란드에서 1000만 노동자들이 참여한 연대자유노동조합Solidarlity 운동은 자주적 노동조합과 파업권 인정을 요구했다. 가장 극적으로, 1989년 동베를린의 시민들은 베를린장벽을 무너뜨렸다. 폴란드의 노동자들은 식료품 가격이 너무 인상되었다고 불만을 터트렸고, 동독의 주민들은 서

베를린에 자유롭게 방문하기를 원했다. 당시 동독은 동구 공산권에서 가장 발전한 나라였지만 주민들은 해외여행의 자유가 없었다.

1989년 체코의 대통령이 된 극작가 바츨라프 하벨은《힘없는 사람의 힘》이라는 책에서 "유령이 동유럽의 하늘을 떠돌고 있다. 그 이름은 '반체제 인사'다"라고 선언했다. 마르크스의《공산당선언》의 첫 구절을 풍자한 것이다. 처음에는 소수로 시작된 '반체제 인사'는 점차 거대한 대중운동으로 발전했다. 1989년부터 1992년까지 동유럽에서는 대중의 자발적 봉기가 잇달아 일어나 공산당 정권은 도미노처럼 붕괴했다.

소련공산당 서기장 미하일 고르바초프는 공산당을 유지한 채 개혁하고자 했지만, 그의 반대 세력을 이끌고 있었던 보리스 옐친은 공산주의 체제를 무너뜨리고 거대한 소비에트연방의 해체를 용인했다.● 러시아와 동유럽 국가에서 다당제와 의회 제도가 실시되고 자유민주주의와 시장경제가 도입되었다. 전 세계에 영향력을 행사했던 레닌의 동상은 철거되었으며, 공산주의 이념도 역사의 무대에서 퇴장했다. 사회주의 공화국을 표방한 베트남에서도 1991년 소련이 붕괴되자 거리에 있던 마르크스와 체 게바라의 사진이 하루아침에 사라졌다.

● 고르바초프에 대한 평가는 여전히 다양하다. 1985년 고르바초프는 페레스트로이카(개혁)와 글라스노스트(개방)를 주장하며 소련의 개혁을 추진했다. 서방의 언론과 정치인들은 이에 찬사를 보냈다. 반면에 러시아에서는 많은 사람이 고르바초프가 소련을 해체하고 러시아를 망쳤다고 비난한다. 아직까지도 고르바초프는 러시아에서 영인기가 없다. 하지만 고르바초프가 없었다면, 1989년 동유럽의 민주화와 소련의 해체 과정에서 많은 인명 피해가 있었을 것이다. 그리고 파산 직전이었던 소련 경제 재건에 더 큰 어려움이 있었을지 모른다. 19세기 프랑스 사상가 토크빌은 "나쁜 정부의 가장 위험한 순간은 나쁜 정부가 개혁을 시작하려고 할 때다"라고 말했다. 어쩌면 소련에 딱 들어맞는 말인지도 모른다. 병들어 죽어가는 소련의 점진적 개혁을 추구한 고르바초프는 급진적 개혁을 요구하는 러시아공화국 최고회의 의장 옐친과, 개혁을 거부하는 공산당 보수파들 사이에서 심각한 어려움에 빠졌다. 그러던 중 1991년 8월 18일 강경 보수파에 의해 쿠데타가 일어나자, 탱크 위에 올라서서 모스크바 시민과 함께 싸운 옐친이 권력을 잡았다. 그는 소련의 해체를 주도하고 새로 탄생한 러시아연방의 초대 대통령이 되었다.

자유와 평등은 양립할 수 없을까

사회주의는 자본주의의 군사적 공격 때문이 아니

| **실패한 쿠데타** 1991년 소련의 강경 보수파가 일으킨 쿠데타는 실패로 끝나고 옐친이 권력을 잡았다.

라 스스로 붕괴하고 말았다. 왜 사회주의는 붕괴했을까? 혹자는 인간의 이기심 때문에 사회주의가 실패했다고 한다.

인간의 본성이 자본주의에 가까운가, 사회주의에 가까운가를 판단하기란 쉽지 않다. 더욱이 한 사회체제의 성패를 인간의 본성으로 환원해 설명하기는 어렵다. 인간의 본성 자체가 사회제도에 많은 영향을 받기 때문이다.

일반적으로 말하면, 소련과 동유럽의 현실 사회주의는 권위주의적 정치체제와 비효율적인 경제체제 때문에 붕괴했다고 볼 수 있다. 첫째, 정치적으로 개인의 자유와 시민사회의 형성을 억압하는 정치권력을 지속적으로 유지하는 것은 불가능한 일이었다. 영국의 자유주의 사상가 이사야 벌린은 무엇인가를 하는 '적극적 자유' 못지않게 아무런 간섭도 받지 않을 '소극적 자유' 또한 중요하다고 말했다. 러시아에서 망명해 옥스퍼드대학교의 철학 교수가 된 벌린은 소극적 자유가 없는 소련을 강력하게 비판했다. 국가에 이끌려 무엇인가를 하는 자유보다 누구의 강요도 받지 않고 아무것도 하지 않을 자유야말로 자유로운 인간이 되기 위한 필수 요소로 본 것이다. 외부 권력의 간섭을 받지 않는 개인의 자유야말로 자율적으로 원하는 일을 할 수 있는 적극적 자유를 위한 기본적인 전제다.

둘째, 경제적으로 소련식 경제의 실패는 국가가 주도하는 집단주의 경제의 실패를 뜻한다. 사회주의는 오랫동안 사유재산을 공공의 적으로 간주했다. 수많은 위대한 사상가들이 사유재산은 개인의 이기심을 조장하고 사회적 불평등을 만드는 사회악이라고 했다. 이러한 생각은 플라톤의《국가》, 토머스 모어의《유토피아》, 장 자크 루소의《인간 불평등 기원론》, 카를 마르크스의《공산당선언》을 통해 면면히 이어져 왔다. 그런데 과연 사유재산이 절대악인가?

소련과 동유럽 사회주의의 경험을 보면, 사유재산의 소멸이 곧 불평등의 소멸을 가져오지는 않았다. 독일의 사회학자 막스 베버가 정확하게 주장한 대로, 경제적 평등이 곧 사회적 평등을 만드는 것은 아닌 것이다. 불평등은 경제적 자원뿐 아니라 사회적 지위와 정치적 권력에 의해서도 만들어질 수 있다.

오히려 사유재산의 철폐는 위대한 사상가들이 전혀 예상하지 못한 무서운 결과를 가져왔다. 사유재산이 사라진 사회에서는 국가권력의 억압에 저항할 수 있는 시민사회의 물질적 토대도 사라졌던 것이다. 영국 철학자 칼 포퍼가《열린 사회와 그 적들》에서 말했듯이, 사유재산이 없는 시민은 공산당의 막강한 권력 앞에서 그저 무기력한 노예에 불과했다.

소련과 중국의 농업집단화 과정에서 굶어 죽은 사람들이나 정치범 수용소에서 고통받은 사람들은 세상에 알려지지 않은 채 철저히 은폐되었다. 빵도 자유도 없는 사회는 그 자체가 거대한 굶주림의 수용소였다. 이런 점에서 보면 소련 사회주의는 너무 일찍 붕괴된 것이 아니라, 너무 오랫동안 유지된 것이다. 만약 스탈린과 마오쩌둥의 과오가 제대로 알려졌다면, 그리고 이를 비판할 수 있는 시민사회와 정치세력이 존재했다면 공산주의의 역사는 달라졌을 것이다. 어떤 사회도 완벽할 순 없다. 다만, 잘못을 경고하는 시스템을 가진 사회만이 개혁의 가능성을 가질 수 있다.

공산주의 이후, 자유시장이 유일한 대안일까

소련의 등장과 함께 시작한 20세기는 소련의 몰락과 함께 막을 내렸다. 70년 동안 유지된 현실 사회주의가 완전히 실패하면서 유물론과 사회주의경제 이론도 더 이상 유용하지 못하다. 이제 소련과 동유럽의 변화는 자본주의의 부활과 시장경제 확산으로 귀결되고 있는 것 같다. 그런데 이러한 변화는 현대자본주의에서 '시장'이 차지하는 역할에 대해 심각한 논쟁을 불러일으켰다.

이미 1930년대에 오스트리아 경제학자 칼 폴라니는 《거대한 전환》에서 자유시장이 제대로 기능하지 못했기 때문에 대공황이 일어났다고 했다. 그는 자유시장이야말로 지나친 무질서와 혼란을 가져온 장본인이라고 지적했다. 그에 비해 1970년대 후반 시카고대학교의 경제학자 밀턴 프리드먼은 자유시장을 만병통치약처럼 주장했다. 그는 자유시장은 성장을 가져오지만 계획경제는 모두 실패했다고 역설했다.

결국, 시장은 문제만 일으키는 것도 아니고 전지전능한 신도 아니라는 것이 역사적으로 판명되었다. 어쩌면 시장은 폴라니와 프리드먼이 주장한 중간쯤에 있는 것으로 보아야 할 것이다. 시장은 두 개의 얼굴을 가지고 있다. 자원을 적절하게 분배하고 경쟁력을 높이기 위해 효율적 기능을 하는 반면, 불안정하고 때때로 심각한 사회적 갈등을 만들기도 한다. 1990년대 후반 전 세계적으로 잇달아 발생한 외환 위기는 자유시장을 신봉하는 뉴욕의 월가와 워싱턴의 국제통화기금IMF와 세계은행IBRD을 무색하게 만들었다. 2007년 미국 월가에서 시작된 세계 금융 위기는 자본주의의 지속 가능성에 대한 심각한 의문을 제기했다. 이는 금융회사의 연쇄도산, 기업의 파산, 대량 실업을 유발했으며, 1929년 대공황에 버금가는 세계적 수준의 경제적 혼란을 야기했다. 또한 자유무역이 확대됨에 따라 증가하는 선진국과 후진국 간의 격차도 세계경제의 심각한 문제다. 동시에 최근 선진 자본주의국가의 빈부 격차와 불평등이 극심해지면서 계급 갈등이 더욱 커졌다. 사회주의경제는 실패했지만, 자본주의경제 역시 지속적으로 새로운 문제를 만들고 있다.

더 읽을거리

- 헬무트 알트리히터, 최대희 옮김, 《소련 소사 1917~1991》, 창비, 1997.
- 앤서니 기든스, 김현옥 옮김, 《좌파와 우파를 넘어서》, 한울, 2008.
- 아담 쉐보르스키, 임혁백 옮김, 《민주주의와 시장》, 한울, 2010.
- 토니 클리프, 최일봉 옮김, 《레닌 평전》, 책갈피, 2010.
- 로버트 서비스, 김남섭 옮김, 《코뮤니스트: 마르크스에서 카스트로까지, 공산주의 승리와 실패의 세계사》, 교양인, 2012.
- 도널드 서순, 강주헌 외 옮김, 《사회주의 100년》, 황소걸음, 2014.
- 에드워드 H. 카, 유강은 옮김, 《러시아혁명》, 이데아, 2017.
- 올레그 V. 홀레브뉴크, 유나영 옮김, 《스탈린》, 삼인, 2017.

1962년, 프랑스로부터

독립한 알제리 국민들이

환호하고 있다.

132년만의 투쟁 끝에

이룬 독립이었다.

17

제3세계를 위한 길

종속인가, 발전인가

> 한 국가가 추락하고 몰락할 때 국제통화기금은
> 이익을 취하고 마지막 피 한 방울까지 짜낸다.
> ─조지프 스티글리츠, 경제학자

2차 세계대전이 끝난 뒤, 유럽 열강의 식민지였다가 갓 독립한 새로운 국가들이 잇달아 탄생했다. 수백 년에 걸친 유럽인들의 지배를 벗어던지고 일어선 아시아와 아프리카인이 스스로의 힘으로 나라를 세우고자 노력한 결과였다.

1944~1964년 불과 20년 동안 아시아에서 20개국, 아프리카에서 33개국, 모두 53개국의 신생국이 탄생했다. 중국과 인도를 포함한 이들 국가는 세계 총인구의 3분의 1을 차지했다. 이전에는 지도에 존재하지 않았던 신생국들이 대거 등장하면서 지구상에는 200여 개의 다양한 국민국가가 공존하게 되었다. 신생국들은 각기 다른 역사적 조건·문화·정치 이데올로기를 갖고 있었지만, 경제와 사회의 발전을

● 1955년 4월 인도네시아의 반둥에서 아시아와 아프리카의 29개국 대표가 참가한 제1회 아시아·아프리카 회의가 개최되었다. 이 회의에서 적극적 중립외교를 표방한 인도의 네루, 중국의 저우언라이, 인도네시아의 수카르노, 유고슬라비아의 티토 등이 중심이 되어 기본 인권과 유엔 헌장의 존중, 내정 불간섭, 반식민주의, 상호협력, 평화공존, 비동맹 등을 내용으로 하는 '평화 10원칙'을 선언했다.

추구한다는 점에서는 공통적이었다.

이들은 미국을 정점으로 하는 자본주의 진영이나 소련을 정점으로 하는 사회주의 진영 어느 쪽에도 가담하지 않겠다고 선언했다.● 이들은 독자적으로 '비동맹회의'를 만들었다. 그 후 자본주의 진영을 '제1세계', 사회주의 진영을 '제2세계', 아시아·아프리카·라틴아메리카의 신생국들을 '제3세계'라고 부르게 되었다.

현대화냐, 종속이냐

신생국들은 희망에 부풀어 있었다. 이들은 외세의 지배와 간섭 없는 자주적 발전을 기대했다. 그러나 초강대국인 미국과 소련은 자국의 발전 모델을 제3세계에 수출하고자 했다. 미국을 중심으로 자유무역을 위한 가트GATT가 결성되고, 제3세계 국가들에게 융자해주는 세계은행이 설립되었다. 미국 정부에도 신생국 지원을 위한 해외 원조 전담 기구AID가 설립되었다. 미국은 제3세계에 소련의 공산주의가 전파되는 것을 견제하기 위해 나름의 발전 전략을 제시했다. 그것이 후진국이 선진국과 같은 현대화를 이루어야 한다는 '현대화 이론'이다. 현대화란 신생국에게는 미국처럼 부유한 나라가 된다는 뜻이었다. 이 이론에 따르면, 모든 사회는 사회 내부의 잠재적인 힘에 의해 '전통 사회'에서 '현대사회'로 진화한다. 그리고 현대화 과정에서 기업 엘리트의 합리적·계산적·혁신적 가치는 경제 발전을 이루는 데 결정적이다. 국가의 개입은 오히려 불필요하다.

그런데 1960년대 후반 이후 라틴아메리카에서 등장한 '종속이론'은 현대화 이론이 지나치게 미국 중심적 발전 모델이며, 제3세계를 위한 적절한 고려가 부족하다

1955년 아시아·아프리카 회의 식민정책에 반대하는 아시아·아프리카 지역 29개 독립국 대표들이 인도네시아 반둥에 모여서 국제회의를 열었다. 하지만 변화무쌍한 국제 관계 속에서 지도자들 사이의 유대가 깨지면서 이 회의는 한 번으로 끝났다.

고 비판했다. 1969년 대표적인 종속이론가 안드레 군더 프랑크는 제3세계는 '저발전underdevelopment'의 상태에 있기 때문에 순수한 발전 가능성이 거의 없다고 했다. 제3세계의 매판comprador 자본가는 제국주의 중심 국가인 '메트로폴리스'와 주변 국가인 '위성' 사이의 연계 고리에 위치한 자본가계급의 이익에 봉사한다고 보는 것이다. 메트로폴리스는 미국과 같이 세계의 중심 역할을 하는 국가이고, 위성은 미국 주변에서 종속된 국가들을 가리킨다.

종속이론은 1980년대 한국에서도 커다란 인기를 끌었다. 브라질·아르헨티나·칠레와 마찬가지로 막대한 외채를 갖고 있는 한국은 종속경제에서 헤어나지 못하고 있으며, 한국 기업은 모두 미국과 일본 자본을 위해 한국 노동자와 농민을 쥐어짜고 있다고 보았다. 종속이론에 따르면 제3세계 자본가계급은 외국자본에 종속적이기 때문에 종속자본가 또는 매판자본가로 전락해 민족자본가로 발전할 가능성이 전혀 없었다. 종속이론가인 이집트 경제학자 사미르 아민은 사회주의 세계혁명을 통해서 자본주의경제와 완전히 분리되는 '단절'이 이루어져야 제3세계는 자율적 발전을 성취할 수 있다고 주장했다.●

● 제3세계 국가 중 자율적 발전 사례로 일컬어지는 나라는 쿠바다. 하지만 쿠바는 자본주의경제로부터는 독립한 반면, 소련의 원조와 무역에 의존하는 '사회주의적 종속'에서 벗어나지 못했다.

그러나 1960년대 이후 전 지구적 차원에서 자본주의 발달 과정을 보면, 두 이론이 각각 주장하는 전통 대 현대 또는 종속 대 발전이란 이분법은 설득력을 갖기 어렵다. 특히 1980년대 이후 미국에 '종속적인' 동아시아와 라틴아메리카 신생국이 경제 발전을 이루면서 종속이론의 영향력은 급속히 약화되었다. 라틴아메리카 신흥공업국들은 다국적기업과 해외 직접투자에 의존해 경제성장을 이루었다. 또한 동아시아 국가의 경제 발전에는 국제무역과 수출 주도 산업화가 결정적인 역할을 했으며, 역시 상당 부분 해외 차관에 의존했다.●●

●● 한국도 미국과 일본에서 들여온 차관으로 포항제철과 경부고속도로를 건설했으며, 해외 기업을 적극 유치했다.

신흥공업국들은 해외 자본을 끌어들이기 위해 조세 감면과 여러 금융 혜택을 주는 '수출자유지역' 또는 '경제특구'를 만들었다. 일찍이 종속이론이 비판했던 해외 자본은 신흥공업국의 경제성장에 긍정적인 역할을 한 것으로 인정받게 되었다.

21세기에 들어선 지금, 제3세계 국가들 사이에서 급속한 경제성장을 이룩한 신흥공업국이 등장하면서, 이제 더 이상 단일한 성격을 가진 제3세계는 존재하지 않는다. 아시아와 라틴아메리카의 일부 신흥공업국은 선진국과 비슷한 수준으로 발전한 반면, 아프리카의 신생국들은 극심한 빈곤에서 벗어나지 못하고 있다. 그리하여 아프리카 사하라 사막 이남의 극빈국을 '제4세계'라 부르기도 한다.

제3세계의 분화와 함께, 제3세계를 대변하던 비동맹회의도 힘을 잃고 말았다. 게다가 20세기 말에 제2세계인 사회주의국가들이 붕괴하면서 1·2·3세계의 구분 자체가 모호해졌다. 세계는 더 많은 작은 세계로 나누어졌다.

동아시아 신흥공업국이 성공한 이유

제3세계를 이해하는 데 중요한 사례가 될 만한 이야기 두 가지를 해보려 한다.

첫째, 나는 케임브리지대학교에서 공부할 때 마셜도서관을 자주 찾았다. 케임브리지의 위대한 경제학자 앨프리드 마셜의 이름을 딴 이 도서관은 존 메이너드 케인스, 니컬러스 칼도, 피에르 스라파 같은 내로라하는 경제학자들이 거쳐 간 곳이다. 도서관 한 켠 눈에 잘 띄는 진열대에는 북한이 보낸 화보들이 전시되어 있었다. 1960년대 중반 케임브리지의 경제학자 조안 로빈슨이 북한을 방문한 후 북한의 경제성장에 감탄했고, 그 후로 북한은 '선전 책자'를 정기적으로 보냈던 것이다. 북한은 초기에는 빠르게 성장해 '기적'이라는 찬사와 함께 사회주의적 발전의 성공 사례로 세계에 알려졌다. 하지만 내가 공부하던 1992년에는 아무도 북한에 관심을 갖지 않았다. 북한의 경제성장률은 이미 마이너스로 떨어지고 있었으며, 기근으로 수백만 명이 아사 위기에 처해졌다는 소식이 알려지고 있었기 때문이다.

둘째, 케임브리지에 유학 온 학생들은 한국의 경제성장에 대해 알고 싶어 했다. 한국인으로 케임브리지 교수가 된 장하준의 동아시아 경제에 관한 강의는 관심을 끌었다. 이들에게 한국 경제는 '한강의 기적'이라 불리는 자본주의적 발전의 성공 사례였다. 나는 박정희 시대를 독재와 인권유린의 시대로 생각하는데, 외국인들은 고도성장의 시대로 보았다. 영국이 200년에 걸쳐 이룬 것을 한국은 불과 30년 만에 이루었다고 칭찬했다.

한국의 경제성장은 정말 대단한 것인가? 한국전쟁 직후인 1953년 한국의 1인당 국내총생산은 67달러였으며, 1961년에는 89달러 정도였다. 토고, 우간다, 에티오피아, 방글라데시 등과 함께 세계 최빈국에 속했다. 당시 북한은 320달러로 세계에서 50번째, 포르투갈이나 브라질보다 나은 수준이었다. 그로부터 30년 뒤인 1990년대, 한국은 1인당 국내총생산이 1만 달러를 넘었다. 그러나 토고 등은 아직도 절대 빈곤 상태에서 벗어나지 못하고 있으며, 아시아에서 두 번째로 부유한 나라였던

'발전 국가' 한국의 상징 1970년대 중화학공업 육성 정책에 따라 남동 임해 지역에 대규모 중화학공업단지가 조성
됐다. 포항제철은 한국 경제성장의 상징 중 하나다.

필리핀은 빈곤국으로 전락했다. 1차 세계대전 이전에는 세계 11위의 부국이었던
아르헨티나는 이제 개발도상국으로 분류된다. 그러고 보면 전쟁의 잿더미에서 일
어나 세계 13위의 경제력을 갖춘 나라로 변모한 한국의 경제성장은 실로 엄청난
변화라고 할 수 있다.

그렇다면 한국은 어떻게 경제성장을 이룩했는가? 자유시장을 강조하는 신고전
파 경제학자들은 시장 메커니즘을 경제성장의 주요 원인으로 본다. 소련·중국·북
한 같은 계획경제는 실패하고, 일본·한국·대만 같은 시장경제는 성공했다는 것이
다. 이들은 동아시아 경제 발전을 자유시장의 원칙을 보여주는 증거로 여겼다. 동
아시아 경제는 초기부터 수출산업을 중심으로 자유무역 체제를 발전시켰다고 했
다. 얼핏 보면 맞는 이야기 같다. 실제로 한국과 대만은 수출산업의 성공 덕택으로
경제성장을 이룩할 수 있었다.

그러나 1980년대 후반에 이르러 신고전파 경제학자들이 틀렸다는 것이 밝혀졌

다. 이들의 주장과는 달리 동아시아 국가의 산업화 과정에서는 국가의 개입이 필수적이었다. 1982년 미국 정치학자 찰머스 존슨은 《통산성과 일본의 기적MITI and Japanese Miracle》에서 일본의 경제성장과 정부의 역할을 분석하면서 '자본주의 발전국가'라는 개념을 제시했다. 존슨에 따르면, '발전 국가'의 최고 목표는 경제성장, 생산성, 경쟁력을 기준으로 한 경제 발전이다. 발전 국가는 사유재산과 경쟁을 주창하는 동시에, 엘리트 경제 관료를 통해서 계속적으로 시장을 지도한다. 정부는 자문과 조절을 위한 다양한 제도에 민간 기업 부문과 함께 참여하고, 정책 자문은 정책의 형성과 집행 과정에 긴밀하게 통합된다. 존슨은 이러한 현상을 "일본의 관료는 지배하고, 정치인은 통치한다"고 표현했다. 일본뿐 아니라 한국과 대만도 국가가 개입하는 경제정책이 경제성장을 이끌었으며, 그 점에서 일본과 유사한 '발전국가'의 성격을 띤다.●

1992년 영국 경제학자 로버트 웨이드는 《시장의 통제Governing the Market》에서 '통제 시장 이론'을 제시했다. 웨이드에 따르면, 일본·한국·대만 등 동아시아의 경제 성공은 여러 가지 요소의 결합으로 이루어졌다. 첫째, 정부가 우선적으로 고려하는 산업에 대해 차등을 두고 더 많은 돈을 투자했다. 둘째, 정부가 전략적 산업을 후원하며 규율을 행사했고 적극적으로 지도했다. 셋째, 국내 산업이 해외시장에서 국제경쟁력을 가질 수 있도록 적극 지원했다. 이와 같은 정부의 정책들은 신고전파 경제학자들이 주장하는 자유시장 정책과는 매우 다르다. 동아시아 정부들은 생산과 투자의 결과를 향상시키기 위해 적극적으로 자원을 배분하면서 시장 메커니즘을 지도하고 통제했던 것이다. 이는 일본의 요시다 시게루, 대만의 장제스, 싱가포르의 리콴유, 한국의 박정희, 중국의 덩샤오핑이 주도한 산업화에서 나타나는 공통적인 특징이다.●●

● '발전 국가developmental state'는 일종의 계획 또는 전략적 목표에 따른 경제와 사회제도를 만들어 경제 발전을 추진하는 국가다. 대부분의 발전 국가는 시장 메커니즘에 대한 자유방임보다는 국가의 개입과 조절을 옹호한다.

●● 20세기 후반 동아시아 경제의 성공에서 가장 주목받는 것은 정부의 역할이다. 1993년에는 세계은행도 〈동아시아의 기적: 경제성장과 공공정책〉이라는 보고서에서 기존의 입장을 수정해 동아시아 국가에서는 정부의 경제 개입이 상당한 역할을 했다고 인정했다.

● 시장에는 일정 정도의 불안정성이 있고 사회생활의 기반 자체를 위협한 다는 주장은 1944년 폴라니가 출간한 고전적 저작 《거대한 전환》에서도 잘 나타난다. 폴라니를 따르는 학자들은 국가는 경제 발전에 필요한 가장 중요한 행위자라고 보았다.

그런데 역사적으로 보면 발전 국가는 아주 새로운 것은 아니다.● 이미 19세기에도 유럽의 후발국들은 동아시아 발전 국가와 비슷한 역할을 했다. 당시 독일과 러시아는 영국을 '따라잡기catch up' 위해서 국가가 강력하게 개입했다. 러시아 출신 경제사학자 알렉산더 거센크론은 '후기 발전'을 이루는 나라에서는 국가의 개입이 아주 많이 나타난다면서, 후진국에는 "경제적 후진성, 급속한 산업화, 무자비한 독재 권력의 사용, 그리고 전쟁의 위험이 한데 뒤섞였다"고 말했다. 후진국에서 빠른 경제성장을 이루기 위해서는 정부의 적극적인 역할이 필수였던 것이다.

박정희 시대에 이룬 경제성장의 비밀

1989년 미국 경제학자 앨리스 앰스덴은 한국에 관심을 가졌다. 앰스덴은 《아시아의 다음 거인Asia's next giant》에서 한국의 국가는 기업가, 은행가, 산업구조의 설계사로서 중요한 역할을 수행했다고 말했다. 맞는 말이다. 육군 소장이었던 박정희는 1961년 쿠데타에 성공하자 정치적 정당성이 부족한 군사정부를 이끌기 위해서 경제성장을 강조했다. 그렇지만 당시 한국은 선진국의 경제를 따라잡을 수 있는 아무 자본도 기술도 없었다. 박정희는 한일협정을 맺으면서 일본으로부터 식민지 지배에 대한 보상금 3억 달러와 차관 2억 달러를 받아왔다. 박정희는 이 돈을 식민지 지배의 피해자들에게 나누어주지 않고 포항에 제철 공장을 건설하는 데 쏟아부었다. 일본은 아무 산업 기반도 없는 한국에 무슨 제철 공장이 필요하냐고 비웃었지만, 마치 스탈린이 강철 생산을 독려했듯이 박정희는 포항제철 건설에 온 힘을 쏟았다.

박정희는 지금의 기준으로 보면 미국식 자본주의를 추구하지 않았던 것 같다. 사유재산과 시장경제를 채택했다는 점에서는 자본주의경제임이 틀림없지만, 박정희는 상당 부분 사회주의적 요소를 도입했다. 박정희는 경제기획원 Economic Planning Board, EPB을 세워 스탈린이 했던 것처럼 5개년 경제계획을 발표했다.● 박정희 시대의 경제기획원은 소련의 국가계획위원회와 비슷한 정부 조직이었다. 이는 미국에는 없는 계획경제의 요소다. 그리고 전기·전화·우편·도로·철

도·공항·항만·조선·심지어 담배와 인삼까지 통제했다. 공기업의 비중은 사회주의를 표방한 인도보다도 더 컸다. 사실 박정희는 남로당 비밀 간부였다고 하니 비록 전향했지만 여전히 '공산주의 물'이 덜 빠졌는지도 모르겠다.

한국의 경제성장을 칭찬하는 서방 경제학자들은 한국 정부가 자유무역 체제를 유지했다고 늘 말한다. '자립적 민족경제' 운운하는 북한과는 다르다는 이야기다. 그러나 이것은 틀린 말이다. 박정희 정부는 양주, 양담배 등을 사치품으로 지정해 수입을 규제했으며, 국내 산업을 육성하기 위해 자동차를 비롯해 상당수 해외 상품의 수입을 규제했다. 이는 자유무역론과 정면으로 배치되는 것이다. 오늘날 한국 정부가 추진하는 자유무역협정FTA을 박정희는 과연 어떻게 생각할까?

1970년대까지 한국에 유입된 해외직접투자의 비율은 다른 신흥공업국에 비해 낮았다. 특히 주목할 점은 박정희 정부가 초국적 기업과 외국 차관을 효율적으로 통제했다는 사실이다. 경제기획원을 비롯한 경제 관료는 외국 자본과 국내 자본을 통제하면서 기업을 지원하는 산업 정책을 주도했다. 정부는 대부분의 은행을 사실상 국영은행처럼 통제했으며, 수출 산업에 성과를 이룬 기업들에게 특혜를 주었다. 이 점이 매우 중요하다. 박정희 정부는 금융 통제를 통해 기업을 통제하는 규율을 세웠으며 시장을 길들였던 것이다.

박정희는 해외 자본이 한국에 들어오는 것은 규제했지만, 국내 기업들은 적극적

재벌의 나라 한국에서 쓰는 '재벌'이라는 용어는 원래 일본에서 따온 것이지만 특히, 소유-지배 구조 측면에서 일본의 재벌과는 많이 다르다. 총수나 그 가족이 지배하는 기업집단을 일컬으며, 재벌chaebol이라는 말은 세계 학계에서도 쓴다. 재벌 위주의 경제 육성 정책은 오늘날까지 빛과 그림자를 남기고 있다.

으로 해외시장으로 나가야 한다고 강조했다. "한 나라의 국력은 경제 역량에 달려 있고, 수출은 국력을 나타내는 지표다"라고 주장하면서 박정희는 수출 기업을 독려했다. 매주 청와대에서 직접 경제 관료와 기업인들을 한자리에 모아 수출진흥회의를 주재했으며, 수출 실적이 좋은 기업에게 '정책금융'이라는 이름하에 낮은 이자의 특혜 대출을 허용했다. 시중은행을 장악한 정부에 의해 소수의 선택받은 대기업들이 집중적으로 육성되었다.

제세와 율산 등 종합상사들이 급성장했고, 대우와 현대는 건설 분야에서 해외로 진출해 막대한 외화를 벌어들였다. 기계·조선·자동차 등 중공업 분야에 진출한 거대한 재벌 대기업도 박정희 정부가 인위적으로 만든 결과다.

권위주의 정부와 소수의 가족이 기업을 지배하는 재벌은 발전을 위한 정치적 연합을 형성했다. 바로 이러한 이유 때문에 한국 정부는 경제의 계획자 또는 상위 파트너가 되었고, 재벌은 하위 파트너가 되었다. 그리하여 한국은 '국가주도 자본주의' 또는 '주식회사 한국'으로 불렸다. '주식회사 한국'의 최고경영자CEO는 바로 박정희였다.

경제성장이냐, 민주주의냐

한국의 눈부신 고도성장에는 어두운 그늘도 있었다. 특히 노동자들의 시민적·정치적 권리는 거의 무시되었다. 당시의 주요 수출업종은 의류·완구·가발 등 경공업이었다. 서울의 구로공단과 청계천의 봉제공장이 대표적인 공장 지대였다. 공장에서 일하는 노동자들은 대개 나이 어린 소녀들이었다. 농촌에서 초등학교나 중학교만 마치고 서울로 온 이들은 처음에는 농촌에서는 만져볼 수 없는 월급을 받으며 기뻐했다.

그러나 이들은 적은 임금을 받고 매일 잔업과 야근을 하면서 비좁고 불결한 기숙사에서 생활해야 했기 때문에 건강을 해치기 일쑤였다. 월급을 받아 시골에 있는 부모에게 부치는 기쁨도 잠깐, 이들의 몸은 망가질 대로 망가졌다.

더욱이 박정희 정부는 노동조합을 결성하거나 노사협상이나 노동쟁의에 해당되는 행위를 일절 금지했다. 임금을 올려달라는 요구나 노동조합을 결성하려는 시도는 모조리 '빨갱이'로 몰렸고, 노동자는 회사에서 쫓겨났다. 1971년 청계천 피복노조를 만들려다 부당한 간섭으로 좌절하며 "우리는 기계가 아니다", "근로기준법을 지켜라"고 외치며 세상을 떠난 노동자 전태일의 분신자살은 이 시대의 비극을 단적으로 보여주는 사건이다.

한국과 대만이 경제성장을 이루는 동안 정치적으로 권위주의 정부가 통치했다는 것은 분명한 사실이다. 박정희 정부는 대통령 직선제를 없앤 유신헌법을 제정하고 긴급조치를 발동하면서까지 수많은 학생과 지식인 들을 감옥에 가두며 정권을 유지했으며, 대만의 장제스 정부는 수십 년간 계엄령을 통한 철권통치로 장기 집권을 했다.

권위주의 체제의 정치적·윤리적 정당성에 대해서는 문제를 제기할 수 있다. 그럼에도 불구하고 상당한 정도 경제성장을 이룬 사실을 부정할 수는 없다. 박정희 정부가 독재 정권이었다는 이유로 경제성장을 송두리째 부인한다면 어리석은 일이 될 것이다. 이는 박정희 정부가 경제성장을 이룩했기 때문에 인권유린을 용인할 수 있다는 이야기와 마찬가지의 논리다. 경제와 민주주의를 동시에 발전시킬 수 있지 않았느냐는 질문도 일리는 있다. 또, 경제성장에 비해 노동자의 권리가 공평하게 보장받지 못했다는 지적도 맞는 말이다. 이런 점에서, 한국과 대만의 경제성장은 국가와 기업이 주도하는 권위주의적 발전에 의해 이루어진, 노동자의 사회적 권리를 배제한 산업화라고 할 수 있다.

자유시장이냐, 자립경제냐

영국에서 공부하던 시절, 나는 '제3세계 친구들'을 만날 기회가 있었다. 그중 아프리카 탄자니아에서 온 학생이 나를 보고 북한에 가고 싶다고 했다. 남한에서 온 줄 알면서도 하는 말이었다. 짐작은 하면서도 왜 그러냐고 물었더니, 자기들이 어려울 때 북한이 많이 도와주었다는 것이었다. 탄자니아 농촌 개발 당시 토목공사에 중국과 북한의 젊은이들이 와서 고생을 했으며, 때로는 사고로 목숨을 잃기도 했다면서 북한과 중국에 대한 감사의 마음을 갖고 있었다. 반면에 한국은 베트남전쟁에 군대를 보낸 나라가 아니냐고 했다.

당시는 비동맹회의의 '남남협력南南協力'이 기세를 올리던 시절이었다. 남남협력이란 북반부의 선진국에 종속되지 말고 남반부의 개발도상국들이 서로 협력해 경제개발을 이루자는 주장이다. 그래서 '집단적 자력갱생'이라는 구호도 나왔다. 하지만 가난한 나라들끼리 서로 돕는 것은 아름다운 일일지는 모르나 효율적인 일은 아니었다. '남남협력'은 얼마 안 가 사라졌고, 선진국과 무역을 한 나라들이 속속 경제성장을 이룩하기 시작했다.

그러면 경제 개방을 한 나라들은 모두 성공했는가? 경제 개방과 산업 발전을 동시에 이룬 동아시아 국가의 사례는 매우 특수한 경험인가, 아니면 일반적인 것인가?

개방경제 속에서도 경제성장을 이룬 나라들의 비밀은 적극적이고 능동적인 정부의 역할에 있었다. 경제성장을 주도하는 정부의 능력은 사회를 지배하고 통제하는 역량에 좌우되는 것이 아니라, 사회와 긴밀히 연결되고 협력하는 역량에 따라 결정된다. 미국 사회학자 피터 에번스는 국가와 민간 기업의 연계를 강조하면서 연관성과 자율성을 동시에 가지고 있는 국가가 '발전 국가'가 된다고 했다.

에반스는 국가를 약탈 국가, 발전 국가, 중간 국가의 세 가지 유형으로 분류했다. 아프리카 자이레와 같은 '약탈 국가'는 산업 발전을 위해서 아무것에도 투자하지 않고 경제 잉여만 뽑아간다. 반면에 한국·대만 등 '발전 국가'는 민간 기업이 산업 투자에 참여하도록 동기를 부여하고 장기적·기업가적 계획을 실행하도록 돕는다. 약탈 국가는 사회의 자원을 착취하지만 축적과 투자를 위한 노력을 하지 않는 데 비해, 발전 국가는 사회의 자본축적과 기업 활동을 장려하고 지도한다.● 정경유착과 부정부패로 망하는 약탈 국가가 아니라 정경협조와 윤리경영으로 흥하는 발전 국가는 경제성장을 이끄는 리더십을 가진 정부다.

● 중간 국가는 발전 국가와 약탈 국가의 중간 성격을 갖고 있는 나라로서 브라질·인도를 꼽을 수 있다. 최근에는 브라질과 인도도 발전 국가로 변화하고 있다.

자유시장을 강조하는 경제적 자유주의는 국가의 경제 개입에 반대하고 기업의 자유로운 활동을 중시한다. 선진국과 후진국 사이의 국제무역, 해외 자본의 국내 투자도 필수 요소로 여긴다. 이 논리는 국제경제기구의 지배 이데올로기로서, 자본의 자유로운 이동과 세계경제의 자유화를 주장한다.

이에 비해 경제적 종속과 착취를 비판하는 신제국주의 이론, 종속이론 등 경제적 민족주의 이론은 자립적 민족경제의 발전을 중시하며, 국제무역이나 다국적기업의 해외직접투자에 부정적이다. 이 논리는 1960~1970년대에 인기를 얻었으나 동아시아 신흥공업국의 성공으로 이론적으로 파산했다. 대다수 제3세계 국가들은 이제 국제무역과 해외직접투자에 개방적인 입장이다.●●

자유시장이냐, 자립경제냐 하는 극단적인 대립은 이제 더 이상 관심을 끌지 못한

다. 발전 국가는 자유시장 아니면 폐쇄적인 민족
경제 어느 하나를 택하지 않고, 시장경제를 추구
하는 동시에 시장에 개입하는 국가의 역할을 강
조한다. 발전 국가는 세계경제의 통합과 국제 경
쟁을 인정하며 국가경쟁력을 높이기 위해 노력한
다. 또한 해외무역을 적절히 규제해야 한다고 본
다. 발전 국가는 국가와 경제의 관계에 새로운 관
점을 제시하고 있다.

대안적 발전은 가능한가

21세기 지구촌의 가장 시급한 과제는 극빈국의 빈곤을 없애는 것이다. 하루 2달러
미만으로 먹고 사는 20억 명이나 되는 빈곤층의 목소리에 귀를 기울이고 이를 해
결하기 위한 운동을 전개해야 한다. 1년에 사망하는 어린이 560만 명의 주요 사망
원인은 영양실조. 개발도상국의 다섯 살 미만 어린이의 네 명 중 한 명이 나이에
비해 체중이 크게 미달하고 있다. 그런데 세계 13위의 경제 규모에 비해 우리의 해
외 원조는 너무 초라하다.● 경제협력개발기구 개발원조위원회DAC 회원국이 되었
고 원조를 받은 나라에서 원조를 주는 나라로 변화했지만, 해외 원조의 규모는 여
전히 매우 작다. 유엔이 제시한 목표치인 국내총생산 대비 0.7%에 도달하기 위한
노력이 필요하다. 원조가 없다면 2030년까지 전
세계의 극도 빈곤을 없애려는 국제사회의 목표를
달성하기 어려울 것이다.

지난 수십 년 동안 경제성장의 지표는 대개 국
민총생산GDP으로 표현되었다. 매년 세계은행은

아프리카에 학교를 아프리카를 비롯해 개발도상국들이 겪는 어려움 중 하나가 교육에 대한 것이다. 유엔아동권리협약 제25조는 "모든 아이는 교육받을 권리가 있다"를 명시하고 있다. 요즘 여러 단체에서 아프리카에 학교 짓기 프로젝트가 한창이다.

한 나라의 경제수준을 나타내는 지표로서 1인당 국민총생산 또는 국내총생산을 발표했다. 세계은행은 지구상의 국가들을 경제성장 단계를 기준으로 '발전된 국가', '덜 발전된 국가' 또는 '개발도상국'으로 분류했다. 서구와 북미의 선진국은 발전된 국가로, 다른 나라들은 덜 발전된 국가 또는 개발도상국으로 분류되었다. 이 기준은 타당한가? 과연 인간의 행복은 돈으로 결정되는가?

　1980년대 이후 발전을 단지 경제 수치만으로 표시하는 것에 대해 근본적인 문제가 제기되었다. 발전은 경제성장뿐만 아니라 '삶의 질'을 고려해야 한다는 주장이 나오면서 평균수명, 교육 수준 등이 발전의 중요한 지표로 떠올랐다. 그 때문에 제3세계 빈곤국을 위한 경제원조 이외에 식수 시설을 제공하고 질병을 치료해주고 가난한 아동을 교육하는 일이 중요하다. 언론의 자유·정치적 자유·사회복지가 얼마나 보장되는지도 중요한 지표가 된다. 최근 유엔에서는 '인간적 발전'이라는 개념

● 1972년 세계 지식인들이 모인 '로마클럽'의 보고서 〈성장의 한계〉는 기존의 환경과 개발에 대한 우려를 표명하면서, 새로운 발전 모델에 관심을 나타냈다. 그 후 미국, 일본, 유럽에서 잇달아 환경 사고가 발생하면서 법률 소송이 늘어나 대중적 관심도 높아졌다. 특히 1984년 인도 보팔에 투자한 미국 화학회사 유니온 카바이드사에서 유독 가스가 유출되어 1만 명이 숨지고 12만 명이 부상을 당한 사건은 환경문제에 경종을 울렸다.

을 제시하고, 이에 대한 보고서를 매년 출간하고 있다.

그런데 1990년대 이후에는 '인간을 위한 발전'이 최고 가치라는 생각도 도전을 받고 있다. 전 지구적 차원에서 환경을 보전하는 문제가 새로이 떠오른 것이다. 환경 파괴는 특정 지역이나 어느 한 국가의 문제가 아니라 전 세계의 문제다. 또한 단순히 기술적인 문제가 아니라 사회적인 문제다. 서구의 사회제도가 환경 파괴에 직접적인 책임이 있다는 지적도 있다. 특히 지난 수십 년간 강조된 경제성장을 토대로 한 발전이라는 관념은 이제는 바뀌어야 한다.●

'지속 가능한 발전'이란 용어가 등장했다. 1992년 6월 리우데자네이루에서 열린 유엔 환경개발회의에서 채택된 '리우 선언' 은 '지속 가능한 개발'을 실천하기 위한 구체적 내용을 제시했다. 환경친화적 발전, 이것이 오늘날 인류가 수행해야 할 중요한 과제다.

더 읽을거리

- 조지프 스티글리츠, 송철복 옮김, 《세계화와 그 불만》, 세종연구원, 2002.
- 데이비드 헬드 외, 조효제 옮김, 《전 지구적 변환》, 창비, 2002.
- 장하준, 형성백 옮김, 《사다리 걷어차기》, 부키, 2004.
- 제프리 삭스, 김현구 옮김, 《빈곤의 종말》, 21세기북스, 2006.
- 김윤태, 《한국의 재벌과 발전 국가》, 한울, 2012.
- 필립 맥마이클, 조효제 옮김, 《거대한 역설: 왜 개발할수록 불평등해지는가》, 교양인, 2013.
- 제프리 삭스, 홍성완 옮김, 《지속 가능한 발전의 시대》, 21세기북스, 2015.
- 장 지즐러, 유영미 옮김, 《왜 세계의 절반은 굶주리는가?》, 갈라파고스, 2016.

자본주의 계급 피라미드에서

제일 아래에 있는 프롤레타리아는

모두를 위해 일하고

그들 모두를 먹여야 했다.

18 아듀 프롤레타리아

노동운동의 등장과 쇠퇴

다른 사람의 손에서 일자리를 빼앗고
다른 사람의 입에서 빵을 빼앗기 위해 싸우지 않으면,
몸과 마음도 지치지 않을 것이다.
─폴 라파르그, 사회주의 운동가

텔레비전에서 노동자들의 시위 장면을 보는 일은 지극히 일상적인 일이 되었다. 매일 살인 사건 기사가 신문에 실리고 경찰이 거리를 순찰하는 모습이 '미국적 생활양식'이라 한다면, 쇠파이프로 무장한 시위대와 곤봉으로 맞선 경찰이 대치하는 모습은 '한국적 생활양식'의 한 단면이다. 기업은 과격한 노동조합이 때문에 국가경쟁력이 약화된다고 하고, 노동자들은 기업의 탐욕 때문에 노동자들이 거리로 나선다고 한다. 왜 노동자들은 파업을 하고 시위를 하는 걸까? 왜 노동자와 자본가는 비즈니스 파트너처럼 테이블에 마주앉아 협상을 하고 악수하며 헤어지기 어려울까? 노사 관계는 영원한 평행선인가?

역사적으로 살펴보면 노동자들의 파업과 시위는 문명화의 결과다. 산업혁명이 시작되면서 등장한 노동자들은 처음에는 파업도 시위도 할 권리가 없었다. 물론 노동조합을 만들 권리도 없었다. 이들은 오로지 임금을 위해 노동력을 파는 노예에 불과했다. 위험하기 짝이 없는 공장에서, 먼지 가득한 탄광에서, 차가운 거리에서, 노동자들은 목숨을 걸고 일했다. 자본가들은 모든 것을 살 수 있는 자유를 누렸지만, 노동자들에겐 노동력을 팔 수 있는 자유만 있었다.

19세기에 들어서면서 노동자와 자본가 사이에 갈등이 일어나기 시작했다. 노동자들에게 시위는 생존을 위한 마지막 몸부림이었다. 당시에는 모든 시위가 불법이었다. 경찰의 진압에 노동자들은 공장 점거로 맞서고, 급기야 폭동이 되고, 결국 경찰의 발포로 끝이 나곤 했다. 심지어 군대가 동원되기도 했다. 노동운동은 이렇게 피의 역사로 시작되었다.

그런데 19세기 후반에 이르러 노동조합이 결성되고 가입 인원이 늘어나면서 대중적인 노동운동이 성장했다. 그러자 대부분의 산업국가에서는 노동자들이 자신들의 목표를 달성하기 위해 파업할 수 있는 권리를 인정하게 되었다. 이제 파업은 노동조합이 스스로의 권리를 지키기 위한 수단이요, 자본가와 국가가 인정하는 평화적 수단이 되었다. 그러니 '평화적인' 파업과 시위는 분명 문명화의 결과라 할 수 있다.

노동운동은 어디서 시작되었나

노동조합은 자본주의가 가장 먼저 발달한 영국에서 최초로 등장했다. 17세기부터 영국에서는 노동자들의 상호부조를 위한 우애조합friendly society, 공제조합, 협동조합이 결성되거나 비밀조합 형태로 유지되었다.● 1799년 단결금지법이 제정되어 노동자들의 결사는 불법으로 간주되었기 때문이다. 이 법을 통과시킨 의회는 노동조합이 노동자들의 '행동의 자유'를 침해한다는 명분을 내걸었다. 노동조합이 노동자들에게 노동 시간이나 임금에 대해 지시하는 것은 개인 사이의 계약의 자유를 보장하는 '자유주의 사상'에 위배된다는 것이었다. 단결금지법은 1824년에야 폐지되었다.

> ● 조합원들이 일정한 돈을 모아 적립했다가 사고가 발생할 경우 적립금에서 일정액을 주어 생활의 어려움을 덜어주고자 했다. 조합원의 갹출을 통한 상호 공제 시스템은 영국의 사회보험 제도에 큰 영향을 주었다.

영국의 노동조합은 길드의 계승자인 장인들이 자신의 이익을 독점적으로 지키는 직업별 노동조합이었다. 따라서 미숙련 노동자들은 노동조합에 가입할 수 없었다. 이에 비해 독일에서는 미숙련 노동자를 중심으로 산업별 노동조합이 결성되었다. 독일식 산업별 노동조합은 같은 직장이나 직종에서 일하는 동료라는 의식보다 사회 전체의 노동자 계층이라는 의식을 강하게 갖고 있었다.

그러나 모든 노동조합이 영국이나 독일 같았던 것은 아니다. 일본에서는 기업별 노동조합이 조직되었다. 기업별 조합은 개별 기업마다 종업원 신분이 있는 노동자만을 조합원으로 구성하는 노동조합이다.●● 한국의 노동조합은 대부분 일본식 기업별 노동조합이다.

> ●● 기업별 노동조합은 종업원 자격을 상실하면 조합원 자격도 상실하지만, 산업별 노동조합은 실직하더라도 조합원 자격이 그대로 유지된다. 따라서 독일의 산업별 노동조합은 실업 문제를 노동조합의 중요한 과제로 설정하는 데 비해, 일본의 기업별 노동조합은 조합원의 복지를 더욱 중요한 과제로 여긴다.

20세기 들어 노동조합은 상당한 변화를 겪었다. 선진 자본주의사회의 대규모 노동조합은 단결권과 쟁의권을 보장받았다. 이들은 영구적인 조직을 만들었으며, 노동조합을 위한 전임자를 채용했다. 노동조합의 성향은 정치적 조합주의와 경제적 조합주의로 나타났다. 정치적 조합주의는 유럽처럼 독자적인 노동자 정당을 결성해 법과 제도의 개선 등 노동조합의 정치적 목표를 실천하기 위해 노력한다. 19세기 말부터 유럽 대부분의 노동조합은 정치 운동 또는 선거를 통해 정치권력을 장악하고자 했다. 1863년 결성된 전독일노동자협회를 모태로 1875년 창당된 독일 사회민주당SPD은 선거에 참여하면

노동자의 날, '메이데이' 매년 5월 1일은 '세계 노동자의 날'이다. 그림은 1886년 5월 '헤이마켓 광장'에서 열린 항의 집회의 모습인데, 이 충돌로 여러 명이 사망하고 무고한 사형수 네 명이 처형되어 논란을 빚었다. 이들을 기리기 위해 1890년 5월 1일부터 전 세계적으로 메이데이가 시작되었다. 우리나라에는 해방 후 이승만 정부에 의해 3월 10일로 바뀌었다가 1994년에 다시 5월 1일로 제자리를 찾았다.

서 의회를 통한 집권을 추구했다. 영국에서는 1896년 결성된 독립노동당을 기반으로 1900년 노동당이 창당되면서 국유화 강령을 주장했지만 계급투쟁 대신 의회를 통한 점진적 개혁을 지지했다.●

경제적 조합주의는 노동조합 활동을 임금이나 노동조건 개선 같은 노동자들의 생활 향상에 한정하는 것을 말한다. 대개의 노동조합은 정치적 조합주의와 경제적 조합주의를 동시에 지향한다.●●

2차 세계대전 후 선진 자본주의국가의 노동조합은 활동의 자유를 보장받는 대신 평화적 집단행동을 약속하며 자본가와 타협하기 시작했다. 노동조합은 노사 평화를 수용하고 대신 장기적인 임금 인상과 연공서열제를 제도적으로 보장받았다. 그리하여 석유 파동으로 경제 위기가 심화된 때에도 노동자들은 지속적으로 임금을 인상시킬 수 있었다. 그러나 이러한 지속적인 임금 인상과 기업의 과도한 조세 부담은 기업의 국제 경쟁력이 약화되는 원인이 된다는 지적을 받기도 했다. 그러나 노동조합이 강력한 나라에서 소득 불평등이 적고 노사 타협을 통해 산업 평화가 유지된다는 반론도 있다.

현재 선진 산업국가의 노동조합은 높은 실업률, 제조업의 쇠퇴, 국제 경쟁의 심화 등으로 커다란 어려움에 직면하고 있다. 노동조합에 가입하는 노동자의 비율이 점차 낮아지고 있는데, 1980년대까지 50%에 달했던 영국의 노동조합 조직률은

● 1924년 램지 맥도널드가 이끄는 노동당이 정권을 잡았다. 농장 노동자 출신 아버지와 하녀였던 어머니 사이에서 사생아로 태어난 맥도널드는 훗날 대영제국의 총리가 되었다. 1945년 총선에서 압승한 노동당의 클레멘트 애틀리 총리는 마침내 영국의 주요 산업의 국유화를 단행했다. 애틀리 총리는 부유한 가정 출신으로 옥스퍼드대학교를 졸업했으며 런던정경대학교의 교수를 역임했다.

●● 노동자 계급의 궁극적 해방을 목표로 내세운 20세기 초반 사회주의혁명가들은 경제적 조합주의를 비판했다. 특히 러시아공산당은 독일과 영국이 노동자들의 경제투쟁에만 매몰되어 제국주의 전쟁인 1차 세계대전에 동원되었다고 맹렬하게 비난했다.

최근 30% 미만으로 떨어졌다. 독일에서도 노동조합 가입 비율은 25% 수준으로 떨어졌다. 프랑스는 더 극적이다. 프랑스의 노동조합 조직률은 10% 미만이다. 이는 지난 20년 간 유럽에서 가장 낮은 것이다. 같은 기간에 이탈리아는 50%에서 35%로 감소했다. 다만 스웨덴과 북유럽 국가들만 60~70%를 유지하고 있다.

노동조합의 약화는 정부의 개입에 따른 불가피한 결과이기도 했다. 미국과 유럽에서 보수적 정부가 등장하면서 노동조합의 영향력을 축소하기 위한 여러 가지 조치가 이루어졌다. 영국에서는 1980년대 대처 총리의 보수당이 집권하면서 고용법이 개정되어 동정파업과 피켓 시위가 금지되고 파업 결정은 조합원의 투표를 거쳐야만 가능하도록 바뀌었다. 미국에서는 유럽보다 더욱 심각하게 노동조합의 영향력이 감소되었으며, 일부 산업 분야의 노동조건은 악화되었다. 제조업이 차츰 쇠퇴하는 추세 또한 노동조합의 약화에 영향을 주고 있다. 유연 생산 시스템이 확대되면서 노동조합의 영향력은 더욱 약화되고 있다.

노동자계급은 사라지는가

1848년 《공산당선언》에서 마르크스와 엥겔스는 "전 세계의 노동자여 단결하라"라고 외쳤다. 노동자야말로 혁명의 진정한 수행자가 되리라 여겼다. 그러나 현실은 그와 너무나 달랐다. 노동자는 혁명의 깃발을 들기보다 국가가 동원하는 전쟁에 기꺼이 응하는 용맹스런 군인이 되었으며, 국가를 전복하기보다 국가가 보장하는 복지에 의지하는 온화한 시민이 되었다. 노동자들은 자신들이 국가의 노예가 아니라 국가의 주인이라고 생각하기 시작했다. 보통선거권은 노동자들에게 국가를 위해 충성해야 하는 법적 근거를 제공했다. 노동자는 국가라는 우리 안에 갇힌 맹수가 되었으며, 국가는 노련한 조련사가 되었다.

그러나 지구화 시대에 직면한 요즘의 국가들은 더 이상 노동자의 요구를 능숙하게 다루지 못하는 것 같다. 복지는 쇠퇴하고 민주주의의 토대인 보편적 시민권은 빛바랜 계약서가 되고 있다. 초국적 기업의 무한 경쟁과 이윤 추구 논리가 확산되면서 노동자들 사이의 사회적 격차가 심화되고 있다. 고용은 불안해지고 사회보장은 더욱 약화되고 있다. 그런데 전 세계 곳곳에서 노동자들의 생활 조건이 악화되고 있음에도 불구하고, 노동자들의 투쟁은 찾아보기 힘들다. 노동자들은 다 어디로 갔는가?

서유럽 노동운동의 약화는 노동자계급의 변화와 밀접한 관련을 가지고 있다. 2차 세계대전 직후 영국 노동자계급은 전체 인구의 50%에 육박했고, 노동조합 조직률은 70% 이상이었다. 이러한 영국 사회의 계급적 구성은 총선거를 통해 노동당의 집권을 가능하게 했다. 또한 국유화와 복지국가를 가능하게 했다.

복지국가는 노동자계급의 생활수준을 실질적으로 향상시켰다. 노동자계급의 물질생활이 획기적으로 개선되는 것은 마르크스도 예견하지 못한 일이다. 마르크스는 기계의 도입이 확산되면서 프롤레타리아의 궁핍화가 진행되리라 예상했다. 한편, 마르크스가 예견하지 못한 것이 하나 더 있었다. 1960년대 이후 진행된 정보기

룰라의 빛과 그림자 노동조합 지도자 출신의 룰라 다 실바는 '노동자당' 후보로 브라질 대통령 재임에 성공했다. 룰라는 경제성장과 복지 확대를 주도해, 퇴임하면서 80%의 달하는 지지율을 기록해 성공한 대통령으로 남는 듯했다. 그러나 후계자인 지우마 호세프 대통령은 탄핵되었고 룰라는 최근 부패 혐의 재판에서 실형을 선고받으면서 그에 대한 재평가가 이루어지고 있다.

술혁명과 자동화에 따른 생산체계의 변화와 제조업의 쇠퇴가 그것이다.

1980년 프랑스 사회학자 앙드레 고르는 《프롤레타리아여 안녕》이라는 논쟁적인 제목의 책을 출간했다. 이 책에서 말한 대로 선진 산업사회의 노동자계급은 양적으로 감소했고 노동자계급의 의식도 질적으로 변화했다. 노동자계급 내에서 개인주의적 성향도 증가했다. 이는 집단적 생활 기반과 공통의 문화적 정체성을 토대로 해온 기존의 노동운동을 심각하게 약화시켰다. 탈산업화와 포스트 포드주의의 유연 생산이 확산되면서 육체노동자들은 급속하게 감소하기 시작했다.●

서구의 노동운동은 30년 전에 비해 계급성, 조직력, 전투성이 심각하게 약화되었다. 노동자계급의 이익을 대변하는 노동조합과 사회주의정당도 퇴조하는 추세다.

그러나 이러한 추세가 곧 노동운동의 소멸을 의미하는 것은 아니다. 역사적으로 보면 영국을 제외한 대부분의 산업국가에서 노동자계급은 항상 소수 세력이었다. 정보기술이 발전하고 유연 생산이 확산되고 있지만 노동자계급이 완전히 사라진 것은 아니다. 더욱 중요한 사실은 포스트 포드주의가 등장한 후에도 육체노동이 소멸된 것은 아니라는 것이다. 노동자는 마르크스가 말한 것처럼 역사적인 변혁을 수행하는 계급이라고 할 수는 없을지라도 현대사회의 주요 사회 세력 중 하나로 계속 존재하고 있다.

서구 노동운동의 퇴조에 비해 제3세계 후발국가인 브라질, 남아프리카, 한국 등지에서 노동자계급이 양적으로 증가하고 노동운동이 강화된 사실은 매우 주목할 현상이다. 그러나 제3세계 노동운동 역시 정보기술혁명의 구조적 제약을 받고 있다. 한국을 비롯한 신흥공업국에서도 제조업 분야 노동자와 정규직 노동자의 비중은 계속 줄어드는 추세다.

노동조합과 좌파 정당의 활동도 많은 변화를 보이고 있다. 브라질에서는 노동조합 지도자였던 룰라가 좌파 정당인 노동자당PT 후보로 2002년 대통령에 당선되었지만, 치솟는 인플레이션을 잡기 위해 좌파 색채를 벗고 통화 억제와 재정 긴축을 실시하며 시장친화적 실용주의 노선으로 전환했다. 넬슨 만델라가 이끄는 남아프리카공화국의 아프리카민족회의도 좌파 정당에서 벗어나 실용주의 노선으로 전환했으며, 노동조합의 지지를 받는 공산당은 '국민경제발전과 노동위원회NEDLAC'에 참여해 정부·고용주·노동조합·지역 공동체 간의 합의를 도출하기 위해 노력했다. 그럼, 한국의 노동조합은 어떠한가?

한국의 노동운동은 왜 약화되었나

한국 노동조합의 역사는 억압과 저항의 역사였다. 20세기 초반 일제강점기 이래 산업화가 진행되면서 노동자계급의 수가 차츰 증가했다. 특히 1960년대 이후 노동자의 수는 급증했지만, 권위주의적인 정부하에서 노동조합운동은 무자비한 억압과 통제를 받았다. 한국노총은 정부의 비호를 받으면서 노동계를 대표했으나 적극적인 노동조합운동을 벌이지 못했다. 1987년 민주화운동 이후에야 노동조합운동은 활발히 진행되기 시작했다.●

노동운동이 본격적으로 확산된 1980년대 말부터 1990년대 초에 걸쳐 노동조합은 몇 가지 변화를 보이는데, 대표적인 것이 사무, 금융, 병원 등 화이트칼라 노동조합운동이 활발히 전개되었다는 점이다. 이들 중 사무노련, 전문노련, 병원노련, 전국교직원노조, 공무원노조 등은 민주노총에서 적극적으로 활동하고 있다.●●

한국의 노동조합은 매우 전투적이었지만 정치적인 문제보다는 주로 임금·고용·노동조건 등 사업장 내부의 경제적 문제를 해결하기 위해 노력했다. 이는 브라질과 남아프리카 노동조합이 정당과 연계를 맺고 '전투적 노동조합주의'로 발전한 것과는 다르다. 한국의 노동운동은 경제적 조합주의에 머무르는 경향이 강했다. 또한 임금협상이 기업별로 이루어지면서 교섭 능력이 강한 대기업 노동조합을 중심으로 높은 임금 인상이 이루어졌다. 결과적으로 대기업과 중소기업, 정규직과 비정규직 사이의 임금격차가 커졌다. 노동자 간 임금격차가

● 해방 직후, 좌익 계열 노동조합인 전국노동조합전국평의회(전평)가 거대한 조직을 결성했으나 미군정하에서 불법화되었다. 좌익 노동조합에 맞서 1946년에 결성된 한국노동조합총연맹(한국노총)은 단일한 전국노동조합으로 발전했으며, 2015년 현재 84여만 명의 조합원이 가입되어 있다. 한국노총의 타협적인 태도에 대해 비판적인 노동조합들이 모여 1995년 결성한 전국민주노동조합총연맹(민주노총)은 2015년 현재 63만 여명의 조합원이 가입되어 있다.

●● 전국적 범위로 활동하게 된 노동조합은 임금 협상 외에 정치 활동도 해나가고 있다. 금융실명제, 경제민주화, 근로소득자에 불리한 조세제도의 개혁, 경제력 집중의 해소 등 노동자와 직접 관련되는 정책에 대한 개혁을 촉구하는 운동을 시민운동 단체와 연대해 전개하기도 했다.

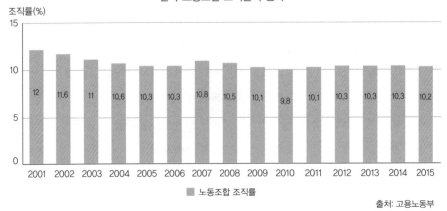

한국 노동조합 조직률의 변화

조직률(%)

	2001	2002	2003	2004	2005	2006	2007	2008	2009	2010	2011	2012	2013	2014	2015
노동조합 조직률	12	11.6	11	10.6	10.3	10.3	10.8	10.5	10.1	9.8	10.1	10.3	10.3	10.3	10.2

■ 노동조합 조직률

출처: 고용노동부

세계 최저 노동조합 조직률 한국의 노동조합 조직률은 10%대에 그쳐 노동자 10명 가운데 9명은 노동조합을 통해 자신들의 권리를 주장할 수 없는 실정이다.

증가했고, 영세, 소규모 업체에 종사하는 노동자의 생활수준은 상대적으로 나빠지고 새로운 인력의 수급도 어려워졌다.●

최근 한국의 노동자계급의 수가 감소하면서 노동운동에도 영향을 주고 있다. 1989년 19.8%였던 노동조합 조직률은 2015년 현재 10.3%에 불과하다. 더 주목해야 할 점은 노동운동의 주요 기반이었던 제조업 노동자의 숫자가 1989년 이후로 계속 감소하고 있다는 사실이다. 2000년 이후 2005년까지 서비스산업 임금근로자는 1799천 명이 증가한 반면, 제조업 노동자는 4만 명이 감소했다. 서비스 분야 중소기업의 노동자와 임시직 등 비정규직 노동자가 노동조합에 참여하는 수가 줄어들고 있어 노동운동의 대중적 기반은 점점 약화되고 있다.

● 1998년 김대중 정부가 구성한 노사정위원회에서 민주노총이 탈퇴하면서 노사정 협상에 많은 어려움이 생겼다. 노사문제를 비롯한 주요 정책 결정 과정에 미치는 노동조합의 영향력은 매우 제한적이며 노사 협상은 매우 불안정하다. 주요 노동조합은 한국노총과 민주노총 2개로 분리되어 있고, 고용주 단체는 전경련, 경총, 중소기업협동조합중앙회, 상공회의소 등 4개로 분리되어 있다. 노동조합이 분리되어 있고 가입 비율도 감소하는 상황에서 노동조합이 다른 사회 정치 세력을 새로운 협상으로 이끌 가능성은 더욱 적어 보인다.

탈산업사회, 달라진 노동의 풍경

탈산업사회에서는 전통적인 제조업 노동자가 감소하고 컴퓨터 프로그래머 등 새로운 지식노동자와 기술전문직 엘리트가 등장한다. 《탈산업사회의 도래》를 쓴 미국 사회학자 다니엘 벨에 따르면, 탈산업사회의 중요한 특징은 서비스 분야와 정보 분야 직업이 증가하는 것이다. 그러나 제조업이 완전히 사라진 탈산업사회란 존재하지 않는다. 서비스 분야 직업이 지속적으로 증가하는 것은 제조업의 생산성이 향상하고 있는 것과 밀접한 관련이 있다. 그래서 탈산업사회는 산업사회와 단절함으로써 생겨나는 것이 아니라, 산업사회와 연결되어 발전하는 것이라고도 한다.

서비스 분야의 직업이 늘어나면서 직업의 형태가 다양해졌다. 한 직장에서 장기간 근무하는 대신 수차례 직장을 옮기거나, 새로운 기술을 배워 직업을 바꾸는 경우가 늘고 있다. 특히 노동시장의 유연성이 높은 미국에서 노동자들의 이직과 전직률이 높아지고 있다. 장기근속과 연공서열의 임금 체제, 평생고용제도를 유지하던 일본과 동아시아에서도 직업 이동이 점점 늘어나고 있다. 상근제 대신 시간제 근무, 임시직 같은 비정규적 노동자가 증가하고 있으며, 퇴직 연령도 앞당겨지고 있다.

전자기술의 확대는 일자리를 감소시키고 있다. 정보 관련 서비스산업은 발전하고 있지만 제조업은 쇠퇴하고 있다. 정보기술이 발전한 미국은 전체 인구 가운데 제조업 노동자의 비중이 15% 이하다.●

영국의 제조업 노동자들의 비율이 30년 전에는 42%였는데 2004년 현재 16% 수준으로 감소했다. 다른 선진 산업국가들도 비슷하다. 영국의 시사주간지 《이코노미스트》에 따르면, 1970년 이후 25년 동안 선진국의 제조업 고용 비중은 28%에

> ● 미국에서는 1980년대 기업 구조 조정을 거치면서 공장 노동자들이 대량 해고되었으며, 은행 직원의 3분의 1 이상이 자리를 잃었다. 1990년대 이후 미국의 제조업 분야에서 180만 개의 일자리가 사라졌고, 독일의 제조업에서도 50만 개의 일자리가 사라졌다.

서 18%로 떨어졌다. 이러한 제조업 인구의 쇠퇴는 공장 및 사무 자동화와 밀접한

관련이 있다. 컴퓨터와 로봇의 도입으로 단순노동의 역할이 점차 사라지고 있는 것이다. 기계가 다시 사람들의 일자리를 빼앗고 있는 걸까?

미래의 노동은 어떻게 될까

미국 경제학자 제레미 리프킨은 《노동의 종말》에서 앞으로 서구 노동자들이 가졌던 네 가지의 일자리 중 세 가지는 컴퓨터에 의해 처리될 것이며, 그 결과 21세기 중반에는 현재의 1억 2000만 명 노동자 가운데 1억 명 정도의 일자리가 사라질 거라고 예측했다. 암울한 예언이다.

고르도 《프롤레타리아여 안녕》에서 미래에는 임금노동의 역할이 점점 줄어들 것이라고 했다. 그러나 고르는 일자리 감소와 실업의 증가를 반드시 부정적으로만 보지 않았다. 오히려 개인의 자유와 능력 발전의 기회로 활용해야 한다고 했다. 프랑스 녹색당의 대통령 후보였던 고르는 생태주의 입장에서 노동시간 감소를 주장했다. 풍족한 사회에서 실업은 노동시간 감소를 반영한다는 것이다. 즉, 모든 사람이 일하기만 한다면, 훨씬 적게 일해도 된다는 것이다. 모든 노동이 평등하게 사회적 승인과 보수를 받는 것은 빈곤 절멸의 조건임과 동시에, 사람들에게 노동을 고루 배분하기 위한 조건이 된다.

이와 같은 고르의 주장이 완전히 새로운 것은 아니다. 이미 100년 전 마르크스의 사위이자 사회주의자였던 폴 라파르그는 저서 《게으를 수 있는 권리》에서 방직기계 한 대가 1분 동안 작업한 양이 숙련 여공의 100시간 작업량과 같다는 것을 근거로 들며 그럼에도 노동에 대한 맹목적인 열정을 불태울 이유가 있느냐고 물었다. 나아가 하루 노동시간을 3시간으로 제한한다면 더 많은 사람이 일자리를 얻을 수 있으며, 그로 인해 더 많은 소비가 이뤄지고 개인에게는 더 많은 휴식이 주어져 결국 사회가 발전할 것이라고 주장했다.

1초에 한 개씩, 패티 굽는 로봇 4차 산업혁명은 삶의 질을 향상시키겠지만 인간과 로봇이 노동을 두고 경쟁할지 모른다. 새로운 시대를 대비하는 전략이 필요할 것이다.

실제로 이 주장은 1990년대 후반 프랑스에서 리오넬 조스팽이 이끄는 사회당 정부에 의해 실천에 옮겨졌다. 조스팽 정부는 주당 35시간 노동을 법률로 규제했다. 하지만 기업들은 노동시간 감소에도 불구하고 임금이 그대로 유지되는 데 크게 반발했다.

어쨌든 실업이 나날이 늘어나는 현실에서 노동에 대한 새로운 해석이 등장하고 있다. 초기 산업사회에서 인간의 노동은 이윤과 임금을 얻기 위한 영리 활동이었지만, 정보사회에서 인간의 노동은 영리 활동 이외에 비영리 활동의 비중이 점점 커지고 있다. 리프킨은 자원봉사 같은 새로운 형태의 노동이 생겨나고 있음에 주목했다. 자선단체, 인권단체, 환경단체 등에서의 활동이나 자원봉사는 이윤을 만들지는 않지만 시민사회에 반드시 필요한 요소다. 이렇게 경제적 이윤만 추구하는 대신 사회적 가치를 위해 활동하는 단체들을 사회적 기업이라고 부른다. 대체로 이런 노동은 회비, 기부금, 국고보조금을 받고 있으며 세금 공제도 이루어지고 있다. 특히 스웨덴 정부가 적극적이다. 1990년대 이후 스웨덴 정부는 의료, 복지, 보육 등 공공부문에서 '사회적 일자리'를 창출해 사회 서비스를 제공하고 고용을 창출하는 효과를 거두었다.

독일의 사회학자 울리히 벡은 공익을 추구하는 노동을 임금노동과 구별해 '시민노동'이라고 불렀다. 자발적인 시민노동에 거는 기대는 매우 크다. 하지만 임금노동을 완전히 대체하지는 못할 것이다. 아직도 수많은 사람이 임금을 받을 수 있는 일자리를 찾아 거리를 헤매고 있지 않은가.

노동의 미래는 밝지 않다. 기술의 발전에 따라 일자리가 줄어들 것이라는 우려가 커지고 있다. 특히 컴퓨터와 로봇의 등장으로 전통적인 숙련 노동자의 일자리가 급속하게 없어지고 있지만, 새로운 일자리는 충분하지 않다. 더 심각한 문제는 로봇과 인간이 일자리를 놓고 경쟁하는 '제2의 기계시대'의 도래로, 소수의 부자와 대다수 가난한 노동자로 분열되고 있다는 사실이다. '제4차 산업혁명'이 인간에 어떤 영향을 줄 지 아직은 미지수다. 지금 우리는 노동시간, 임금, 직업에 대한 새로운 정의가 필요한 시대에 살고 있다.

더 읽을거리

- 박호성, 《사회주의와 민족주의》, 까치, 1989.
- 최장집, 《한국의 노동운동과 국가》, 나남, 1997.
- 울리히 벡, 홍윤기 옮김, 《아름답고 새로운 노동 세계》, 생각의나무, 1999.
- 제레미 리프킨, 이영호 옮김, 《노동의 종말》, 민음사, 2005.
- 안재성, 《한국 노동운동사》, 삶창, 2008.
- 린다 그래튼, 조성숙 옮김, 《일의 미래》, 생각연구소, 2012.
- 강수돌, 《노동을 보는 눈》, 개마고원, 2012.
- 김금수, 《세계 노동운동사》, 후마니타스, 2013.
- 에릭 브린율프슨·앤드류 맥아피, 이한음 옮김, 《제2의 기계 시대》, 청림출판, 2014.

영국 최초의 여성 총리

마거릿 대처는

'철의 여인'이라

불리며 승승장구했다.

19 자본주의 혁명가

대처와 신자유주의

세상에는 사회란 존재하지 않는다.
오직 남자와 여자인 개인들과 가족들이 존재할 뿐이다.
—마거릿 대처, 영국 총리

영국 최초의 여성 총리 마거릿 대처(1925~2013)는 보수당 출신이다. 보수당은 17세기 말 처음 생겼을 때 토리Tory라고 불렸다. 이는 세계에서 가장 오래된 정당이다. 토리는 아일랜드 말로 '무법자' 또는 '게릴라 전사'라는 뜻인데, 당시에는 '수배자'라는 뜻으로도 쓰였다. 청교도혁명이 한창이던 당시, 토리는 휘그Whig에 대항해 왕당파를 결집했다. 그 후 토리는 미국혁명과 프랑스혁명에 반대했으며, 토리라는 이름 대신 '보수당'으로 불리기 시작했다.

보수당은 항상 현상 유지를 주장하고 기득권층의 이익을 옹호하는 입장을 취했다. 그러나 대처는 이전의 보수당 정치인과 전혀 다른 모습을 보여주었다. 그녀는

화학도 마거릿 대처는 화학을 전공했지만 포부가 크고 정치에 관심이 많았다. 1950년 화학 실험실에서 일하는 대처의 모습.

보수적인 정치인이라기보다는 영국 사회를 송두리째 바꾸었다는 점에서 혁명가에 가깝다. 그리고 그녀가 주도한 혁명은 자본주의를 급진적으로 부활시키려고 했다는 점에서 '반혁명'이라고 불릴 만하다.

1979년 대처가 총리로 당선되기 전까지 영국은 서구 자본주의국가 가운데 국영 기업이 가장 많고 복지가 잘 이루어진 나라였다. 철강·전기·가스·수도·철도 등 대부분의 기간산업이 국영으로 운영되었으며, 경제는 정부의 계획과 지도에 따라 관리되었다. 일부 사립학교를 제외한 대부분의 학교는 공립이었으며, 옥스퍼드와 케임브리지를 포함한 모든 대학도 국립이었다. 물론 학비는 전액 무료였다. 유치원부터 대학원까지 모두 무료일 뿐 아니라, 학생들에게 장학금과 생활비까지 지원했다. 병원도 무료였다. 국가보건서비스National Health Service, NHS는 모든 질병을 무상으로 치료해주었으며, 심지어 안경도 무료로 제공되었다. 그 때문에 미국인들은 아이

시민의 세계사

를 낳기 위해 대서양을 건너기도 했다. 요즘 말로 하면 '원정 출산'이다.

　그런데 이렇게 세계 최고 수준의 복지국가를 자랑하던 영국은 1975년 유가 파동과 경제 위기 이후 심각한 어려움에 처했다. 훌륭한 복지국가를 유지하기 위해서는 세금을 많이 거두어야 했으므로 부자들과 중산층의 불만이 커져만 갔다. 또한 경제 침체로 정부 재정은 적자가 되고, 기업이 위축되어 실업이 증가했으며, 물가 인상으로 노동자들의 실질임금은 하락했다. 기업들은 잇달아 문을 닫거나 외국 기업에 팔렸고, 노동자들의 파업은 늘어갔다. 이는 '영국병'이라 불렸다. 영국의 부흥을 위해서는 뭔가 대대적인 변화가 불가피한 시점이었다. 하지만 집권당인 노동당은 무력하기만 했다. 복지국가를 지지했던 중간계급은 서서히 노동당에 등을 돌리기 시작했다. 바로 이때, 보수당에게 집권 기회가 왔다. 대처에게 영국의 운명이 맡겨진 것이다.

잡화상의 딸에서 영국 총리까지

마거릿 힐다 로버츠는 옥스퍼드대학교 서머빌칼리지에서 화학을 공부했다. 옥스퍼드는 상류층 자녀들이 많이 다니는 학교였지만, 마거릿은 부잣집 딸이 아니었다. 그녀는 잉글랜드의 작은 도시 링컨셔에서 잡화상의 둘째 딸로 태어났다. 사회학적으로 말하자면, 영세 상인의 직업을 가진 '중하층' 집안이다. 하지만 아버지 알프레드 로버츠는 마거릿이 두 살 때 시의원이 되었고, 그녀가 대학에 진학할 즈음에는 그랜덤 시장에 취임했기 때문에 그저 평범한 잡화상집 딸은 아니었다. 특별한 배경 없이 스스로 노력해 그 자리까지 간 아버지의 영향을 마거릿도 어릴 때부터 받았을 것이다. 마거릿은 머리가 좋고 공부를 잘해 옥스퍼드에 입학했으나, 공부보다는 정치에 관심이 많았다. 대학 시절 이미 보수당 학생협회 회장을 맡았는데, 여학생이 회장으로 선출된 것은 수백 년에 걸친 협회 역사상 세 번째였다. 그 후 대학을 졸업한 마거릿은 전공을 살려 한때 화학 회사에 취직했으나, 평범한 직장인으로서의 삶은 오래가지 못했다.

1950년 마거릿은 25세의 나이에 처음으로 보수당 후보로 선거에 출마했다. 그렇지만 노동당 후보가 유리한 선거구에 출마하는 바람에 연거푸 낙선했다. 당시 영국은 지금의 한국과 마찬가지로 여자나 신인에게 좋은 선거구를 주지 않았다. 선거운동을 하는 동안 마거릿은 사업가 데니스 대처와 사랑에 빠져, 1951년 결혼을 하고 쌍둥이 남매를 두었다. 대처로 성을 바꾼 마거릿은 남편의 후원으로 1953년 변호사 자격을 취득했다. 남편 데니스의 '외조'는 유명하다. 마거릿은 그 후에도 여러 차례 낙선했지만, 정치에 대한 집념을 버리지 않았다. 무려 다섯 차례나 실패한 끝에 1959년 드디어 보수당에 유리한 선거구인 런던 북부의 핀츨리에서 처음으로 하원 의원에 당선되었다.

정치에 입문한 대처의 앞길은 비교적 순탄했다. 1961년 연금과 국민보험부 정무차관이 되었으며, 1964년 보수당의 예비 내각에서 주택과 토지부 대변인이 되었다. 그리고 1970년 보수당이 총선에서 승리하자 교육과 과학부 장관이 되었다. 장관이 된 지 한 달 만에 대처는 교육 예산을 삭감하는 일을 맡았다. 학생들에게 급식으로 제공하는 우유의 예산을 없애버리는 바람에 거센 반발을 사기도 했지만, 그녀는 공립학교를 지원하고, 국가가 운영하는 방송대학Open University의 예산을 보충하기도 했다. 그러나 훗날, 대처 스스로 말했듯이 이때만 해도 여성인 자신이 총리가 되리라고는 꿈에도 생각하지 않았다.

1974년 보수당은 총선에서 다시 패배했다. 이때 대처는 보수당 예비 내각의 환경부 대변인이 되었다. 당시 대처는 보수당의 화폐 정책을 비판하는 키스 조지프 경과 가깝게 지냈다. 조지프 경은 미국에서 인기를 얻고 있는 통화주의 경제학과 신자유주의 정치철학을 영국에 적극 전파한 인물이다. 대처도 보수당의 정책이 바뀌어야 한다고 생각했다.

행운은 좀 더 일찍 찾아왔다. 1975년 보수당 당수 경선에서 대처는 바로 전년도까지 영국 총리였던 에드워드 히스에게 도전해 전혀 예상하지 못한 승리를 거두었다. 당수가 된 대처는 머리 모양, 옷차림, 심지어 말투까지 모조리 바꾸었다. 앞으로 한 나라를 통치할 수 있는 사람이라는 이미지를 심어주기 위해서였다.

'철의 여인'이라고 불린 대처

영국 최초의 여성 당수 대처는 공산 진영에 대해 매우 강경한 태도를 취했다. 1976년 소련의 군비 증강을 맹렬히 비판한 그녀에게 소련의 국방부 기관지 《붉은 별》은 '철의 여인'이라는 별명을 붙여주었다. 대처 자신도 이 별명을 좋아했다. 하지만 이때만 해도 대처가 정말 '철의 여인'이 되리라고는 아무도 생각지 않았다.

대처가 '철의 여인'이 되기까지는 그리 오래 걸리지 않았다. 1978년 겨울 노동조합의 총파업으로 노동당 정부는 사실상 통치 불능 상태에 빠졌다. 혹독한 '불만의 겨울Winter of Discontent'●을 나면서 노동당의 캘러헌 내각은 의회에서 불신임 결의를 당하고 해산되었다. 총선을 앞둔 대처는 광고회사 사치 앤드 사치의 도움을 받아 노동조합에 끌려다니는 무능한 노동당에 대한 거부감을 이용하는 선거운동을 전개했다. "노동당은 작동하지 않는다Labour doesn't work"가 1979년 총선에서 대처가 내건 구호다. 그녀는 치솟는 실업률은 지나치게 규제를 받는 노동시장 때문이라며, 노동조합과 복지국가 덕분에

> ● 1978~1979년 겨울, 영국의 노동조합이 임금 인상을 요구하면서 전국적인 총파업을 벌인 사건을 가리킨다. 당시 캘러헌 노동당 정부는 임금 인상을 5% 이하로 제한하려고 했으나 노동조합의 반발로 파업이 확산되었다. 런던 청소부의 파업으로 거리에 쓰레기 더미가 쌓이고, 장의사의 파업으로 장례식을 할 수 없을 지경이었다. "불만의 겨울"이라는 표현은 윌리엄 셰익스피어의 작품 〈리처드 3세〉에 등장한 구절인데, 당시의 파업 상황을 표현하는 말로 사용되었다.

영국은 이류 국가가 되었다면서 검약, 개인적 노력, 자립이 필요하다고 외쳤다. 투표 결과 보수당이 압승을 거두고 대처는 영국 최초로 여성 총리가 되었다.

시골 잡화상의 딸로서 영국 총리가 된 대처는 서민들로부터 큰 인기를 얻었다.

시골 부인들은 친근감을 느끼며 그녀를 애칭인 '매기'라고 불렀다. 시골 출신 '매기'는 서민들이 원하는 것을 정확히 파악하고 있었기에 과감한 개혁을 시작했다.

대처가 집권했을 때 영국은 이른바 영국병이라는 심각한 사회문제에 직면해 있었다. 일부 국영기업의 수익성은 악화되고 노동조합의 파업은 영국 경제의 경쟁력을 심각하게 악화시켰다는 비판이 거셌다. 대처는 경제 쇠퇴를 역전시키고, 경제에 대한 정부의 개입을 줄이겠다고 선언했다. 시장과 경쟁을 강조하는 이러한 정책은 '대처주의Thatcherism'라고 불렀다.

대처는 탁월한 이론가도 독창적인 사상가도 아니었지만, 대처주의는 일종의 이데올로기가 되었다. "세상에는 사회란 존재하지 않는다. 오직 남자와 여자인 개인들과 가족들이 존재할 뿐이다"라고 말했다. 개인의 자유와 책임을 강조하며, 자유시장과 능력 본위의 경제주의를 주장했다.

대처가 이끄는 보수당 정부는 국영기업을 전면적으로 사유화하고 금융시장 자유화를 단행했다. 긴축재정을 실시하고, 교육과 의료 등 공공 분야의 예산을 대폭 삭감했다. 기업에 대한 규제를 완화하는 한편 노동조합 활동을 제한했다. 고용법을 개정해 파업을 제한했으며, 실업자들에 대한 사회보장을 줄였다. 동시에 엄격한 도덕과 개인의 책임을 강조했다. 미혼모에게도 책임을 물어 사회보장을 축소하겠다고 공언했다. 대처는 복지 축소를 추구하는 신보수주의 정치의 진면목을 유감없이 보여주었다. "일하지 않는 자는 먹지도 말라"는 메시지는 중간계급을 파고들었다.

대처의 외교정책 또한 매우 보수적이었다. 겉으로는 미국의 로널드 레이건 대통령뿐만 아니라 소련의 고르바초프 공산당 서기장과도 긴밀한 관계를 유지했으나, 실은 자본주의 진영의 군비 증강을 지지하면서 냉전의 완화에는 소극적이었다. 훗날 대처는 소련의 몰락은 미국과 영국을 비롯한 서방국가들이 거대한 군사 예산을 유지했기 때문이며, 이를 따라갈 수 없는 소련이 스스로 붕괴한 것이라고 분석했다.• 국방비를 늘리는 대처의 군사정책은 미국과 영국의 보수파들로부터 강력한

끝나지 않은 포클랜드전쟁 아르헨티나에서 500km 떨어진 곳에 있는 포클랜드 섬은 영국령 영토이지만 영국 본토와 1만 4000km 떨어져 있기에 아르헨티나는 포클랜드 섬 영유권 반환을 촉구해왔다. 1982년에 포클랜드전쟁을 벌였고, 74일 동안 치러진 전쟁 끝에 영국이 승리하며 영유권을 차지했다. 거침없이 전쟁을 진두지휘한 대처(위쪽)와 당시 영국의 항공모함이었던 HMS 헤르메스의 모습(아래쪽).

지지를 얻었다.

대처는 독일 통일에 반대했으며, 남아프리카공화국의 인종차별주의적 아파르트헤이트 정책을 지지하면서 넬슨 만델라가 이끄는 아프리카민족회의를 '테러리스트 집단'이라고 비난했다. 쿠데타로 집권해 인권유린으로 악명을 떨친 칠레의 아우구스토 피노체트 장군은 대처의 오랜 친구였다. 칠레가 민주화된 뒤 피노체트가 도망치듯 영국을 찾았을 때 감싸준 사람이 바로 대처였다. 대처는

● 실제로 소련은 이미 1970년대 중반 이후 경제 침체에 빠져들고 있었다. 서방과의 무리한 군비경쟁으로 정부 예산은 파탄 나고 최소한의 국내 소비도 보장하지 못할 지경이었던 것이다.

1986년 한국을 방문해 전두환 대통령을 만나기도 했다.

대처는 연속해서 세 번이나 총리로 선출되어 영국 역사상 최장기 집권을 했다. 세 번째 집권의 발판은 포클랜드전쟁이었다. 1982년 아르헨티나 부근의 작은 섬 포클랜드를 둘러싸고 아르헨티나와 영국 간에 분쟁이 생기자 대처는 단호하게 선전포고를 하고 군대를 동원해 싸웠다. 이 전쟁을 통해 대처는 국가 위기관리 능력을 입증했으며, 이듬해 1983년 총선거에서 승리를 거두었다.

대처는 공기업 민영화와 노동조합 탄압, 권위적이고 독단적인 정부 운영으로 '철의 여인'이라는 별명의 진가를 발휘했다. 강력한 조직력을 가진 탄광 노동조합의 장기 파업에 맞서 대처는 타협을 거부했다. 파업하는 노동조합에게 "나는 뒤로 돌아가지 않는다The Lady is not turning back"고 공언하며 강경 진압으로 대응하는 대처의 리더십은 무기력하게만 보였던 노동당과는 전혀 다른 것이었다.

대처의 유산

대처의 통치에 문제가 없었던 것은 아니다. 공공서비스가 약화되고 복지 재정이 삭감되자 대중의 반발이 커졌다. 1990년 인두세(일정 연령 이상의 주민 한 사람당 일률적으로 부과되는 세금)를 도입하려고 하자, 런던의 브릭스턴 등지에서 반대하는 폭동이 일어났다. 도심에서 일어난 조세 저항은 대처에게 심각한 정치적 타격을 주었다. 인두세는 결국 국세가 아니라 지방세로 바뀌었지만, 대처의 인기는 차츰 떨어지기 시작했다. 동서고금을 막론하고 세금 올리는 정책은 대중의 인기를 얻지 못했다.

대처가 집권하는 동안 경제가 뚜렷하게 좋아진 것은 아니었다. 통화 긴축으로 인플레이션은 억제되었지만 경기는 침체되었고 실업률은 엄청나게 증가했다. 그러나 대처는 눈앞의 결과에 연연하지 않고 자신의 철학에 따라 과감하게 정책을 밀어붙였다.●

대처에게 드디어 위기의 순간이 왔다. 1990년 유럽 통합에 반대 입장을 고수하던 대처는 보수당 지도부의 반발을 사게 되었다. 당내 라이벌인 마이클 헤슬타인이 정치적 반란을 일으켜 대처의 독재에 반대하고 나섰다. 여론조사에서도 국민의 58%가 대처의 사임을 지지하고 있었다. 그러자 대처는 전격적으로 총리직에서 물러나면서 후계

● 프랑스의 프랑수아 미테랑 대통령은 대처를 가리켜 '칼리굴라의 눈과 마릴린 먼로의 입'을 가졌다고 했다. 칼리굴라는 로마 시대의 이름난 폭군이다. 대처의 권위주의 정치를 꼬집은 것이다. 한편 대처는 아무리 힘들거나 잠이 부족해도 훌륭한 스타일로 대중 앞에 나섰다. 그런 점에서 지도자의 냉혹함과 여배우의 매력을 동시에 지녔다고 볼 수 있다.

자로 존 메이저를 지목해 헤슬타인에게 물을 먹였다. 메이저는 고등학교만 졸업하고 시의원에 당선되어 총리가 된 오른 입지전적 인물이지만 대처의 품에서 벗어날 수 없는 허약한 지도자였다.

총리에서 물러난 대처는 그토록 혐오했던 귀족 작위를 받고 '레이디Lady 대처'가 되어 붉은색 가죽 의자에 앉는 상원 의원이 되었다. 그러나 결국 1991년 5월 정계를 은퇴했다. 11년 반 동안 집권한 대처는 그 어느 정치인보다 영국 사회를 송두리째 바꿔놓은 장본인이었다.

신자유주의의 등장

1979년 영국에서 대처가 이끄는 보수당이 집권하고, 1980년 미국에서 공화당의 레이건이 대통령으로 당선되면서 새로운 정치철학이 등장했다.

대처와 레이건이 주장한 자유시장경제는 19세기의 고전적 자유주의와 구별해 신자유주의neo-liberalism라고 일컬어진다. 신자유주의는 개인의 권리와 기업의 자유를 강조했다. 하지만 고전적 자유주의와 달리, 신자유주의는 전통과 관습을 중시하고 가족의 가치와 국가 안보를 강력하게 주창했다. 이런 점에서 레이건과 대처가 제시한 1980년대의 신자유주의는 '신보수주의'라고 불리기도 한다.

마거릿 대처
영국 총리

로널드 레이건
미국 대통령

대처리즘(1979~1990)	
자유무역	자유무역 원칙, 유럽 통합에 반대
자유시장	국영 기업 민영화, 금융 규제 완화, 노동 개혁
세금·제정	세금 감면, 복지 위한 공공 지출 삭감
이민	사회적 비용을 이유로 이민 통제 강화

레이거노믹스(1981~1989)	
자유무역	자유무역 원칙하에 일본·독일 등에 강경책
자유시장	규제 완화, 시장친화적 정책, 작은 정부
세금·제정	세금 감면, 방위비 제외한 재정 지출 삭감
이민	불법 이민자 170만 명 등 포용적 이민 정책

신자유주의의 열렬한 옹호자 대처와 레이건은 전 세계적으로 신자유주의 시대를 공고화한 정치적 동반자였다. 두 사람은 1970대 이후 밀턴 프리드먼의 통화주의 경제학과 시카고학파의 경제 이론을 바탕으로 경제를 운용했다.

신자유주의는 프리드리히 폰 하이에크, 밀턴 프리드먼이 노벨 경제학상을 수상하면서 널리 알려졌다. 하이에크는 일찍이 소련의 계획경제뿐 아니라 모든 종류의 국가 개입을 반대했다. 프리드먼은 정부의 화폐 남발로 인한 인플레이션이 경제의 가장 위험한 적이라고 선언하면서 통화주의 경제학을 주창했다. 프리드먼은 실업을 줄이기 위해 정부의 재정을 확대해야 한다는 케인스 경제학을 격렬하게 공격했다. 그는 오히려 세금을 줄여야 투자가 늘어난다고 주장했다. 이러한 주장은 부자들과 기업으로부터 대환영을 받았다. 인플레이션 억제와 균형재정을 강조하는 신자유주의와 통화주의 경제학은 차츰 각국 정부에 영향을 끼치기 시작했다. 그리하여 1980년대 이후 프랑스, 스웨덴, 호주를 제외한 서유럽과 북미의 주요 국가에서 신자유주의를 채택한 정부가 등장하게 된 것이다.

신자유주의가 바꾼 것

신자유주의는 국제통화기금과 세계은행을 통해 세계로 확산되었다. 이들이 추진하는 '안정화' 프로그램은 통화 긴축과 재정 축소를 강조하며 경제성장보다 물가 안정에 치중했다. 정부의 개입에 반대하고 시장 중심 또는 시장 지향 경제를 지지했다.

기업은 대대적인 구조 조정을 통해 인원을 감축하고 임금을 억제했으며, 정부는 완전고용을 포기하고 실업의 증가는 불가피하다고 주장했다. 대신 노동자가 재취업하기 위해 스스로 노력해야 한다고 보았다. 이를 두고 영국 사회학자 밥 제솝은 정부의 재정 정책, 고용 증대, 복지 정책 등 수요 측면을 강조하는 '케인스 복지국가'가 쇠퇴한 반면, 노동자를 위한 훈련, 재교육, 기술혁신 등 공급 측면을 강조하는 '슘페터 근로국가'가 등장했다고 말했다.

신자유주의에 따르면, 정부는 더 이상 경제에 개입할 수단을 갖지 않아야 한다. 가격이나 임금에 대한 국가의 개입도 시장 기능을 왜곡하는 것이므로 하지 말아야 한다. 대처 정부가 채택한 통화주의 이론과 신자유주의는 자유시장의 힘을 절대적으로 신봉하는 강력한 이데올로기가 되었다. 이는 케인스 경제학, 완전고용, 복지국가라는 정치적 합의를 근본적으로 뒤엎는 것이었다.

특히 주요 공기업을 매각하는 민영화는 대처 정부의 중요한 프로그램이었으며, 공공의 문제를 집단적으로 해결하는 방식에 종지부를 찍으려는 대처 정부의 분위기를 잘 반영하고 있다. 민영화는 노동당 정부가 만든 국가기업위원회나 물가위원회 같은 노사정 삼자 타협을 추구하는 사회적 합의 제도를 약화시켰고, 노동조합은 정책 결정 과정에서 배제되었다.

대처 정부는 제조업의 쇠퇴에 무관심한 대신, 이윤을 증대시킬 수 있는 서비스산업에 관심을 가졌다. 반면에 교육, 과학기술, 그리고 사회간접자본에 대한 투자는 소극적이었다. 결국 대처 정부가 집권하는 동안 제조업의 기반과 생산성은 급속히 약화되었으며, 급기야 영국의 대표 기업 롤스로이스는 독일의 베엠베BMW에 매각되었다. 영국의 급격한 산업 쇠퇴에 직면한 대처 정부는 기업에 대한 정부 규제를 대폭 철폐하고, 노동시장의 보호 장치를 없애고, 자유경제 지역과 자유무역항을 설립하고, 해외투자를 적극적으로 유치하는 것으로 대응했다. 영국 경제는 더욱 국제화되었으며 세계경제에 깊숙이 통합되어갔다.

신자유주의는 인간에게 더 많은 자유를 주었나

대처가 이끄는 보수당이 등장한 후 케인스주의가 추구하는 완전고용 정책은 급격히 쇠퇴했다. 통화주의 경제정책이 추구하는 균형재정과 인플레이션 억제를 통한 안정화 정책은 실업이 어느 정도 증가하는 것을 불가피하게 생각했다. 실업이 증가하면 임금이 낮아져 기업의 부담이 줄어드는 긍정적인 면도 있다고 보았다. 나중에 경기가 회복되면 다시 고용이 늘어나 실업률이 떨어질 거라고 예측했다. 그러나 경기회복은 매우 더디게 이루어졌고, 기업이 성장해도 고용은 증가하지 않았다. 대처가 집권하는 동안 실업률은 세 배로 늘어났다.

물론 1980년대와 1990년대의 높은 실업률을 보수당의 정책 탓으로만 돌릴 수는 없다. 실업률 증가는 스태그플레이션 또는 경제 불황, 정보기술의 발전으로 인한 사무직 근로자의 감원, 유럽의 통합과 세계경제의 통합 등 다양한 요소의 영향을 받은 것이다. 어쨌든 실업률이 전체 인구의 10%에 육박하게 되자, 장기적으로 실업인구가 계속 증가하는 것은 대처 정부에게 심각한 정치적 위협이 되었다.● 보수당의 신자유주의 철학에 가장 영향을 받은 복지 정책은 주택 정책이었다. '재산소유 민주주의property-owning democracy'라는 보수당의 철학 아래 주택 소유자는 1979년 52%에서 1996년 68%로 증가했다. 이러한 변화는 주로 공공 주택의 매각으로 이루어졌다. 지방정부는 재정

● 대처 정부 말기인 1990년대 초, 80만 명 이상의 피고용자가 시간당 2파운드(약 3000원) 미만의 임금을 받고 있었다. 1997년 총선에서도 실업 대책은 최대 쟁점이었다.

잇따른 시위 신자유주의는 노동자들을 결코 자유롭게 하지 못했다. 대처 집권기 영국에서는 실업자가 증가했는데, 노동조건 개선을 요구하며 많은 노동자가 거리로 나왔다.

곤란 때문에 공공 주택을 계속 유지할 수가 없었다. 집을 가질 수 없는 사람들에 대해 사회적 주택을 제공하는 것은 주로 자발적인 주택조합을 통해 이루어졌다. 보수당 정부는 지방정부가 공공 주택도 외주 계약으로 운영하도록 유도했다. 임대인에 대한 세금 감면을 추진해 민간 주택 시장을 부양시켰다. 이러한 정책은 적지 않은 사회적 부작용을 낳았다. 노숙자가 급증했으며, 양질의 공공 주택은 부족했고, 임대료는 급상승했다. 빈곤과 실업의 문제는 더욱 악화되었다.

대처가 이끄는 보수당 정부는 신자유주의 이념 아래 자유·선택·경쟁·효율성을 강조하면서 자유시장을 강조하는 경제개혁을 적극적으로 추진했다. 신자유주의는 경제적 효율성을 강조했지만, 경제적 성과가 나타나기 전에 복지 감소로 인한 사회적 후유증이 심각해졌다. 국영기업의 사유화, 기업의 구조 조정, 노동조합의 약화가 이루어지는 동시에 실업률 증가, 복지 감소, 새로운 빈곤층이 등장함으로써 사회

대처의 죽음 2013년 87세의 나이로 '철의 여인'이 세상을 떠나자 어떤 이들은 추모했고, 어떤 이들은 '신자유주의 마녀'의 죽음을 축하하는 파티를 열었다.

해체의 징후가 나타났다. 개인의 권리와 기업의 자유에 대한 신자유주의의 지나친 강조는 공동체의 붕괴와 사회적 미덕의 약화를 가져왔다.

특히 저소득층과 극빈층은 만성적인 실업 상태에 빠지고, 범죄율 증가로 사회불안이 확대되었다. 범죄율 증가를 막기 위해 법과 질서를 강조하고 경찰과 치안 예산을 늘렸지만 사회불안은 해소되지 않았다. 평등을 위협하는 지나친 자유는 결국 자유 자체를 무너뜨릴 위험을 만들었다. 이것이 바로 신자유주의가 가지고 있는 가장 큰 딜레마다.

더 읽을거리

- 로널드 레이건, 고명식 옮김, 《레이건 회고록》, 문학사상사, 1991.
- 프리드리히 폰 하이에크, 김균 옮김, 《자유헌정론》, 자유기업센터, 1997.
- 이성형, 《신자유주의의 빛과 그림자》, 한길사, 1999.
- 마거릿 대처, 김승욱 옮김, 《국가 경영》, 경영정신, 2003.
- 제라르 뒤메닐·도미니크 레비, 이강국 옮김, 《자본의 반격》, 필맥, 2006.
- 스튜어트 홀, 임영호 옮김, 《대처리즘의 문화 정치》, 한나래, 2009.
- 데이비드 하비, 최병두 옮김, 《신자유주의: 간략한 역사》, 한울, 2017.

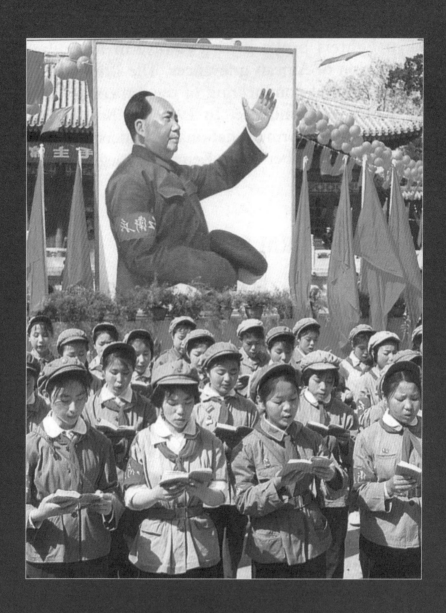

1968년 문화대혁명 당시

여학생들이 마오쩌둥의 어록집인

《리틀 레드북》을 읽고 있다.

20 잠에서 깨어난 중국

대륙의 운명을 바꾼 마오쩌둥과 덩샤오핑

사회주의가 중국에서 발전해야 한다.
그러한 목적을 위한 길은 오랜 시간 동안
사회주의와 공산주의를 견고하게
할 수 있는 민주주의혁명이다.
—마오쩌둥, 중국 주석

검은 고양이든 흰 고양이든 쥐만 잘 잡으면 된다.
—덩샤오핑, 중국 주석

1839년 아편전쟁 이후 중국은 영국과 유럽 열강의 침략을 받아 반식민지 상태에 빠졌다. 장구한 역사의 중국은 신흥 유럽 강국에 굴복하고 치욕의 세월을 견뎌야 했다. 1912년 중국은 쑨원孫文이 이끈 신해혁명으로 공화국을 수립했지만 일본과 오랜 전쟁에 치르면서 피폐해졌다. 유럽을 따라 배운 일본은 함포와 군대를 앞세워 중국 대륙을 침략하며 무고한 시민을 학살했다.

쑨원이 죽은 이후 내전을 벌이던 국민당과 공산당은 연합 전선을 결성해 일본에 맞서 싸우기 위해 총력을 기울였다. 일본이 항복한 후 다시 내전의 격랑 속에 빠졌으나 농민의 지지를 받은 마오쩌둥毛澤東의 공산당이 중국 대륙을 석권하고 새로운 통일국가를 세웠다. 마침내 100년 넘게 외국의 지배와 침략을 받은 중국이 드디어 잠에서 깨어났다.

1949년 중화인민공화국을 수립한 중국공산당은 경제 건설에 온 힘을 쏟았다. 그러나 1953년 스탈린이 사망하자, 그 뒤를 이은 흐루시초프와 사이가 나빠지면서 소련의 지원은 점점 줄어들었다. 특히 소련에서 트랙터를 비롯한 기계를 수입할 수 없게 되어 중국의 산업과 농업은 커다란 장애에 부딪쳤다. 중국공산당은 중국에 사회주의를 건설하기 위해서는 자체적으로 철강을 생산해야 한다고 생각했다. 또한, 자력으로 경제성장을 이룩해 가난에서 벗어나야 한다고 했다. 이에 마오쩌둥은 1958년 제2차 5개년 계획을 추진하면서 '사회주의 건설의 총노선'을 제시했다.

중국공산당은 총노선, 대약진, 인민공사 등 세 가지 경제정책을 내걸고 삼면홍기三面紅旗 운동이라는 전국적인 대중운동을 벌였다. 그 결과 2차 경제계획 첫 해인 1958년에 농업과 공업 생산 총액이 전년 대비 48%나 증가했으며, 그 후에도 지속적으로 비약적인 성장을 했다고 공식 발표했다.●

● 그러나 중국공산당의 발표는 모두 날조였다. 1959년부터 자연재해로 3년간 대기근이 계속되고 중소관계가 나빠져 소련의 경제 지원이 중단되자, 중국 경제는 급속도로 악화되었다. 농촌에서는 수백만의 사람이 굶어 죽었으며, 먹을 것이 없어 심지어 사람을 잡아먹었다는 소문이 돌았다. 그러나 공산당 정부는 이를 모두 부인했다.

마오쩌둥은 삼면홍기 운동이 사회주의에서 공산주의로 진입하는 초기 단계며, 강철 생산량은 15년 내에 영국을 추월할 것이라고 주장했다. 농업 생산량도 100% 증가할 것이라고 했다. 그러면서 자작농들을 인민공사人民公社에 가입시켜 거대한 단일 조직으로 통제했다. 경제·군사·행정을 포함하는 종합적인 사회조직을 만들려는 마오쩌둥의 야망에는 공산당의 정치적 영향력을 농촌 말단까지 확대하려는 의도가 숨어 있었다. 그러나 이 모든 계획은 참담한 실패로 끝났다.

대약진운동 1958년부터 1960년 초까지 혁명에 대한 대중의 열정을 동원해 중국을 산업화한다는 야심찬 마오쩌둥의 계획으로 진행되었다. 그러나 열정이 기술을 대신할 수는 없었다. 사진은 대약진운동의 일환으로 황허강의 홍수 조절 공사에 동원된 사람들의 모습.

대약진운동이 실패한 이유

"모든 권력은 총구에서 나온다" 마오쩌둥의 유명한 말이다. 하지만 혁명 후 마오쩌둥은 사회주의 건설을 위해 철강 생산이 매우 중요하다고 생각했다. 중국 전역의 농촌에서는 공산당의 지도 아래 밥 짓는 솥과 숟가락까지 들고 나와 재래식 방법으로 철을 생산했다. 그러나 농촌에서 만든 철은 질이 나빠 도저히 쓸 수가 없었다. 전쟁은 유격전으로 성공했지만, 철은 유격전으로 만들어지지 않았다.

인민공사로 조직화된 농업생산력도 급속도로 악화되었다. 1958년 2.5억 톤의 농작물을 생산했지만 홍수와 기근 등 자연재해로 1961년에는 1.8억 톤으로 하락했다. 그러자 초등학교 학생들까지 밤에 등불을 들고 곡식을 쪼아 먹는 새들을 잡기 위해 동원되었다. 하지만 그해 수확은 더욱 줄었다. 시끄럽게 울려대는 북과 징 소리에 놀라서 새는 사라졌지만, 그 대신 곡식을 갉아먹는 벌레들이 기승을 부렸기 때문이다. 아무런 기술적 고려 없이 '혁명적 열정'만 가지고 덤벼드는 '사회주의 생산'은 비참한 결과만 남겼다.

삼면홍기 운동은 참담하게 끝났고 1959년의 기근은 2000만 명이나 되는 아사자를 낳았다.● 마오쩌둥은 책임을 지고 일선에서 물러났다. 아마도 마오쩌둥에게는 일본군과 국민당 군대에 쫓겨 멀리 중국 북서부 옌안延安까지 도망쳐야 했던 시

● 이 숫자는 굶어 죽은 사람 외에 굶주림으로 인한 질병으로 사망한 경우까지 포함한다. 최근 공개된 비밀문서에 따르면, 당시 비정상적인 사망자가 4600만 명 이상이었다고도 한다.

절보다 더욱 괴로운 시절이었을 것이다.

1960년 실용파인 류사오치劉少奇와 덩샤오핑鄧小平이 등장하면서 중국 경제는 겨우 기사회생할 수 있었다. 류사오치가 이끄는 당권파는 공업과 전문가를 우선시하고 농민의 토지 소유를 인정했다. 그 결과 농업 생산량은 1.8억 톤을 간신히 유지할 수 있었다. 철강 생산은 전면 중지되었다. 중국의 철강에는 이러한 피눈물의 역사가 숨겨져 있다.

문화대혁명이란 무엇인가

대약진운동의 실패로 물러난 마오쩌둥은 호시탐탐 권력을 다시 장악할 기회를 노리고 있었다. 오랜 침묵 끝에 드디어 반격을 시도했다. 1962년 마오쩌둥은 공산당 중앙위원회 전체회의에서 계급투쟁을 강조하고 수정주의를 비판함으로써 당권파를 비판했다. 마오쩌둥의 보복은 몇 년 후 1965년부터 시작된 문화적 논쟁에서 비화된 '문화대혁명'을 통해 시작되었다. 1965년 상하이 시 당위원회 야오원위안姚文元은 베이징 시 부시장인 우한吳晗이 쓴 역사극 〈해서파관海瑞罷官〉을 공개적으로 비판

했다.● 이 작품이 1959년 삼면홍기 정책에 반대하다가 국방부장에서 숙청된 펑더화이彭德懷를 옹호했다는 이유로 집중적으로 공격했다. 이듬해 중국공산당 정치국에 '문화혁명조'를 결성했고, 5월 우한과 그를 지지하는 북경시장 펑전彭眞은 격렬한 비판을 받았다. 이런 분위기 속에서 5월 29일 청화대학 부속중학교에서 최초로 홍위병紅衛兵이 조직되었다. 6월 홍위병들이 마오쩌둥에게 제국주의자들의 숙청을 요구하는 공개편지를 보내자 8월 마오쩌둥은 '사령부를 공격하라砲打司令部'라

● 〈해서파관〉은 1960년 역사가이자 작가인 우한이 농민의 경제권을 지키기 위해 보수적 관료제에 대항한 명나라 관리 해서海瑞를 다룬 극본이다. 원래 이 극본은 대약진운동에 발맞춰 관료제를 비판하기 위해 마오쩌둥의 요청에 의해 쓰인 것으로, 전국 각지에서 공연되어 커다란 인기를 얻었다. 그러나 1966년 마오쩌둥의 부인 장칭이 마오쩌둥의 동의하에 우한의 연극은 펑더화이를 옹호하는 것이라고 발언함으로써 비판의 도마에 올랐다. 결국 우한에 대한 비판은 류사오치 등 당권파를 몰아내는 수단이 되었다.

는 친필로 쓴 대자보를 게재해 홍위병의 행동을 전폭적으로 지지했다. 그리하여 문화대혁명이 시작되었다.

1966년 8월 중국공산당 중앙위원회가 〈프롤레타리아 문화대혁명에 관한 결정안 16개조〉를 발표하면서 대중적인 학생운동에 불을 당겼다. 8월 톈안먼 광장에서 최초로 문화대혁명을 지지하는 수백만 명이 모인 대규모 집회가 개최되었으며, 그 후 아홉 차례나 열렸다. 나는 이 장면을 기록영화로 보았다. 마오쩌둥의 어록을 손에 들고 구호를 외치던 청년 학생들이 마오쩌둥이 나타나자 발을 구르며 눈물을 흘리고 있었다. 마치 광신도들의 종교 집회 같았다. 홍위병이라고 이름 붙인 이들은 붉은 완장을 두르고 중국 전역을 장악했다. 이들 중에는 불과 16~19세의 고등학생들도 있었다. 이들은 낡은 문화를 없앤다는 명목하에 대대적인 시위를 벌였다. 학교를 폐쇄하고 전통의 가치와 부르주아 문화를 공격했다.●●

●● 홍위병들은 "지주계급의 우두머리, 만력을 타도하자"는 구호 아래 박물관에 보존되어 있던 명나라 만력황제(임진왜란 당시 조선에 군대를 보낸 신종)와 황후의 유골을 꺼내 '비판 투쟁'을 벌였다. 10여 명의 홍위병 대장들은 바위로 내리쳐 유골을 부수고 불을 질렀다. 문화대혁명에는 문화가 없었다.

"반란에는 정당한 이유가 있다造反有理" 마오쩌둥은 이렇게 말하며 홍위병의 행동을 정당화했다.

문화가 없는 문화대혁명 마오쩌둥의 제안에 호응해 몰려든 십 대 청년들은 홍위병을 조직했다. 많을 때는 1000만 명에 이르렀으며 이들은 교사 및 학교 지도자, 지식인, 그리고 전통적인 견해를 가진 사람들을 공격하고 박해했다.

모든 반란에는 나름대로 이유가 있다는 이야기이지만, 사실 홍위병의 행동은 도에 지나쳤다. 교사들은 학생들 앞에 끌려 나와 자아비판을 해야 했으며, 농촌의 지주들은 두들겨 맞기도 하고 온몸이 묶여 끌려다니기도 했다. 또한 홍위병들은 공산당 관료들을 공개적으로 비판하고 당권파를 공격했다. 결국 홍위병은 류사오치를 감금하고 전국을 무정부 상태로 만들었다. 마오쩌둥의 '반란'은 마침내 성공했다.

사회학적으로 보면, 홍위병의 대중운동은 사회주의혁명 이후에도 공산당 간부, 대도시 지식인, 중간층이 새로운 특권층이 되면서 비간부층, 도시 하층민, 농민의 자제들이 상대적 박탈감을 느껴 저항했다고 볼 수 있다. 이들은 전통문화, 유교 경전, 서구문화에 대한 공격은 기득권층의 '상징 권력'에 대한 도전일 수도 있다. 홍위병은 공자와 맹자의 무덤을 파괴했고 서양의 소비문화를 배격했다.

그러나 시간이 지날수록 중국은 수렁으로 빠져들었다. 문화대혁명의 혼란스러운 분위기 속에서 1967년 중국의 공업과 생산 총액은 1년 전에 비해 9.6%나 감소했다. 이듬해에는 더욱 심해져 무력 충돌이 격렬했던 지역에서는 생산이 완전히 중단되었다. 경기 침체와 불황이 계속되었으며 사람들은 안심하고 살 수가 없었다.

홍위병 안에서도 내분이 일어났다. 극좌파들은 폭탄과 장갑차를 만들어 '프롤레타리아 전쟁'을 일으키자고 주장했다. 마오쩌둥은 불안해졌다. 마오쩌둥은 린뱌오林彪가 이끄는 인민해방군을 동원해 혼란에 빠진 문화대혁명을 수습하기로 했다. 인민해방군은 전국의 행정기관, 공장, 학교 등을 접수했다. 홍위병들에게는 머나먼 농촌이나 오지로 '하방下放'을 명령했다. 1968년 9월 인민해방군, 홍위병, 공산당 대표가 모여 혁명위원회를 결성하면서 문화대혁명은 서서히 진정되었다.

문화대혁명은 중국공산당의 권력에도 막대한 영향을 미쳤다. 문화대혁명으로 류사오치는 사망하고 덩샤오핑은 실각했다. 마오쩌둥은 1969년 4월 제9기 전국인민대표회의에서 절대적 권위를 확보했으며, 국방장관 린뱌오가 후계자로 지명되었다.

그런데 1971년 린뱌오가 쿠데타를 꾀하다 발각되어 소련으로 도망가던 중 추락사하는 사건이 일어났다. 그 후 군부 세력은 대거 숙청당했다. 이제 중국공산당의 권력은 마오쩌둥의 부인 장칭江靑을 비롯한 문혁파文革派로 교체되었다. 이들은 "자본주의의 길을 가는 당내 주자파走資派●를 타도해야 한다"고 외치며 홍위병을 선동해 당과 국가 조직을 장악했다. 이것이 1966년부터 10년 동안 계속된 문화대혁명의 전말이다.

● 주자파란 '자본주의의 주구走拘'라는 뜻이다. 이들은 공산주의 이념을 수정한 배반자들로 간주되었다.

문화대혁명은 무엇을 남겼나

권불십년權不十年이라고 했던가? 1976년 9월 마오쩌둥이 사망하자 문혁파의 권력은 뜬 구름처럼 사라졌다. 곧바로 공산당 내부에서 격렬한 권력투쟁이 일어났다. 문혁파는 장칭을 중앙위원회 주석으로, 왕훙원王洪文을 전국인민대표대회 위원장으로, 장춘차오張春橋를 국무원 총리로 임명하려 했으나. 낌새를 미리 알아챈 제1부주석 겸 국무원 총리 화궈펑華國鋒과 예젠잉葉劍英, 리셴녠李先念, 천시롄陳錫聯, 왕둥싱汪東興 등 군부 지도자들이 은밀히 손잡고 문혁파를 전격 체포했다. 1976년 10월의 일이다.

뒤이어 개최된 중국공산당 정치국회의는 문혁파를 '반당反黨집단'으로 규정했다. 주요 죄목은 마오쩌둥의 지시를 자의적으로 수정했고, 총리 저우언라이周恩來를 모함했으며, 당과 군부 책임자를 자파 세력으로 교체해 당과 국가의 최고 지도권을 찬탈하고 프롤레타리아독재를 전복해 자본주의를 재생하려 했다는 것이었다.● 한 편의 드라마 같은 이들 '사인방'의 몰락 후, 1977년 8월 제11기 전국인민대표회의는 문화대혁명의 종결을 선포했다. 문혁파는 숙청되었으며, 덩샤오핑과 그 일파들이 다시 권력을 잡았다. 문화대혁명은 역사 속으로 사라졌다.

● 1980년 11월 베이징에서 이들에 대한 공개재판이 시작되어 1981년 1월 최종 판결이 내려졌다. 장칭, 장춘차오 사형, 야오원위안 징역 20년, 왕훙원은 무기징역을 각각 선고받았다. 장칭, 장춘차오는 2년간 형 집행이 보류되다가 1983년 무기징역으로 감형되었는데, 장칭은 복역 중 1991년 자살했으며, 장춘차오는 2005년 암으로 사망했다. 2006년 야오원위안이 사망해 이제 '사인방'은 모두 역사 속으로 사라졌다.

한때 문화대혁명은 계급 철폐와 관료주의 타파를 주장하는 인류 역사상 위대한 실험이라고 극찬을 받았다. 프랑스 최고의 지성이라 일컬어지는 사르트르는 문화대혁명을 적극 지지했으며, 프랑스공산당 이론가 알튀세르는 "상부구조의 대중적 이념을 바꾸려는 현대사 최초의 진정한 혁명"이라고 말했으며, 푸코는 "현대적 억압과 결별하려는 시도"로 보았다. 68혁명 때 소르본대학교에는 마르크스, 엥겔스, 게바라의 사진

법정에 선 사인방 마오쩌둥이 사망하자 권력의 흐름이 바뀌었다. 과격하게 문화대혁명을 추진한 사인방은 재판에 회부되었으며 결국 권력 핵심부에서 제거되었다.

과 함께 마오쩌둥의 커다란 사진이 붙어 있었다. 자본주의와 관료주의에 맞서 싸우는 마오쩌둥이야말로 진정한 혁명가로 여겨졌던 것이다. 마오쩌둥 사상은 프랑스, 미국을 거쳐 페루와 캄보디아에까지 새로운 혁명 이념으로 확산되었다. 한국에서도 리영희 교수의《8억인과의 대화》를 통해 문화대혁명이 관료주의에 대항한 자발적인 대중운동으로 알려지기도 했다.●

그러나 문화대혁명의 결과는 너무나 비참했다. 경제는 극도로 피폐해지고 혼란과 부정부패가 만연했다. 대학교들이 10년 동안 신입생을 뽑지 못하고 제대로 교육할 수 없었기 때문에 전문가와

● 1977년 리영희 교수가 쓴 문화대혁명에 관한 《8억인과의 대화》는 많은 사람에게 충격을 주었다. 이 책은 1974년에 출간되어 베트남전쟁에 관한 시각을 뒤흔들어 놓았던 《전환 시대의 논리》만큼이나 커다란 반향을 불러일으켰다(특히 공안 기관에서 더욱 놀랐다). 결국 이 책 때문에 리 교수는 1977년 11월 반공법 위반으로 징역 2년을 선고받았고, 1980년 1월에서야 출감되었다. 그러니 1980년대 이 책은 당연히 '금서'였고, 중국에 대해 알려고 하는 자는 감옥에 갈 용기를 무릅써야만 했다. 하지만 세월이 지난 후 리 교수도 당시에 공산권 정보를 수집하는 데 제약이 있었으며, 홍위병의 문화 파괴적 행태가 빠지기도 해 문화대혁명의 묘사가 부분적으로 틀린 점이 있다고 인정했다.

중국공산당의 아버지, 마오쩌둥 마오쩌둥은 장제스와의 내전에 승리하고 베이징에 중화인민공화국 정부를 세웠다. 외세에 국토를 유린당한 중국인들의 굴욕감을 씻어주고 대중의 정치 참여를 이끌어내 중국의 자립을 달성한 것은 긍정적이나, 말년의 대약진운동과 문화대혁명은 그의 최대 실책으로 평가받는다.

기술자들이 육성되지 못했다. 한창 공부해야 할 학생들은 시골에서 허드렛일을 하며 썩고 있었다. 중국의 경제는 20년이나 후퇴하고 말았다. 문화대혁명은 당, 국가, 인민에게 가장 심한 좌절과 손실을 가져온 마오쩌둥의 '극좌적 오류'이며, 그의 책임이라고 1981년 6월 중국공산당은 〈건국 이후로 역사적 문제에 관한 당의 결의〉에서 선언했다.

중국의 운명을 바꾼 두 사람

중국 현대사는 마오쩌둥과 덩샤오핑, 두 사람에 의해 이끌어졌다고 말해도 과언이

실리를 중요시한 리더, 덩샤오핑 덩샤오핑은 권력의 부침을 겪은 끝에 최고 지도자 자리에 올라 '부도웅(오뚜기)'이란 별명을 얻었다. 그는 경제 강국으로 가는 세 발걸음, '삼보주'를 목표로 사회주의 시장경제를 실현하고자 했다.

아니다. 마오쩌둥은 1949년 중화인민공화국 국가주석이 된 후 1976년 사망할 때까지, 덩샤오핑은 1981년 권력을 잡은 이후로 1997년 사망할 때까지 절대 권력을 행사했다. 마오쩌둥은 좌익 노선을 이끌며 계급투쟁과 관료주의 비판을 주도한 데 비해, 덩샤오핑은 실용주의 노선을 걸으며 개혁 개방과 경제성장을 강조했다.

두 사람의 정치 노선과 행적은 매우 대조적이지만, 이들의 인생은 많이 닮았다. 마오쩌둥은 1893년에 태어났고, 덩샤오핑은 11년 후인 1904년에 태어났다. 중국이 서양 열강에 의해 식민지 상태에 빠진 절체절명의 시기에 자란 두 사람은 중국을 강하게 만들어야 한다는 민족주의 의식을 공통적으로 품고 있었다.

두 사람의 가족 배경은 약간 다르다. 마오쩌둥은 중농 집안에서 태어나, 후난湖南성에서 사범학교를 졸업했다. 마오쩌둥은 빈농의 아들은 아니었다. 만약 그랬다면 평생 농사만 짓고 살다가 죽었을 것이다. 덩샤오핑은 쓰촨四川 성의 여러 대에 걸친 지주 집안에서 태어나, 열여섯 살에 프랑스로 유학을 떠났다. 이 정도면 두 사람의 차이는 분명해 보인다. 중농의 아들이자 국내파인 마오쩌둥은 좌익 노선을 선택한 데 비해, 부농의 아들이자 해외파인 덩샤오핑은 우익 노선을 선택했다, 이렇게 보면 간단하다. 그러나 이는 역사를 너무 단순하게 보는 것이다.

마오쩌둥은 1918년 베이징에 있을 때 젊은 학생들의 외국 유학을 도왔다. 마오쩌둥은 해외 유학을 '부르주아 생활'이라거나 중국의 현실을 외면하는 것이라고 여길 만큼 생각이 좁은 사람이 아니었다. 이 시기에 많은 중국 청년이 중국의 미래를 이끌어야 한다는 사명감을 안고 유학길에 올랐다. 마오쩌둥도 유학의 기회를 얻을 수 있었으나, 베이징대학교 도서관 주임이자 저명한 마르크스주의 학자였던 리다자오李大釗의 조교로 일하면서 유학보다는 마르크스주의에 심취했다.

반면에 젊은 덩샤오핑은 프랑스 유학 생활에서 5년 동안 공산주의 운동에 참여했다. 이 시기에 여섯 살 많은 저우언라이를 만나 형제처럼 지냈다. 소련으로 건너가 모스크바의 중산中山 대학교에서 공부하면서 적극적인 공산주의자로 변모했다.

1921년 7월 상하이에서 중국공산당이 결성되었을 때, 마오쩌둥은 후난 성 대표로 참가했다. 그는 1924년 국공합작이 이루어지자 공산당 중앙위원, 국민당 제1기 후보, 중앙집행위원, 선전부장 대리, 중앙농민운동 강습소장, 정치주보 사장 등을 역임했다. 1927년 귀국한 덩샤오핑은 우한武漢에서 처음 마오쩌둥을 만났다. 미국의 역사학자 벤저민 양이 쓴 《덩샤오핑 평전》에 따르면, 콧대 높은 당 간부였던 마오쩌둥은 작은 체구에 나이 어린 쓰촨 출신 후배에게 눈길도 주지 않았다고 한다.

그 뒤 얼마 되지 않아 상하이에서 장제스가 이끄는 국민당이 쿠데타를 일으켜 공산당을 탄압하기 시작했다. 이에 리리싼李立三이 이끄는 공산당 지도부는 무장봉기를 잇달아 시도했으나 모조리 실패하고 말았다. 급기야 마오쩌둥과 덩샤오핑은 함께 쫓기는 신세가 되었다. 두 사람은 본격적으로 같은 배를 타기 시작한 것이다. 당시 당내 비주류였던 마오쩌둥은 농민운동과 유격전을 강조했으며, 1934년 10월 중국 서북부 옌안까지 1만 2500km에 이르는 장정을 시작했다. 덩샤오핑은 마오쩌둥이 이끄는 옌안 장정에 참여했다.

옌안에서 덩샤오핑은 마오쩌둥과 개인적으로 만날 기회가 있었다. 1936년 10월 마오쩌둥은 덩샤오핑과 저우언라이를 자신이 거처하는 동굴 사령부로 불러 프랑스 유학 시절에 대해 이것저것 물은 다음 불쑥 말을 던졌다. "프랑스 여자들이 그렇게 예쁘다던데, 어땠나?" 저우언라이가 우물쭈물하고 있을 때, 덩샤오핑은 대답하였다. "별로 대단치 않습니다. 여자란 다 똑같지요, 특히 어두운 데서는 말입니다." 덩샤오핑의 재치 있는 대답에 마오쩌둥은 너털웃음을 터트렸다. 그 후 덩샤오핑은 마오쩌둥의 신임을 듬뿍 받았다. 1949년 중화인민공화국이 수립되자 마오쩌둥은 국가주석에, 덩샤오핑은 정무원 부총리에 올랐다. 여기까지는 두 사람이 항일과 건국이라는 명분 아래 동반자 관계를 유지했다.

마오쩌둥과 덩샤오핑의 차이

마오쩌둥과 덩샤오핑의 근본적인 차이는 투쟁 시기가 아니라 건설 시기에 극명하게 나타났다. 1959년 대약진운동이 실패한 책임을 지고 마오쩌둥이 실각하자 덩샤오핑은 권력을 잡은 류사오치와 가까운 사이가 되었다. "나를 존경하지만, 나와 거리를 두고 마치 죽은 조상님 대하듯 한다." 훗날 마오쩌둥은 덩샤오핑을 두고 이렇게 말했다. 덩샤오핑은 마오쩌둥과 작별하기 시작했던 것이다. 이때부터 덩샤오핑은 류사오치와 함께 경제성장을 위해 물질적 보상 제도를 도입하고 전문가를 양성하는 실용주의 노선을 걸었다. 그러나 얼마 안 가 덩샤오핑은 문화대혁명 주자파의 수괴라는 비판을 받고 실각했다. 류사오치는 홍위병에게 두들겨 맞고 병든 채 들것에 실려 쫓겨났고, 곧 사망했다. 덩샤오핑의 큰 아들 푸팡 역시 홍위병들에게 매를 맞고 반신불수가 되고 말았다. 덩샤오핑에게는 너무나 가슴 아픈 일이었을 것이다.

덩샤오핑 자신도 3년 동안 장시江西 성에서 기계공으로 일했으며, 그의 아내는 작업장 청소부로 일해야 했다.

덩샤오핑은 1973년에야 복귀했다. 지금까지 덩샤오핑의 복권은 저우언라이의 도움으로 이루어졌다고 알려져 있었다. 저우언라이는 덩샤오핑과 같이 프랑스에서 유학했으며 항상 긴밀한 관계를 유지했다. 그러나 최근 알려진 사실에 따르면, 덩샤오핑의 복권은 저우언라이가 아니라 전적으로 덩샤오핑의 노력에 의해 이루어진 것이다. 그건 마오쩌둥의 용서를 바라는 덩샤오핑의 눈물겨운 편지 덕분이었다. 그리고 마오쩌둥은 저우언라이를 견제하기 위해 덩샤오핑을 재등용한 것이었다. 권력의 생리라 할까.

어쨌든 권력에 복귀한 덩샤오핑은 수년간 평탄한 인생을 사는 것처럼 보였다. 그러나 '사회주의 황제'나 다를 바 없는 마오쩌둥을 중심으로 문혁파와 개혁파의 갈등은 계속되고 있었다. 문혁파는 이데올로기, 계급투쟁, 평등주의, 배외주의를 주장한 반면, 개혁파는 실용주의, 경제성장, 교육개혁을 주장했다. 마오쩌둥은 문화대혁명을 주도한 장본인이면서도 개혁파를 적절히 기용해 문혁파와 균형을 유지하도록 했다. 그 때문에 마오쩌둥의 눈 밖에 나는 사람은 누구라도 쫓겨날 수 있었다. 덩샤오핑도 오래 가지 못했다. 덩샤오핑은 저우언라이의 사망을 애도하는 대중들의 시위가 발생하자 다시 실각해 가택 연금을 당했다.

덩샤오핑이 최종적으로 복권된 것은 마오쩌둥이 세상을 떠난 다음이었다. 문화대혁명을 주도했던 사인방이 숙청되면서, 1977년 덩샤오핑은 복귀했다. 그 후 마오쩌둥이 지명한 후계자 화궈펑과 5년 동안 권력투쟁을 벌인 끝에 1981년 실질적인 권력을 장악했다. 사실 화궈펑이 조금만 머리 좋고 권력에 민감했다면 덩샤오핑은 복권할 수 없었을 것이다. 덩샤오핑은 용의주도하게 화궈펑에게 아첨의 편지를 써서 안심시키는 한편, 군부 실력자들에게 접근해 환심을 샀다. 결국 덩샤오핑은 화궈펑을 제치고 최고 실력자가 되었다. 권력의 부침 속에서 수많은 시련을 딛고 일어선 덩샤오핑에게는 '부도옹不倒翁(오뚜기)'이라는 별명이 붙었다.

덩샤오핑은 원래 군인이었지만 정치인으로 탁월한 능력을 발휘했다. 자그마한 체구의 덩샤오핑은 재치 있는 말솜씨로 사람들을 즐겁게 했다. 그는 이론가라기보다 재담가였다. 프랑스와 소련에서 6년 반이나 있었지만, 프랑스어나 러시아어를 거의 못했다. 마르크스나 레닌을 인용하는 경우도 별로 없었다. 오히려 "마르크스와 레닌은 지난 세기의 사람들이다. 대단한 사람들이었지만 그들이 다시 살아나서 오늘날 우리의 모든 문제를 풀어줄 것이라고 기대해서는 안 된다"고 말하곤 했다. 덩샤오핑에게는 이렇다 할 이론이 없었다.

철학책을 쓰고 이론가로도 유명했던 마오쩌둥과는 매우 대조적이다. 마오쩌둥은 경제 관련 회의에서도 통계를 인용하기보다 철학적 문제를 제기하곤 했다고 한다. 마오쩌둥은 혁명적 낭만주의자이자 유토피아적 이상주의의 면모를 갖고 있었다. 그는 《이십사사》, 《수호지》 등의 중국 고전을 즐겨 읽고, 고시古詩와 음악을 좋아했다. 시를 쓰는 등 예술가 기질도 풍부했다. 여성 편력으로 당내에서 비판받기도 했던 마오쩌둥은 말년에도 젊은 여자들을 주변에 두었다. 이에 비해 덩샤오핑은 시간이 나면 가족과 함께 마작을 하거나 담배 피우는 것으로 소일하는 편이었다. 기질적인 면에서도 마오쩌둥과 덩샤오핑은 차이가 컸다.

덩샤오핑은 중국을 어떻게 바꿨나

"흰 고양이든 검은 고양이든 쥐만 잘 잡으면 된다黑猫白猫 住老鼠 就是好猫" 덩샤오핑의 이 유명한 말은 그의 실용주의 노선을 잘 표현하고 있다. 그의 집권 이후 기업가와 농민의 이윤 보장, 지방분권적 경제 운영, 엘리트 양성, 외국인 투자 허용 등으로 중국 경제는 크게 성장했다. 1980년대 이후 중국 경제는 연평균 9% 수준의 성장률을 보였다. 물론 공산당 지방 간부들의 과장 보고를 감안해야 하겠지만, 만약 사실이라면 세계 역사상 가장 빠른 속도다.

중국의 헌법은 사회주의를 천명한다. 하지만 덩샤오핑이 제시한 '중국 특색의 사회주의'는 소련과는 사뭇 다르다. 모든 토지는 국가 소유이나, 개인의 사용을 50년, 70년씩 허용한다. 또한 주요 산업도 국가 소유이나, 덩샤오핑이 사망할 즈음 중국 기업 가운데 약 65%가 민간기업이며, 35%만이 국영기업이었다. 자본주의국가의 경우 민간기업이 차지하는 비율이 75~85%니, 중국과 서양의 차이는 약간의 양적 차이에 불과한 것만 같다. 중국을 과연 '공산주의 국가'라고 불러도 될까 싶기도 하다. 오히려 '중국 특색의 자본주의'라고 불릴 만하다. 이것은 덩샤오핑이 이룩한 개혁 개방의 역사적 결과다.

'톈안먼사건'은 어떻게 일어났는가

덩샤오핑의 중국이 순탄한 길로만 간 것은 아니다. 1989년 베이징의 대학생들은 톈안먼 광장에서 시위를 벌였다. 4월 15일에 갑작스럽게 죽은 후야오방胡耀邦 총서기의 장례식을 계기로 모인 학생들은 정치적 요구를 내걸었다. 연설의 자유, 민주적 선거, 정치범 석방, 부패 관리 엄단, 리펑李鵬 총리와 보수파 세력의 축출 등을 요구했다. 공산당은 즉각《인민일보》사설을 통해 "일단의 범죄자들에 의해 사주된 조작된 반당, 반사회적 반란"이라고 비난했다. 그러자 다음 날 38개 대학교 학생 3만여 명이 거리로 쏟아져 나왔고, 5월 13일부터 학생 2000여 명이 톈안먼 광장에서 단식투쟁을 시작했다.

마침내 6월 4일 인민해방군은 탱크를 앞세우고 톈안먼 광장 주변에 있던 학생과 시민 들에게 총을 쏘아댔다. 저항도 없었다. 일방적인 학살뿐이었다. 해외 언론은 3만 명의 시민이 군의 발포로 사망했다고 보도했지만, 중국 정부는 300여 명 정도의 사망자가 발생했다고 공식 발표했다. 톈안먼 광장의 시위는 유혈참극으로 막을 내렸다. 덩샤오핑은 실용주의는 경제성장을 위한 것일 뿐, 공산당에 반대하는 시도

광장에 퍼진 저항의 목소리 중국 인민해방군이 시민을 향해 탱크로 돌진하기 전까지 톈안먼 광장은 2016년 한국의 촛불 광장과 다름없었다. 아이들은 웃는 얼굴로 춤을 추고 학생들은 정부를 자유롭게 비판했다. 광장은 사람들로 발디딜 틈 없었다.

에는 무자비한 강경 진압으로 대응했다.

이후 눈부시게 발전하는 중국의 모습 앞에서 톈안먼사건은 사람들의 기억 속에서 사라져갔다. 당시 덩샤오핑을 '봉건 독재자'라고 비난했던 사람들은 언제 그랬냐는 듯이 그를 '중국 현대화의 지도자'로 숭배했다. 이들은 마오쩌둥에게 환호를 보냈던 사람들이기도 하다. 외국인의 눈에는 이러한 중국인들의 태도가 신기하게 보일 것이다. 언젠가 서방의 한 저널리스트가 마오쩌둥에게 프랑스혁명을 어떻게 평가하느냐고 물었다. 그때 마오쩌둥은 "200년도 지나지 않은 프랑스혁명을 평가하기에는 아직 이르다"라고 대답했다 한다. 이게 중국인들의 역사관인가 보다.

한편, 1989년 톈안먼사건에 대한 역사적 평가는 아직도 제대로 이루어지지 않고 있다. 중국인들은 톈안먼사건에 대해 그다지 말하고 싶어 하지 않는다. 내가 만난 중국 친구들도 그랬다. 여러 번 캐물어야 비로소 학생과 정부 양쪽 다 잘못했다거나, 그때 만약 중국의 공권력이 무너져 버렸다면 개혁 개방도 중단되었을 것이고, 폴 포트의 캄보디아처럼 비참한 살육이 일어났을 거라고 대답한다.

한편 중국에서 5·18 광주민주화운동을 다룬 우리 영화 〈택시운전사〉(2017)와 관련된 정보가 일제히 삭제됐는데, 이는 이 영화가 1989년 톈안먼사건을 연상시킨다는 중국 당국의 우려 때문이라는 외신의 보도가 있었다. 당시 톈안먼사건에 대해 한국 학생들은 침묵을 지켰다. 아니 차라리 무시했다는 편이 맞을 것이다. 나는 당시 한국의 학생들이 중국의 학생들을 돕기 위한 메시지를 보냈어야 했다고 생각한다. 이념과 체제를 떠나, 민중을 학살한 덩샤오핑의 결정도 재평가를 받아야 할 것이다. 톈안먼사건에 대한 덩샤오핑의 대응은 마오쩌둥의 대약진운동과 문화대혁명만큼이나 커다란 과오일 것이다.

위대한 지도자의 빛과 그림자

어쨌든 중국인들에게 가장 존경하는 지도자를 꼽으라면 단연 마오쩌둥과 덩샤오핑이다. 마오쩌둥은 일본의 침략에 맞서 중국을 해방시킨 지도자이고, 덩샤오핑은 극좌파의 오류를 시정하고 중국을 가난에서 벗어나게 만든 지도자다.

덩샤오핑은 마오쩌둥에게 탄압받았지만, 권력을 잡은 뒤 마오쩌둥에 대한 비난을 삼가려고 애썼다. 덩샤오핑은 영리하고 신중한 정치가다. 그가 말하길, "문화대혁명은 마오쩌둥의 '극좌적 오류'임에 틀림없지만, 전체적으로 보아 마오쩌둥의 업적은 공이 7할이고 과가 3할"이었다. 이는 물론 마오쩌둥을 따랐던 공산당 내부 세력과 마오쩌둥을 지지하는 중국 인민들의 정서를 고려한 고도의 정치적 표현이었다.

무릇 역사란 어느 한 면만 보고 평가할 수 없다. 과거는 모조리 부정하거나, 무조건 수긍할 수 없는 것이다. 극단적으로 대립하는 시각을 갖고 있는 한 과거에 대한 역사적 평가가 합의에 도달하기란 쉽지 않은 일이다.

더 읽을거리

- 조너선 D. 스펜스, 김희교 옮김, 《현대 중국을 찾아서》, 이산, 1998.
- 진충밍·시쉬옌, 이정남 외 옮김, 《문화대혁명사》, 나무와숲, 2000.
- 벤저민 양, 권기대 옮김, 《덩샤오핑 평전》, 황금가지, 2004.
- 장융·존 핼리데이, 황의방 외 옮김, 《마오: 알려지지 않은 이야기들》, 까치글방, 2006.
- 마리-클레르 베르제르, 박상수 옮김, 《중국 현대사》, 심산, 2009.
- 에드거 스노, 홍수원 외 옮김, 《중국의 붉은 별》, 두레, 2013.
- 왕단, 송인재 옮김, 《왕단의 중국 현대사》, 동아시아, 2013.
- 김명호, 《중국인 이야기》, 한길사, 2017.

1987년 6월,

마침내 시민의 힘으로

대한민국은 대통령 직선제를

이루어 냈다.

21

앞서서 나가니 산 자여 따르라

한국의 민주화와 민주주의의 지구화

민주주의는 인간의 역사에서 실험한
어떤 형식보다 가장 덜 나쁜 제도다.
—윈스턴 처칠, 영국 총리

나는 1964년에 태어났는데 초등학생 때부터 고등학생 때까지 대통령은
박정희였다. 무려 18년 동안 대통령이 바뀌지 않았다. 독재가 무엇인지, 민주
주의가 무엇인지 아무도 가르쳐주지 않았다. 학교에서는 그저 대통령은 위대한 지
도자이고, 유신헌법은 한국에 필요한 것이며, 1980년대가 되면 100억 달러 수출과
1000달러 국민소득이 이루어질 것이라고만 배웠다. 1979년 10월 26일, 박정희 대
통령이 심복이었던 중앙정보부장 김재규의 총에 피살당한 사건이 발생했다. 그때
서야 민주주의라는 말을 들을 수 있었다.

한국에서 민주주의의 역사는 그리 오래 되지 않았다. 1948년 대한민국 정부 수

아빠 잃은 아이 아빠의 영정을 든 소년의 애처로운 모습은 1980년 전두환 군부독재의 학살을 전 세계에 알리는 계기가 되었다.

립 후 국가는 소수 독재자의 수중에 있었고, 헌법은 권력의 횡포 앞에 무력하기만 했다. 대통령은 입법부와 사법부를 통제했으며, 때때로 국회는 탱크가 지켰고, 정보기관은 언론과 모든 국민을 감시하고 있었다.

그러나 이승만 정권 12년, 박정희 정권 18년, 전두환 정권 7년 동안 독재에 맞서는 학생과 지식인, 그리고 시민의 저항은 끊이지 않았다. 1960년 4·19혁명은 이승만 정권을 무너뜨렸고, 1987년 6월 민주화운동은 전두환 군사정권에 종지부를 찍었다. 물론, 민주화운동이 항상 성공했던 것은 아니다. 1980년 5월 광주민주화운동 때는 수많은 무고한 시민이 목숨을 잃어야 했다.● 그러나 일제강점기 35년 동안 독립운동이 끊임없이 지속되었듯이, 독재에 맞서는 민주화운동도 멈춘 적이 없었다. 민주화운동의 역사적 전환점은 1987년 6월의 민주화운동이었다.

1987년 민주화운동의 시작

5·18 민주화운동의 실패와 희생에 큰 충격을 받은 대학생들은 학살을 주도한 군사정권에 저항하는 시위를 벌였다. 사람들은 학생들의 시위가 무모하며 '계란으로 바위 치기'라고 생각했다. 그러나 학생들은 바위에 계란의 흔적이라도 남기려는 듯, 군사정권을 거부했다. 수많은 학생이 강제징집으로 군대에 끌려가고 감옥에 갇혔다. "창살 아래 네가 묶인 곳 살아서 만나리"라는 노랫말처럼.

그러던 1985년 2월 12일, 총선에서 김영삼과 김대중이 이끄는 신한민주당이 84석을 차지하며 제1야당이 되자, 새로운 변화가 일어났다. 신한민주당은 군사정권을 비판하며 대통령 직선제와 민주개혁을 위한 개헌을 요구했다. 전두환 대통령은 7년 단임을 약속했지만 다음 정권을 민간 정부에 넘겨줄 생각은 전혀 없었다. 개헌을 둘러싸고 군사정부와 야당의 갈등이 심각해져 있을 때 중대한 사건이 발생했다. 서울 남영동 치안본부 대공분실에서 서울대학교 2학년생 박종철이 물고문을 받던 중 목숨을 잃은 것이다.●

박종철 군 고문치사 사건을 규탄하는 성명서가 발표되면서 종교 단체의 추도 미사 및 기도회, 항의 농성이 뒤따랐다. 한편 김대중과 김영삼은 신한민주당을 탈당해 통일민주당을 창당했다.

● 군사정권은 평소 했던 것처럼 사건을 은폐 축소하려 했다. 그리하여 경찰은 박종철이 심문받기 시작한 지 30분 후 책상을 '탁' 치니 '억' 하고 죽었다고 발표했다. 문화공보부 홍보조정실은 각 언론사에 '보도 지침'을 보내 '박 군이 심장마비로 쇼크사한 것으로, 1단 기사 처리'하도록 지시했다. 그러나 부검 결과 박종철의 몸에는 수십 군데에 이르는 피멍 자국이 있었고, 전기고문과 물고문을 받은 흔적이 뚜렷했다. 부검한 의사의 소견이 세상에 알려지면서 군사정권의 잔혹한 처사를 비난하는 여론이 확산되기 시작했다.

6월 민주화운동의 시작 1987년 1월 스물한 살 청년 박종철은 남영동 대공분실에서 극심한 고문으로 숨졌음이 드러났고, 이는 6월 민주화운동의 도화선이 되었다.

● 이원집정제는 프랑스와 같이 대통령과 총리가 권력을 나눠 갖는 권력구조로 당시 대통령 직선제를 반대하는 전두환과 군사정권이 선호하는 개헌안의 핵심 내용이었다. 인기 있는 후보가 없는 군사정권은 직선제 대신 의회의 다수당이 권력을 장악하는 이원집정제를 원했다.

신한민주당 총재 이민우와 비서실장 홍사덕이 은밀하게 추진하던 군사정권과 타협하는 이원집정제 개헌에● 반대하며 창당된 통일민주당은 직선제 개헌을 요구하며 정부의 허가를 받지 않은 장외 집회를 열었다. 장외 집회가 전국 각지에서 개최되면서 학생과 재야 단체의 참여가 확대되었다.

이를 막고자 군사정권은 '4·13 호헌조치'를 발표했다. 개헌 논의를 하지 않고 그냥 간선제로 대통령을 뽑겠다는 것이었다. 그러나 이 호헌조치는 이미 봇물이 터진 민주화 요구를 중단시키지 못했다. 호헌조치에 반대하는 서명과 농성이 각계각층으로 퍼져나갔으며, 통일민주당, 민주통일민중운동연합(민통련)을 비롯해 재야 단체,

학생 단체, 노동 단체 등 광범위한 민주 세력이 참여한 '민주헌법쟁취 국민운동본부'가 탄생했다.●

6월 10일, 민주화운동이 폭발하다

1987년 6월 10일 잠실체육관에서는 대통령 후보를 뽑는 민정당 전당대회가 열리고 있었다. 5000명의 어용 선거인단이 모인 가운데 전두환과 육사 11기 동기인 노태우가 대통령 후보로 선출되었다. 그러나 잠실체육관의 전당대회는 전국의 성난 군중의 함성에 둘러싸여 있었다.

● 한국의 '재야 운동'은 1960년대 박정희 정부에 저항하는 지식인과 종교인이 중심이 된 제도권 외부의 저항운동을 가리키는데, 이후 학생운동 출신 활동가들이 가세해 더욱 조직화되었으며, 민주화운동청년연합(민청련), 민통련 등의 재야 단체가 결성되었다. 폭력투쟁과 점거 농성으로 선도적 정치투쟁을 해온 1980년대 학생운동이 이때 야당과 연합해 비폭력투쟁으로 전환한 것은 주목할 만한 일이다. 사실 가두집회와 시위에 많은 인원을 동원할 수 있는 것은 학생운동이었기 때문이다. 당시 학생운동은 전국대학생대표자협의회(전대협)가 주도했다. 전대협은 이전의 학생운동이 대중적 지지를 얻는 데 실패했다고 비판하고 온건한 대중노선으로 바꿀 것을 주장했다.

같은 날, 서울을 비롯한 전국 22개 도시에서는 24만여 명(국민운동본부 집계)이 참여한 가운데 '고문살인 은폐조작 규탄 및 민주헌법 쟁취 범국민대회'가 열렸다. 서울에서만 30여 곳에서 시위가 벌어졌다. 1960년 4·19 이후 최대 규모였다. 경찰에 연행된 숫자는 전국에서 3800여 명. 경찰을 피해 시위대 일부가 서울 명동성당으로 피신했다. 밤 10시, 800여 명으로 불어난 명동성당의 시위대는 횃불을 들고 투석전을 벌이며 경찰과 대치했다. 이로부터 6월 항쟁의 기폭제가 된 5일간의 명동성당 농성이 시작되었다.

한국의 이러한 사태는 국제사회에서 비상한 관심을 끌었다. 때마침 필리핀혁명●●이 발생한 직후인 데다, 1988년 서울올림픽 개최를 코앞에 두고 있었기 때문이다. 미국 언론은 한국의 상황을 연일 톱뉴스로 전했다.

●● 1965년에 출범한 필리핀 마르코스 정권은 14년간 장기집권 하는 동안 계엄령으로 폭압 정치를 하고 부패와 실정이 잇달아서 국민의 지지를 잃었다. 이때 정적이었던 야당 지도자 베니그노 아키노 상원 의원이 미국에서 돌아오던 중 공항에서 암살되자 성난 민중의 저항이 시작되었다. 이후 정부의 부정선거가 도화선이 되어 결국 혁명이 일어났고 마르코스는 국외로 추방당했으며 아키노 상원 의원의 부인 코라손 아키노가 대통령으로 취임했다.

국민이 승리한 광장 한국의 민주주의는 광장에서 광장으로 이어졌다. 1987년 6월 뜨거운 항쟁의 경험은 2004년 대통령 탄핵 반대 집회, 2008년 광우병 반대 집회, 그리고 2016년 대통령 탄핵 집회로 이어져 촛불혁명의 기반이 되었음이 틀림없다. 1987년 7월 이한열 열사의 장례식(위쪽)과 2016년 겨울 박근혜 대통령 탄핵을 요구하는 촛불 시민 집회의 모습(아래쪽).

6월 18일 전국 16개 도시에서 150만 명(국민운동본부 집계)이 거리를 가득 메웠다. 경찰로는 진압이 어렵다고 판단한 군사정권은 군대 투입을 검토했다. 6월 19일 오전 10시 전두환 대통령은 국방장관, 각 군 지휘부, 안전기획부장을 소집해, 20일 새벽 4시까지 주요 대학과 도시에 군 병력을 배치하라고 명령했다. 그리고 한미군사협정에 따라 전방 병력의 이동 계획을 주한미군사령부에 통보하라고 했다. 이러한 지시가 곧 실행되지는 않았지만 일촉즉발의 위기 상황이 벌어졌다.

그날 오후 2시, 주한 미국 대사 제임스 릴리는 청와대에 레이건 대통령의 친서를 전달했다. 군의 개입은 한미동맹 관계를 위협할지 모른다는 미국 정부와 윌리엄 리브시 주한 미군사령관의 의견을 전했다. 이는 5·18 민주화운동 때 군대 투입을 결과적으로 묵인했던 미국의 태도와는 다른 것이었다. 군부 내 소장파들의 군 개입 반대 의견을 군 지휘부에 전했다고 전해지기도 했다. 사태는 오리무중이었다. 어쨌든 6월 19일 오후 3시 전두환 대통령은 군 병력의 동원을 중지하라고 지시했다.●

6월 26일 국민운동본부가 주도한 '국민평화대행진'이 열렸는데 전국 34개 도시와 4개 군에서 100만 명(국민운동본부 집계)이 참여했다. 광주에서는 약 30만 명의 시민이 거리를 메웠다. 그동안 군사정권의 폭정에 소극적으로 순응하거나 방관하던 중산층들이 대거 합류하기 시작했다. 서울, 부산, 광주 등에서 이른바 '넥타이 부대'라 불리는 화이트칼라들이 시위에 참여했다. 이는 중산층의 변화를 보여주는 극적인 사건이었다. 전두환 정권은 고립되어 갔다.

6월 29일 민정당 대표이자 대통령 후보 노태우는 대통령 직선제에 동의한다는 '6·29선언'을 발표했다. 선언에는 직선제 개헌 수용, 구속자 석방, 김대중 사면 복권, 언론의 자유, 대학 자율화 지지 등 주요 민주화

● 6월 21일 민정당은 의원총회를 열어 야당의 대통령 직선제 요구를 수용할지 논의했다. 다음 날, 전두환 대통령은 위기 상황의 해결을 위해 통일민주당 김영삼 총재를 만날 용의가 있다고 발표했다. 이들은 단 한 번도 만난 적이 없었다. 6월 24일, 두 사람이 만났지만 아무런 합의도 이끌어내지 못했다. 6월 25일, 조지 슐츠 미 국무장관을 수행해 호주를 방문 중이던 개스턴 시거 국무부 차관보가 단독으로 서울에 와 전두환 대통령을 만났다. 미국의 대한정책 수립 및 집행 총책임자인 시거는 군 병력 반대를 재차 강조했고, 전두환은 대통령 단임 약속을 지키겠다고 다짐했다고 한다.

조치가 포함되었다.●

1987년 6월 민주화운동은 4·19혁명처럼 학생과 중산층의 연합을 기반으로 한 대중운동이었다. 이들은 결집된 힘으로 군사정권의 장기 집권 의도를 무너뜨리고 민주화로 가는 역사적 계기를 만들었다. 1987년 7월 9일 서울시청 광장에서는 최루탄에 맞아 중태에 빠진 끝에 결국 목숨을 잃은 연세대학교 학생 이한열의 장례식이 열렸다. 참가자는 무려 100만 명. 이는 단순한 추모 집회가 아니라 6월 민주화운동의 승리를 보여주는 국민적 행사였다.

한국의 민주화운동과 미국의 대외 정책의 변화

6월 민주화운동은 미국의 한반도 정책이 극적으로 변화한 사건이기도 하다. 사실 미국의 제3세계 정책은 민주주의와 반공주의 사이의 끝없는 혼란이었다. 민주주의는 미국적 가치의 상징이었고, 반공주의는 미국 중심의 세계 질서를 유지하는 이데올로기였다. 미국은 민주주의의 수호자를 자처하면서도, 반공주의를 유지하기 위해 제3세계의 민주주의를 희생시키는 경우가 많았다. 한국, 베트남, 브라질, 인도네시아, 아르헨티나, 칠레의 군사 쿠데타를 묵인하거나 지원한 것이 대표적이다. 한술 더 떠 경제 발전을 위해서는 강력한 국가가 필요하다는 미국 정치학자 새뮤얼 헌팅턴의 주장에 따라 제3세계 군사독재정권을 적극 지원하기도 했다. 레이건 정부는 니카라과와 엘살바도르의 우익 정권을 노골적으로 지원했다.

미국의 한국 정책 역시 혼란의 연속이었다. 미국은 1961년 군사 쿠데타와 1980년 5·18 민주화운동 때 모두 박정희와 전두환의 손을 들어주었다. 특히 5·18 민주

화운동 때 한국군의 작전 지휘권을 가지고 있던
주한 미군사령관은 전두환이 군 병력을 이동시키
는 것을 막지 않았다. 당시 미국 대통령 지미 카터
는 백악관에서 연일 비상대책회의를 열었지만, 결
국 에드먼드 머스키 국무장관이 주도한 고위정책
검토회의에서 한국군의 병력 동원을 공식적으로
승인했다. 미국이 전두환의 쿠데타를 인정해주었
던 것이다.●

그에 비해 4·19혁명과 6월 민주화운동 때 주
한 미국 대사와 주한 미군 사령관은 군부를 동원

하지 말라고 설득했다.●● 이는 민주화운동이 혁명으로 변화하는 것을 막기 위한
예방책으로 볼 수 있다. 미국의 한국 정책은 일관성을 지키기보다는 한국의 상황에
따라 다른 태도를 보였던 것이다. 어찌 됐든 결정적 순간에 미국의 태도는 우리 민
주화운동에 중요한 영향을 미쳤다.

민주주의는 정치적 타협으로 이루어지는가

1980년대의 민주화는 야당, 재야운동, 학생운동이 주도해 이루어진 것이다. 동시
에, 군부의 양보와 미국의 정책도 중요한 역할을 했다. 민주화는 민중운동의 폭발
을 막으려는 국가와 군부 사이의 갈등과 협상의 결과이기도 하다. 6·29선언과 뒤
이은 12월 대통령 선거는 반대 세력들이 서로 상대방을 인정하면서 평화적으로 민
주화 이행을 추진한 성공적인 사례로 평가받을 수 있다.

그러나 한국의 기업가와 자본가계급이 자발적으로 자유민주주의를 지지한 것은
아니다. 그들의 양보는 단지 저항 세력이 양보를 불가피하게 만들 때에만 이루어진

다. 결국 민주주의는 권력의 분점을 통해 공고해진 것이다.

한국의 민주화 과정에서 자본가와 노동자의 역할은 다른 나라의 민주화 과정과는 매우 달랐다. 역사적으로 볼 때 서구의 자본가는 민주주의를 지지하는 역할을 했다. 그러나 한국의 자본가들은 완전한 민주주의의 도입을 전혀 지지하지 않았다. 군부가 집권하던 시기에 한국의 자본가들은 매우 유약했으며 늘 군사정권에 순응적이었다.●

● 재벌의 조직인 전경련은 1987년 한국노총과 함께 전두환의 '호헌조치'를 공개적으로 지지했다. 재벌은 항상 군사정권에 소극적으로 순응했으며, 학생과 야당이 주도하는 민주화운동을 불안하게 생각했다. 그러나 이후에는 재빠르게 민주화를 환영하며 자신들의 이익을 지키기 위한 활동에 나섰다.

노동자계급은 어떠했는가? 브라질 출신 정치학자이자 종속이론가인 길레르모 오도넬은 종속국가의 부르주아지는 민주주의 형성에 소극적인 반면, 노동자들은 혁명적 잠재력을 갖고 있다고 했다. 그러나 한국의 노동자계급은 권위주의 정치의 억압 때문에 그 잠재력을 발휘할 만큼 조직화되지 못했으며, 결국 민주화 과정에서 역할을 제대로 하지 못했다. 한국과 라틴아메리카의 경험을 살펴보면 종속이론가의 가정은 잘못된 것이다.●●

●● 1985년 서울의 구로공단에서 노동자들의 정치투쟁이 발생하기도 했지만, 군사정권의 폭압으로 노동운동은 심각하게 약화되었다. 1987년 6월 민주화운동에서도 노동운동은 대규모 대중 동원을 못했으며 노동조합의 참여도 조직적으로 이루어지지 않았다.

민주화가 성공한 이후에야 노동자들은 노동조합을 결성하고 노동쟁의를 벌여 자신들의 사회경제적 권리를 주장하기 시작했다. 6월 민주화운동은 노동자들이 자신들의 힘으로 자신들의 권리를 찾아야 한다는 소중한 경험을 하는 계기가 되었다.

6월 민주화운동 이후 폭발한 노동운동

6월 민주화운동의 뜨거운 열기가 채 식지 않은 1987년 7월 3일, 한국 최대의 중공업 도시 울산에서 중요한 사건이 일어났다. 그해 여름 전국을 뒤흔든 노동자 대투

불붙은 노동자 대투쟁 1987년 노동자 대투쟁 30주년 기념 노동비가 울산 태화강역 광장에 세워졌다. "인간답게 살고 싶다"라고 쓰여 있다.

쟁의 도화선이 된 현대엔진 노동조합이 결성된 것이다. 현대엔진 노동조합의 결성은 즉각 울산 전역을 투쟁의 현장으로 만들었다. 노동자들의 파업과 시위는 거센 기세로 이어져 부산, 거제, 마산, 창원으로 번졌으며, 서울, 인천, 부천, 구로, 안양, 군포, 성남 등 수도권에까지 확산되었다.

7월부터 9월까지 석 달에 걸친 노동자 대투쟁 기간 동안 새로 결성된 노동조합은 1060개에 달했다. 이는 지난 1980~1986년까지 결성된 노동조합 총수를 훨씬 넘어서는 수치였다. 같은 기간에 노동쟁의 건수는 3458건, 하루 평균 40여 건에 달했다. 이는 1986년 하루 평균 0.76건에 비해 무려 50배나 늘어난 것이며, 1980년 봄에 벌어진 총 407건보다 8배나 증가한 것이었다. 지난 수십 년 동안 정치적 억압 때문에 산업화의 주역이면서도 소외되었던 노동자들이 새로운 사회 세력으로 본격적으로 등장했다. 이들은 임금 인상, 근로조건 개선, 노동조합 인정을 주장하며 자신들의 사회경제적 권리를 획득해나갔다.

1987년 노동자 대투쟁은 마치 광복 직후, 혹은 4·19혁명 직후의 상황과 비슷했다. 오랜 억압에서 해방된 노동자들이 새로운 정치적 기회를 이용해 자신들의 요구를 분출했다는 점이 그렇다. 그러나 과거와 다른 점은 수십 년 동안 진행된 산업화 과정에서 형성된 새로운 노동자계급이 전면에 나섰다는 점이다. 이들은 1970년대에 고등학교를 졸업하고 숙련 노동자가 된 중화학공업 분야의 30~40대 남성 노동자들이었다. 초등학교를 졸업하고 봉제 경공업 분야에서 일하는 미혼 여성 노동자들이 주축이던 1970년대 노동운동과는 양상이 매우 달랐다. 노동자들은 그동안 자신들이 희생을 강요당했으며 성공의 분배에서 소외되었다고 생각했다.

그러나 노동자들의 투쟁은 민주화의 전환기에 주도적인 역할을 하지는 못했다. 그리고 몇 달 후 벌어질 대통령 선거를 위한 준비도 거의 하지 못했다.

민주화 이후의 한국의 민주주의

6·29선언 후 치러진 대통령 선거는 1971년 대통령 선거 이후 최초의 직선제 선거였다. 당시 재야 세력과 노동조합은 정치 세력을 갖추지 못했기 때문에 야당 정치인들이 군사정권과 경쟁하게 되었다. 여당 후보 노태우는 야당의 직선제 요구를 전격적으로 수용하긴 했지만, 군인 출신이므로 선거에서 이길 수 없다고 보았다. 군사정권에 대한 국민의 반감이 너무 컸기 때문이다. 그러나 라이벌이었던 김영삼과 김대중의 후보 단일화가 실패하고 야권이 분열되자 분위기는 급속히 바뀌었다. 민주화 세력은 단결하지 못하고 김대중에 대한 비판적 지지론, 야당 후보 단일화론, 독자적 민중 후보론으로 분열되었다.

결국 12월 16일 대통령 선거에서 노태우는 36%의 득표율로 대통령에 당선되었다. 김영삼은 28%, 김대중은 27%로 야당 표를 양분했다. 실로 어처구니 없는 일이

오지 않은 민주화의 봄 김대중, 김영삼 두
야당 지도자의 분열은 시민의 피로 얻어낸
제1호 직선제 대통령 자리를 전두환의 후
계자에게 고스란히 넘겨주고 말았다.

었다. 민주화운동의 열매를 군사정권의 2인자가 도로 빼앗아간 것이다.

이렇게 출범한 제6공화국은 처음부터 '반쪽짜리 민주화'로 시작했다. 노태우 대
통령은 전두환 대통령이 갖고 있지 못했던 정치적 정당성을 얻기 위해 언론의 자유
와 민주적 개혁정책을 추진했다. 또한 강경 반공 노선에서 한 발 물러나 '북방정책'
을 내걸고 동유럽·소련·중국 등과 외교를 맺었으며 북한과 대화를 시도했다.

사람들은 권위주의 정부가 약화되면 대의기관의 권한이 확대되면서 민주주의가
성장할 거라고 예상했다. 정치학자들은 평화적 정권 교체가 이루어지면서 민주주
의의 공고화가 이루어졌다고 평가했다. 그러나 민주화 이후 한국의 대의 민주주의
는 국민의 참여가 저하되고 정부와 국회에 대한 신뢰가 떨어지면서 커다란 위기를
맞고 있다. 1987년 대통령 선거 이후 선거 투표율은 지속적으로 하락했다.●

●● 참여 민주주의는 공동체 성원들이 정치적 의사 결정 과정에 직접 참여하는 것을 말한다. 예를 들어, 헌법을 바꾸거나 의회에서 중요한 정책을 결정할 때 시민을 참여시킨다든지 주민감사 청구를 통해 주민자치를 강화하는 것이다. 이러한 자율적인 노력을 통해 시민들의 힘이 점점 커지고 있다.

●●● 시민운동이 급속히 성장함에 따라 시민단체 또는 NGO를 입법부, 행정부, 사법부, 언론에 이어 '제5의 권력'이라고 부르기도 한다.

물론 대의 민주주의의 약화를 곧 민주주의의 후퇴나 위기로 보는 것은 지나치다. 선진 민주주의국가들에서도 대의기관에 대한 신뢰가 낮아지는 반면, 비정부기구나 시민단체 참여도는 높아지고 있다. 대의제도로 선출된 정치 엘리트와 일방통행식 행정 대신 '직접행동'에 참여하는 시민운동이 주도하는 정치를 '참여 민주주의'라고 부른다.●● 시민들의 힘은 자발적인 시민단체로 조직화되고 있다. 이와 같은 시민단체 또는 비정부기구NGO의 활동을 시민운동이라고 부른다.●●●

현대사회는 고대 그리스의 폴리스 같은 직접 민주주의를 수행하기에는 너무나 거대하다. 따라서 전문가 없는 민주주의는 불가능하며, 전문성을 갖는 소수의 정치 엘리트가 대의기관에서 직업적으로 활동하는 것은 불가피하다. 그러나 소수의 대표만으로는 정부를 완벽하게 감시하기가 매우 어렵다. 정부로부터 독립된 시민단체들이 감시자 역할을 할 필요가 있으며 때로는 직접행동을 하기도 한다. 참여 민주주의의 확대가 곧 의회를 통한 대의 민주주의의 축소나 약화를 의미하는 것은 아니다. 또한 대의 민주주의의 핵심 기관인 의회의 권한과 기능이 여론의 압력으로 흔들리는 것도 바람직한 민주주의가 아니다. 여론의 압력으로부터 독립적인 전문기구도 계속 유지해 위임받은 역할을 잘 수행해야 한다. 시민의 자발적인 참여로 이루어지는 참여 민주주의는 대의 민주주의를 대체하는 것이 아니라, 대의제도의 문제점을 보완하는 기능을 수행해야 한다.

2016년 '촛불시민혁명'은 박근혜 정부와 재벌의 권력형 부정부패에 맞선 저항이었고, 한국 역사상 최대 규모로 각계각층의 시민이 참여했다. 촛불혁명은 인터넷과 소셜네트워크서비스SNS를 이용한 자발적 시민의 참여로 시작되었으며, 철저한 비폭력 평화운동을 전개하고, 이것이 의회의 탄핵 표결과 헌법재판소의 탄핵 판결로 법치의 절차가 이루어졌기 때문에 세계의 주목을 받았다. 박근혜 대통령이 불법행위로 탄핵당하고 2017년 대통령 선거에서 새로운 정부를 출범시킨 한국의 경험은 민주주의의 새로운 역사로 평가받을 만하다.

민주화의 세계적 확산

1970년대 중반 이후 전 세계적인 차원에서 민주화가 확산되고 있다. 이제 민주주의는 지구상의 많은 사람이 지지하고 찬양하는 정치제도가 되었다. 불과 30여 년 전만 해도 민주주의를 채택한 나라는 서유럽의 30여 개국에 불과했지만, 이제는 전 세계에서 100여 개에 달하는 국가들이 민주주의를 표방하고 있다. 민주화는 남유럽, 남미, 아시아, 동유럽, 아프리카의 순서로 이루어졌다.

먼저, 1970년대 중반 그리스, 포르투갈, 에스파냐 등 남유럽 3국에서 군사정부가 물러나고 민간정부가 들어섰다. 1974년 포르투갈에서 독재가 막을 내리고, 에스파냐에서는 1975년 프랑코 사망 후 민주화가 이루어졌다.

남미는 1978년 도미니카공화국에서 시작해 브라질, 아르헨티나, 칠레 등을 거쳐 1991년 아이티에 이르기까지 민주화 도미노 현상이 이어졌다. 이는 1960~1970년대 군사 쿠데타의 도미노 현상에 비교할 만하다.● 그러나 1989년 브라질에서 최초로 대통령 직선제가 실시되어 민주화가 이루어지면서, 남미에도 잇달아 군사정부가 물러나고 민간정부가 수립되었다.

아시아에서는 1986년 필리핀에서 시작되어 한국, 대만, 태국, 인도네시아 등으로 민주화가 확산되었다. 2015년 미얀마에서 군사정부가 물러나고 아웅산 수치가 이끄는 민주민족동맹이 선거로 집권해 민주화가 이루어졌지만, 베트남, 라오스에서는 공산당이 일당독재를 하고 있다.

20세기에 남유럽, 남미, 아시아에서 민주화가 이루어진 원인은 무엇일까? 첫째, 군사정부의 장기 집권이 계속되면서 대중적 인기를 상실하자 정치적 정당성도 약화되었다. 이들 군사정부는 초기에 상당한 지지를 얻었다. 민간정부는 허약하고 무능하고 부패한 반면에, 군사정부는 안정적이고 효율적이고 청렴한 정부를 약속했다. 그러나 장기 집권이 계속되면서 군사정부의 비효율성과 부정부패가 드러나 민간정부와의 차이가 사라졌다.

다음으로 전 세계적인 사회 변화가 민주화에 큰 영향을 주었다. 대중 교육의 증가, 도시화, 정치의식의 변화, 사회조직의 증대, 다원주의 같은 새로운 현상이 나타났으며, 기업가, 중간계급, 조직화된 노동조합과 농민이 등장하면서 군사독재에 반대하는 운동이 확대되었다. 특히 동유럽의 민주화는 소련의 해체와 냉전 체제의 붕괴라는 국제정치의 변화가 큰 영향을 주었다.

● 1964년 이래 남미에는 미국의 사주 또는 묵인 아래 군사 쿠데타가 잇달아 발생했다. 군사정부는 좌익 정치인, 노동조합, 좌익 게릴라에 대해 대대적인 탄압을 해 고문, 납치, 처형, 대규모 인권유린 사태가 발생했다. 브라질에서는 군사정부 때 불법적인 체포, 납치, 고문이 자행되었으며, 아르헨티나에서는 좌익 소탕 작전이란 이름 아래 무려 5000여 명 이상의 무고한 시민들이 실종되었다. 대부분의 실종자는 사망한 것으로 알려졌으며, 이러한 인권침해 사건을 '더러운 전쟁'이라고 부른다. 칠레에서는 선거로 선출된 마르크스주의자 아옌데 정부가 1973년 피노체트 장군이 이끄는 우익 쿠데타로 붕괴된 후 1990년까지 사망 또는 실종된 사람들이 2279명에 달했다. 안토니오 스카르메타의 소설 〈네루다의 우편배달부〉에서 볼 수 있듯이 시골의 노동자나 고기 잡는 어부도 어느 날 갑자기 사라지는 경우가 허다했다.

민주주의의 미래

미국 정치학자 새뮤얼 헌팅턴은 《제3의 물결: 20세기 후반의 민주화》에서 보통선거권 같은 절차상 민주주의를 민주주의의 핵심이라 했다. 보통선거권을 수용한 프랑스혁명은 '제1의 민주화 물결'이며, 2차 세계대전 이후 미국의 강요에 의한 서독, 일본, 이탈리아의 민주화는 '제2의 물결'이다. 그리고 남유럽, 남아메리카, 아시아의

아랍의 민주화 바람, 재스민혁명 튀니지의 재스민혁명은 아랍 민주화혁명의 도화선이 되었다. 그러나 야당의 부재로 훈련된 대체 세력이 없다 보니 독재정권이 무너져도 사회가 제대로 돌아가지 않았다. 혁명의 봄 다음에 다시 겨울이 왔다.

민주화는 '제3의 물결'이다. '제3의 물결'이 이전의 물결과 다른 것은 국내의 자생적 역량에 따른 것이라는 점이다.

헌팅턴은 민주주의의 토대는 기독교 정신이며 동아시아의 유교는 민주주의의 걸림돌이라 했다. 그러나 유교 문화를 토대로 한 동아시아에서도 민주화가 성공했다. 민주화는 폭력 아닌 평화를 추구하고 개인의 권리가 신장되는 방향으로만 가지는 않는다. 동유럽 국가들이 민주화되는 과정은 폭력 사태를 유발했으며, 러시아에서는 시민의 권리가 제한되기도 했다. 남유럽, 아시아, 라틴아메리카의 민주화 과정은 훨씬 더 다양한 모습을 보여준다.

이코노미스트가 2016년 발표한 '민주주의 인덱스Democracy Index'에 따르면, 조사 대상 167개국 가운데 19개 국가가 '완전 민주주의'며, 57개 국가가 '결함 있는 민주주의flawed democracy', 40개국이 권위주의와 민주주의가 섞인 '혼합 민주주의'에 해당된다. 51개 국가가 '비민주적인' 국가다. 이 중 한국은 결함 있는 민주주의 국가에 해당되었다. 투표 참여와 다원주의(9.17), 정치 참여(7.72), 정치 문화(7.50), 시민적 자유(8.24)에 비해 정부의 기능(7.14)이 낮은 점수를 받았다.

민주화의 물결은 아직 끝나지 않았다. 2010년 '아랍의 봄'으로 서아시아와 북아프리카 국가에서 민주화 요구가 거세게 일어났다. 2016년 한국에서도 6개월 동안 1700만 명이 모인 대규모 촛불 집회로 권력형 부정부패를 저지른 박근혜 대통령이 탄핵되고 새로운 정부가 등장했다. 하지만 이집트, 알제리, 리비아, 사우디아라비아에서 민주주의는 불안정하고 충분하지도 않다. 아프리카의 짐바브웨, 에티오피아, 에리트레아에서는 여전히 권위주의 정부가 유지되고 있다. 그러나 민주주의의 가치는 아시아, 아프리카, 중남미 국가에서도 크게 환영받고 있다. 시민의 자유, 자유로운 선거, 사회적 시민권은 민주주의의 핵심 요소로 인정받는다. 민주화를 통해 시민의 삶의 질과 복지 수준을 높이려는 시민의 요구는 거스를 수 없는 거대한 역사의 흐름이다. 제3의 물결 이후에도 새로운 민주화 물결은 계속되어야 한다.

더 읽을거리

● 조지프 S. 나이, 박준원 옮김,《국민은 왜 정부를 믿지 않는가》, 굿인포메이션, 2001.

● 콜린 크라우치, 이환 옮김,《포스트 민주주의: 민주주의 시대의 종말》, 미지북스, 2008.

● 아담 쉐보르스키 외, 안규남 외 옮김,《민주주의와 법의 지배》, 후마니타스, 2008.

● 로버트 달, 배관표 옮김,《민주주의》, 동명사, 2009.

● 최장집,《민주화 이후의 민주주의》, 후마니타스, 2010.

● 데이비드 헬드, 박찬표 옮김,《민주주의의 모델들》, 후마니타스, 2010.

● 새뮤얼 헌팅턴, 강문구·이재영 옮김,《제3의 물결: 20세기 후반의 민주화》, 인간사랑, 2011.

1961년 베를린장벽이

세워진 이래 독일은 완전한

분단국가였지만, 1990년

그 완고하던 벽이 무너졌다.

22 동서 대결에서 독일 통일까지

냉전의 기원과 종말

당신이 우리를 좋아하든 그렇지 않든 역사는 우리 편이다.
우리는 당신들을 묻어버릴 것이다.
—니키타 흐루시초프, 소련공산당 서기장

우리는 자유를 지지한다.
자유는 우리 자신을 위한 우리의 신념이다.
자유야말로 다른 사람에 대한 유일한 약속이다.
—존 F. 케네디, 미국 대통령

영국의 소설가 조지 오웰이 1945년 발표한 《동물 농장》의 주인공은 '나폴레옹'이라는 돼지다. 존스 농장에 사는 동물들은 인간들의 착취가 없는 평등한 이상 사회를 만들고자 나폴레옹의 지도 아래 혁명을 일으켰지만, 결국 나폴레옹의 독재로 혁명 전보다 더 심하게 착취당하고 의식까지 지배받아 전체주의적 공포 사회로 변하고 말았다는 내용이다. 이는 소련의 스탈린주의를 비판한 최초의 소설이었다.

그런데 오웰의 원고는 당시 여러 출판사로부터 출간 불가능하다는 통보를 받았다. 이유는 2차 세계대전이 한창이던 당시 영국은 소련과 연합군을 이루고 있었기 때문이었다. 소련을 비판하는 오웰의 소설이 영국에겐 부담스러웠던 것이다. 영국 정보기관은 출판사에 오웰의 원고가 출간되지 않도록 은밀히 압력을 넣었다. 조너선 케이프사는 출간을 결정했다가 정보부MI5 고위 관리의 전화를 받고 난 다음 그 결정을 번복했으며, 미국의 한 출판사는 미국에서는 동물 이야기가 팔리지 않는다는 이유를 들어 거절했다.

절망에 빠진 오웰은 친구에서 돈을 빌려 자비출판할 궁리까지 했다. 우여곡절 끝에 마침내 섹커 앤 와버그사가 출판하게 되었는데, 어쨌든 당시 영국은 그만큼 소련의 눈치를 보았던 것이다.

총성 없는 전쟁, 냉전

"오늘날 발트해에서 아드리아해까지 유럽을 둘러싼 철의 장막이 드리워져 있다." 1947년 3월 영국 총리 윈스턴 처칠은 이렇게 연설했다. 세계가 서로 다른 두 개의 진영으로 나누어져 있음을 선언한 것이다. 그 후 미국의 상하 양원 합동회의에서 해리 트루먼 대통령은 미국이 공산주의를 저지하는 데 지도적인 역할을 해야 한다는 트루먼독트린을 발표했다. 이어 6월, 미국은 서유럽 부흥을 위한 '마셜플랜'을 실행해 자본주의 진영의 결속을 강화했다.

소련과 사회주의 진영에서는 1947년 7월 물자교환협정 및 통상차관협정을 체결했다. 그리고 1948년 4월 서독이 독일 점령 지역에 대한 통합을 단행하고 통화개혁을 실시하자, 이에 맞서 소련은 베를린을 봉쇄했다. 바야흐로 '냉전'이 시작된 것이다.

미국과 소련은 총알과 폭탄을 사용하지는 않았지만 가상 적국을 향해 끊임없이 전쟁을 준비했다. 사람들은 이를 '냉전'이라 불렀다. 냉전이란 무기를 사용하지 않는 전쟁으로, '열전'에 대비되는 개념이다. 냉전은 미국인들이 만든 신조어다.

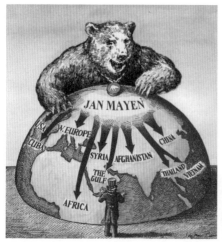

냉전의 시대 1950년대 소련과 미국에서는 서로를 풍자하는 만화가 가득했다. 냉전의 시대는 1980년대 후반 소련의 붕괴로 공식적으로 끝났지만, 다극화된 지금도 세계는 불확실하고 국가, 지역, 종교, 종족 간 분쟁은 끊이지 않는다.

1947년 미국의 평론가 월터 리프먼의 논문 〈냉전*The Cold War*〉에서 처음 사용되었으며, 그 직후 미국의 재정 전문가이자 대통령 고문인 버나드 바루크가 의회에서 공식적으로 사용했다.

냉전이란 미국의 입장에서 소련을 겨냥한 용어다. 사실 소련은 미국과 함께 독일에 맞섰던 동맹국이자 우방이었다. 그런 소련을 적국으로 간주하는 것은 놀라운 일이었다. '세계 공산혁명'을 추구하는 소련과 '민주주의 전파'를 자임하는 미국의 대결은 예정된 것이었는지 모른다.

냉전의 시작

냉전의 기원은 매우 뜨거운 논쟁거리다. 미국의 전통적 입장은 소련이 먼저 냉전을 일으켰다는 것이다. 전통주의자들에 따르면 소련은 공격적이고 팽창적이었지만,

미국은 수세적이었다. 종전 후 미국은 서유럽에서 군대를 철수했지만, 소련은 동유럽에 오랫동안 군대를 주둔시켰다.

전통주의자들의 견해를 비판하는 수정주의자들은 냉전은 소련의 팽창정책보다 미국 때문에 시작되었다고 주장한다. 이들은 미국은 핵무기를 가지고 있지만, 소련은 핵무기가 없어 진정한 양극체제가 아니었다고 강조한다. 미국은 전쟁을 거치며 더 강해진 반면, 소련은 3000만 명의 인구를 잃고 산업 생산은 1939년 수준의 절반으로 떨어지는 지경에 이르렀다. 이러한 조건에서 스탈린은 중국과 그리스의 내전에 개입하기를 주저했고, 헝가리, 체코슬로바키아, 핀란드에 비공산주의 정부가 존재하는 것을 허용했다는 것이다. 오히려 냉전이 시작된 계기는 트루먼 정부의 호전적인 외교정책과 그 배후에 있는 군산복합체의 이윤 동기 때문이라고 했다.

그런데 1970년대와 1980년대 이후 등장한 탈수정주의자들은 냉전의 시작에는 미소 모두 책임이 없기 때문에 전통주의나 수정주의 모두 틀렸다고 본다. 탈수정주의에 따르면, 냉전은 종전 후 세력균형의 양극체제 때문에 불가피한 것이었다. 미국은 민주주의 확대라는 명분으로 세계 정치에 영향력을 행사하기 위해 유엔을 이용했고, 소련은 실질적인 영토를 확보하고 동유럽에서 세력권을 형성하는 데 성공했다. 전후 세계의 주도권이 무너진 상태에서 서로 팽창정책을 채택한 것이다. 양극체제에서는 상대방을 증오하는 적개심의 정치가 재생산된다. 미소 양국은 상대방을 히틀러와 비슷하다고 생각했다.

냉전 속의 열전, 한국전쟁

냉전 체제의 대립과 갈등은 분단된 독일, 베트남, 한국에서 첨예하게 나타났다. 특히 우리가 살고 있는 한반도에서 극단적으로 나타났다. 1948년 한반도에 두 개의 정부가 수립된 것은 냉전으로 촉발된 것이다.●

결국 1950년 6월 25일 치열한 전쟁이 벌어졌다.•• 3년간 계속된 전쟁에서 무려 200만 명에 이르는 사람들이 목숨을 잃었다. 한국전쟁은 남북한이 벌인 내전일 뿐만 아니라 미국을 중심으로 하는 자본주의 진영과 소련, 중국을 중심으로 하는 공산주의 진영이 군사적 대결을 벌인 국제전이기도 했다. 한반도는 '냉전' 구도 속에서 가장 첨예한 '열전'이 벌어진 '역사적 장소'다. 그리고 1953년 7월 27일 정전협정이 이루어진 후 오늘날까지 냉전의 마지막 대결 장소로 남아 있다.

> • 1945년 일본의 항복과 함께 미소 양국은 카이로회담에 따라 위도 38도선을 경계로 남한과 북한을 점령했다. 미국의 제안으로 한반도에 신탁통치를 실시하기 위한 미소공동위원회가 1946년 서울에서 개최되었으나, 좌우익 세력의 대결과 미소 양국의 이해관계의 차이로 결렬되었다. 그러자 1948년 5월 남한에서는 유엔 감시하에 선거를 거쳐 단독정부가 수립되었고, 같은 해 북한에도 공산주의 세력이 주도하는 정부가 수립되었다.

> •• 한국전쟁 초반에 북한 인민군이 남한 대부분을 점령하자, 미국은 유엔 결의에 따라 16개국 연합군과 함께 인천상륙작전을 통해 반격에 나서 북한 대부분을 점령했다. 그러자 이번에는 중국이 인민지원군을 보내 미국과 유엔군에 대항했고, 현재의 휴전선 부근에서 전선이 교착되었다.

한국전쟁은 왜, 어떻게 일어났나

정치학에서 전통주의 입장은 전쟁의 기원을 소련의 팽창주의적 야욕에서 찾는다. 반면 수정주의는 미국의 제국주의적 정책에서 찾는다. 전통주의와 수정주의는 전쟁의 원인을 미국 또는 소련 같은 외부에서 찾는다는 공통점이 있다. 전통주의는 남침설, 수정주의는 북침설 또는 남침 유도설을 주장했다. 이들의 주장은 평행선을 달렸다. 그러나 역사는 사실로 말한다. 1990년대 소련 해체 후 소련의 기밀문서가 공개되면서 한국전쟁에 관한 연구는 진일보했다.

새롭게 밝혀진 이야기를 살펴보자. 남한이 평소 호전적으로 북한을 위협한 것은 사실이지만, 6월 25일 남한이 북한을 먼저 공격했다는 실증적 증거는 하나도 없다. 오히려 북한이 북침 위협에 맞서 통일을 명분으로 남한에 선제공격을 가한 것이 사실로 드러났다.

아직까지 분명하지 않은 이야기도 있다. 소련은 미국의 안보정책을 오판해서 김

전쟁의 비극 냉전 시대에 좌우로 나뉘어 수많은 피를 흘린 한국전쟁은 한국 현대사에서 가장 큰 비극이자 돌이킬 수 없는 변곡점이었다. 비극은 오늘날에도 계속되고 있다. 한국은 오늘날 세계 유일의 분단국가다.

● 한국에서 한국전쟁에 관한 연구는 매우 민감한 사안이었다. 냉전 시대에는 연구가 제대로 이루어지지 못했으며, 특히 수정주의 이론은 거의 소개되지 못했다. 수정주의 이론의 대표작은 1981년 미국 역사학자 브루스 커밍스의 《한국전쟁의 기원》이다. 커밍스의 책은 금서로 지정되었으며, 커밍스는 한국 정부의 기피 인물이 되어 오랫동안 입국이 불허되었다. 커밍스는 개전의 책임 논쟁을 뛰어넘어 전쟁의 기원과 배경에 관한 사회구조적·국제정치적 분석으로 한국전쟁에 대한 연구를 한 단계 상승시켰다. 그러나 시간이 지나면서 그의 연구에도 많은 오류와 한계가 드러났다.

일성의 전쟁 계획을 승인했으며 사실상 전쟁을 지휘했다. 미국은 북한의 전쟁 계획을 오판했지만 신속하게 한국전쟁에 개입해 북한 공산주의의 팽창을 억제했다. 여기까지가 냉전의 시대가 끝난 후에야 밝혀진 한국전쟁에 관한 잠정적 결론이다. 냉전 체제에서 한국전쟁에 관한 연구는 매우 정치적인 논쟁이었다.● 구체적인 증거 없이 이데올로기에 입각한 가설만 난무했다. 그러다 보니 모든 연구의 초점은 개전에 맞춰졌다. 북한이 침략했는가, 남한이 침략했는가, 공산혁명을 위한 소련의 팽창정책 때문인가, 미국의 공세적 봉쇄정책 때문인가를 둘러싼 논쟁은 정치적 공방으로 흘렀다. 그러나 한국전쟁은 더욱 폭넓은 시각으로 바라봐야 한다. 남북한 민중이 왜 서로 죽고 죽이는 살육과 전쟁의 소용돌이에 빠졌는지 답변해야 한다. 전쟁으로 남북한 사회가 어떻게 변화했는지, 전쟁 결과가 어떻게 체제 유지에 이용되었는지 분석해야 한다. 즉, '누가 먼저 쏘았는가'를 넘어서 '왜 전쟁이 발발했는가'에 답해야 하며, '누가 무엇을 얻었는가'에 답해야 하는 것이다. 이 질문은 결국 50년 넘게 유지되어 온 한반도의 분단 상태를 해결하는 중요한 실마리가 될 것이다.

냉전은 공포의 균형

베를린에서 시작된 냉전은 극동의 한반도에서 일어난 전쟁을 거치면서 유럽과 세계로 확대되었다. 베를린 봉쇄 종료 직전인 1949년 4월 워싱턴에서 미국, 영국, 프랑스, 이탈리아, 캐나다 등 12개국이 북대서양조약기구NATO를 결성했다. 동맹국 중 어느 한 곳이 공격을 받으면 동맹 전체에 대한 공격으로 간주하기로 합의했다. 1955년 소련과 동유럽의 공산주의 진영 국가들은 군사동맹인 바르샤바조약기구WTO를 결성한다. 미국과 소련은 아시아, 아프리카, 서아시아에서도 경제, 군사, 외교상의 세력 경쟁을 벌였다.● 양국은 막대한 군사비 부담, 동맹 유지비 부담이라는 희생을 치르며 '냉전'을 유지했다.

냉전과 함께 군비경쟁이 가속화되었다. 1958년 미국과 소련은 각각 대륙 간 탄도미사일을 개발했다. 1962년 소련이 핵미사일을 쿠바에 설치하려고 하면서 두 초강대국이 전쟁 일보 직전까지 치닫는 극한상황이 발생했다. 미소의 대결은

● 1960년대에 미국은 유럽에 30만 명, 아시아에 16만 명의 군대를 주둔시켰으며, 전 세계에 있는 500명 이상의 미군 기지의 수는 약 220개였다. 미국에는 못 미치지만, 소련도 유고슬라비아를 제외한 대부분의 동유럽 국가에 군대를 주둔시켰고, 특히 동독에는 10만 명이 넘는 군대를 주둔시켰다. 베트남에 함대를 파견했으며, 쿠바에 레이더 기지를 건설했고, 아프가니스탄을 점령했다. 그밖에도 앙골라 등 아프리카 국가에 군사고문단을 파견해 공산주의 혁명을 지원했다.

약간의 변화 무드, 데탕트 1973년 핵전쟁방지협정에 관한 회담 중인 소련의 레오니트 브레즈네프 공산당 서기장(왼쪽)과 미국의 리처드 닉슨 대통령(오른쪽).

곧바로 '3차 세계대전'으로 이어질 수 있었고, 이는 곧 핵전쟁을 의미했다.

핵무기는 전쟁을 억제한다고 미국과 소련은 주장했지만, 인류를 절멸시킬 핵무기를 볼모로 유지되는 평화는 사실상 또 다른 공포에 불과했다. 미국과 소련의 세력균형은 핵무기에 의한 '공포의 균형'이었다. 또한 미국과 소련은 국지전으로 벌어지는 재래식 전쟁에도 개입했다. 베트남전쟁이 대표적인 경우다. 냉전 시대에도 경기순환과 같은 변화가 있었다. 1969년 미군의 베트남 철수를 선언한 '닉슨독트린' 이후, 미국과 소련의 데탕트(긴장 완화)가 형성되면서 핵무기 감축 협상이 진행되고 냉전의 분위기는 누그러지는 듯했다. 1968년 핵확산금지조약NPT 조인, 1970년 전략무기제한협정SALT 교섭 등으로 긴장 완화의 분위기가 조성되었으며, 1972년 미국 닉슨 대통령이 모스크바와 베이징을 전격 방문해 미소 사이의 데탕트가 실현되었다. 그 후 1973년 6월 워싱턴에서 미국의 닉슨 대통령과 소련의 브레즈네프 공산당 서기장이 서명한 핵전쟁 방지에 관한 미소 간 협정이 체결되고, 유럽에서도 1970년 8월 서독-소련의 불가침 협정, 1972년 동서독 기본조약, 1973년 동서독 국제연합 동시 가입이 이루어졌다. 마침내 1975년 7월 헬싱키에서 '유럽안보협력회의 35개국 정상회담'이 개최됨으로써 동서 간의 데탕트는 최고조에 이르렀다.

그러나 1980년 소련이 아프카니스탄에 군대를 보내 친소 정부를 지원하면서 데탕트는 깨졌다. 이로 인해 '제2의 냉전'이 발생해 미국의 레이건 대통령과 소련의 브레즈네프 공산당 서기장은 한편으로는 군축 협상을 하면서도, 다른 한편으로는 제3세계 국가의 내전에 개입했다. 1980년 개최된 모스크바올림픽에는 미국과 서방 진영이 불참하고, 1984년 L.A.올림픽에는 소련과 공산 진영이 불참해 '반쪽 올림픽'을 만들었다. 이러한 극단적 대결은 1983년 미국에서 출발한 한국의 대한항공KAL 여객기가 소련 영공에서 격추되는 사건을 낳았다. 세계는 얼어붙고 냉전은 다시 절정에 달했다.

그런데 전혀 예기치 못한 곳, 예기치 못한 시간에 냉전 체제의 붕괴는 시작되었다. 1989년 11월 9일 동독 시민들에 의해 베를린장벽이 무너졌다. 소련공산당 서기장 고르바초프는 군대를 투입하는 대신 동독과 서독의 통일을 인정했다.● 얼마 지나지 않아 1991년 8월 고르바초프를 실각시키려는 군부의 쿠데타가 실패하고 소련이 갑작스레 무너졌다. 냉전의 한 축이었던 소련이 사라지자 사실상 냉전 체제는 붕괴되었다. 잇달아 동유럽에서 민주화운동이 도미노처럼 일어나 냉전 체제는 완전히 사라지게 되었다.

● 베를린장벽이 무너지자 서독의 헬무트 콜 총리는 동독의 자결권을 선언했다. 주변국의 개입을 막고 동독과 서독이 주도해 통일을 주도하겠다는 의지를 표명했다. 하지만 동독의 배후에 있는 소련이 문제였다. 그러자 미국의 조지 부시 대통령은 서독의 콜 총리에게 독일이 소련에게 경제원조를 보내겠다고 약속하라고 종용했다. 서독은 소련, 프랑스, 영국 등 독일 통일을 우려한 주변 강대국들을 상대로 외교적 노력을 기울였다. 결국 1990년 3월 동독 선거에서 콜 수상을 지지하는 '독일연맹'이 48%를 차지해 제1당이 된 후 동독과 서독이 통일하기로 결정했다. 그 후 1990년 9월 미국, 소련, 영국, 프랑스 등 2차 세계대전 전승국들이 '대독일 화해조약'에 조인함으로써 독일의 통일이 외교적으로 인정받을 수 있었다. 독일 통일은 냉전 체제 붕괴의 서막이었다.

냉전 외교 변화의 바람, 독일의 '동방정책'

냉전 체제는 왜 갑자기 사라졌는가? 냉전 체제에 결정타를 먹인 동독의 붕괴와 독일 통일은 어떻게 이루어졌는가? 이에 답하기 위해서는 긴 역사적 안목이 필요하다.

동독과 서독은 남북한과 마찬가지로 오랫동안 냉전 체제의 첨병으로써 심각한 대결 상태에 있었다. 자본주의와 자유민주주의를 선택한 서독에는 미군이 주둔하고 있었다. 서독의 초대 총리 콘라트 아데나워는 서독의 안보는 서유럽 민주국가에 굳게 결속될 때에만 보장된다고 생각하고, 이에 기초한 '힘의 정치'를 추진했다. 그는 미국 지향적이었다. 1955년 아데나워는 동독과 외교를 맺는 나라와는 일절 외교하지 않는다는 '할슈타인 원칙'을 발표했다.● 이 원칙은 동독이 국제법적 승인을 얻지 못하도록 하는 데 효과가 있었지만, 서독이 고립되는 결과를 초래했다.

● 서독 외교부 차관의 이름을 딴 '할슈타인 원칙'은 서독만이 국제법상 존재하는 유일한 독일이며, 따라서 서독이 독일 민족을 대표하고 그 이름 아래 행동할 수 있는 유일한 주체라고 선언했다.

10년 뒤인 1966년, 서독은 동독의 고립과 서독의 수출 확대를 노리고 동유럽에 대한 접근 정책을 추진했다. 그리하여 루마니아, 유고슬라비아 등과 국교를 회복했다. 그러나 1968년 소련의 체코슬로바키아 침공으로 독일 재통일의 가능성이 어렵게 되자, 서독은 현실을 승인하는 '동방정책'으로 방향을 바꾸었다.

1969년 10월 21일 빌리 브란트가 총리로 당선되면서 서독의 외교에 새 바람이 불었다. "이제 진짜 제대로 시작하는 겁니다Wir fangen jetzt erst richtig an"라고 브란트는 선언했다. 브란트의 집권은 68혁명이 이끈 사회 분위기와 맞아 떨어졌다. 브란트는 아데나워와 달리 동방의 공산 진영과 수교하는 데 관심을 쏟았다. 할슈타인 원칙을 공식적으로 포기하고 동유럽에 접근했다.●●

●● 1970년 8월 조인된 서독-소련 조약, 12월 조인된 서독-폴란드 조약 등 이른바 동방조약을 비롯해, 1972년 6월 미국, 소련, 영국, 프랑스 등 전승 4대국에 의한 베를린협정 체결, 12월의 동독-서독 기본조약 조인, 1973년 12월 체코슬로바키아와 국교 정상화 조약, 그리고 헝가리, 불가리아와 국교를 맺었다.

역사 앞에 반성 1970년 유대인 희생자 추모비 앞에서 무릎을 꿇고 사죄한 빌리 브란트 서독 총리. 독일은 뉘른베르크재판을 통해 전범 및 히틀러의 최측근을 단죄했으며 60년간 약 80조 원의 배상금을 지원했다. 그랬기에 독일은 전범 국가에서 오늘날 유럽의 중심이 될 수 있었다.

'접근을 통한 변화'를 추구하는 브란트의 동방정책은 서구 편향 외교를 보완했고, 긴장 완화에 일조했다.● 브란트의 동방정책은 분단 현실을 인정하는 현상 유지 정책이었지만, 역설적으로 재통일로 가는 중요한 방향 전환이 되었다.

> ● 동방정책은 동유럽 국가들과 경제 및 문화적 접촉을 늘려 평화적 변화를 유도하며, 장기적으로 체제 자체의 변화를 꾀하자는 것이었다. 브란트는 '작은 걸음의 정치Politik der kleinen Schritt'를 강조했는데, 이를 기초한 정책 참모는 에곤 바르였다.

　서독은 서방 결속이라는 확고한 기반을 만든 후 동서독 관계 개선을 위한 노력을 시작했다. 서방 결속은 중요한 의미가 있다. 왜냐하면 독일의 재통일은 소련뿐 아니라 과거 연합국이었던 미국, 영국, 프랑스 등 서방의 인정도 필요했기 때문이다. 독일이 강대국으로 다시 부상하는 것을 경계하는 서방국가의 의구심을 누그러뜨리는 외교 전략이 필요했다. 독일이 동방정책을

● 겐셔는 독일의 양대 정당인 기민
당도 사민당도 아닌 제3정당이자 만
년 소수당인 자유민주당 소속이지만,
놀라운 정치력을 발휘해 1974년부터
1992년까지 무려 18년간이나 외무장
관을 지냈다. 28년간 외상을 지낸 소
련의 안드레이 그로미코 다음의 장수
기록이다. 브란트의 동방정책은 기독
교민주당, 기독교사회당 등 보수 세
력의 격렬한 비판에 시달렸다. 한국의
'햇볕정책'이 시달리는 것과 비슷하다.
그러다 1974년 갑자기 브란트 총리의
보좌관 귄터 기욤이 독일 비밀 정보기
관 슈타지Stasi의 간첩이라는 사실이
밝혀져 독일이 발칵 뒤집어졌다. 결국
브란트는 책임을 지고 중도 하차했고,
사민당의 슈미트가 총리가 되었다. 바
로 이때 외무장관이 된 겐셔는 기민당
의 콜이 집권한 후에도 계속 외무장관
으로 재임했다. '겐셔리즘'이라 불리는
그의 외교 철학은 서방 일변도의 독일
외교를 동쪽으로 확대해 동서 균형과
화해, 실리를 추구했다. 이러한 '탈서구
적' 외교 노선은 동서 간에 적절한 균
형을 추구해 독일의 재통일에 크게 기
여했다.

●● 헬싱키협정은 1975년 7월 30일
부터 3일간 핀란드 헬싱키에서 열린
국제회의로 유럽안보협력수뇌회의 또
는 헬싱키 수뇌회담이라고도 한다. 회
담에는 미국, 캐나다, 알바니아를 제
외한 유럽 국가(33개국) 등 모두 35개
국이 참가해, '상호 간의 국경 존중' 등
10개 원칙을 중심으로 한 유럽의 안전
보장 외의 4개 의제를 담은 최종 문서
에 서명했다.

계속 유지할 수 있었던 데는 한스디트리히 겐셔
란 인물이 있었다. 겐셔는 서방세계에서 최장수
외무장관을 지낸 사람이다.● 그는 외교의 비스마
르크라 불리기도 하는데, 기독교민주당의 헬무트
콜 총리와 함께 독일 통일의 주역으로 꼽힌다.

겐셔의 첫 작품은 1975년의 헬싱키협정●●이
었다. 겐셔는 양보할 것은 양보하면서도, 독일 민
족은 통일 요구와 함께 자유로운 자결권을 갖는
다는 서독의 정치적 목표를 고수해, 헬싱키협정에
국경의 평화적인 변경도 가능하다는 내용이 들어
가도록 했다. 즉, 동서독 양측이 원한다면 동서독
사이의 국경선을 제거할 수 있다는 뜻이다. 소련
은 처음에는 격렬히 반대했으나, 나중에는 그런
상황이 실제로 벌어지지는 않을 거라고 생각하고
동의했다. 독일은 헬싱키협정으로 통일을 위한 결
정적인 실리를 얻어낸 것이다.

헬싱키협정은 동서독 통일에 커다란 영향을 미
쳤다. 동서독 사이에 인적 교류가 이루어졌으며,
민족적 연대감과 동질성이 강화되고, 정부 간 대
화도 증가했다. 서독인들은 동독인들을 이해하고
연대감을 갖기 위해 노력을 기울였다. 동독과 서
독은 통일 전에 600만 명이 서로 방문했다. 서독
은 동독에 다양한 원조를 제공하는 한편 동독의
인권 개선을 요구했다. 서독은 동독의 망명자를 받아들였으며, 서로 파견한 간첩을
교환하기도 했다. 동독도 서독과 교류를 통해 동독의 안전을 보장받고 경제적 지원

독일 통일의 견인차 겐셔 외무장관은 정권과 상관없이 18년간 자리를 지켰고, 유연한 자세로 독일 통일을 끌어냈다. 이에 한 잡지는 귀가 큰 그의 특징을 따 '겐셔맨' 캐릭터를 만들어내기도 했다. 이는 독일의 슈퍼 히어로를 상징한다.

을 얻을 수 있다고 생각했다.

동서독의 통일은 서독의 오랜 노력의 결실이었다. 사회민주당 브란트 총리의 동방정책은 자유민주당의 겐셔 외무장관과 기독교민주당의 콜 총리에 의해서 완성되었다.

헬싱키협정은 어떻게 냉전을 무너뜨렸나

헬싱키협정은 2차 세계대전 후의 이른바 '전후 세계'에 종지부를 찍은 역사적 사건이다. 헬싱키협정은 사실 법적으로 구속력 있는 조약은 아니었다. 원래 헬싱키 회의를 앞장서 추진한 것은 소련이었다. 소련의 목적은 독일 재통일의 위협을 억제하고, 현재의 국경을 유지하려는 데 있었다.

어떤 사람들은 헬싱키협정이 냉전을 종식시켰다고 하는 반면, 다른 사람들은 유럽의 분할을 합법화했다고 비난했다. 북대서양조약기구 가입 국가와 바르샤바조약기구 가입 국가 사이에 협정을 맺는 것은 소련이 간절히 원하는 국경선의 현상 유지를 인정하는 것이라는 이야기다. 그러나 헬싱키협정에는 '인권 그리고 사상, 양심, 종교, 신념 등 기본권에 대한 존중'이라는 조항이 중요한 원칙의 하나로 포함되었다. 이것이 헬싱키협정의 핵심 요소다.

헬싱키협정은 민간 교류와 언론 활동의 제한을 완화함으로써 냉전을 종식시키는 데 큰 역할을 했다. 예를 들어, 동독은 통일 전부터 서독의 텔레비전을 시청할 수 있었고 서독의 풍요로운 생활을 잘 알 수 있었다. 이는 공산당의 정보독점을 불가능하게 만들었으며, 궁극적으로 공산 체제의 붕괴를 이끌었다. 또한 동유럽 국가에서는 민간인들이 중심이 되어 헬싱키협정 감시 운동을 벌였다. 이 운동이 1989년 동유럽 민주화의 원동력이 되었다는 것은 널리 알려진 사실이다.●

> ● 헬싱키협정이 항상 순탄하게 지속된 것은 아니다. 협정 이행 여부를 따져야 한다는 소리가 높아져, 이를 해결하기 위해 유고슬라비아 베오그라드에서 회의가 열렸다. 그러나 베오그라드 회의는 데탕트 퇴조와 동서 긴장 악화로 아무 성과 없이 끝났다. 이어 1980년 스페인에서 마드리드 회의가 열렸다. 이 역시 개막과 함께 곧바로 교착상태에 빠져 아무 성과를 얻지 못했다. 그러나 1980년 11월부터 2년 8개월간 줄다리기 끝에 1983년 7월 15일 '마드리드 합의'가 채택됨으로써 데탕트를 계속 추진하게 되었다.

만약 동서 진영이 대화를 거부한 채 계속 군비 경쟁만 했다면 어떤 결과가 왔을까? 독일의 브란트와 겐셔 같은 지도자들이 미래에 대한 안목을 가지고 동방정책과 헬싱키협정을 추진하지 않았다면, 독일의 재통일도 냉전의 붕괴도 전혀 다른 방향으로 이루어졌을 것이다. 어쩌면 냉전의 붕괴가 아니라 핵전쟁으로 인한 '세계의 붕괴'가 이루어졌을지도 모른다.

냉전의 승자는 누구인가

냉전이 종식된 뒤 전직 미국 국무성 관리였던 프랜시스 후쿠야마는 《역사의 종말: 역사의 종점에 선 최후의 인간》을 출간했다. 그는 소련의 붕괴는 단지 '사회주의의

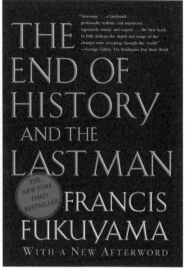

설익은 '역사의 종언' 후쿠야마는 냉전에서 승리한 미국의 우월감을 나타냈지만 25년이 넘게 지난 지금 보면, 이는 지나친 낙관주의처럼 보인다.

종말'이 아니라 '역사의 종말'이라고 했다. 후쿠야마가 말하는 역사의 종말은 헤겔이나 마르크스의 목적론적 세계관에 입각한 역사의 종말을 뜻한다. 사회주의는 실패했으며, 인류는 더 이상 미래의 대안을 가지고 있지 않다는 그의 주장은 자본주의와 미국식 자유민주주의의 영원한 승리를 선언하는 것이기도 하다.

후쿠야마의 책은 출간되자마자 미국에서 베스트셀러가 되었다. 냉전에서 승리한 미국의 승리감과 우월감을 보여주는 책으로 각광을 받았다. 하지만 소련의 붕괴로 등장한 탈냉전 시대가 곧 '팍스 아메리카나'로 귀결되지는 않았다. 탈냉전 시대는 오히려 '새로운 세계적 무질서'의 출발점이 된 것 같다. 인종 갈등, 국지전, 테러리즘으로 세계는 혼란이 계속되고 있다. 후쿠야마의 자기도취적 선언은 빗나간 예언인지도 모르겠다.

물론 탈냉전 시대에 사회주의나 계획경제는 더 이상 대안으로 주목받지 못할 것이다.● 그러나 미래에 자유민주주의와 시장경제만이 영원할 것이라고 단정할 수는 없다. 불과 200년 전, 자유민주주의와 시장경제가 전 세계에 확산되리라고는 아무도 예견하지 못했다.

현대자본주의는 지속적인 경제 위기와 빈부 격차로 사회 해체의 우려가 점점 심각해지고 있다. 자유민주주의는 확산되었지만 정부에 대한 불신이 커지고 투표율은 낮아지고 있다. 자유시장 자본주의와 자유민주주의 정치체제도 완벽한 것은 아니다.

앞으로 기술, 경제, 사회의 변화에 따라 새로운 경제제도와 정치제도가 등장할 가능성은 얼마든지 있다. 인간의 역사는 미래의 가능성을 위해 열려 있는 것이다. 결국 냉전이 남긴 것은 인간의 자유를 억압하는 권력의 한계와, 한 나라의 이데올로기와 체제를 다른 나라에 강요하는 것이 얼마나 위험한 일인가에 대한 교훈이다.

더 읽을거리

- 귀도 크노프, 안병억 옮김, 《통일을 이룬 독일 총리들》, 한울, 2000.
- 브루스 커밍스, 김동노 외 옮김, 《브루스 커밍스의 한국 현대사》, 창비, 2001.
- 박명림, 《한국전쟁의 발발과 기원》, 나남, 2003.
- 박태균, 《한국전쟁》, 책과함께, 2005.
- 김동춘, 《전쟁과 사회》, 돌베개, 2006.
- 존 루이스 개디스, 정철·강규형 옮김, 《냉전의 역사》, 에코리브르, 2010.
- 제임스 E. 도거티·로버트 L. 팔츠그라프, 이수형 옮김, 《미국외교정책사: 루스벨트에서 레이건까지》, 한울, 2011.

2007년 등장한

최초의 아이폰은

스마트폰의

역사를 새로 썼다.

23 모든 길은 인터넷으로 통한다

정보기술혁명과 정보사회의 등장

오늘날 사업장에서 권력의 이동을 겪고 있다.
실제로 생산수단을 소유하는 새로운 종류의 자율적 종업원이
등장한다고 하는 역사적인 큰 아이러니 가운데 하나다.
—앨빈 토플러, 미래학자

우리들 각각에 관한 데이터뱅크의 기록이 많아질수록
우리의 존재는 세상에서 덜 중요해질 것이다.
—마셜 매클루언, 미디어 이론가

1943년 IBM 회장 토마스 윗슨은 전 세계에 필요한 컴퓨터는 다섯 대 정도일 거라고 예측했다. 1977년 디지털 이퀴프먼트사 회장 켄 올슨은 모든 사람이 집에 컴퓨터를 가져야 할 이유가 없다고 말했다. 그러나 1981년 IBM PC가 시판되면서 컴퓨터는 개인의 필수품이 되었다. 이는 아마 인류 역사상 증기기관차 이후 가장 중요한 발명품일 것이다. 지금 우리는 컴퓨터 없는 세상은 상상조차 할 수 없는 시대에 살고 있다. 컴퓨터 발명 이후 인간 생활은 혁명적으로 변화하고 있다.

컴퓨터를 서로 연결하는 인터넷은 인간의 사회적 관계를 근본적으로 바꾸고 있

다.● 직장의 근무 형태와 일상생활이 변화하고, 새로운 형태의 사이버 공동체가 등장하고 있다.●● 산업사회의 산물인 대의 민주주의는 쇠퇴하고 직접 민주주의 성격을 띤 전자 민주주의가 출현할 것이라는 견해도 있다.

인터넷을 발명한 사람은 누구인가

증기기관차는 영국의 스티븐슨이, 전기는 미국의 에디슨이 발명했다는 것은 널리 알려져 있다. 그런데 인터넷은 누구의 발명품일까? 사실 인터넷은 어느 한 개인의 발명품이라고 보기 어려울 만큼 많은 사람의 노력으로 이루어진 것이다. 또한 인터넷은 미국의 군사적 국가자본주의의 산물이다.

최초의 인터넷은 1969년 9월 미국 국방성의 고등연구 프로젝트국이 만든 '아르파네트ARPANet'라는 군사 네트워크였다. 기본 목적은 소련의 핵 공격을 받아도 계속 작동할 수 있는 컴퓨터 통신망을 구축하는 것이었다. 그 후 1986년 미국 국립과학재단NSFNET이 최첨단 무기 개발 연구 등 군사적 목적으로 사용되던 통신망을 설치하면서 교육기관, 정부기관, 기업 등이 자신들의 통신망과 연결하기 시작했다. 이때까지도 보통 사람들은 인터넷을 이용하지 않았다. 아니, 인터넷이란 것이 있는지조차 알지 못했다.

미국의 철학자 루이스 멈퍼드는 기술을 '독재적 기술'과 '민주적 기술'로 구분하고, 현대사회는 점차 독재적 기술에 의해 지배되고 있다고 했다. 군부가 통제하는 핵 발전소가 독재적 기술이라면, 공공단체나 회사가 운영하는 태양열발전소는 민주적 기

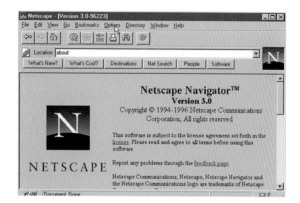

술이다. 그런데 독재적 기술이 민주적 기술이 되고, 반대로 민주적 기술이 독재적 기술이 될 수도 있다. 핵전쟁을 대비해 만든 미국 국방성의 아르파네트가 세상을 연결해주는 인터넷이 된 것이 단적인 예다. 핵전쟁에 대비한 소수 엘리트들의 비밀 통신망이 대중의 의사소통 채널이 된 것이다.●

1990년대 초부터 일부 인터넷 서비스 제공자들이 자체 네트워크를 구축하고 상업적 기반으로 자

● 기술의 역사에서는 이러한 아이러니를 자주 찾아볼 수 있다. 종이, 화약, 감시 카메라는 모두 엘리트를 위한 발명품이었지만, 나중에는 엘리트의 지배를 약화시키는 도구가 되었다. 인터넷도 개인과 사회 세력의 상호작용으로 새로운 성격으로 변화한 것이다. 그러나 다시 인터넷이 국가와 기업에 의해 장악되면서 개인의 모든 생활이 감시와 통제를 받을 것이라는 우려도 커지고 있다.

체의 접근로를 구축하면서 인터넷은 컴퓨터 네트워크의 지구적 네트워크로 급속도로 발전했다. 인터넷을 전 세계에서 사용할 수 있도록 한 것은 월드와이드웹www이었다. 이것은 스위스 제네바에 있는 유럽 고에너지 물리연구소CERN에서 일하던 영국인 프로그래머 팀 버너스 리가 1990년 개발한 정보 공유 프로그램이다. 월드와이드웹을 상품화한 사람은 마크 앤드리슨이라는 대학생과 미국 일리노이대학교 국립 슈퍼컴퓨터 응용센터 직원인 에릭 비나였다. 이들은 그래픽 기술을 이용해 인터넷에서 이미지를 검색하고 배포할 수 있는 기술을 개발하고, 인터페이스 기술을 멀티미디어 세계에 도입했다. 그 후 앤드리슨과 비나는 실리콘밸리의 기업가 짐 클

라크를 만나 인터넷 벤처기업을 설립했다. 이 회사는 이름을 넷스케이프로 바꾸고 1994년 최초로 상업 브라우저 '넷스케이프 네비게이터'를 인터넷에 올렸다.

한편 마이크로소프트의 빌 게이츠는 인터넷의 상품 가치를 알아채고 1995년 '윈도95'와 함께 자체 개발한 브라우저 '인터넷 익스플로러'를 시장에 선보였다. 마이크로소프트의 인터넷 익스플로러는 넷스케이프를 밀어내며 시장을 장악했고, 윈도 미디어플레이어로 멀티미디어플레이어 시장에 뛰어들어 리얼네토웍스를 내몰았다.● 1990년대 중반 이후, 인터넷이 급속도로 상용화되면서 인터넷 기술은 전 세계 모든 컴퓨터 네트워크의 연결을 가능하게 만들었다. 거미줄처럼 뻗은 월드와이드웹은 전문 과학자들만의 것이었던 인터넷을 대중의 일상으로 끌어내렸다.

● 20세기 초 미국에서 사용되는 IBM 퍼스널 컴퓨터의 약 90%가 마이크로소프트 윈도우로 작동되었다. 빌 게이츠는 컴퓨터 운영체제를 독점해서 얻은 막대한 자본으로 워드프로세서, 스프레드시트와 같은 오피스 분야와 데이터베이스, 서버, 인터넷 브라우저 등 거의 모든 핵심 소프트웨어 산업에서 마이크로소프트 왕국을 건설했다.

정보사회는 인류의 유토피아일까

1516년 영국의 토머스 모어가 출간한 《유토피아》에서 묘사했듯이 많은 사람은 이상향을 꿈꾸어왔다. 1960년대 이후 정보사회가 급속하게 발전하자 그 이상 사회가 실현되고 있는 것이라고 보는 사람들도 있다. 미국 사회학자 다니엘 벨이 육체노동자가 감소하고 정신 노동자가 증가하는 '탈산업사회'가 도래했다고 주장한 이후, 미래학자들은 정보사회를 낙관적으로 묘사했다.

미국 미래학자 앨빈 토플러는 《제3의 물결》과 《권력 이동》에서 미래 사회에서는 지식이 핵심적 역할을 한다고 했다. 컴퓨터와 로봇이 인간의 노동을 대신하면서 노동자의 지위가 상승할 것이며, 노동자들의 자율성도 증대할 것이라고 했다. 지나친 낙관주의 아닐까? 사실 정보사회는 어두운 면도 가지고 있다. 공장의 완전 자동화

시스템으로 수많은 직업이 사라지고 있다. 화이트칼라의 직장도 점점 고용이 불안해지고 있다. 한 직장에 평생 다닌다는 개념은 이미 사라졌다.

토플러와는 달리 정보화가 진행될수록 노동자의 지위가 오히려 격하되거나 소외되고 있다는 주장도 있다. 미국 언론학자 허버트 실러는 《정보 불평등》에서 정보 기술혁명이 불평등을 확대하고 사회적 위기를 심화시킨다고 비판했다.

심지어 정보사회가 인류에게 백해무익한 것이라고 비판하는 사람도 있다. 그는 컴퓨터를 없애기 위해 폭탄 테러를 감행했다. 이름은 시어도어 카진스키였으나, 오랫동안 유나바머UnABomber(University, Airline, BOMBer의 합성어)라고 불렸다.

1978년 어느 날 미국 시카고에 있는 일리노이주립대학교의 주차장에 소포가 떨어져 있었다. 경찰관이 소포를 개봉하는 순간 폭탄이 터졌다. 그 후 소포로 위장한 폭탄 테러가 꼬리를 물고 일어났다. 1995년 4월까지 18년 동안 열여섯 차례에 걸쳐 우편물 폭탄으로 3명이 죽고 23명이 부상당했다. 이 사건의 주범은 '유나바머'라 불렸다. 우편 폭탄이 주로 공항과 대학에 배달되었기 때문이다. 미국 연방수사국은FBI은 유나바머에게 현상금 100만 달러를 걸었다.

1995년 유나바머는 《워싱턴 포스트》와 《뉴욕 타임스》에 편지를 보냈다. 그는 자신의 메시지를 전달하기 위해 어쩔 수 없이 사람을 죽이게 되었다면서, 신문에 자신의 선언문을 게재해주면 폭탄 테러를 중단하겠다고 했다. 그의 선언문은 산업 사회와 현대 문명을 공격하는 내용으로 무려 3만 5000단어에 이르는 것이었다. 연방수사국은 고민 끝에 유나바머의 요구를 들어주기로 했다. 그리하여 두 신문에 8면에 걸쳐 〈산업사회와 그 미래Industrial Society and it's Future〉라는 제목의 글이 게재되었다. 그 후 약속대로 폭탄 테러는 더 이상 발생하지 않았다. 선언문의 한 대목을 보자.

산업혁명과 그로 인해 초래된 결과는 인류에게 재앙이었다. '선진국'에 사는 사람들의 평균수명은 크게 증가했으나 사회는 불안정해졌고, 삶의 성취감은 사라지고, 인간

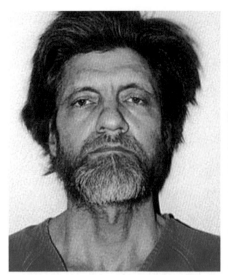

유나바머 또는 카진스키 카진스키는 16세에 하버드대학교에 입학하고 25세에 버클리대학교의 최연소 조교수가 됐다. 촉망받는 수학자이자 교수였지만 물질문명을 거부하는 테러리스트로 변신했고 결국 무기징역을 선고받았다.

은 비참한 존재로 전락했다. 심리적 고통은 광범위하게 확산되었고(제3세계 사람들이 받는 육체적 고통을 포함한), 자연은 심각한 피해를 입었다. 계속되는 기술의 발달은 상황을 더욱 악화시킨 것이다. 인간을 더욱 더 욕되게 할 것이며 자연에 더 깊은 상처를 입힐 것이 확실하다. 더욱 큰 사회 분열과 정신적 고통을 초래할 것이고, 결국은 '선진국'에서도 현실적인 고통을 증가시킬 것이다. 만약 이 시스템이 붕괴된다 하더라도, 그 결과는 여전히 매우 고통스러울 것이다. 그러나 시스템이 더 커질수록, 붕괴됐을 때 결과는 더 비참하다. 따라서 붕괴될 것이라면, 나중에 붕괴되는 것보다 더 빨리 붕괴되는 것이 최선이다.

얼굴 없는 테러리스트 유나바머에 대한 궁금증은 커져만 갔다. 그러나 그는 철저히 베일에 싸여 있었다. 몇 년 뒤, 뉴욕 주의 스케넥터디에 사는 데이비드 카진스키라는 사람이 신고를 해왔다. 우연히 형이 쓴 일기장과 편지를 보았는데, 세상을 떠

시민의 세계사

들썩하게 했던 선언문과 너무 비슷하다는 것이었다. 그의 형은 즉각 체포되었다.

놀랍게도 유나바머는 하버드대학교 출신의 대학교수였다. 1942년 중산층 가정에서 태어난 그는 16세에 하버드대학교에 입학했고 미시간대학교에서 석사와 박사과정을 마쳤으며 버클리대학교의 수학 교수가 되었다.

카진스키는 정년 보장을 받은 교수가 되었지만 2년 뒤 갑자기 사표를 던졌다. 그리고 몬태나로 홀연히 떠났다. 거기서 통나무집을 짓고 야채를 키우며, 산업 문명을 거부하고 살기 시작했다. 산업사회를 붕괴시켜야 한다는 그의 신념은 커져만 갔다. 그리고 컴퓨터 기술자를 상대로 테러리즘을 실행하기 위해 우편 폭탄을 수단으로 택했다. 중산층 가정에서 최상위 교육을 받은 그가 폭탄 테러로 18년간 미국 사회를 경악시킨 유나바머가 된 것이다.

토플러가 말한 세계와 유나바머가 말한 세계가 따로 있는 걸까? 미래 사회는 그 두 세계의 중간쯤 되는 것인지 모른다. 정보사회에 소란스런 찬사를 보내는 만큼 그 어두운 그늘에 대해서도 주목해야 한다. 특히 정보사회에서 전에 없던 사회적 격차가 생기는 것에 주목해야 한다.

디지털 격차가 만드는 불평등

정보사회가 발전하면서 정보기술의 습득과 정보 이용의 기회에 불평등이 발생하고 있다. 정보화가 진행될수록 정보격차가 커지고 이로 인해 빈부 격차가 커지고 있는 것이다.●

지식과 정보에 다양한 사람들이 접근할 수 있

● 에스파냐 출신 미국 사회학자 마누엘 카스텔은 《정보도시》에서 정보사회에 등장한 '새로운 전문적 관리 계층'은 문화적으로 도시를 지배하는 헤게모니를 갖고 있는 사회 계급이라고 주장했다. 카스텔은 미국 로스앤젤레스에 관한 사례연구에서, 정보 통신 기술은 소득 및 정보격차를 오히려 심화시켰다고 주장한다. 즉 정보 관련 산업에 종사하는 고학력 주민의 소득은 상승한 반면, 단순 노동직에 종사하는 저학력 주민들의 소득은 오히려 떨어져 학력 수준 간 소득 격차가 더욱 확대되었다는 것이다. 이와 함께 중산층 지역에는 병원, 도서관, 박물관 등 편의 시설이 들어서게 되어 이 지역의 땅값은 상승하는 반면, 저소득 지역의 땅값은 떨어져 두 지역 간 총체적인 격차가 벌어지게 된다. 이런 단절은 물리적 공간에서만 한정되는 것이 아니라 사이버공간에서도 동일한 형태로 나타난다. 결국 중산층과 저소득층은 한 도시에 살고 있지만 실제로는 다른 세계에 살게 되는데, 카스텔은 이런 도시를 '이중 도시dual city'라고 불렀다.

디지털 정보격차

(단위: 점)

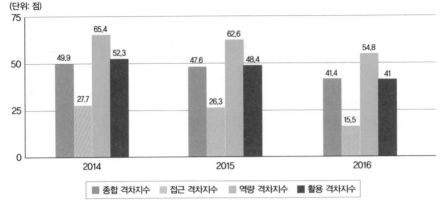

■ 종합 격차지수　▨ 접근 격차지수　■ 역량 격차지수　■ 활용 격차지수

출처: 한국정보화진흥원

디지털 정보격차 유선 컴퓨터와 모바일을 통합한 전체적인 디지털 정보화 접근 수준은 향상되었으나, 어떻게 활용하고 사용하느냐 하는 역량 차이는 여전히 크다.

다고 해서 자동적으로 평등이 보장되는 것은 아니다. 2000년 미국 상무부가 발표한 〈네트의 실패: 디지털 분할이란 무엇인가〉라는 보고서에 따르면, 연간 소득 7만 5000달러 이상의 고소득자들은 최하위 소득자들에 비해 인터넷 사용량이 무려 20배, 컴퓨터는 9배나 사용량이 많았다. 이는 미국 경제가 정보 통신 산업의 급성장으로 1996년 이후 호황을 지속해왔는데도 소수 인종과 저소득계층이 그 결실을 함께 누리지 못하고 있다는 것을 의미한다.

정보 불평등은 정보에 접근할 수 있는 정도, 공유하는 정보 내용, 정보를 사용해 부가가치를 창출하는 정도가 사회집단에 따라 다르기 때문에 발생한다. 이런 차이가 새로운 사회 불평등을 만든다.

한국도 예외는 아니다. 한국정보화진흥원의 〈2016 디지털 정보격차 실태 조사〉에 따르면 유·무선 정보 통신 환경에서 정보 취약 계층(장애인·장노년층·저소득층·농어민)의 디지털 정보화 수준은 일반 국민의 58.6%에 불과하다. 계층별로 살펴보면 저소득층 77.3%, 장애인 65.4%, 농어민 61.1%, 장노년층은 54%이다. 저연령 및 학생 비율이 높은 저소득층의 디지털 정보화 수준이 다른 소외 계층과 비교해 상대적으로 높고 장노년층의 디지털 정보화 수준이 가장 낮았다.

　정보사회에서 사회 불평등을 완화하거나 해소하기 위해서는 기존의 소외 집단이 정보화에 따른 경제적·사회적·문화적 혜택으로부터 소외되지 않도록 해야 한다. 교육 혁신과 소외 계층에 대한 지원 등 국가 정책을 통해 기회의 평등을 확대해야 한다. 그 때문에 정보사회에서 교육의 공공성은 더욱 중요하다. 이제 교육은 사회 통합이라는 중요한 문제를 해결해야 한다.

컴퓨터와 인터넷 없이 살 수 있을까

소설 〈포트윌리엄의 이발사〉를 쓴 웬델 베리는 컴퓨터 없는 세상이 더 나은 세상이라고 단언한다. 그는 미국의 켄터키대학교를 졸업하고 한때 대학 강단에 섰다가, 고향으로 돌아간 농사짓는 시인이며 소설가다. 베리가 한국에 소개된 것은《녹색평론》을 통해서였는데, 9·11 테러 이후 평화를 명분 삼아 벌어지는 전쟁을 비판해 큰 반향을 불러일으켰다.

　그는 정보사회를 대표하는 컴퓨터에 대한 비판으로부터 시작해 자연과 인간의 본성을 파괴하는 산업사회의 부작용을 고발했다. 〈나에게 컴퓨터는 필요 없다〉는 제목의 그의 글이 잡지에 발표되자, 지나친 이상주의자라는 비난이 쏟아졌다. 그러나 그는 자신의 생활 방식을 고집한다. 아직도 1956년산 타자기로 글을 쓴다. 그는 결코 컴퓨터를 사지 않을 것이라고 말한다. 이유는 컴퓨터를 작동시키는 데 필요한 전력은 자연의 질서를 위배함으로써만 얻을 수 있기 때문이라고 한다. 사소한 편리함을 얻기 위해 자연과 인간 공동체를 파괴하는 것은 진정한 기술혁신이 아니라고 반박한다. 정의·평화·이익이라는 명분 아래 인간과 자연에 대한 희생과 파괴가 정

감시 사회 "당신이 아무 잘못을 하고 있지 않더라도 당신은 감시당하고 기록된다." 미국 정부의 전 세계 도청 사실을 세상에 고발한 29세 청년 에드워드 스노든의 말이다. 이 믿기 어려운 실화는 영화로도 만들어졌다.

당화되고 있다고 비판한다.

우편 테러를 저지른 유나바머가 대자본과 산업 기술이 지배하는 현대사회 자체를 완전히 거부하며 테러리즘이라는 과격한 행동으로 자신의 신념을 표현했다면, 베리는 컴퓨터와 전력 사용을 거부하며 도시를 떠나 농촌에 살면서 평화롭게 글을 써서 저항하는 사람이다. 그는 불빛이 필요 없는 낮에만 글을 쓴다. 글 쓰는 행위 속에 자연을 약탈하는 행위가 포함돼 있다면 어떻게 자연 파괴에 반대하는 글을 쓸 수 있겠냐는 것이다.

대부분의 사람은 베리처럼 살지 못할 것이다. 우리가 과연 정보혁명 이전으로 돌아갈 수 있을까. 산업혁명 때 기계를 파괴했던 러다이트 운동처럼 컴퓨터 파괴 운동 또는 컴퓨터 없는 세상 만들기 운동은 세상을 놀라게 할 수는 있을지언정, 다수의 지지를 얻기는 힘들 것이다.

정보사회의 미래

2006년 뉴욕대학교의 클레이 서키 교수는 《끌리고 쏠리고 들끓다》에서 인터넷 시대에 새로운 대중이 출현했다고 주장했다. 대중은 고립화된 개인이 아니라 소셜 네트워크 서비스SNS를 통해 새로운 공동체를 만들고 공유와 협력의 집단행동에 나선다. 이들은 정부와 기업의 행동에도 커다란 영향을 미친다. 소비자는 인터넷을 통해 자신의 요구 사항을 관철한다. 공식적 지도부와 관료적 조직이 없어도 수많은 대중이 모이고 자신의 목소리를 낸다. 2008년 한국에서 미국산 쇠고기 수입을 반대하는 대규모 촛불 시위에 참여했던 사람들은 인터넷을 통해 자발적으로 모였다. 그들은 스마트폰을 통해 신문과 방송보다 더 빨리 정보를 전달했다. 이 촛불 집회는 새로운 민주주의와 대중의 등장을 알리는 사건이었다. 이런 민주주의의 경험은 2016년 대통령 탄핵 집회로도 이어졌다.

페이스북, 트위터, 유튜브 등 새로운 소셜 네트워크 서비스가 신문사, 방송사, 출판사 등 전문성을 기반으로 하는 미디어 환경을 급속하게 바꾸고 있다. 이제 전 세계에서 벌어지는 일들은 거의 실시간으로 인터넷을 통해 전달된다. 동남아를 휩쓴 쓰나미의 피해 현장을 알린 것은 블로그였고, 런던 지하철 폭탄 테러를 신속하게 알린 것도 사진 공유 사이트였다. 이제 인터넷은 단순한 정보의 창고가 아니라 새로운 소통의 수단으로 새로운 전자 세계 사회를 만들고 있다. 심지어 인터넷을 통해 자발적 대중이 서로 정보를 주고받으며 위키피디아 같은 집단 지성을 형성하고 있다는 주장도 나오고 있다.

그러나 컴퓨터와 인터넷이 인류 문명에 끼친 영향에 대해 좀 더 냉정하게 살펴볼 필요는 있다. 과연 인간의 생활은 더 나아졌는가? 그렇다면 왜 일자리는 계속 줄어들고, 노동시간은 더 많아지고, 사람들의 삶은 더 힘들기만 한가? 우리가 항상 휴대전화와 인터넷을 이용한다는 것은 바꿔 말하면 항상 휴대전화와 인터넷에 반응해야 한다는 것인데, 그렇다면 인간이 정보기술을 이용하는 것이 아니라 정보기술이 인간을 이용하는 것 아닌가?

한편 정보기술이 발전할수록 감시 사회가 출현할 수 있다는 우려가 커지고 있다. 언제 어느 곳에 있든지 고성능 CCTV, GPS, 무선전화 위치 감응기가 개인의 행적을 속속들이 들여다보고 기록할 수 있다. 현재 영국 런던의 경우 15만 대의 감시 카메라가 설치되어 한 사람이 하루 평균 300번 정도 카메라에 노출되고 있다. 테러리스트를 찾아내는 감시 장치를 환영하는 사람도 있지만, 조지 오웰의《1984년》에 나오는 '빅브라더Big Brother'가 통치하는 전자 감시 사회가 등장할 수 있다는 공포도 사라지지 않고 있다.

이전의 과학기술이 그랬듯이 컴퓨터와 인터넷이 자동으로 인간의 행복을 보장하지는 않는다. 인간 사회의 제도에 따라 정보기술은 약이 될 수도 있고 독이 될 수도 있다. 기술은 그것을 이용하는 사람들에 따라 성격이 변화할 수 있다. 합리적인 제도를 통해 정보기술을 인간적으로 이용할 수 있게 해야 한다. 인간적인 정보사회를 만들기 위해서 정보기술의 효율적·민주적 관리가 필요한 시점이다.

더 읽을거리

● 제레미 리프킨, 이희재 옮김, 《소유의 종말》, 민음사, 2001.

● 허버트 실러, 김동춘 옮김, 《정보 불평등》, 민음사, 2001.

● 마누엘 카스텔, 김묵한 외 옮김, 《네트워크 사회의 도래》, 한울, 2008.

● 니컬러스 네그로폰테, 백욱인 옮김, 《디지털이다》, 커뮤니케이션북스, 2014.

● 데이비드 라이언, 이광조 옮김, 《감시 사회로의 유혹》, 후마니타스, 2014.

● 클라우스 슈밥 외, 김진희 외 옮김, 《제4차 산업혁명의 충격》, 흐름출판, 2016.

9·11 테러는

세계경제의 중심부인

미국을 겨냥한 역사상

최악의 테러 공격이었다.

24 9·11 테러 이후

네오콘, 이라크 전쟁, 4차 세계대전

> 세계는 흑과 백, 선과 악으로 나누어지지 않는다.
> 세계는 다양한 명도의 회색으로 이루어져 있다.
> —마이클 만, 《분별없는 제국》 중에서

2001년 9월 11일 탑승객 92명을 태운 아메리칸 항공기가 보스턴에서 출발해 로스앤젤레스로 가던 중 공중에서 납치되어 뉴욕의 세계무역센터 북쪽 건물에 충돌했다. 뒤이어 남쪽 건물에 유나이티드 항공사 여객기가 충돌했다. 이 비행기도 승객 65명을 태우고 보스턴을 출발해 로스앤젤레스로 가던 중 납치됐다.

같은 날 워싱턴 D.C.의 국방부 청사(펜타곤), 국회의사당을 비롯한 주요 건물에 항공기와 폭탄을 동원한 테러 공격이 동시다발로 일어났다. 국회의사당과 백악관은 즉각 소개 명령을 내려 조지 부시 대통령은 백악관에 돌아가지 못했으며, 뉴욕의 월가 증권거래소는 휴장했다. 두 차례에 걸친 세계대전에서도 공격당하지 않았

던 미국이 사상 초유의 테러로 망연자실에 빠졌
다.● 누가 이런 대규모 테러를 한 것인가? 무엇
때문에 무고한 시민을 죽였는가?

세계를 깜짝 놀라게 한 테러 공격을 주도한 세
력은 곧 밝혀졌다. 9월 11일 오후 4시경 CNN 방
송은 사우디아라비아 출신의 오사마 빈 라덴이
배후 세력으로 지목되고 있다고 보도했다. 미국
정부는 신속하게 빈 라덴과 그가 이끄는 테러 조
직 '알 카에다'를 테러의 주범이라고 발표했다.●● 미국은 아프카니스탄을 전격적
으로 공격해 빈 라덴을 비호하고 있던 '탈레반' 정권과 '알 카에다' 조직을 무너뜨
렸다. 이렇게 미국은 세계를 문명 세력과 테러 세력으로 구분하고 '테러리즘에 대
한 전쟁'을 선포했다. 9·11 테러는 눈 깜짝할 사이에 세계 질서를 바꿔놓았다.

오사마 빈 라덴은 누구인가

9·11 테러를 주도한 것으로 알려진 빈 라덴은 1957년 사우디아라비아의 수도 리
야드에서 아라비아 최대 건설업체인 빈 라덴 그룹 소유주의 아들로 태어났다.●●●
부유한 가정에서 태어난 그는 어린 시절부터 이슬람 원리주의 운동에 심취했다. 22
세가 되던 1979년, 소련이 아프가니스탄을 침공하자, 철저한 이슬람 원리주의자
빈 라덴은 이슬람 국가는 무슬림들이 지켜야 한
다고 생각했다.

●●● 빈 라덴 그룹은 미국의 부시 대
통령 부자와 밀접한 관련이 있는 칼라
일 그룹을 통해 미국의 국방 산업에 엄
청난 투자를 했다. 9·11 테러 직후, 텍
사스에 거주하던 빈 라덴의 친척을 서
둘러 출국시키는 데 부시 정부가 개입
한 정황이 밝혀졌다.

그는 무슬림을 위해 사재를 털어 이슬람 구제
기금을 설립했는데 이것이 알 카에다의 뿌리다.
그 뒤 아프가니스탄 회교 반군의 지도 세력인 탈

테러리스트 '젊은 사자'의 죽음 십여 년 은신 생활을 해온 빈 라덴은 2011년 5월 파키스탄의 수도인 이슬라마바드 외곽에 있는 한 가옥에서 미군 특수부대의 공격을 받고 사망했다.

레반에게 자금과 무기를 지원했다.● 빈 라덴은 아프가니스탄에서 직접 소련과 싸워 아랍 국가들로부터 '아랍의 영웅'이라는 칭호까지 받았다. 당시 미 중앙정보부CIA는 소련과 싸우는 탈레반과 빈

> ● 탈레반은 '학생'이라는 뜻으로, 1994년 아프카니스탄에서 2만 5000명의 학생들이 이슬람 무장 단체를 결성해 소련에 저항하는 운동을 벌였다.

라덴을 전폭적으로 지원했다. 그러나 1990년 미군이 사우디아라비아에 주둔하자 빈 라덴은 이에 반발해 즉각 반정부, 반미 활동을 전개했다. 그는 결국 사우디아라비아에서 추방당했다. 빈 라덴은 미국을 이스라엘을 지원해 중동 분쟁을 조장하며, 아랍 국가의 단결을 방해하고, 이슬람 문명을 파괴하는 적국으로 간주했다. 부유한 무슬림 청년 빈 라덴은 이렇게 철저히 반미 테러리스트가 되었다.

빈 라덴은 일찍이 자신이 도와준 탈레반의 비호를 받으며 아프가니스탄에 머물렀다. 엄청난 부자였던 아버지 무하마드의 사망으로 물려받은 유산 3억 달러를 반

미 테러를 위한 무기 구입과 아프가니스탄 반군 지원에 모조리 쏟아부었다. 빈 라덴은 '아랍을 오염시키는 미 제국주의'에 대한 '지하드(성전)'를 선포했다.

빈 라덴은 세계 여러 곳에 테러리스트 양성소와 생화학무기 공장을 만들어 반미 테러를 주도했다. 미국이 빈 라덴의 목에 건 현상금은 5백만 달러(약 50억 원)였다. 빈 라덴은 인터넷 전자우편으로 테러 목표와 작전을 지시했다. 인터넷과 테러리즘의 결합이었다. 세계적인 인명록《후즈 후Who's Who》에 그의 이름은 '테러 주모자'로 올랐다. 빈 라덴은 미국에서는 증오의 대상이지만, 이슬람 세계 일부에서는 반미 항전을 이끄는 영웅으로 숭배받았다. 한 사람에 대한 정반대의 해석이다.

미 연방수사국FBI 최고 수배자였던 빈 라덴은 1998년 이후 도피 생활을 했으나 2011년 5월 2일 파키스탄의 미국 기지 근처의 민간인 거주 지역에서 오바마 행정부의 명령을 받은 미 해군 특수부대와 중앙정보부CIA 요원에 의해 살해당했다. 그후 미국 정부는 빈 라덴에 대한 모든 범죄 수사를 종결했지만, 알 카에다는 아직 사라지지 않았다. 오히려 극단주의 테러리즘 세력이 더욱 확산되었다. 이라크 내전 이후 2013년 이슬람국가IS가 이라크와 시리아를 근거지로 창립되면서 역대 최강의 이슬람주의 무장 세력으로 부상했다.

이슬람교도와 기독교도의 오랜 충돌

이슬람과 기독교의 대립과 반목의 역사는 오래되었다. 11세기 말부터 12세기에 걸쳐 로마 교황은 성지 회복과 이교도 정복을 기치 삼아 십자군을 조직해 이슬람 세계를 공격했다. 한편, 아랍인들이 건설한 사라센제국은 8세기부터 약 800년 동안 에스파냐 남부를 지배했다. 19세기 접어들어 아랍을 지배했던 오스만튀르크제국의 약화를 틈타 영국, 프랑스, 이탈리아 등 유럽 국가들은 북아프리카의 아랍 지역을 식민지로 만들었다.● 1830년 알제리가 프랑스의 식민지가 되고, 1912년 모로

코가 프랑스 보호령이 되었으며, 1911년에는 리
비아가 이탈리아령이 되었다. 수에즈운하를 노린
영국은 1914년 이집트를 보호령으로 만들었다.
이후 150년 동안 기독교와 이슬람은 심각한 대결
상태에 빠졌다. 유럽은 아랍 민족을 문명화한다는
명분으로 지배했지만, 아랍 민족에게 유럽 국가는
침략자일 뿐이었다.

● 터키에서 일어난 오스만튀르크는
콘스탄티노플(이스탄불)을 함락시켜
동로마제국을 무너뜨리고 발칸반도를
지배했으며, 한때 비엔나까지 공격했
다. 오스만튀르크는 북아프리카 지역
도 정복하고 수백 년 동안 아랍 민족을
지배했다.

　1차 세계대전이 벌어지고 오스만튀르크가 독일 편에 서자 영국과 프랑스는 오스
만튀르크 지배 아래 있던 아랍인들의 반란을 부추겼다. 전쟁이 끝나면 아랍의 독립
을 돕겠다고 약속했다. 데이비드 린의 영화 〈아라비아의 로렌스〉에서 볼 수 있듯이,
영국군 장교와 아랍 전사 들은 함께 오스만튀르크에 맞서 싸웠다. 그러나 독립의 약
속은 지켜지지 않았을 뿐더러, 오히려 아랍은 유럽의 지배를 받게 되었다.●●

　유럽과 아랍의 대결은 1948년 이스라엘이 건
국되면서 더욱 복잡해졌다. 영국과 서방 열강의
지지를 받은 이스라엘은 2000년 동안 흩어져 살
던 유대인을 팔레스타인으로 돌아오도록 했다.
2000년 전 자기 조상들이 살았던 땅이니 내놓으
라는 이스라엘의 요구 때문에 이미 오래전부터
그곳에 살고 있던 팔레스타인 사람들은 삶의 터

●● 영국과 프랑스는 1916년 사이크
스-피코협정을 맺어 아랍 지역을 분할
지배하기로 했던 것이다. 영국은 이라
크, 팔레스타인, 요르단을 프랑스는 시
리아와 레바논을 차지했다. 이탈리아도
리비아를 차지했다. 그랬기에 무스타파
아카드의 영화 〈사막의 라이언〉에서
볼 수 있듯이 아랍 민족은 유럽 식민주
의자들에게 적극 저항하며 싸웠다.

전을 빼앗길 처지에 놓였다. 이스라엘 건국 전에는 유대인과 팔레스타인이 함께 이
웃해 살기도 했지만, 이스라엘이 건국되자 팔레스타인 사람들과의 충돌은 불가피
해졌다. 이러한 팔레스타인의 영토 분쟁은 아랍과 이스라엘의 무력 충돌을 불러와
네 차례에 걸친 중동전쟁이 일어났다. 팔레스타인 사람들은 줄기차게 독립을 요구
하며 이스라엘과 싸웠으며 이스라엘에 대한 테러도 서슴지 않았다. 이스라엘 역시
팔레스타인에 대한 보복 공격을 서슴지 않았다. 이스라엘을 지지하는 미국과 서방

끊이지 않는 분쟁 팔레스타인 여성이 가자 지구 웨스트 뱅크 부근에서 진격하는 이스라엘 군인들을 가로막고 항의하고 있다. 두 당사국은 물론 국제사회도 이 문제에 대한 뾰족한 수를 찾지 못하고 있다.

세계는 아랍 민족의 증오 대상이 되어갔다.

이슬람 근본주의의 급속한 확산

아랍과 서방세계의 대립이 계속되는 가운데, 이슬람이 서양에 예속된 원인을 이슬람교의 타락에서 찾는 사람들이 생겼다. 이들은 향락과 물질을 숭배하는 서양 문명을 거부하고, 원시 이슬람교의 순결한 정신과 엄격한 도덕으로 돌아감으로써 이슬람 사회를 재생시키자고 주장했다. 이슬람의 원리와 근본으로 돌아가자는 이 운동을 이슬람 원리주의, 또는 이슬람 근본주의 운동이라고 한다. ● 이들은 코란을 헌법으로 삼는 이슬람 공화국의 수립을 최대 목표로 삼는다.

이슬람 근본주의는 이슬람 율법을 철저히 준수할 뿐만 아니라, 반외세, 특히 반

이란 여성의 어제와 오늘 1971년 테헤란대학교의 여학생들은 자유분방한 옷차림으로 캠퍼스의 낭만을 즐겼다. 1979년 이후 지금까지 이란의 여성들은 다들 히잡을 두르고 코란을 중심으로 생활하며, 이슬람교를 독실하게 믿는다. 이란혁명은 국민의 삶의 모습을 완전히 바꿔 놓았다.

서양 문명, 반미를 주장한다. 처음에는 이란의 시아파가 주축이 되었고 수니파 일부도 적극 참여했다. 초기에는 합리적이고 이성적인 개혁론자들에 의해 주도되었으나, 아랍에 대한 서구의 침탈이 심해지고 이스라엘 건국과 함께 팔레스타인 사람들이 쫓겨나자 급진주의가 세를 얻었다.

이슬람 근본주의자들이 본격적으로 세력을 확보한 것은 1979년 이란혁명이 성공한 이후부터다. 이란의 이슬람 지도자 루홀라 호메이니는 팔레비 국왕이 정신적·물질적으로 기독교 위주의 서방세계를 맹목적으로 추종했다고 맹렬하게 비판하며 반정부 투쟁을 주도했다. 그는 결국 왕권과 신권을 하나로 합친 이슬람 국가를 세우는 데 성공했다.●● 이후 이슬람 근본주의는 급속도로 확산되었고, 이슬람 율법을 실천할 것을 맹세하며

● 그런데 이슬람 원리주의 또는 이슬람 근본주의라는 말은 모두 서방세계에서 만든 것이다. 이슬람 세계에서는 잘 쓰지 않는다. 이슬람 세계에서는 '이슬람 부흥 운동'이란 용어를 선호한다.

●● 1951년 이란의 총리 모하마드 모사데크가 석유 국유화를 선언하자 1953년 미국과 영국은 쿠데타 공작으로 그를 축출했다. 이후 집권한 팔레비 국왕은 철저한 친미정권이었으며, 이슬람 전통을 무시한 서구화로 국민의 반발을 샀다.

반정부 투쟁에 참여하는 무슬림들이 늘어갔다.

모든 이슬람 원리주의자들이 서구에 대한 극단적인 폭력을 주장하지는 않는다. 하지만 전 세계인에게 널리 알려졌듯이 알제리의 '이슬람무장운동MIA', 레바논의 '헤즈볼라', 팔레스타인의 '하마스', '이슬람 지하드', 빈 라덴의 '알 카에다' 등은 대표적인 강성 무장 단체다.

네오콘은 어떻게 미국 외교를 바꾸었나

9·11 테러는 미국의 외교정책을 근본적으로 변화시켰다. 이슬람 테러리즘에 강경하게 대처하는 방향으로 전환했으며, 아프가니스탄 전쟁과 이라크 전쟁에서도 전통적인 외교정책과는 매우 다른 모습을 보여주었다. 지난 수십 년 동안 공화당의 외교정책은 '봉쇄'와 '억제'를 통한 '세력균형'이었다. 그러나 부시 정부의 외교정책은 '선제공격', '예방전쟁'에 의한 미국의 주도권을 강조했다. 이러한 부시 정부의 외교정책을 주도하는 것은 신보수주의 집단인 네오콘neo-conservative이다. 군사력 우위를 중시하는 네오콘의 외교정책은 타협과 협상을 중시하는 유럽의 외교정책과 차이가 있다.

미국의 네오콘 이론가 로버트 케이건은 2003년에 출간한《미국 VS 유럽: 갈등에 대한 보고서》에서 이렇게 말했다. "숲속을 배회하는 곰이 있다. 무기라고는 칼 한 자루 밖에 없는 사람은 가능한 한 곰을 피하려 할 것이다. 칼을 갖고는 곰을 이길 수 없기 때문이다. 그런 상태에서 지내는 약자의 삶은 항상 불안하다. 그러나 성능 좋은 총을 갖고 있는 강자는 곰을 찾아 나선다. 위협 요인을 제거할 능력이 있는데 곰을 피해 다니며 불안하게 살 이유가 없기 때문이다. 그는 곰을 만나 격퇴할 때까지 겪을 긴장을 회피하지 않는다."

케이건은 칼 한 자루 밖에 없는 약자를 유럽, 성능 좋은 총을 가진 강자를 미국이라고 보았다. 그는 위험이 산재한 세계에서 평화를 주장하는 유럽인들을 은근히 비판한다. 그에게 미국은 숲속의 곰을 제거할 수 있는 유일한 강자다. 국제사회는 여전히 힘이 지배하는 세계다. 결국 미국은 가공할 군사력으로 타협이나 수용이 불필요한 나라가 되어야 한다는 것이다.

네오콘은 공화당과 깊은 관련이 있다. 1980년대 레이건 정부가 등장하면서 공화당이 정권을 잡자 네오콘은 외교정책에 영향을 미치기 시작했다. 레이건 대통령은 소련을 '악의 제국'이라고 불렀고, 이에 네오콘은 레이건 대통령을 우상처럼 여겼다. 한편, 클린턴과 민주당 정권 시기에 그리 영향력을 갖지 못하던 네오콘은 2001년 부시 정부에서 다시 권력의 핵심으로 등장해 백악관, 국무부, 국방부의 요직에 두루 포진하게 되었다.

네오콘의 주요 인맥은 미국 동부 명문대학 출신의 엘리트로 유대인이 많으며, 예전에 좌파나 민주당이었다가 공화당으로 바뀐 인물도 상당수 있다. 핵심은 '네오콘 3인방'이라 불리는 폴 월포위츠 국방부 차관(2005년에 세계은행 총재가 되었다), 국방정책위원회 위원장이었던 리처드 펄, 부시 대통령도 귀를 기울인다는 《위클리 스탠더드》 편집장인 윌리엄 크리스톨이다. 이 가운데 대학교수 출신 폴 월포위츠가 네오콘의 이론가이자 리더였다.

딕 체니 부통령, 루이스 리비 부통령 비서실장(2005년 리크게이트 스캔들로 사임했다), 이라크 전쟁을 주도한 도널드 럼즈펠드 국방장관(2006년 민주당 선거 압승의 결과로 사임했다), 국무부의 강경파로 알려진 존 볼튼 차관(2005년 유엔 대사가 되었다가 2006년 퇴임했다)도 네오콘과 가까운 인물들이다.

네오콘은 워싱턴 D. C.의 싱크탱크에도 포진해 있다. 미국기업연구소AEI는 네오콘의 핵심 기구다. 공화당의 단골 공약인 기업의 세금 감면, 이라크에 대한 선제공격, 미군 재배치 구상이 모두 미국기업연구소의 작품이었다. 《북한의 종말The End of North Korea》을 쓴 연구원 니컬러스 에버스타트는 미국기업연구소의 핵심 인물이며, 북한, 이란, 이라크를 '악의 축'이라고 표현한 부시 대통령의 연설문을 작성한

레오 스트라우스의 **추종자** 네오콘의 중심인물이면서 '스트라우시언'이라는 말을 듣는 폴 월포위츠(왼쪽)와 윌리엄 크리스톨(오른쪽).

데이비드 프람도 이곳 출신이다.

'네오콘의 대부'라 불리는 어빙 크리스톨은 젊은 시절, 극좌 트로츠키주의자였다. 극좌에서 극우로 변신한 셈이다. 그의 아들이 앞서 말한 윌리엄 크리스톨로 네오콘의 이론을 전파하는 주간지 《위클리 스탠더드》의 편집장 출신이다. 이 잡지는 세계적인 언론 재벌인 루퍼드 머독의 뉴스 인터내셔널News International의 지원을 받았다. 미국의 정계, 언론계, 다양한 싱크탱크에서 전방위로 활동하는 네오콘은 약 100여 명 정도이지만 부시 정부에서 아주 막강한 영향력을 행사했다.

레오 스트라우스의 보수주의 정치철학

모든 지식인 집단이 그렇듯이 네오콘도 이론을 좋아한다. 네오콘의 이론적 뿌리는 독일에서 망명한 유대인 학자 레오 스트라우스다. 그는 시카고대학교의 정치철학

교수로 월포위츠 국방부 차관의 박사학위 논문을 지도하기도 했다. 그는 미국은 2차 세계대전에서는 독일에 대항하고, 냉전 시대에는 소련에 대항한 가장 완전한 민주국가이며, 그러므로 "야만인으로부터 미국 민주주의를 구하는 것은 자연의 권리이자 책임이며 자명한 진리이자 천부적 권리"라고 강조했다.

스트라우스의 이론에 따르면, 미국 민주주의에 반하는 체제는 모두 나쁜 체제다. 세계가 선악의 둘로 나누어지는 것이다. 미국은 가공할 군사력으로 다른 나라와 타협이나 수용이 불필요한 나라가 되어야 한다. 미국은 임박한 위협에 대해서는 일방주의로 자위권을 행사해야 한다. 힘으로 해결하겠다는 논리다. 차세대 핵무기 개발과 미사일 방어체제MD 조기 배치를 전폭적으로 지지한다. 이는 모든 것을 힘으로 해결하겠다는 논리다.

민주주의를 확산시켜야 한다는 스트라우스의 철학은 네오콘에 수용되면서 매우 호전적으로 변화했다. 사실 민주주의의 확산은 공화당보다는 민주당의 주장이다. 네오콘도 원래 민주당 좌파 출신이었으나, 1960~1970년대 민주당이 반전 평화운동으로 기울자, 이에 반발하여 레이건 정부 때 공화당에 참여한 것이다. 시간이 지나면서 네오콘은 공화당의 전통적 보수주의와 다른 '신보수주의'를 주장하기 시작했다.

미국의 일방주의 외교

닉슨 대통령 당시 헨리 키신저 국무장관은 미국과 소련의 세력균형을 위해 봉쇄와 억제를 주장했다. 키신저는 소련을 견제할 목적으로 당시 적국이었던 중국을 비밀리에 방문해 저우언라이를 만나고 중국과 미국의 국교 정상화를 성사시켰다. 이는 전통적인 공화당 노선인 '현실주의' 외교 노선이다. 네오콘이 보기에 이것은 소극적 방어이지 적극적인 공격이 아니다. 네오콘은 현실주의 노선은 끝났다고 주장한다. 이들은 소련을 인정하고 협상하려고 했던 키신저와는 달리, 잠재적인 위협을 가진 나라에 과감하게 '선제공격'을 해야 한다고 주장한다.

네오콘은 이슬람 세계에 대해 매우 단호하다. 이슬람 세계를 미국의 힘으로 응징해야 한다고 생각한다. 이들은 냉전 시대를 '3차 세계대전'이라고 부르고, 이제 테러리즘과의 '4차 세계대전'이 시작되었다고 본다. 또한 서아시아 국가들의 정권을 교체해서라도 이슬람 급진주의의 뿌리를 없애야 한다고 주장한다. 힘을 통해서라도 미국이 패권 국가가 되어야 한다는 입장이다. 이런 점에서 네오콘은 보수주의자라기보다 혁명가에 가깝다. 일거에 폭력을 통해서 민주주의를 이루어야 한다고 생각하기 때문이다.

이러한 네오콘의 생각은 아프가니스탄과 이라크에서 두 번 실현되었다. 2001년 미국이 알 카에다를 섬멸하기 위해 아프가니스탄을 공격했을 때는 국제적으로 상당히 지지를 받았다. 테러 공격을 당한 미국에 대한 동정 여론도 있었다. 그러나 미국이 주도한 이라크 전쟁을 시작했을 때는 매우 다른 반응이었다. 미국은 이라크의 후세인 정부가 알 카에다와 연결되었다는 증거도, 대량 살상 무기를 개발하고 있다는 증거도 제시하지 못했다. 아프가니스탄 전쟁에 동조했던 독일, 프랑스 등도 반발했다. 결국 미국이 유엔을 거치지 않고 독자적으로 파병을 결정하자, 일방적으로 이라크 전쟁을 일으켰다는 국제적인 비난이 커졌다.

미국의 일방주의 외교는 그것뿐이 아니다. 부시 정부는 온실가스 배출을 제한하는 교토의정서 비준을 거부했다. 외국인 판사에게 미군을 재판받게 할 수 없다며 국제형사법원ICC 설립도 반대했다. 미국의 이익에 도움이 되지 않는 유엔에 분담금을 납부할 필요가 없다고 버티기 시작했다. 미국 영화를 위해서 다른 나라의 문화 시장 개방을 강요하며 으름장을 놓고 있다. 모두 미국의 이익에 맞지 않으면 우방의 의사도 무시할 수 있다는 일방주의 외교정책의 모습이다.

2016년 미국에서 도널드 트럼프가 대통령에 당선되면서 일방주의 외교가 부활할 조짐을 보이고 있다. 세계경제의 통합과 이민자의 증가로 일자리가 사라졌다고

네오콘은 부활할까 2000년대 부시 정부를 풍미했던 단어가 네오콘이었다. 이라크 전쟁의 실패와 오바마 정부 8년을 지나면서 역사의 뒤안길로 사라지는가 했던 이 단어가 트럼프가 집권하면서 부활하는 조짐을 보인다.

믿는 백인 노동자의 지지를 얻은 트럼프는 보호무역과 이민 규제를 강화하겠다고 목소리를 높였다. 또한, 외교적 협상보다 군사력 사용의 위협으로 국제정치의 안정을 흔들고 있다. 특히 북핵에 경고하는 트럼프 대통령의 강경 발언은 동북아 긴장을 고조시키고 있다.

지난 수십 년 동안 미국이 일방주의 외교에 집착할수록 소프트 파워는 점점 약화되었다. 미국의 헤게모니는 군사력만으로 이루어질 수 없다. 가치·문화·제도 같은 소프트 파워를 경시할수록 미국의 헤게모니는 점점 약화될 것이다. 군사력만으로 헤게모니를 유지할 수는 없다. 힘 앞에서는 그저 굴복하는 척할 뿐이다.

문명의 충돌인가, 공존인가

하버드대학교의 정치학자 새무얼 헌팅턴은 냉전 체제가 붕괴된 후 서구와 비서구의 경계로 새로운 세력권이 형성되어 '문명의 충돌'이 일어날 것이라고 예측했다. '걸프 전쟁'에서 영감을 얻은 듯한 그의 예측은 '9·11 테러'를 서양과 이슬람의 충돌로 보게 하면서 각광받았다. 특히 냉전이 사라진 뒤, 테러리즘을 새로운 적으로 간주하는 미국 보수층의 열렬한 지지를 받았다.

그러나 서방국가와 이라크의 전쟁을 '문명의 충돌'로 보는 것은 잘못이다. 미국이나 영국이 기독교 문명을 대표하지 않을 뿐만 아니라, 이라크가 이슬람 문명을 지도하는 것도 아니다. 이들이 본능적으로 각자의 문명권에 결속을 호소하는 면이 있지만, 모두가 그들의 호소대로 반응하지는 않는다.

문명이 결정적인 조건이 아니라는 사실은 1998년 코소보 사태에서 세르비아에 대해 러시아와 불가리아가 보여준 태도에서도 입증되었다. 같은 슬라브족이지만 러시아는 세르비아의 호전적 태도를 지지하지 않았다. 이라크 전쟁에서도 같은 기독교 문명인 프랑스와 독일은 동참하지 않았다. 같은 유교 문화권인 중국, 일본, 한국의 외교 관계는 그리 원만하지 못하다. 결국 문명 충돌론은 강대국이 추구하는 국제정치의 이해관계를 감추려는 의도가 있는 것으로 보인다.

물론 민족주의가 분출되고 민족 간 갈등이 폭력 사태로 비화되고 있는 것은 사실이다. 그러나 민족 분리주의와 종족 갈등은 주로 구소련, 아시아, 아프리카 같이 비서구 사회 내부의 갈등인 경우가 많다.

세계 정치를 문명권의 충돌로 해석하는 것은 가상의 적을 설정하는 서구 사회의 이분법적 가정에서 출발하고 있다. 공산주의라는 적이 사라지자 미국은 무슬림 테러리스트, 또는 이슬람 문명권을 가상의 적으로 설정하려고 한다. 이슬람 문명은 기독교 문명과 다르고 폭력적이고 위험하다는 정보를 지속적으로 반복해 주입한다. 이에 대해 독일의 저명한 철학자이자 사회학자인 위르겐 하버마스는 미국에서

시민의 세계사

'문화투쟁'이 벌어지고 있다고 꼬집었다.

이슬람 문명은 기독교와 한 뿌리이고, 기독교보다 더 폭력적이지 않으며, 위험하지도 않다. 종교의 역사에 관심 있는 사람들은 유대교, 이슬람교, 기독교가 모두 아브라함의 후손들에서 갈라졌다

는 것을 알 것이다. 이슬람 교리는 전쟁을 선동하지도 않는다.● 실제로 십자군 전쟁을 일으킨 것은 이슬람 문명권이 아니라 기독교 문명권이었다. 물론 알 카에다는 무장 테러 단체다. 하지만 소수의 극단적인 무슬림 테러리스트들이 전체 이슬람을 대변하는 것은 아니다.

지난 수세기 동안 서양의 산업 문명과 정치제도는 동양 사회에 지대한 영향을 미쳤다. 동시에 서양의 제국주의는 문명화라는 미명하에 동양을 지배하고 수탈했다. 이제 동양은 서양의 단순한 추종자도 피해자도 아닐 뿐더러 스스로 힘으로 새로운 문명을 만들기 원한다. 동양과 서양이 서로 평화롭게 살아가기 위해서는 깊은 이해와 협력이 필요하다. 앞으로는 다른 문명권의 국가, 사회조직, 개인들 사이의 소통과 공존이 인류의 과제가 될 것이다.

더 읽을거리

● 하랄트 뮐러, 이영희 옮김, 《문명의 공존》, 푸른숲, 2000.
● 로버트 케이건, 홍수원 옮김, 《미국 VS 유럽: 갈등에 관한 보고서》, 세종연구원, 2003.
● 이장훈, 《네오콘: 팍스 아메리카나의 전사들》, 미래M&B, 2003.
● 어윈 스텔처, 황진하 옮김, 《미국의 힘 네오콘》, 네모북스, 2005.
● 마크 가브리엘, 김명신 옮김, 《끝나지 않은 2000년의 전쟁: 기독교 VS 이슬람》, 충크, 2006.
● 이희수·이원삼, 《이슬람: 9·11 테러와 이슬람 세계 이해하기》, 청아출판사, 2008.

이제 스마트폰이란 최신식

통신수단이 손에 쥐여졌으니 지구촌

어디에서 무슨 일이 일어나는지

손가락만으로 찾아갈 수 있다.

25 점점 작아지는 세계

지구화의 미래

지구적으로 사고하고 지역적으로 활동하라.

—패트릭 게디스, 도시계획가

검고 쓰고 달콤한 물질, 초콜릿은 어디에서 처음 만들어졌을까? 초콜릿의 원료인 카카오의 원산지는 중앙아메리카다. 3000여 년 전 올메크족이 최초로 카카오를 음료로 마셨다고 한다. 이 신비한 물질은 14세기에 콜럼버스를 통해 유럽에 전해졌다. 초콜릿은 곧 바로 인기 식품이 되었고 전 세계로 퍼져나갔다.●

르네상스 시기 이탈리아 피렌체의 귀족 코시모 데 메디치는 초콜릿 중독자였다. 18세기 계몽주의 사상가들은 카페에서 초콜릿을 먹으며 만인의 자유와 평등을 토론했다. 하지만 그들이 마신 초콜릿은 노예들의 피땀으로 만들어졌다. 초콜릿은 역사에 등장한 순간부터 지위가 낮거나 가난한 사람들의 고된 노동으로 만들어진 것

달콤 씁쌀한 현실 국제통화기금의 권고로 코트디부아르에서 '카카오 정가수매제'가 폐지되면서 초국적 기업들이 농민에게서 헐값에 카카오를 사들여 막대한 이익을 남기고 있다. 1000원짜리 초콜릿 하나당 재배 농민에게 20원 정도만 돌아갈 뿐이며, 수많은 아동 노동자가 착취당하고 있다.

● 밸런타인데이는 세계 각지에서 남녀가 사랑을 맹세하는 날로 알려져 있다. 로마교회의 성 밸런타인 주교가 젊은 군인들의 혼배성사를 집전했다가 순교한 날이라는 주장도 있다. 초콜릿을 보내는 관습은 1936년 일본의 제과업체의 밸런타인 초콜릿 광고에서 비롯되었다. 여성이 좋아하는 남성에게 초콜릿을 주며 사랑을 고백하는 밸런타인데이는 일본 사람들의 발상일 뿐이다. 로마 시대에는 초콜릿이 없었다.

이다.

역사적으로 보면 중앙아메리카의 올메크족은 지배자를 위해 카카오를 바쳤다. 마야인들은 에스파냐 지배자를 위해 카카오를 재배했다. 이제는 아프리카 농민들이 거대한 초국적 기업에 아주 싼 값으로 카카오를 팔고 있다.

오늘날 코트디부아르는 세계 카카오 원두의 절반을 생산한다. 코트디부아르는 아직도 전쟁과 폭압이 끊이지 않고 있다. 이곳에서 노예와 같은 노동에 고생하는 어린아이들이 카카오를 생산하고 있다. 이들은 "초콜릿은 먹는 것은 자신들의 삶을 먹는 것"이라고 말한다. 이처럼 수많은 세대의 피와 땀이 얼룩진 초콜릿의 이야기는 세계의 생산과 분배가 점차 하나로 통합되는 역사적 과정과 함께 등장했다.

점점 더 작아지는 지구

카카오가 아프리카의 농장에서 재배되어 우리의 식탁에 초콜릿으로 등장하는 역사는 역사의 변화를 보여준다. 오늘날 우리는 아침 식사로 미국에서 수입한 밀로 만든 빵을 먹고 덴마크에서 가져온 버터를 먹는다. 점심에는 중국에서 가져온 야채와 인도에서 수입한 커리를 메뉴로 선택한다. 저녁에는 호주산 쇠고기를 먹고 칠레에서 수입한 포도주를 마신다. 오늘날 우리의 식탁은 그야말로 세계 그 자체다.

그뿐 아니다. 인공위성 덕분에 우리는 매일 밤 CNN을 비롯해 전 세계 텔레비전을 한곳에서 볼 수 있게 되었다. 통신 기술의 발전 때문에 지구적 금융 산업도 놀라운 속도로 확산되고 있다. 전 세계 주식시장이 하나로 연결되어 있으며 누구나 인터넷으로 주식거래를 할 수 있게 되었다. 런던, 뉴욕, 도쿄의 주식시장은 세계적인 금융 센터가 되었다. 이러한 통신 기술과 금융 산업의 지원을 받아 다양한 기업들이 세계를 무대로 움직이고 있다.

1962년 캐나다의 커뮤니케이션 이론가인 마셜 매클루언이 《구텐베르크 갤럭시》에서 새로 등장하는 세계 전자 사회를 표현하기 위해 '지구촌global village'라는 용어를 처음 사용했다. 그는 "새로운 전자 기술을 이용한 상호 의존이 진행되면서 세계는 지구촌이라는 이미지를 즐긴다"고 말했다. 매클루언의 예견대로 우리가 살고 있는 세계는 조그만 마을처럼 작아지고 있다. 반면에 정보기술이 혁명적으로 발전하고 시장이 급속하게 확대됨에 따라 인간의 활동은 전 지구적 차원에서 이루어지고 있다. 초국적 기업은 국경을 초월해 세계를 돌아다니며 공장을 세우고 상품을 판매한다. 이제 이윤의 극대화를 추구하는 기업의 활동은 그야말로 지구적 차원에서 이루어지고 있다.

1950년대 미국의 자동차 회사 GM의 회장은 "GM의 이익이 곧 미국의 이익"이라고 말했다. 그러나 이 말은 이제 더 이상 사실이 아니다. GM의 이익은 그저 GM의 이익처럼 보인다. 이제 기업은 국가의 이익을 대변하기보다 이윤을 찾아 세계를 옮겨 다니고 있다. 미국의 임금이 오르면 미국 노동자의 반발을 무릅쓰고 공장을 폐쇄하고 멕시코나 말레이시아로 이전한다. 유럽을 공략하기 위해서는 경쟁사와도 주저 없이 손을 잡는다. 기업은 전 세계를 생산 기지로 만들고 모든 사람을 고객으로 만든다. 초국적 기업에게 세계가 곧 기업 활동의 무대다.

16세기 이래 서유럽에서 출발한 자본주의경제가 지속적으로 확대되면서 세계는 이미 하나로 통합되었다. 1602년 설립한 네덜란드 동인도회사는 후추, 커피, 사탕, 면직물 등 특산물의 무역을 통해 거대한 부를 축적했다. 그 후 수세기 동안 세계는 식민주의, 시장의 확대, 국민국가의 경쟁과 갈등이 계속되었다. 처음에는 빈약한 통신 기술과 지속적인 민족 갈등 때문에 세계적 통합이 계획적으로 이루어지지 못했다. 통신과 교통수단이 고도로 발전한 20세기 후반에 와서야 우리는 세계가 진정으로 통합되고 있는 것을 보게 되었으며, 이러한 세계의 통합은 정치체제가 아니라 우선적으로 경제적 차원에서 이루어졌다.

세계경제의 통합은 국경을 초월해 경제활동을 수행하는 초국적 기업에 의해 급속하게 이루어지고 있다. GM, GE, 쉘, 토요타, 네슬레 등 거대한 초국적 기업의 자산과 연간 매출액은 세계 각국의 국내총생산GDP보다 훨씬 더 많다. 이러한 수치는 초국적 기업이 대다수 국가보다 더욱 거대한 경제적 힘을 갖고 있음을 보여준다. 초국적 기업은 세계 각지에 자회사를 설립하고 자본, 인력, 기술을 공급하는 거대한 지구적 조직망을 만들었다. 2009년 유엔무역개발회의UNCTAD 〈세계 투자 보고서〉에 따르면 초국적 기업의 수는 8만 2000여 개이며, 자회사까지 포함하면 81만 개에 달했다. 현재 초국적 기업이 전 세계 상품 수출의 약 3분의 1을 차지하고 있으며, 세계경제에서 초국적 기업이 차지하는 비중도 계속 커지고 있다.

초국적 기업뿐 아니다. 이제 CNN과 유튜브는 세계 어느 곳에서나 볼 수 있다. 페이스북 가입자는 10억이 넘고, 페이스북이 인수한 인스타그램의 경우 5억 명이 가입했다. 파리 테러가 일어났을 때 사람들은 해시태그를 달아 파리를 추모했다(#prayforparis). 이제 모든 지역적 사건은 지구적 사건이며, 지구화는 개인의 사생활

파리 위해 기도를 2015년 11월, 이슬람 수니파 무장 단체 IS에게 폭탄 테러를 당한 파리는 슬픔에 잠겼다. 전 세계로 태그 캠페인이 확산되었다.

에도 강력한 영향을 미치고 있다. 오늘날 사람들은 일정한 지역에서 살고 있지만 현상적 세계는 대부분 지구적이다. 이러한 지구적 조건은 인류 역사에서 정말 새로운 것이다. 이에 일부 학자는 현대의 인류 문명은 새롭게 시작했으며 대부분의 사회생활이 지구화의 영향을 받고 있다고 주장한다.

지구화는 좋은가, 나쁜가

지구화를 긍정적으로 생각하는 사람들은 지구화가 새로운 차원의 경제성장과 민주주의를 발전시킬 수 있으리라 기대한다. 《뉴욕 타임스》의 칼럼니스트 토머스 프리드먼은 《세계는 평평하다》에서 지구화가 진행될수록 경제가 성장하고 더 많은 사람이 혜택을 받을 수 있을 것이라고 주장했다. 반면에 지구화를 비판적으로 평가하

해마다 다보스포럼 세계경제포럼의 별칭은 '다보스포럼'이다. 세계적인 기업가, 정치인, 경제학자 들이 참여하는 이 포럼에서는 세계의 사회적·경제적 발전에 대해 논의한다.

는 사람들은 지구화의 급속한 진행이 사회적 불평등을 심화시키고 사회 갈등과 해체를 조장한다고 비판한다. 프랑스 사회학자 피에르 부르디에는 《맞불》에서 지구화가 진행될수록 실업이 증가하고 저임금 노동자와 비정규직이 양산되고 있는 점을 우려했다.

지구화에 대한 긍정적 입장을 표명하는 대표적인 단체는 스위스 다보스에 개최되는 세계경제포럼World Economic Forum이다. 자유무역과 자유시장을 지지하는 사람들은 지구화가 경제 번영과 세계 평화를 가져올 것이라고 본다. 이에 맞서 지구화에 대해 비판적 사고를 가진 사람들은 세계사회포럼World Social Forum을 만들었다. 이는 매년 브라질 포르투알레그레에서 열린다.

지난 수십 년 동안 지구화의 과정을 보면 일부 국가는 지구화의 혜택을 크게 얻었지만, 세계적 차원에서 국가 간 격차는 더 커졌으며 아프리카의 대부분의 국가는 아직도 절대 빈곤 상태에 머무르고 있다. 그러나 지구화가 곧 유토피아를 만드는 것이 아니듯이 모든 악의 근원도 아니다. 세계경제가 통합되면서 지속적으로 경제가 성장하고 인권과 민주주의가 신장된 것은 사실이다.

그러나 모든 나라가 똑같이 경제성장을 이룬 것은 아니다. 1980년대 이후 빈곤율이 가장 빠르게 감소한 지역은 동아시아다. 동아시아 국가의 빠른 경제성장이 빈곤율을 감소시킨 것으로 평가할 수 있다. 특히 매우 적극적으로 개방정책과 수출 주도형 산업화를 추진한 중국에서는 1978년 38%에 달한 빈곤율이 1998년에 9% 수준으로 감소했다. 인도를 비롯한 남아시아의 빈곤율도 약간 하락했다. 이에 비해 남미와 아프리카의 빈곤율은 20년 동안 거의 변화가 없다.

전 세계적 차원의 불평등은 더욱 커지고 있다. 2011년 《이코노미스트》는 전 세계의 불평등이 심화되어 부의 분포가 피라미드 모양으로 변하고 있다고 했다. 상위 1% 부자는 전 세계 소득의 43%를 차지하고, 상위 10%는 무려 83%를 차지하고 있다. 하위 50%는 단 2%의 소득만 차지한다. 나라별 소득분배의 불평등을 보여주는 지니계수가 점점 높아지고 부유한 사람과 가난한 사람의 격차도 커지고 있다. 세계경제의 통합과 정치적 민주화가 오히려 불평등의 심화를 키우고 있다는 우려가 커지고 있다.

민주화의 과정도 동일하지 않다. 얼핏 보기에는 민주화가 대세다. 1970년대에 민주적 정치제도를 선택한 국가는 서유럽 국가 등 30여 개국에 불과했지만, 현재는 세계 인구의 약 60%에 달하는 약 89개국 이상이 민주적 제도를 발전시키고 있다. 남유럽, 남미, 동아시아, 동유럽으로 확산되는 민주화의 물결은 전 지구적 현상처럼 보인다. 2011년에는 서아시아에서도 민주화운동이 거세게 일어났다. 그러나 아직도 아프리카의 대다수 국가는 민주주의를 도입하지 않았다.●

민주적 정치체제가 세계적으로 확산되고 있지

● 미국의 비정부 조직 프리덤하우스 Freedom House가 발표한 자료에 따르면, 2017년 기준 195개 국가 중 87개 국가가 '자유로운free' 국가다. 59개 국가가 '부분적 자유로운' 국가이며, 49개 국가가 '자유가 없는' 국가에 해당한다. 한국은 자유로운 국가에 속한다.

만, 민주주의가 정말 모든 나라에 뿌리 깊게 정착한 것은 아니다. 표현의 자유, 자유 선거, 법의 지배는 민주주의의 기본적인 조건이지만 아직까지 제대로 보장받지 못하고 있는 경우가 많다. 나아가 대부분의 국가에서 풀뿌리 차원의 참여, 깊이 있는 심의, 정부의 책임성과 투명성을 제대로 갖추지 못하고 있다. 다당제와 선거를 통한 경쟁이 민주주의의 완성이라고 볼 수는 없다. 대다수 자유민주주의국가에서도 정책 결정에 시민이 직접 참여하는 경우는 매우 드물다. 대의 민주주의가 소수의 정치 엘리트에 의해 좌우되고, 특히 최고 부유층과 대기업이 정당에 큰 영향을 미쳐서 정책 결정을 지배한다는 비판이 커지고 있다. 특히 단기 투기 자본의 자유로운 이동과 낮은 세금에 대한 시민들의 의견을 확인하는 절차는 존재하지 않는다. 결국 부자와 기업을 위해 세금을 인하하고, 가난한 사람을 위한 복지를 축소하고, 사회 기반 시설과 공교육을 위한 투자가 줄어들고 있다는 지적도 많다.

자본의 자유로운 이동을 옹호하는 '워싱턴 합의Washington Consensus'가 지배하는 세계경제는 점점 누구도 통제할 수 없는 상태로 변화하고 있다.● 1998년 동아시아의 외환 위기와 러시아의 국가 부도(모라토리엄) 사태, 2008년 미국발 금융 위기에서 볼 수 있듯이 통제받지 않는 자유시장은 민주주의를 위협하는 경제적 혼란을 야기하고 불평등을 심화하는 새로운 지구적 위험을 만들었다. 이런 점에서 지구화가 두 가지 얼굴을 동시에 지니고 있다고 할 수 있다. 즉, 지구화 과정은 민주주의에 새로운 기회를 주는 반면, 이전에 경험하지 못했던 커다란 위험을 만들기도 한다.

● 국제통화기금과 세계은행 등 주요 국제경제기구는 공기업의 사유화, 자본의 자유로운 이동, 세계경제의 자유화를 주장한다. 이러한 정책은 이들 경제기구가 주로 미국의 워싱턴 D.C.에 있기 때문에 '워싱턴 합의'라고 불리기도 한다.

우리가 99%다!

2014년 국제 구호단체 옥스팜의 보고서 〈소수를 위해 일하기〉에 따르면, 전 세계 최고 부자 85명의 재산이 세계 인구의 절반에 해당하는 하위 35억 명의 재산과 같다고 한다. 전 세계 상위 1%에 해당하는 6000만 명은 세계 부의 50%를 차지한다. 개별 국가에서도 고소득층과 저소득층의 소득 불평등이 악화되었다. 2014년 미국과 중국의 상위 1% 부자의 소득이 국민소득에서 차지하는 비중이 1980년에 비해 두 배 증가했다. 2008년 세계 금융 위기 이후 미국의 상위 1%가 국민소득에서 차지하는 비중이 계속 증가해 거의 20% 수준이다. 상위 1%를 차지하는 초부유층 super rich은 막강한 부를 쌓아올리고 있다.

소수 억만장자의 등장과 전 세계적 불평등의 심화는 최근 30년간 전 세계적으로 나타나는 현상이다. 프랑스 경제학자 토마 피케티는 《21세기 자본》에서 1980년 이후 21개 국가의 자료를 분석해 미국, 영국, 프랑스 등에서 최고 소득자가 나머지 계층보다 월등하게 높은 소득을 얻어 불평등이 빠르게 확대되었음을 증명했다. 더욱 심각한 현상은 부의 세습이다. 피케티는 세습된 부와 권력에 의해 과두제가 만들어지고 있다고 경고했다. 또 다른 현상은 부의 세습이 광범위한 사회현상으로 나타나는 점이다. 이는 투자로 인한 소득과 자본이득에 대한 조세가 감소한 반면, 임금과 급여에 대한 조세는 유지되었기 때문이다. 개인의 능력에 따른 사회이동은 약화되고 가족 배경이 부를 결정하는 경직된 계급이 등장했다.

역사적으로 불평등이 완화된 시기는 존재했다. 서유럽과 북미에서 1940년대부터 1975년까지 불평등 수준이 낮아졌다. 세계대전으로 부유층의 자산이 파괴되는 한편 부유층에 대한 높은 조세가 부과되었기 때문이다. 당시 최고 소득세율은 80% 수준에 달했다. 또한 서유럽에서는 대공황과 세계대전이라는 특수한 조건에서 복지국가가 발전하고 저소득층에 교육과 의료 복지 혜택이 제공되었다. 그러나 1980년 이후 노동조합이 약화되고 보수 정부의 복지국가에 대한 정치적 공격이 강화되

우리는 99% 미국 사회의 경제 불안과 부조리에 항의하는 '고학력 저임금 세대'는 2011년 세계경제의 중심 뉴욕에서 '월가를 점령하라Occupy Wall Street'라는 시위를 벌였다.

면서 노동자의 실질임금과 복지 수준이 정체되었다.

막대한 부를 축적한 초부유층은 점점 사회를 지배하고 통제하는 영향력을 강화하고 있다. 소수의 부자들은 대다수 사람에게 자신들의 부가 정당하다고 믿게 만드는 힘을 가지고 있다. 선진 산업국가들 가운데 가장 불평등한 미국은 '기회의 나라'로 둔갑했다. 소수의 부자들은 '아메리칸 드림'을 보여주는 사례로 포장된다. 초부유층은 공익을 추구한다는 미명으로 대학, 언론, 연구소를 지원하면서 실질적 통제권을 장악했다. 기업의 지원을 받는 학자와 언론인 들은 부의 불평등을 당연하게 간주하는 사고와 믿음을 널리 전파한다. 오히려 부자에 대한 감세가 기업의 투자를 돕고 경제성장의 원동력이 된다고 주장한다.

2008년 세계 금융 위기 이후 불평등은 더욱 심화되고 있다. 이에 격분한 시위대는 금융 위기를 일으킨 책임자면서 더 많은 재산을 추구하는 최상위 '1%'에 도전하는 '월가를 점령하라' 운동을 벌였다. 2011년 뉴욕 월가를 점령한 시위대는 "우리는 미국의 최고 부자 1%에 저항하는 99% 미국인의 입장을 대변한다", "미국의 상위 1%가 미국 전체 부의 50%를 장악하고 있다", "매일 아침 일어나서 방 값 걱정, 끼니 걱정을 하지 않게 해달라" 등의 구호를 외쳤다. 미국 월가에서 출발한 '점령하라' 운동은 전 세계로 퍼져나갔다. 영국, 에스파냐, 캐나다, 브라질, 한국, 일본, 대만 등 전 세계 1500여 개의 도시에서 시위가 벌어졌다. 시위대는 규제를 받지 않는 금융자본과 기업의 탐욕에 대한 분노를 터뜨렸다. 시위대는 민주주의 없는 지구화에 대한 강력한 비판의 목소리를 내면서 새로운 대안을 모색했다.

기업의 사회적 책임은 무엇인가

세계의 변화 가운데 가장 주목할 것은 기업의 영향력이다. 지구적 차원에서 활동하는 초국적 기업은 무한 경쟁을 통해 성장했다. 1960년대 이후 해외직접투자가 급증하면서 초국적 기업은 엄청나게 증가했고 경제적 규모도 상상을 초월할 정도로 커졌다. 한때 초국적 기업에 비판적인 목소리가 있었지만 이제는 모든 국가들이 초국적 기업을 자국에 유치하려고 애쓴다. 공산주의 국가인 중국에도 초국적 기업이 물밀듯이 들어간다. 거의 모든 국가는 기업을 유치하고 투자를 끌어내기 위해 파격적인 조세와 부동산의 특혜를 제공한다. 심지어 노동조합의 활동을 제한하기도 한다. 바야흐로 '지구적 기업'의 시대가 열린 것이다.

지구적 금융시장은 초국적 규제가 가장 발전되지 못한 분야다. 국제적 차원의 증권 거래를 위한 표준 절차와 행동 규칙은 국제증권거래연맹, 국제증권시장협회, 국제증권위원회기구IOSCO와 같은 조직에서 만들어졌다. 국제통화기금과 별도로 많은 상업은행은 1980년대 이후 개발도상국들의 금융 위기를 관리하는 데 주도적인 역할을 수행했다. 선진국의 투자은행과 사모펀드private equity fund는 지구적 금융시장에서 자유롭게 주식 투자와 기업의 인수 합병을 주도한다. 적절한 규제 장치가 없는 금융시장의 자유화는 경제 불안정을 심화시킬 수 있다.

규제 없는 시장에서는 많은 재산을 가진 부유층과 기업이 정책 결정을 주도할 가능성이 커지고 대다수의 사람은 배제된다. 노동 기준, 사회적 권리, 노동환경이 악화될 수 있다는 우려가 커지면서 '기업의 사회적 책임Corporate Social Responsibility'에 대한 관심이 커졌다. 주주의 이익을 최우선으로 고려하는 주주 자본주의가 아니라 소비자, 지역사회, 비정부 조직, 정부 등 다양한 이해관계자를 배려하는 책임 자본주의에 대한 기대가 크다.

2001년 엔론, 월드컴 등 미국 대기업의 회계 부정 및 파산 사태가 충격을 주면서 기업의 사회적 책임을 위한 국제 협력이 시작되었다. 유엔을 비롯한 다양한 국제기구, 기업, 정부 차원에서 기업의 사회적 책임의 표준이 제정되었다.● 2005년부터 77개 국가의 정부 관계자, 기업 등 전문가들이 모여 5년 만에 'ISO 26000'이라는 국제 표준을 만들었다. 기업의 사회적 책임은 비영리 조직, 지역사회 공동체, 소비자단체 등 다양한 시민사회조직에서도 광범위한 관심을 얻고 있다.

● 1990년대 후반 유엔과 유엔의 협력기구는 기업의 사회적 책임을 위한 국제 표준을 제정했다. 유엔이 주도한 글로벌 컴팩트Global Compact, 유엔환경계획이 주도한 글로벌 리포팅이니셔티브GRI는 공통 규범을 제정해 기업의 사회적 책임을 실행하기 위해 노력했다. GRI가 제정한 가이드라인은 기업, 정부, 노동조합, 소비자 등 주요 이해관계자들의 소통을 추구하며 기업의 사회적 책임에 관한 정보를 교환한다.

그러나 국제사회의 기업의 사회적 책임에 관한 규정이 법률적 구속력을 가지고 있지 않기 때문에 기업의 자발적 준수에 따르고 있다. 기업의 자발적 프로그램도 노동 기준, 사회적 기준, 환경보호의 기준을 개선하기 위해 기여했지만 효과가 제한적이다. 초국적 기구가 제정한 환경과 노동의 보호 기준을 실행하기 위해 국제 협력이 더욱 중요한 과제로 떠오른다.

유엔과 세계은행은 민주적인가

18세기 이후 국가의 정책을 결정하는 정치 구조는 국민국가를 통해 형성되었다. 주권을 가진 국민국가 체제는 유럽에서 최초로 등장했다.● 19~20세기를 거치는 동안 세계 사회는 국민국가의 형태를 가진 국제 체제로 변화되었다. 지구화 과정에서 어느 국가도 배타적인 주권을 가질 수 없다. 일정한 영토의 경계를 초월한 다양한 국제 관계가 출현하면서 주권을 가진 국가의 영토적 기반이 근본적으로 변화했다.

> ● 주권은 한 국가가 일정한 영토에서 다른 국가로부터 정치적으로 독립되어 독점적으로 행사하는 권력을 가리킨다. 이러한 국민국가 체제의 특성은 1648년 베스트팔렌조약이 명시한 영토의 보전, 국경 불가침, 국가의 통제권의 원칙에 의해 만들어졌다.

지구화가 진행되면서 국민국가의 일부 기능은 초국적 기구로 옮겨갔다. 2차 세계대전이 끝나면서 초국적 기구의 권한은 지속적으로 증가했다. 1945년 10월 24일 미국, 소련 등 50개국이 모여 만든 유엔이 대표적이다. 주요 활동은 크게 평화유지, 군비 축소, 국제 협력이며, 전문기구로 국제노동기구ILO, 유엔교육과학문화기구UNESCO, 세계보건기구WHO 등의 조직을 가지고 있다. 1970년대 이후 초국적 기구의 수, 규모, 예산, 활동 범위는 급속하게 확대되었다.

초국적 기구의 권한이 커지는 대표적 분야는 거시 경제정책이다. 1945년 설립된 국제통화기금IMF과 세계은행World Bank은 지속적 성장과 거시 경제의 안정을 위해 다양한 정책을 제시한다. 1995년 창설된 세계무역기구WTO는 관세와 무역에 관한 일반협정GATT보다 발전된 조직으로 무역자유화를 추구한다. 1962년에 창설된 경제협력개발기구OECD는 주로 부유한 국가들이 가입했다. 정부의 재정, 조세, 기술, 환경 등 다양한 분야의 정책 제안을 제공한다.

안보 협력을 위한 초국적 기구로 유엔, 유럽안보협력기구OSCE, 북대서양조약기구NATO, 아프리카통일기구OAU, 남미안보협의회 등이 있다. 국제원자력기구IAEA는 원자력의 평화적 이용을 위한 연구와 국제적 공동관리를 위해 1957년 설립된 유엔

기구다. 1968년 제정된 핵확산방지조약NPT은 핵무기의 확산 방지를 규정한 국제 조약이다.

오늘날 국가주권을 제한하는 정치적·경제적·사법적 조직으로는 유엔, 세계은행, 국제통화기금, 세계무역기구, 국제사법재판소ICJ 등이 있다. 그러나 초국적 기구의 운영 과정에서 민주적 원리가 제대로 이루어지지 못하고 있다. 유엔 총회에서는 모든 국가가 한 표의 권리를 갖기 때문에 인구가 많은 인도와 브라질도 인구가 훨씬 적은 에스파냐와 포르투갈과 같은 권리를 갖는다. 이에 비해 유엔 안전보장이사회는 미국, 영국, 프랑스, 러시아, 중국 등 5대 강국의 우월적·차등적 권리를 보장한다. 5대 강국이 보유한 영구회원권과 거부권은 민주적 절차라 할 수 없다.

국제통화기금과 세계은행의 운영도 민주적이지 않다. 국제 금융 기구는 각국의 출연금 비율에 따라 의결권을 가지기 때문에 미국, 프랑스, 독일 등 부유한 국가들의 이해관계가 정책 결정에서 큰 영향력을 갖는다. 오랫동안 국제통화기금의 총재는 유럽 국가가 선임하고 세계은행의 총재는 미국이 결정해왔다.

초국적 기구의 지배 구조는 상당히 한계가 있다. 다양한 초국적 규제 장치가 만들어졌지만 노동 표준, 사회적 권리, 남녀평등, 금융시장, 군비 축소 등의 분야에서 큰 진전을 이루지 못했다. 초국적 기구는 적은 인원과 예산 때문에 효과적인 집행력이 없는 경우가 많고, 강제 수단이 없기 때문에 그 효과도 제한적이다.

지구시민사회의 등장

최근 지구화 과정에서 가장 주목할 만한 것은 비정부 조직NGO의 등장이다. 넓은 의미에서 보면 비정부 조직은 정부에 속하지 않으면서 영리를 추구하지 않는 조직을 가리킨다.● 옥스팜, 그린피스, 국제사면위원회, 국경없는 의사회와 같은 단체가 대표적인 비정부 조직으로 알려져 있다.

최근 국가와 기업 외부에서 자율적으로 활동하는 다양한 시민사회조직이 급증하고 있다. 시민사회조직의 국제적 현황에 대한 세부 자료는 출간되지 않았지만, 최근 단체의 수와 회원의 규모가 급속하게 확대된 것으로 알려졌다. 1970년대부터 시민사회조직이 증가했고 1990년 이후 아주 많아졌다. 국제적 시민사회조직은 1981년에는 1만 3000개에서 2001년에는 4만 7000개로 빠르게 증가했다. 시민들의 자발적 결사를 통해 자신

● 유엔의 규정에 따르면 어떤 단체가 모국에서 비영리 조직NPO으로 등록되어 있고 2년 이상 존재하면서 민주적 의사 결정 구조를 가지고 있으면 비정부 조직으로 인정한다. 하지만 소규모 조직으로 정부에 등록하지 않고 상근자 없이 자원봉사로 운영하는 조직은 제외될 수 있다. 또한 노동조합, 문화단체, 교회 등 다양한 공동체가 포함되지 않을 수 있다. 이런 점에서 일부 학자들은 중립적이고 대안적인 용어로 시민사회조직CSO을 사용한다.

들이 추구하는 목표를 실현할 정책을 제시하고 다양한 활동을 통해 정부의 정책 결정 과정에 영향력을 행사한다. 시민사회조직은 장기적 행동 계획을 추구하기도 하며, 일부 조직은 하나의 이슈만 제기하면서 일시적으로 결집해 활동하고 흩어지는 경우도 있다. 시민사회조직은 특정한 목표를 달성하기 위해 정부와 협력하는 경우도 있지만 정부와 거리를 두기도 한다.

지구적 차원에서 시민사회가 발전하는 현상은 주목할 만하다. 전통적으로 시민사회라는 용어는 국민국가와 밀접한 관련이 있다. 시민사회는 국가와 시장 사이에 위치한 공간으로 국가와 시장을 감시하고 규제하는 힘을 가진다. 지구화 과정을 통해 시민사회의 영역도 지구적 차원으로 연결되면서 초국적 기구, 국가, 시장의 활동에 다양한 영향을 주고 있다. 초국적 시민사회조직은 국경을 초월해 환경, 인권, 빈곤 퇴치 등 다양한 분야에서 활동하며 글로벌 네트워크를 발전시키면서 '지구시민사회'를 형성하고 있다.

지구시민사회에는 상층의 엘리트 사회운동 이외에도 다양한 지구적 시민사회조직들이 주도하는 아래로부터의 지구화를 추진하는 사회운동이 존재한다. 국민국가와 초국적 기업은 광범위한 지구적 시민사회조직의 비판과 견제를 받는다. 국가와 시장의 영역에서 배제된 사람들의 이익을 대변하는 시민사회조직은 국제사회에 직

탱크, 이것은 시리아의 일상 코펜하겐 도심을 가로지르며 탱크 모양의 버스가 지나간다. 이 도발적인 캠페인은 대표적 시민사회조직인 앰네스티가 진행했다. 도시 버스가 시리아 탱크의 이미지로 포장된 것을 보고, 내전과 난민이 겪은 공포를 평화로운 곳에 사는 사람들에게 전달하는 역할을 하고자 했다.

접 문제를 제기한다. 지구적 시민사회조직들은 국제사회의 정책 결정에서 영향력을 발휘하기도 한다. 세계의 초강대국과 거대한 초국적 기업에 국제법의 규정을 준수하도록 공개적 압력을 가하기도 한다.

지구시민사회가 급속하게 발전하고 있지만, 아직 지구 체계를 민주적으로 개혁할 만큼 충분한 수준에 도달한 것은 아니다. 초국적 기업의 급속한 지구화에 비해 시민사회조직은 충분하게 지구화를 이루지 못했다. 그린피스, 앰네스티 등 일부 지구적 시민사회조직은 거대한 회원을 확보했지만, 전체 인구에 비하면 아직 소수만이 지구시민사회에 참여하고 있다. 인류 대다수는 소득과 교육 수준이 낮아 시민사회조직과 직접행동에 참여할 재정, 인력, 기술적 기반을 갖고 있지 않다.

대다수 시민사회조직은 유럽과 북미의 부유한 국가에 살고 있는 교육받은 백인 중산층이 대부분을 차지한다. 남미, 아시아, 아프리카 등 개발도상국의 가난한 사람들이 참여하는 경우는 아주 적다. 유엔에 자문할 수 있는 지위를 갖고 있는 비정부 조직의 15% 미만이 개발도상국에 있다. 초국적 기구의 민주주의를 강화하기 위해서는 풀뿌리 차원의 시민사회조직에 광범위한 대중이 참여하는 것이 필수적이다.

지구적 차원의 민주주의는 가능한가

지구화가 급속하게 진행되고 있지만, 지구적 차원의 민주주의는 충분하게 발전하지 못했다. 현재 지구적 차원의 대표성을 가진 세계정부와 세계의회는 없다. 앞서 말했지만 유엔, 국제경제기구, 국제사법재판소 등 초국적 기구들의 역량은 제한적이다. 초국적 기업과 금융자본을 규제하는 장치는 아주 취약하다. 국제사회의 중요한 정책 결정은 소수의 엘리트에 의해 좌우된다. 대부분의 엘리트는 임명직이 많고, 선출직의 경우에도 충분한 대표성을 갖지 못하는 경우가 많다. 초국적 기구, 국민국가, 초국적 기업, 국제 비정부 조직 역시 모두 소수의 사람들에게 지배되고 있다.

개별 국가가 주도하던 정책 결정의 상당 부분이 빠른 속도로 초국적 기구로 이동하면서 초국적 기구의 민주적 개혁이 중요한 의제가 되었다. 무엇보다도 유엔과 세계은행에서 민주적 원칙을 적용하는 것은 국제사회의 협력을 강화하기 위한 핵심 과제다. 소수의 강대국이 좌우하는 유엔 안전보장이사회를 개혁하고 국제통화기금과 같은 국제경제기구에서 독단적인 이데올로기 대신 개별 국가가 자신에 적합한 모델을 선택할 수 있도록 다양한 의견을 교환해야 한다. 선진국은 G7을 G20로 확대하는 데 그치지 말고 빈곤국들과 대화하기 위해 더 노력해야 한다. 세계적 차원에서 빈곤, 발전, 환경, 마약, 범죄, 테러리즘 등 공통의 문제를 협력하고 이를 해결하기 위해 민주적인 지구 체계를 발전시켜야 한다.

오랫동안 지구화에 관한 논쟁은 지구화가 바람직한 것인가 그렇지 않은가를 두고 계속되었다. 그러나 이런 논쟁은 무의미할 뿐이다. 지구화는 이제 멈출 수 없는 역사적 변화다. 지구화 과정은 경제의 무한 경쟁 또는 세계경제 전쟁 등 경제적 변화로만 협소하게 이해하기보다 현대인의 생활 방식 전체의 변화를 위한 조건을 제공하는 것으로 보아야 한다. 지구 사회의 등장은 결혼, 가족, 문화, 민족, 국가에 이르기까지 전통적인 제도들을 근본적으로 해체하는 대전환의 충격을 가하고 있다.

지구화 과정에는 매우 복잡한 상호작용이 존재한다. 지구화를 지지하는 노력이 커지고 있는 한편, 1999년 시애틀에서 벌어진 대규모 시위처럼 지구화에 반대하는 강력한 저항운동도 계속되고 있다. 지구화는 서로 상반되는 경향이 지속적으로 대립하면서 공존하는 복잡한 정치적 과정을 수반한다.

국민국가가 주도하는 국제사회는 지구화 과정을 거치면서 국가 외에도 다양한 행위자가 참여하는 다층적이고도 복합적인 과정으로 변화하고 있다. 이제 국민국가가 모든 정책 결정과 집행 과정을 일방적으로 주도할 수 없다. 유엔과 세계은행 등이 주도하는 지구적 차원의 정책 결정 과정에도 각국 정부의 대표 이외에 초국적 기업, 시민사회조직 등 다양한 행위자들이 참여하고 있다. 이에 다양한 행위자가 참여하는 지구사회의 민주적 성격을 강화하기 위해 새로운 목표와 운영 원리를 모색할 필요가 있다.

지구화 시대에 맞는 지구적 민주주의의 모델을 만드는 것은 중요한 과제다. 지구적 차원에서 시민적 자유, 사회적 권리, 평등, 환경보호를 추구하는 대중의 정치적 자각을 통해 지구적 민주주의의 모델을 개발해야 한다. 미래의 지구적 민주주의는 대의 민주주의의 한계를 넘어 시민적 자유, 분권화, 참여 민주주의가 확대된 형태로 발전해야 한다. 인간의 얼굴을 가진 지구화는 더 많은 민주주의를 요구한다.

더 읽을거리

- 구춘권, 《지구화, 현실인가 또 하나의 신화인가》, 책세상, 2000.
- 데이비드 헬드 외, 조효제 옮김, 《전 지구적 전환》, 창비, 2002.
- 헬무트 안하이어 외, 조효제·진영종 옮김, 《지구시민사회》, 아르케, 2004.
- 조지프 스티글리츠, 홍민경 옮김, 《인간의 얼굴을 한 세계화》, 21세기북스, 2008.
- 대니 로드릭, 고빛샘·구세희 옮김, 《자본주의 새판 짜기》, 21세기북스, 2011.
- 울리히 벡, 홍찬숙 옮김, 《세계화 시대의 권력과 대항권력》, 길, 2011.
- 존 베일리스 외, 하영선 옮김, 《세계정치론》, 을유문화사, 2012.

   우리는 어디에서 왔는가? 우리는 누구인가? 우리는 어디로 가고 있는가? 19세기 말 프랑스 화가 고갱은 자신의 그림을 통해서 우리에게 물었다. 인류의 문명에 대한 근본적인 질문이다. 이 책은 세계사에 관한 주제별 에세이를 모은 것이지만, 한편으로 우리가 살고 있는 현재의 세계에 대한 질문에 답하려고 시도했다. 달리 말해 이 책은 '현대성'에 관한 이야기다. 우리가 살고 있는 세계는 어떻게 만들어졌는가? 왜 세계는 지금과 같은 방식으로 작동하는가? 세계는 어떻게 변할 것인가? 이 문제에 모두 답하는 일은 쉽지 않다. 이 책은 이런 문제에 관심 있는 사람들에게 한 번 더 생각할 수 있는 기회를 제공하려고 했다.

   현대성에 대한 해석은 여러 사상가와 학자 들의 지적 호기심을 자극했다. 자본주의경제의 비밀을 파헤치려고 했던 카를 마르크스, 성욕을 인간의 근본적인 에너지로 파악했던 지크문트 프로이트, 자연에 적응하는 생물의 종을 통해 인간의 진화를 설명하려고 한 찰스 다윈이야말로 현대사상에 가장 큰 영향을 준 인물들이다. 이들은 인간의 사고방식뿐 아니라 행동 방식까지도 송두리째 바꾼 사람들이다. 물론 이들의 저서에 있는 주장과 논거가 모두 옳다거나 믿을 만하다고 말할 수는 없다. 맹자가 말한 대로 다른 사람의 책을 그대로 믿는다면 차라리 읽지 않은 것만 못하다. 하지만 이들이 던진 문제 제기와 사고방식이 지금까지 커다란 영향을 주고 있다는 사실은 분명하다.

우리는 어디에서 왔는가? 우리가 현재 살고 있는 세계를 만든 가장 중요한 역사적 사건은 산업혁명과 정치혁명일 것이다. 이 두 사건은 인간의 삶을 완전히 바꾸었다. 처음에 산업과 정치의 변화는 영국과 유럽에서 출발했지만, 곧 전 세계에 영향을 미쳤다. 특히 시장경제와 민주주의는 전 세계의 보편적 가치와 제도로 확산되었다. 하지만 시장경제와 민주주의 제도가 모든 나라에서 똑같이 적용되는 것은 아니다. 나라마다 다양한 경제·정치·복지 체제를 가지고 있으며, 외부 환경의 변화와 내부의 조건에 따라 성공과 실패가 엇갈리기도 한다. 에스파냐, 네덜란드, 영국의 뒤를 이어 미국이 세계의 최강자가 되었다. 한때 대제국을 형성했던 소련은 흔적도 없이 사라졌지만, 중국은 과거의 치욕을 딛고 새로운 강자로 부상하고 있다. 한국도 서양의 시장경제와 민주주의를 받아들이면서 급속한 경제성장과 극적인 민주화를 이뤘다. 누가 뭐라고 해도 19세기와 20세기는 산업혁명과 정치혁명의 역사 그 자체였다.

이 책의 첫 장에서는 영국의 산업혁명을 살펴보는 동시에 중국의 경제성장에 대해 함께 설명했다. 이 두 나라는 1839년 아편전쟁에서 최초로 충돌했지만, 이미 그 이전부터 많은 차이를 보이고 있었다. 오랫동안 중국이 유럽보다 우월한 것처럼 보였지만, 지난 200년의 역사는 그 반대였다. 왜 영국과 유럽은 산업화에 성공하고 중국과 동아시아는 실패했는가라는 질문은 우리의 오랜 과제였다. 하지만 많은 사람은 현대 세계가 형성되는 초기 단계에서 유럽이 성공하고 중국이 실패했다는 단순한 사고에 머무르는 경우가 많다. 이는 역사를 너무 단순하고 일차원적으로 이해하는 것이다.

서양 학자들은 한때 중국을 부러워하고 예찬했지만, 다른 시기에는 비난하고 조롱하기에 급급했다. 지금도 마찬가지다. 중국의 고도성장에 놀라면서도 중국의 위협을 걱정하고 있다. 이들은 또한 서양의 자본주의와 동아시아의 자본주의가 모두 똑같은 자본주의경제라고 생각한다. 하지만 이 둘은 서로 다른 역사적 배경과 사회정치적 조건에 따라 매우 다른 경제체제를 만들었다. 개인과 기업의 자유를 강조하는 경제체제와 국가의 적극적 역할과 사회적 합의를 강조하는 경제체제의 발전은 그 역사적 경로가 다를 수밖에 없다. 소련이 붕괴된 후 반드시 미국식 자유시장경제가 세계를 지배하는 것은 아니다. 미국식 자유시장경제와 유럽, 일본, 중국이 이끄는 조정시장경제는 시기에 따라 다른 성과를 보여주었다. 우리는 서로 다른 경제체제가 왜 다른 결과를 만들었는지 좀 더 세심하게 관찰할 필요가 있다.

이 책에서는 또한 미국혁명과 프랑스혁명의 차이에 대해 비교하려고 시도했다. 많은 사람은 미국혁명과 프랑스혁명이 큰 차이가 없다고 생각하는 경향이 있다. 이 두 정치적 사건은 모두 유럽 계몽주의의 산물이며, 자유주의와 민주주의가 발전하게 된 결정적 계기가 되었다. 하지만 두 가지 사건은 완전히 다른 사고방식과 가치를 보여주었다. 미국이 사유재산을 토대로 한 자유주의와 개인주의를 강조한 반면, 프랑스는 공공선을 토대로 한 국가주의와 전체주의의 길을 닦았다. 이런 점에서 에드먼드 버크의 보수주의와 토머스 페인의 급진주의는 현대 정치사상의 중요한 밑거름이 되었다. 19세기의 보수주의와 자유주의의 대결에서 20세기 자유주의와 사회주의의 경쟁으로 바뀌었지만, 기본적인 문제의식은 비슷하다. 지금까지도 이 두 사상은 서로 다른 종류의 자유주의와 민주주의의 모습을 보여준다. 자유와 평등, 권리와 책임, 효율성과 공평성, 개인과 공동체가 같은 가치의 대립은 현대 정치에서도 이념과 정책을 결정하는 가장 중요한 요소다.

우리는 누구인가? 우리가 살고 있는 세상은 무수히 많은 사람이 이룩한 거대한 세계다. 특히 20세기 전반기에 헨리 포드, 르코르뷔지에, 코코 샤넬, 루이 뤼미에르 형제, 윌리엄 베버리지 등은 우리가 살고 있는 현대사회를 만드는 데 커다란 영향을 끼쳤다. 자동차, 아파트먼트, 패션, 영화, 복지국가는 대중사회의 등장을 이끄는 거대한 힘이 되었다. 대량 생산과 대량 소비의 사회에서 인간은 끊임없이 생산하고 소비하며 살고 있다. 산업혁명이 뿌리내리고 발전한 곳에서 사는 사람들은 궁핍과 가난에서 벗어나 물질적 풍요를 누릴 수 있었다. 하지만 이념이 사라진 시대에 우리는 왜 살고 있는지, 무엇을 위해 살아야 하는지, 어떻게 살아야 하는지 아무런 대답을 얻지 못했다. 그런데 우리는 20세기 후반에 이르러 인류의 사고에 영향을 준 체 게바라, 다니엘 콩방디, 베티 프리단, 요시카 피셔와 만나게 되었다. 제3세계, 반전운동, 여성운동, 환경운동은 우리의 사고와 생활 방식에 새로운 문제 제기를 시도했다. 특히 서구 사회에서 '68혁명'은 사회운동과 현실 정치의 새로운 지평을 여는 출발점이 되었다.

그 후 현대성 자체에 대한 새로운 성찰은 우리가 살고 있는 시대에 대한 새로운 정의를 시도한다. 이제 인간이 세계를 지배하고 통제할 수 있다는 서양의 휴머니즘은 한계에 도달한 듯 보인다. 끝없는 경제성장과 개발이 인간 생활의 모든 것을 해결해줄 수는 없다. 이런 점에서 20세기 후반에 가장 주목할 만한 사상은 페미니즘과 생태학이다. 여성이 없는 휴머니즘은 반쪽짜리 휴머니즘이었다. 인간이 자연과 더불어 살아야 한다는 자명한 진리가 산업혁명 이후 200여 년 동안 잊혀졌다. 비록 페미니즘은 인간성의 보편적 의미를 규명하는 데 실패한 것처럼 보이지만 생태학은 좀 더 도전적이다. 하지만 이 두 사상은 19세기 버크의 자유주의와 페인의 급진주의의 전통만큼이나 앞으로도 인간의 사회생활에 큰 영향을 줄 것이다. 개인의 자유와 경제적 효율성을 찬양한 마거릿 대처와 로널드 레이건의 신자유주의가 이 세상의 마지막 구원이 아니다.

우리는 어디로 가고 있는가? 이 책을 통해 나는 1968년 이후 우리는 이전과는 전혀 다른 새로운 시대에 살고 있다고 주장했다. 급속한 경제성장, 민주화, 정보화, 세계화, 탈냉전은 우리를 이전에 경험하지 못했던 전혀 다른 세상으로 이끌고 있다. 정보 통신 기술의 혁명적 발전, 생명공학, 나노 기술의 발전이 인간세계를 어디로 이끌어 갈지 아무도 모른다.

나는 우리가 살고 있는 세계에 대해 긍정적으로만 생각하지는 않는다. 급속한 경제성장으로 물질적 결핍이 사라진 사회의 이면에는 가난과 기근으로 고통받는 빈민과 제3세계가 존재한다. 정치적 민주화가 이루어진 사회가 늘어나고 있지만 감시와 통제는 더욱 정교해지고 있으며 국가의 신뢰는 점점 사라지고 정치의 기능이 쇠퇴하고 있다. 운송 통신수단과 정보기술이 혁명적으로 발전해 사람들은 더욱 가깝게 연결되고 있지만 여전히 고독하고 외롭게 느끼는 사람들이 많다. 지구의 문명이 하나로 통합되고 있는 반면에 다양한 종교, 이익집단, 국가들은 끊임없이 갈등하고 있다. 탈냉전 시대는 강대국들의 전쟁 가능성을 현저하게 줄였지만 끊임없는 국지전, 대량 학살, 인권유린, 고문, 테러리즘, 그리고 또 다른 세계대전에의 위협은 계속되고 있다.

하지만 나는 우리의 시대를 비관적으로만 바라보지는 않는다. 우리가 경제, 정치, 기술의 세계를 어떻게 관리하느냐에 따라 앞으로의 세계는 달라질 것이다. 미래의 세계는 단순히 생산력, 합리성, 권력에 의해 결정되는 것이 아니라 우리의 상상력, 꿈, 희망, 의지에 따라 달라질 수 있다. 더 나은 세계를 만들고자 하는 사람들은 인류가 살아온 과거에 대한 깊이 있는 성찰을 통해 미래를 위한 중요한 교훈을 얻을 수 있을 것이다. 이런 점에서 이 책을 읽는 독자들이 과거를 통해 우리의 미래를 생각하는 기회를 갖기 바란다. 과거가 없다면 현재도 없고 미래 또한 존재하지 않을 것이다.

연표

찾아보기

기원전 9000~8000년경 서아시아 메소포타미아 지역에서 가
축 사육과 경작 시작. 신석기 혁명과 함께 정착 문명
시작

기원전 3300년경 고대 이집트문명 시작

기원전 2500년경 황허문명. 인더스문명 시작

기원전 1500년경 페니키아, 알파벳 발명

기원전 334 알렉산드로스 대왕, 소아시아 정복(기원전 329년
에 인도까지 공격)

기원전 221 중국, 진시황이 중국을 통일하고 한자를 통일

105 후한, 채륜이 종이 발명

238 고딕족, 로마제국을 공격(기원전 330년 로마제국의 수
도를 콘스탄티노플로 옮기고, 비잔틴제국이 1453년까
지 존속)

313 로마, 콘스탄티누스가 그리스도교 공인

476 서로마제국 멸망

751 압바스 군대와 당의 군대가 탈라스 전투에서 교전(패
배한 당나라 군사를 통해 종이가 이슬람 세계에 전파)

1000 송, 나침반과 화약을 발명

1096 십자군 전쟁 시작(유럽의 십자군과 사라센군의 격돌)

1206 칭기즈칸, 아시아 정복 시작

1215 영국, 〈마그나카르타(대헌장)〉 제정

1405 명, 정화가 남해 원정 시작(1433년까지 7차례 항해)

1450 독일, 구텐베르크가 금속활자를 이용한 인쇄술 발명

1492 콜럼버스, 아메리카 대륙 발견

1517 마르틴 루터, 비텐베르크에서 〈95개조 반박문〉 발표.
이후 종교개혁 시작

1519 마젤란, 세계 일주 출항(1521년 막탄 섬에서 전사)

1536 장 칼뱅, 《기독교 강요》 출간

1599 영국, 동인도회사 설립(1602년 네덜란드 동인도회사,

1644년 프랑스 동인도회사)

1618 가톨릭과 개신교의 30년전쟁 발발

1642 영국, 올리버 크롬웰이 이끄는 청교도혁명으로 공화제
실시(1649년 찰스 1세를 처형했으나 1660년 왕정으
로 복고)

1648 베스트팔렌조약 체결

1688 영국, 명예혁명으로 입헌군주제 시작

1689 영국, 〈권리장전〉 공포

1690 존 로크, 《시민정부론》·《인간오성론》 출간

1734 볼테르, 《철학 서간》 출간

1762 장 자크 루소, 《사회계약론》 출간

1769 제임스 와트, 증기기관 발명

1776 미국혁명으로 미국 식민지 13개 주 독립, 〈미국 독립
선언〉 발표

1789 프랑스혁명 시작, 〈프랑스 인권 선언〉 발표

1790 에드먼드 버크, 《프랑스혁명에 관한 고찰》 출간

1791 토머스 페인, 《인권》 출간

1792 메리 울스턴크래프트, 《여성의 권리 옹호》 출간

1799 나폴레옹, 프랑스 제국의 황제가 됨

1915 나폴레옹, 워털루 전투에서 패배. 빈 회의 개최

1838 영국, 노동자계급 차티스트 운동 시작(1849년까지 노
동자계급의 참정권 확대)

1842 청, 아편전쟁(1839~1842)에서 영국에게 패배

1848 카를 마르크스·프리드리히 엥겔스, 《공산당선언》 출간

1859 찰스 다윈, 《종의 기원》 출간

1863 미국, 에이브러햄 링컨 대통령의 노예해방 선언

1864 영국, 런던에서 세계 최초의 국제적 노동운동 조직 '국
제노동자협회' 결성

1868 일본, 메이지유신으로 도쿠가와 막부가 끝나고 천황제

시작

| 1875 | 독일 사회민주노동당(SPD) 창립(노동자계급이 만든 세계 최초의 정당) |

1875 독일 사회민주노동당(SPD) 창립(노동자계급이 만든 세계 최초의 정당)

1893 뉴질랜드, 세계 최초로 여성에게 투표권 부여

1895 프랑스, 루이 뤼미에르 형제가 최초의 영화 발명

1900 지크문트 프로이트, 《꿈의 해석》 출간

1905 알베르트 아인슈타인, 《상대성 원리》 발표

1914 1차 세계대전 발발(1918년 종전)

1917 러시아, 볼셰비키혁명 발발

1918 독일 항복으로 1차 세계대전 종전. 독일혁명으로 독일 제정 붕괴

1919 독일, 바이마르공화국 수립, 발터 그로피우스가 '바우하우스' 설립

1924 러시아, 블라디미르 레닌 사망(1929년에 이오시프 스탈린이 후계자가 됨)

1927 소련, 1차 경제개발 5개년 계획 추진(1929년 농업집단화)

1929 미국, 주식시장 폭락하고 세계적인 경제 대공황 시작

1930 인도, 마하트마 간디가 소금 행진 주도

1933 미국, 프랭클린 루스벨트 대통령이 뉴딜정책 시작. 독일, 아돌프 히틀러가 총통이 됨

1936 에스파냐, 내전 발발(1939년 프란시스코 프랑코가 이끄는 군대가 승리). 존 메이너드 케인스, 《고용, 이자 및 화폐의 일반 이론》 출간

1938 스웨덴, 사민당 정부가 주도해 노사 합의로 '살트세바텐 협약' 체결

1939 2차 세계대전 발발(1945년 종전)

1941 독일, 소련을 공격. 미국, 독일과 일본에 선전포고

1942 영국, 윌리엄 베버리지가 복지국가 청사진을 담은 〈사회보험과 관련 서비스〉(베버리지 보고서) 발표

1944 영미 연합군 노르망디에 상륙. 소련 군대가 동유럽에 진공. 프리드리히 폰 하이에크 《노예의 길》 출간

1945 히틀러 자살. 얄타 회담. 미국이 일본에 원자폭탄을 투하한 후 일본 무조건 항복. 유엔(UN) 창립. 영국, 클레멘트 애틀리의 노동당이 총선에서 압승한 후 주요 산업 국유화 단행. 미국, 진공관을 이용한 최초의 컴퓨터 ENIAC 발명

1947 트루먼독트린. 냉전 시작. 유럽 경제 부흥을 위한 마셜 플랜 시작

1948 유엔, 〈세계인권선언〉 발표. 대한민국 정부 수립. 북한, 조선민주주의인민공화국 선포. 미국, 생물학자 앨프리드 킨제이가 《남성의 성적 행동》 출간

1949 서유럽 자본주의 진영 북대서양조약기구(NATO) 결성. 중국공산당, 내전에서 승리한 후 중화인민공화국 수립

1950 한국전쟁 발발(1953년 휴전협정 체결)

1952 프랑스, 건축가 르코르뷔지에가 마르세유에 유니테 다비타시옹 건립

1953 스탈린 사망. 《플레이보이》 창간. 제임스 왓슨과 프랜시스 크릭이 DNA 이중 나선 구조 발표

1955 동유럽 공산주의 진영 바르샤바조약기구(WTO) 결성. 아시아·아프리카 개발도상국들이 모여 반둥회의 개최. 비동맹회의 결성

1957 유럽경제공동체(EEC) 창설. 소련, 세계 최초의 인공위성 '스푸트니크호' 발사

1958 중국, 대약진운동 시작(1961년 참담하게 실패). 미국, 최초의 위성 '익스플로러호' 발사

1959 쿠바혁명(카스트로가 주도한 혁명으로 1961년 이후 사회주의혁명 선언)

1960 한국, 4·19혁명 일어난 후 이승만 대통령 하야

1961 한국, 박정희 소장 5·16 군사정변으로 민주당 정부 무너뜨리고 집권. 동독, 베를린장벽 세워짐

1962 미국, 쿠바 봉쇄(쿠바 미사일 위기). 한국, '경제개발 5개년 계획' 시작

1963 미국, 마틴 루서 킹 목사가 이끄는 흑인 민권운동을 위한 시민권 행진. 베티 프리단, 《여성의 신비》 출간

1964 베트남, 통킹 만 사건 발생. 미국, 존슨 정부 미군 지상군을 베트남에 파병

1965 중국, 문화대혁명 시작(1976년까지 계속). 한일협정 체결

1966 독일, 사민당 빌리 브란트 총리 '동방정책' 추진

1967 체 게바라, 볼리비아에서 게릴라 활동 중 체포되어 처형당함

1968 전 세계적 학생운동 확산. 소련 군대가 체코 프라하의 자유화 운동을 진압. 핵확산금지조약(NPT) 조인

1969 미국, 국방성 아파르네트(APARNET) 사용(최초의 인터넷). 아폴로 11호 달에 착륙

1970 미소, 전략무기제한협정(SALT) 교섭

1971 환경단체 그린피스 창립

1972 미국, 닉슨 대통령 소련과 중국을 방문. 한국, 7·4 남북공동성명, 유신헌법 제정

1973 전 세계적 유가 파동이 전후 부흥을 끝냄. 미국, 베트남에서 군대 철수

1974 미국, 리처드 닉슨 대통령 워터게이트 도청 사건으로 하야

1975 베트남, 공산화 통일

1976 중국, 마오쩌둥 사망. 덩샤오핑의 복귀 이후 개혁 개방 시작. 미국, 경제학자 밀턴 프리드먼 노벨 경제학상 수상(케인스의 재정 확대 정책을 반대하고 통화주의를 주장)

1979 이란혁명. 영국, 보수당 마거릿 대처가 총리가 됨(신자유주의적 개혁을 시작). 독일, 녹색당 창당(최초의 녹색 정당). 한국, 박정희 대통령 피격 후 신군부가 12·12 쿠데타 주도

1980 한국, 5·18 민주화운동이 일어남(전두환이 이끄는 신군부에 의해 광주에서 학살이 벌어짐). 미국, 레이건 대통령 취임. 24시간 뉴스 전문 유선 텔레비전 CNN 방송 설립

1981 IBM 개인용 컴퓨터(PC) 판매

1985 소련, 공산당 서기장 미하일 고르바초프 등장 이후 페레스트로이카 시작

1986 소련, 체르노빌 원자력발전 사고 발생. 필리핀, 민주화 운동으로 페르디난드 마르코스 독재 붕괴

1987 미소, 중거리 핵전력(INF) 폐기 협정 체결. 한국, 6월 민주화운동으로 직선제 개헌

1989 중국, 민주화운동에 참여한 수백 명 대학생 학살. 독일, 베를린장벽이 붕괴되고 독일 재통일. 남북한 동시 유엔 가입

1991 소련 해체. 유럽공동체(EC) 통합. 걸프 전쟁(미국이 이끄는 유엔 군대가 이라크를 공격하고 쿠웨이트를 해방시킴)

1992 브라질, 리우에서 지구환경 보전을 논의하는 지구 정상 회의 개최. 미국, 빌 클린턴 대통령 취임(1994년부터 균형재정, 복지 개혁, 근로연계복지를 제안하는 '제3의 길' 주장, 1997년 영국에서 제3의 길을 주장하는 토니 블레어의 신노동당 집권)

1993 마스트리히트 조약에 따라 유럽 12개국이 참여한 유럽

연합(EU) 출범

1994   최초의 웹 브라우저 넷스케이프 시판. 남아프리카공화국, 넬슨 만델라 대통령 선출. 북한, 김일성 사망과 북핵 위기 발생

1995   세계무역기구(WTO) 출범. 한국, 전두환·노태우 전 대통령 내란죄로 구속

1997   기후변화에 관한 유엔 규약인 '교토의정서' 채택. 아시아 외환 위기 발생

1998   유럽, 11개국 단일 통화(유로화) 사용

2000   한국, 김대중 대통령과 북한 김정일 국방위원장 6·15 정상회담. 유엔, '밀레니엄 개발 목표' 발표하고 2015년까지 세계 빈곤 절반으로 축소 추진하기로 선언. 미국, 공화당의 조지 부시가 민주당의 앨 고어를 누르고 당선

2001   미국, 뉴욕의 세계무역센터를 공격한 9·11 테러 발생

2002   미국, 부시 대통령이 이라크, 이란, 북한을 '악의 축'으로 선언

2003   이라크 전쟁 발발(미국이 이끄는 다국적 군대가 유엔의 동의 없이 이라크를 공격)

2004   페이스북 개설(세계 최대 소셜 네트워크 서비스로 2016년 기준 15억 명 가입)

2005   영국, 런던 테러 폭격. 조류 인플루엔자 확산

2006   인도네시아, 쓰나미 발생 대규모 인명 피해. 트위터 개설

2007   미국, 서브프라임 모기지 부실 사태로 금융 위기. 애플 아이폰 열풍

2008   금융 위기 전 세계로 확산. 미국, 최초의 흑인 대통령 버락 오바마 당선

2009   유럽연합, 초대 대통령에 반 롬푸이 벨기에 전 총리 선출

2010   위키리크스, 미국의 외교문서 공개

2011   튀니지, 이집트 민주화운동 성공. 시리아, 내전 발생. 일본, 후쿠시마 원전 사고 후 독일 원전 전면 폐쇄 결정. 유럽, 재정 위기 악화. 금융자본을 비판하는 '반(反)월가 시위' 전 세계로 확산

2013   에드워드 스노든, 미국 정보기관의 통화 감찰 기록 폭로. 이슬람국가(IS) 창립

2014   미국, IS 공습

2015   유엔, '지속 가능 발전 목표' 발표하고 2030년까지 경제·사회·환경 지속 가능성 추구하기로 선언. 미얀마 총선에서 아웅 산 수치가 이끄는 민족민주동맹으로 정권 교체. 기후변화에 국제적으로 대응하는 '파리기후협약' 체결

2016   영국, 브렉시트(유럽연합 탈퇴) 국민투표 찬성. 유럽의 극우파 정당 확산. 미국, 대통령 선거에서 부동산 재벌 출신 공화당 후보 도널드 트럼프 당선. 프랑스에서 무소속 돌풍을 일으킨 에마뉘엘 마크롱 대통령 당선. 한국, 박근혜 대통령 퇴진을 요구하는 헌정사상 최대 촛불집회가 열리고 대통령 탄핵 요구 투표가 국회에서 가결

2017   한국, 헌법재판소 판결에 의해 박근혜 대통령이 탄핵되고 문재인 정부 출범. 독일, 총선에서 앙겔라 메르켈이 집권했으나 극우정당의 지지세 확산. 중국, 공산당 전국대표회의에서 시진핑 국가주석 겸 공산당 총서기 재선출

찾아보기

시민의 세계사

개정판 1쇄 발행일 2018년 1월 8일
개정판 2쇄 발행일 2020년 10월 19일

지은이 김윤태

발행인 김학원
발행처 (주)휴머니스트출판그룹
출판등록 제313-2007-000007호(2007년 1월 5일)
주소 (03991) 서울시 마포구 동교로23길 76(연남동)
전화 02-335-4422 **팩스** 02-334-3427
저자·독자 서비스 humanist@humanistbooks.com
홈페이지 www.humanistbooks.com
유튜브 youtube.com/user/humanistma **포스트** post.naver.com/hmcv
페이스북 facebook.com/hmcv2001 **인스타그램** @humanist_insta
편집주간 황서현 **편집** 최윤영 **디자인** 민진기디자인
조판 홍영사 **용지** 화인페이퍼 **인쇄** 청아디앤피 **제본** 정민문화사

ⓒ 김윤태, 2018

ISBN 979-11-6080-100-2 03900